古代歷史文化研究輯刊

十四編

王明蓀 主編

第 14 冊

唐代河北地區與中央政治關係之研究

傅安良 著

國家圖書館出版品預行編目資料

唐代河北地區與中央政治關係之研究／傅安良 著 -- 初版 -- 新
北市：花木蘭文化出版社，2015〔民104〕
目 4+320 面；19×26 公分
（古代歷史文化研究輯刊 十四編；第 14 冊）
ISBN 978-986-404-322-4（精裝）
1. 中央與地方關係 2. 唐代
618   104014377

古代歷史文化研究輯刊
十四編　第十四冊   ISBN：978-986-404-322-4

唐代河北地區與中央政治關係之研究

作　　　者	傅安良
主　　編	王明蓀
總 編 輯	杜潔祥
副總編輯	楊嘉樂
編　　輯	許郁翎
出　　版	花木蘭文化出版社
社　　長	高小娟
聯絡地址	235 新北市中和區中安街七二號十三樓
	電話：02-2923-1455／傳眞：02-2923-1452
網　　址	http://www.huamulan.tw 信箱 hml 810518@gmail.com
印　　刷	普羅文化出版廣告事業
初　　版	2015 年 9 月
全書字數	254506 字
定　　價	十四編 28 冊（精裝）台幣 52,000 元

唐代河北地區與中央政治關係之研究

傅安良　著

作者簡介

傅安良，福建省上杭縣人，東海大學歷史系學士、中國文化大學史學研究所碩士、博士，現為健行科技大學通識教育中心專任副教授。研究領域為唐代地方行政制度史。撰有〈唐代的縣與縣令〉、〈唐代河北地區與中央政治關係之研究〉、〈唐代縣令略論〉等文，著有《唐代的縣與縣令》一書。

提　要

　　「河北」地區自古以來就是重要的區域，既具有防守邊疆的戰略地位，又是物產豐饒、人口眾多、交通便利、經濟發達之處，因此在隋唐仍是重要的區域。

　　唐初，來自關隴的李唐政權對河北道始終懷有疑慮，甚至有所歧視。可是，唐高祖與唐太宗的用人並不僅限於關隴集團，從唐初河北道刺史與縣令的的人選來看，可以發現除重用關隴集團外，也啟用了不同地區及不同文化性質的人士為唐效命。

　　唐初主要外患為突厥，但對東北的經營仍不忽視。高宗時平定高麗，但自從吐蕃成為唐朝邊防的重心後，唐朝不得不在東北方面轉採消極的政策。武后時營州李盡忠與孫萬榮的叛亂，節度使體制從此形成。節度使原本設於邊境，著重在軍事機能，兼領採訪處置使後，權力因而大增。天寶十四載（755），身兼范陽、平盧與河東三道節度使的安祿山叛變，叛亂後唐朝由盛而衰。

　　安史亂後唐朝形成藩鎮體制，而藩鎮、宦官與朋黨係造成唐朝滅亡的三大原因。肅宗起藩鎮林立內地，代宗廣建節度使外，採僕固懷恩之議，封田承嗣等安史降將為河北地區的節度使，埋下日後河北三鎮尾大不掉的根源。

　　肅宗起，唐朝皇帝對於河北三鎮都採「姑息政策」，惟憲宗以武力強硬對付藩鎮，獲致「元和中興」的成就。穆宗時，魏博、成德與幽州鎮復叛，直到唐末。

　　固然，河北三鎮長期割據，擁兵固城，官吏自署，遵守「河朔故事」，彼此勾結以對抗中央，猶如半獨立狀態，唐中央也無力制服。但究其實，其與唐廷的關係並不如陳寅恪所言截然切割、斷裂分明的，而是彼此間仍有著若即若離的關係。

目

次

表目次

第一章　緒　論

第一節　研究動機與對象

大業十四年（西元 618）三月隋煬帝在江都被宇文化及所弒，同年五月隋恭帝禪位於李淵，李淵改國號爲唐，年號武德，建立了李唐政權。天祐四年（907）朱全忠在大梁即皇帝位，國號大梁，奉唐哀帝爲濟陰王，李唐滅亡。自高祖建國至朱全忠篡唐，唐朝維持了 290 年的國祚。

290 年間，唐太宗與唐玄宗分別締造了貞觀與開元兩個盛世，唐玄宗天寶十三載（754）的戶口數爲「管郡總三百二十一，縣一千五百三十八，鄉一萬六千八百二十九，戶九百六十一萬九千二百五十四，口五千二百八十八萬四百八十八。」〔註 1〕已超過隋代極盛時期大業五年（609）的戶口數「戶八百九十萬七千五百三十六，口四千六百一萬九千九百五十六。」〔註 2〕杜佑以此認爲開天時期的唐朝足可「比崇漢室」。〔註 3〕

史書記開元治世「烽燧不驚，華戎同軌。西蕃君長，越繩橋而競款玉關；北狄酋渠，捐氈幕而爭趨鴈塞。……於時垂髫之倪，皆知禮讓；戴白之老，不識兵戈。虜不敢乘月犯邊，士不敢彎弓報怨。……年踰三紀，可謂太平。」

〔註 1〕　（後晉）劉昫，《舊唐書》，卷 9，〈玄宗本紀下〉，頁 229。
〔註 2〕　（唐）杜佑，《通典》，卷 7，〈食貨七〉，隋煬帝大業五年（609）戶口數爲隋之極盛，頁 147。
〔註 3〕　《通典》，卷 7，〈食貨七〉，杜佑載「天寶十四載管戶總八百九十一萬四千七百九，管口五千二百九十一萬九千三百九，此國家之極盛也。」其下註「我國家自武德初至天寶末，凡百三十八年，可以比崇漢室。」，頁 153。

〔註4〕然而玄宗後期耽於逸樂，疏於治理，所謂「及侈心已動，窮天下之欲不足爲其樂，而溺其所甚愛，忘其所可戒，至於竄身失國而不悔。」〔註5〕寵信小人，「開元之初，賢臣當國，……自天寶已還，小人道長。」〔註6〕重文輕武，「天寶末，天子以中原太平，修文教，廢武備，銷鋒鏑，以弱下豪傑。……惟邊州置重兵，中原乃包其戈甲，示不復用，人至老不聞戰聲。」〔註7〕歡樂中潛藏著極大的危機。天寶十四載（755），陰蓄異志的安祿山以平盧、范陽、河東三道節度，15萬兵力反於范陽，不僅「所過州縣，望風瓦解。」〔註8〕也結束了唐朝前期的繁盛，改變了唐朝原有的面貌。

歷經八年苦戰，代宗寶應二年（763）終於平定安史之亂。安史之亂後的唐朝「開啓趙宋以降之新局面」〔註9〕，唐末五代則是所謂的「唐宋變革期」，包括世族閥閱的衰頹、貴族制度的崩潰以及君主權力的強化等均是此變革期所發生的變化。〔註10〕鉅變後的唐朝，中央對地方的控制力大爲衰退，須藉藩鎮維持局面，無論是禦寇平亂，都要仰賴藩鎮出力，所謂「國命之重，寄在方鎮。」〔註11〕中唐以後的政治重心，已漸由中央政府轉移至方鎮。故清人吳廷燮曰：「唐自中葉，天下治亂，視方鎮之賢否。」〔註12〕又云：「方鎮之強，唐室以弱，方鎮之弱，唐室以亡。」〔註13〕此外，唐朝雖然保持了統一局面，但長安中央政府與安史降將所掌握的河北藩鎮間卻形如「兩國」，陳寅恪云：

> 唐代自安史亂後，名義上雖或保持其一統之外貌，實際上則中央政府與一部分之地方藩鎮，已截然劃爲二不同之區域，非僅政治軍事不能統一，即社會文化亦完全成爲互不關涉之集團，其統治階級氏族之不同類更無待言矣。蓋安史之霸業雖俱失敗，而其部將及所統

〔註4〕《舊唐書》，卷9，〈玄宗本紀下〉末「史臣曰」，頁236。

〔註5〕《新唐書》，卷5，〈睿宗、玄宗本紀〉，頁154。

〔註6〕《舊唐書》，卷9，〈玄宗本紀下〉，頁236～237。

〔註7〕（宋）王溥，《唐會要》，卷72，〈軍雜錄〉，頁1539～1540。

〔註8〕（宋）司馬光，《資治通鑑》，卷217，〈唐紀〉三十三，「玄宗天寶十四載（755）八月條」，頁6935。

〔註9〕陳寅恪，〈論韓愈〉，《金明館叢稿初編》（臺北：里仁書局，1981年），頁296。

〔註10〕邱添生，《唐宋變革期的政經與社會》（臺北：文津出版社，1999年），頁64～65。

〔註11〕《唐會要》，卷77，〈諸使上〉，「永貞元年八月詔曰」，頁1676。

〔註12〕吳廷燮，《唐方鎮年表》（北京：中華書局，2003年），〈考證敘錄〉，頁1290。

〔註13〕吳廷燮，前引書，〈序錄〉，頁2。

之民眾依舊保持其勢力，與中央政府相抗，以迄於唐室之滅亡，約
經一百五十年之久，雖號稱一朝，實成爲二國。〔註14〕

陳寅恪所謂的「兩國」，分指擁護李氏皇室的區城與河北藩鎭控制的區域：

唐代中國疆土之內自安史亂後，除擁護李氏皇室之區城，即以東南
財富及漢化文化維持長安爲中心之集團外，當別有一河北藩鎭獨立
之團體，其政治軍事財政等與長安中央政府實際上固無隸屬之關
係，其民間社會亦未深受漢族文化之影響，即不以長安洛陽之周孔
名教及科舉仕進爲其安身立命之歸宿。〔註15〕

河北藩鎭中之魏博、成德與幽州三鎭長期對抗中央，成爲唐廷去之不掉的心
腹大患，唐廷受制於內外因素，對之唯有姑息，這種情形持續到唐朝覆亡才
告結束。

《新唐書・兵制》云：「夫所謂方鎭者，節度使之兵也。原其始，起於邊
將之屯防者。」〔註16〕然除節度使外，方鎭範圍實際上還包含著觀察處置
使、都防禦使、經略使等，其中以節度使最爲重要，故常以節度使代表方鎭。
〔註17〕節度使原本設於邊境，由軍鎭演變而來：「唐代節度體制的出現，係因
唐代前期之邊防體系逐漸不能負擔防禦任務後，循著軍鎭制度發展而成。」
〔註18〕主要作用爲防禦外患「節度體制之出現，是爲因應新邊防任務之需求，
其發軔於景雲年間，大體完成於開元前期，其初始用意在於對外經略，並非
對內統治，其所著重爲軍事機能，而與內政無太大干係，僅兼掌其治所本州
之地方行政事務。」〔註19〕節度與採訪原各一人，天寶年間節度使始兼領採
訪處置使，「自至德以來，天下多難，諸道皆聚兵，增節度使爲二十餘道。其
非節度使者，謂之防禦使，以採訪使并領之。採訪理州縣，防禦理軍事。初
節度與採訪各置一人，天寶中始一人兼領之。」〔註20〕至德以後，節度使兼
領採訪（觀察）使成爲定制，「艱難以來，優寵節將，天下擁旄者，常不下三

〔註14〕陳寅恪，〈唐代政治史述論稿〉，收入《陳寅恪先生論集》，中央研究院歷史語
　　　　言研究所特刊之三（臺北：中央研究院歷史語言研究所，1976年），頁120。
〔註15〕同註14，頁124。
〔註16〕《新唐書》，卷50，〈兵志〉，頁1328。
〔註17〕王壽南，《唐代藩鎭與中央關係之研究》（臺北：大化書局，1978年），頁15。
〔註18〕桂齊遜，〈唐代都督、都護及軍鎭制度與節度體制創建之關係〉，《大陸雜誌》
　　　　4，1994年，頁17。
〔註19〕桂齊遜，前引文，頁17～18。
〔註20〕《通典》，卷32，〈職官典十四・都督〉，頁895。

十人，例銜節度、支度、營田、觀察使。」〔註21〕節度治軍，觀察治民，節度使因此得以掌理地方行政事務，不再拘限於對外經略，勢力大為擴張。

天寶十四載（755）安祿山起兵范陽，哥舒翰敗於潼關，玄宗倉皇入蜀，肅宗於靈武即位。肅宗及繼任的代宗，面對安史之叛，在中原內地普設節度使以扼守軍事要衝，「至德之後，中原用兵，……要衝大郡，皆有節度之額；寇盜稍息，則易以觀察之號。」〔註22〕據吳廷燮《唐方鎮年表》，代宗時在冊藩鎮共有43個，其中設置於安史之亂以前的有朔方、河東、河西、隴右、安西、北庭、劍南（後分為劍南西川、東川2鎮）、嶺南（後分為嶺南東、西兩道、安南、容管、桂管5個節鎮）；設置於安史舊地的有魏博、相衛、成德、盧龍等河朔4鎮；以安史舊部設置和擔任節帥的有淄青、淮西、汴宋、滑亳、山南西道等鎮；其餘為安史之亂期間和亂後設置的內地藩鎮〔註23〕。憲宗元和二年（807）李吉甫的《元和國計簿》所記載的方鎮數已達48個之多，穆宗復失河朔後，「藩鎮參列，遍於內外，朝更暮改，乍合乍離。」〔註24〕唐末，「自國門之外，皆分裂於方鎮矣。」〔註25〕

肅宗與代宗施行的「眾建節度使」政策具有「猜忌武將、中央集權、預防地方勢力坐大」的本質〔註26〕，其目的在於「形成地方勢力的均衡，以預防再次發生安祿山般危及中央的大型動亂。」〔註27〕結果是利弊參半：「各道內普設小型節鎮，形成彼此牽制，權力均衡的現象。雖不再有大型動亂產生，但藩鎮林立，國力耗損，跋扈藩鎮自推節帥，不入版籍、賦稅，小型動亂層出不窮，其中尤以河朔三鎮為動亂來源之最。」〔註28〕代宗時，郭子儀

〔註21〕《唐會要》，卷78，〈諸使中‧節度使〉，頁1696。

〔註22〕《舊唐書》，卷38，〈地理志一〉，頁1389。

〔註23〕樊文禮，〈安史之亂以後的藩鎮形勢和唐代宗朝的藩鎮政策〉，《煙台師範學院學報‧哲社版》4，1995年，頁40。

〔註24〕（清）顧祖禹，《讀史方輿紀要》，卷6，〈歷代州縣形勢六‧唐下〉（上海：上海書店出版社，1998年），頁265。《新唐書‧方鎮表》列有方鎮42個。吳廷燮之《唐方鎮年表》時代以乾符為界，因為之後方鎮增改紛紜，不可為據。見吳廷燮，《唐方鎮年表‧舊序》（北京：中華書局，2003年），頁1287。

〔註25〕（宋）歐陽修、宋祁，《新唐書》，卷50，〈兵志〉，頁1330。

〔註26〕林偉洲，〈唐河北道藩鎮的設置、叛亂與轉型——以安史之亂為中心〉（上）《大葉大學通識教育學報》3，2009年，頁55。

〔註27〕林偉洲，〈唐河北道藩鎮的設置、叛亂與轉型——以安史之亂為中心〉（下），《大葉大學通識教育學報》4，2009年，頁85。

〔註28〕同註26，頁49。

鑒於亂事已平，建議銷兵：「安、史昔據洛陽，故諸道置節度使以制其要衝；今大盜已平，而所在聚兵，耗蠹百姓，表請罷之，仍自河中爲始」〔註29〕然銷兵必引起藩鎮反彈，代宗在穩定局面、不願與藩鎮兵戎相見的考慮下終未採用，〔註30〕然代宗對跋扈藩鎮的姑息態度，竟成爲日後唐廷對河北三鎮的主要對策。

歐陽修說：「方鎮之患，始也，各專其地以自世，既則迫於利害之謀，故其喜則連衡而叛上，怒則以力而相並。及其甚，則起而弱王室。唐自中世以後，收功弭亂，雖常倚鎮兵，而其亡也，亦終以此。」〔註31〕認爲藩鎮爲唐室大患，唐終亡於藩鎮。但是導致唐室滅亡之原因甚多，藩鎮只不過是一個較爲明顯之原因，當有其他因素存在，如顧炎武便持不同的意見：「世言唐亡於藩鎮，而中葉以降，其不遂併於吐蕃回紇，滅於黃巢者，未必非藩鎮之力。」〔註32〕《新唐書・懿宗、僖宗紀》末「贊曰」：「唐自穆宗以來八世，而爲宦官所立者七君。然則唐之衰亡，豈止方鎮之患？」〔註33〕范祖禹則將唐朝滅亡歸因於藩鎮、宦官與貪政。〔註34〕王壽南則以爲除藩鎮之禍外，舉凡宦官專權，中央政府之無能，制度之不良等等均爲亡唐之要因。〔註35〕各方對於藩鎮對唐室之功過，涉及主觀看法而有所差異，但藩鎮確實影響了安史亂後唐朝國勢的發展，且與宦官、朋黨並列爲唐亡三大主因。

歷來學者對於唐代藩鎮的分類不一，如王壽南分其爲跋扈型、叛逆型恭順型；〔註36〕張國剛分爲割據型、防遏型、禦邊型、財源型。〔註37〕王援朝

〔註29〕《資治通鑑》，卷223，〈唐紀三十九〉，「代宗廣德二年（764）五月更申條」，頁7156。

〔註30〕孟憲實，〈姑息與用兵──朝廷藩鎮政策及其實施〉，《唐史論叢》第4輯，2010年，頁119。

〔註31〕《新唐書》，卷64，〈方鎮表總序〉，頁1759。

〔註32〕（明）顧炎武，（清）黃汝成集釋，《日知錄集釋》（臺北：世界書局，1991年），卷9，〈藩鎮〉，頁220。

〔註33〕《新唐書》，卷9，〈懿宗、僖宗紀〉，頁281。

〔註34〕范祖禹以爲「藩鎮彊而王室弱，宦者專而國命危，貪政多而民心離。唐氏之亡，卒以是三者。」，見（宋）范祖禹，《唐鑑》（臺北：台灣商務印書館，1977年）（人人文庫版）上冊，頁472。

〔註35〕王壽南，《唐代藩鎮與中央關係之研究》（臺北：大化書局，1978年），頁6。

〔註36〕王壽南分藩鎮爲跋扈型、叛逆型與恭順型。跋扈：凡不稟朝命，不向中央政府輸納賦稅，或對中央態度蠻橫，侮辱中央政府或皇帝之藩鎮，其態度爲跋扈。叛逆：凡公開反對李唐王朝，或從事推翻李唐王朝之行動，或參加附和推翻李唐王朝行動之藩鎮，其態度爲叛逆。恭順：凡無跋扈、叛逆之事跡，

另分其為長期割據型、一度割據型、京東防內型、西北防邊型、南方財源型。〔註38〕而河北藩鎮中之魏博、成德與幽州等三鎮，中央對其控制的時間極為短暫，魏博鎮九年三個月，成德鎮一年十個月，幽州鎮八個月〔註39〕，其餘時間一直是「國中之國」，為唐廷權力不及之處。《新唐書·藩鎮傳總序》載：

> 安、史亂天下，至肅宗大難略平，君臣皆幸安，故瓜分河北地，付授叛，護養孽萌，以成禍根。亂人乘之，遂擅署吏，以賦稅自私，不朝獻于廷。效戰國，肱髀相依，以土地傳子孫，脅百姓，加鋸其頸，利怵逆汙，遂其人自視猶羌狄然。一寇死，一賊生，迄唐亡百餘年，卒不為王土。〔註40〕

從其對朝廷的態度與專擅一方的時間來看，河北三鎮實乃跋扈、叛逆與割據型之始作俑者，並為其他藩鎮所效尤，「有地一州，有眾數部，皆效河北，以抗中朝。」〔註41〕所以王壽南、張國剛以及王援朝均將其歸類為跋扈、叛逆、割據型。

魏博、成德及幽州三鎮所在之河北地區，在唐前期屬於河北道，安史亂

或積極對鞏固對中央政權曾盡力之藩鎮，其態度為恭順。王壽南，前引書，頁42～43。

〔註37〕 張國剛將藩鎮分為割據型、防遏型、禦邊型、財源型。割據型，這些藩鎮主要集中在河朔，大多是安史舊部歸降者（風流餘韻及於河南部分地區），其代表則是魏、鎮、幽三鎮。防遏型，主要集中在中原一帶。以宣武、寧武、忠武、澤潞、河陽、河東為代表。禦邊型。主要是集中在西北，西南邊疆，其中尤以西北地區最為典型。財源型，主要是在東南地區，最典型的有浙東、浙西、淮南、福建、江西等八道。張國剛，《唐代藩鎮研究》（長沙：湖南教育出版社，1987年），頁22～24。

〔註38〕 王援朝分唐代藩鎮為為長期割據型、一度割據型、京東防內型、西北防邊型、南方財源型等五種類型。長期割據型是指魏博、成德（鎮冀）、幽州（盧龍）等河北三鎮。一度割據型是指淄青、彰義（淮西）、宣武、昭義（澤潞）、山南東道、義武（易定）、義昌（滄景）等鎮。京東防內型是指京畿道的長安以東地區和河東道、河南道等地除淄青等鎮外的各藩鎮。主要作用是防範、過制那些跋扈割據的驕藩，並保護境內漕運。西北防邊型是指長安以西、以北諸藩鎮。南方財型是指劍南東西川、山南西道、武昌鎮、淮南道以及長江以南地區諸藩鎮。王援朝，〈唐代藩鎮分類芻議〉，收入史念海主編，《唐史論叢》（西安：三秦出版社，1990年），第五輯，頁106～111。

〔註39〕 王壽南，前引書，第二章〈唐代藩鎮對中央態度之分類統計〉，註8，頁98。

〔註40〕 《新唐書》，卷210，〈藩鎮傳序〉，頁5921。

〔註41〕 （清）吳廷燮，《唐方鎮年表》，〈序錄〉，頁1。

後舊河北道則由藩鎮分治。據《唐六典·尚書戶部》對河北道的敘述：

> 古幽，冀二州之境，今懷、衛、相、洺、邢、趙、恒、定、易、幽、
> 莫、瀛、深、冀、貝、魏、博、德、滄、棣、嬀、檀、營、平、安
> 東，凡二又五州焉。東並於海，南迫於河，西距太行、恒山，北通
> 榆關、薊門。名山有林慮、白鹿、封龍、井陘、碣石之山，恒嶽在
> 焉。其大川有漳、呼沱之水。厥賦絹、綿及絲。厥貢羅、綾、平紬、
> 絲布、綿紬、鳳翮、席、墨。遠夷則控契丹、奚、靺鞨、室韋之貢
> 獻焉。〔註42〕

河北地區地位衝要，控扼東北邊防，如賈至〈燕歌行〉所記：「國之重鎮惟幽
都，東防九夷北制胡。五軍精卒三十萬，百戰百勝擒單于，前臨漳沱後易
水，崇山沃壤亙千里。」〔註43〕且是隋唐兩朝征伐高麗的前進基地；物產豐
饒，為「衣食之源」〔註44〕；戶口眾多，如天寶元年諸道數字，顯示戶口最
多的道是河北道和河南道。河南道的戶數占總數百分比為 17.82，河北道
16.57。口數占總數百分比，河北道為 20.09，河南道 19.28。〔註45〕即使到了
唐後期，舊河北道藩鎮治理地區經濟在農業、手工、商業三個方面都已趕上
並超過了前期，而且在當時全國居領先地位。除表示河北地區經濟能維續前
期的繁榮外，也彰顯一個事實，即河北藩鎮不僅有強大的軍事力量，更重
要的是還有雄厚的經濟實力，正是這兩個方面的原因促成了藩鎮的長期割
據。〔註46〕

宋祁稱「天下根本在河北。」〔註47〕富弼亦言「河北一路蓋天下之根本
也。」〔註48〕以河北地區在邊疆防務所有的重要地位及富庶，直到安史亂
前，並沒有受到唐廷應有的重視，此從唐初河北道折衝府設置一事可以看出
些許端倪。

〔註42〕《唐六典》，卷3，〈尚書戶部〉，頁 66～67。
〔註43〕（唐）賈至，〈燕歌行〉，《全唐詩》，卷 235，頁 2594。
〔註44〕《全唐文》，卷 31，〈論河南河北租米折流本州詔〉，頁 149。
〔註45〕史念海，〈論唐代貞觀十道和開元十五道〉表三「唐天寶元年（742）各道戶
　　　　口數、平均戶口數及各道戶數、平均戶口數及各道戶口數的比重表」，收入
　　　　《唐代歷史地理研究》（北京：中國社會科學出版社，1998 年），頁 52。
〔註46〕賈艷紅，〈唐後期河北道區域性經濟的發展〉，《齊魯學刊》4，1996 年，頁
　　　　70。
〔註47〕（元）脫脫，《宋史》，卷 284，〈宋庠附弟宋祁傳〉，頁 9596。
〔註48〕《續資治通鑑長篇》，卷 153，「慶曆四年（1044）甲申條」，頁 3729。

　　唐代實行府兵制，折衝府的總數時有變化，史籍的記載也極爲分歧，谷霽光以爲大約 633～634 之數較爲可靠〔註49〕。唐十道 657 個折衝府中，關內道 288 個，佔軍府總數的 43.9%；河東道 164 個，佔總數的 24.9%；河南道 74 個，佔總數的 11.2%；河北道 46 個，佔總數的 7%；隴右道 37 個，佔總數的 5.6%；山南道 14 個，佔總數的 2.13%；劍南道 13 個，佔總數的 1.98%；淮南道 10 個，佔總數的 1.52%；嶺南道 6 個，佔總數的 0.91%。河北道折衝府數遠少於關內道及河東道〔註50〕，唐廷「重首輕足」、「居重馭輕」的態勢十分明顯。〔註51〕

　　從折衝府的設置看到了唐廷對河北道的疑忌，隋末王世充、劉黑闥、竇建德乃至建成與元吉都是以河北爲根據地與李唐或李世民對抗，唐廷深怕叛變發生，所以不置府兵，此爲原因之一；其次，河北民性又特別強悍壯勇，多設兵府，於強幹弱枝本旨，不免自違。〔註52〕「唐高祖以劉黑闥重反之故，竟欲盡殺河北丁壯，以空其地。蓋河北之人以豪強著稱，實爲關隴集團之李唐皇室所最忌憚。故太宗雖增置府兵，而不於河北之地設置折衝府者，即因於此。」〔註53〕其三則是遵行「關中本位政策」。陳寅恪謂「蓋武后以前，唐承西魏、北周、楊隋之遺業，以關隴爲本位，聚全國之武力於此西北一隅之地，藉之宰制全國。」〔註54〕關中、河東兩道府額獨多，河北道軍府少於河南道，表現出來即前述「重首輕足」、「居重馭輕」。〔註55〕最主要的原因還是此區曾先後爲東魏與北齊的根據地，爲出身關隴的李唐政權所不信任。

　　太宗與高宗征伐高麗的戰爭中，河北道因位居前緣而受到重視，供給軍糧外，唐軍主力多取渝關至營州經柳城線到遼東〔註56〕，營州都督職在鎭撫

〔註49〕谷霽光，《府兵制度考釋》（臺北：弘文館出版社，1985 年），頁 145。

〔註50〕谷霽光，《府兵制度考釋》（臺北：弘文館出版社，1985 年），「唐十道折衝府數比較表」，頁 156。

〔註51〕谷霽光，《府兵制度考釋》（臺北：弘文館出版社，1985 年），頁 158。

〔註52〕谷霽光，〈安史亂前的河北道〉，《燕京學報》19，1935 年，頁 189。

〔註53〕陳寅恪，〈論唐代之蕃將與府兵〉陳寅恪，收入《金明叢館初編》（臺北：里仁書局，1981 年），頁 272。陳寅恪分析李唐憚忌河北人民的原因爲「『河北之地，人多壯勇』，頗疑此集團實出自北魏冀、定、瀛、相、諸州營戶屯兵之系統，而此種人實亦北方塞外胡族之子孫。李唐出身關隴集團，故最忌憚此等人羣。」

〔註54〕同註53，頁 273。

〔註55〕同註51。

〔註56〕嚴耕望，《唐代交通圖考》第五卷（臺北：中央研究院歷史語言研究所，1986

東北諸蕃，對高麗戰爭中則負責收集有關高麗的情報、供應儲存唐遠征軍的
軍糧以及統率奚、契丹等外族部隊向高麗發動騷擾性的侵襲的任務〔註57〕。
高宗咸亨元年（670）薛仁貴與吐蕃作戰，大敗於大非川之後，因吐蕃連年寇
邊，唐廷不得不加強西邊的防禦，東北方面只有改採消極策略。高宗儀鳳二
年（677）將安東都護府從平壤移到遼東，此舉代表唐朝自遼東半島退出；當
玄宗開元二年（714）安東都護府再次遷到營州時，宣告唐朝已失去對遼水以
東的控制。

　　武后時奚、契丹屢次入侵，周萬歲通天元年（696）爆發契丹首領李盡忠、
孫萬榮的叛變，事變的時間延續並不長，前後還不到兩年，可是對中央的打
擊極大。控制奚契丹的第一線據點營州失陷，第二線河北重鎮幽州也岌岌可
危，中央三度興師，兩次被打得全軍覆沒，最後全靠突厥襲擊契丹的後方，
奚又和契丹攜貳，才勉強取勝〔註58〕，然而唐與此兩外族關係自此決裂，周
遂失去對遼河區的控制權，而被迫固守燕山山脈一線。對周帝國河北地區的
邊防而言，甚為不利。武后末年契丹入侵時，周帝國即因去失去燕山之險，
以致在河北對抗契丹戰行中，連遭慘敗，損兵折將，犧牲慘重。而河北平原
遭受戰火洗劫，更是廬舍為墟，十室九空。〔註59〕

　　河北邊防驟然緊張，使得唐廷不能不認真對待，河北道的政治、經濟地
位才逐步加強，同時也設置或增置折衝府於河北道。但玄宗時府兵日漸破壞，
河北道府兵所能發揮的作用已大不如前。

　　李盡忠、孫萬榮的叛變平定後，契丹、奚在突厥勢力影響下叛服無常，
始終是唐朝東北地區嚴重的邊患，一直要到開元四年（716）突厥帝國中衰，
契丹與奚轉而歸附唐朝。

　　相應於邊境形勢的改變，唐朝從睿宗景雲元年（710）以後到玄宗開元九
年（721）這十多年時間內，先後完成了後來稱為范陽、平盧、河東、朔方、安
西、北庭、河西、隴右、劍南九個節度使及嶺南五府經略的設置工作〔註60〕，
形成一條防禦線。《舊唐書・地理志》載「范陽節度使，臨制奚，契丹」

　　年），〈河東河北區〉，頁 1754。
〔註57〕康樂，〈唐代前期的邊防〉，《東海歷史學報》1，1977 年，頁 17。
〔註58〕黃永年，〈唐代河北藩鎮與奚契丹〉，收入《唐代史事考釋》（臺北：聯經出版
　　　　公司，1998 年），頁 137～138。
〔註59〕康樂，〈唐代前期的邊防〉，《東海歷史學報》1，1977 年，頁 16～17。
〔註60〕嶺南五府經略設於景雲年間，至德元載升為節度使。

〔註61〕，范陽節度使的職責是應付奚與契丹兩個外患。依黃永年的分析，之所以在河北地區設置節度使，是因為對付不了奚、契丹的緣故，並提出「河北藩鎮的產生以至消滅和奚、契丹始終有著緊密的聯繫」〔註62〕的論點。安史亂後河北三鎮跋扈割據，唐廷對其無可奈何，但在制禦奚、契丹上仍起著積極作用，中晚唐內地和奚契丹比較能和平相處，河北藩鎮是有其功績的。文宗大和五年（831）正月幽州軍亂，副兵馬使楊志誠逐其帥李載義，面對此一變局，宰相牛僧孺的反應是：「此不足煩聖慮。且范陽得失，不繫國家休戚，自安、史已來，翻覆如此。……至今志誠亦由前載義也，但因而撫之，俾扞奚、契丹不令入寇，朝廷所賴也。」〔註63〕司馬光責其「如僧孺之言，姑息偷安之術耳，豈宰相佐天子御天下之道哉！」〔註64〕牛僧孺之言道出了唐廷視河北藩鎮為化外之境的心態，以及河北藩鎮在抵禦東北兩蕃方面的重要性。

安史之亂歷經八年終於平定，河北藩鎮在此期間建立起來。基於安史降將有功於河北地區的收復，加上回紇兵在中國橫行騷擾，唐廷窮於應付；朝廷本身「亦厭苦兵革，苟冀無事。」〔註65〕代宗接受了僕固懷恩的建議，任命安史降將為節度使並分領河北地。於是在代宗廣德元年（763），任命薛嵩為相、衛、邢、洺、貝、磁六州節度使，田承嗣為魏、博、德、滄、瀛五州都防禦使，李懷仙為幽州、盧龍節度使，李寶臣為成德軍節度使〔註66〕，河北三鎮長期割據對抗中央的歷史就此開始。

田承嗣等安史舊將分帥河北，因為「據要險，專方面，既有其土地，又有其甲兵，又有其財賦」〔註67〕，得以不聽號令而與朝廷相抗。面對成德節度使李寶臣、魏博節度使田承嗣、相衛節度使薛嵩、盧龍節度使李懷仙等收

〔註61〕《舊唐書》，卷38，〈地理志一〉，頁1387。

〔註62〕黃永年，〈唐代河北藩鎮與奚契丹〉，收入《唐代史事考釋》（臺北：聯經出版公司，1998年），頁135。

〔註63〕《舊唐書》，卷172，〈牛僧孺傳〉，頁4471。

〔註64〕《資治通鑑》，卷244，〈唐記〉六十，「文宗太和五年（831）臣光曰」，頁7875。

〔註65〕《資治通鑑》，卷222，〈唐紀〉三十八，「代宗廣德元年（763）閏月條」，頁7141。

〔註66〕此事見《舊唐書》，卷11，〈代宗紀〉，「寶應二年（763）閏月戊申條」，頁271。《資治通鑑》，卷222，〈唐紀〉三十八，「代宗廣德元年（763）閏月癸亥條」，頁7141。

〔註67〕《新唐書》，卷50，〈兵志〉，頁1328。

安史餘黨，各擁勁卒數萬，自署文武將吏，不供貢賦等情事，朝廷專事姑息，不能復制，所以司馬光形容河北藩鎮「雖名藩臣，羈縻而已。」〔註68〕

田承嗣等「雖稱藩臣，實非王臣」〔註69〕，不聽中央指令；河北藩帥「阻命自固，父死子代」〔註70〕，成爲河朔故事。據《舊唐書‧羅弘信等傳》末「史臣曰」：「魏、鎮、燕三鎮，不能制之也久矣。兵強地廣，合從連橫，爵命雖假於朝廷，羣臣自謀於元帥。」〔註71〕三鎮兵盛富強，官封代襲，刑賞自專，彼此間連結姻婭，互爲表裏，聯手抗拒唐廷，直至唐亡。

杜牧云：「山東，王者不得，不可爲王；霸者不得，不可爲霸。」〔註72〕唐初，與李淵爭逐天下的竇建德、劉黑闥等即起於河北，至文宗時河北百姓猶祭祀竇建德：「夏王竇建德，以耕畎崛興，河北山東，皆所奄有。……自建德亡，距今已久遠，山東河北之人，或尚談其事，且爲之祀，知其名不可滅，而及人者存也。」〔註73〕河北風俗民情之殊異可見一斑。武后時，契丹孫萬榮與李盡忠的叛亂促使唐朝加強東北的邊防，在玄宗開元元年（713）設置范陽節度使以臨制奚與契丹，蕃將安祿山在范陽節度使任內發動叛亂，成爲唐朝由盛轉衰的關鍵。安史之亂後，河北三鎮與唐廷的關係爲互不關聯的「兩國」，三鎮成爲亂源而唐廷始終不能馴服。據上所述，河北地區牽動著大唐帝國的安危，長期影響著唐朝歷史的發展。

河北地區具有重要的戰略地位，得之者可成王成霸，反之則成爲不安之淵藪。因此，本論文以唐廷與河北地區爲對象，以安史之亂爲界，探討 290 年間唐河之政治關係。究竟唐河間的關係是長期維持著穩定的狀態，抑或是隨著時間的演變而有所不同？安史亂後河北三鎮與唐中央的關係是如陳寅恪所謂的「互不關涉的兩國」，抑或「效戰國」，乃諸侯與天子間的關係；還是

〔註68〕《資治通鑑》，卷 222，〈唐紀〉三十九，「代宗永泰元年（765）七月條」，頁 7175。另同書卷 225，〈唐紀〉四十一，「代宗大曆十二年（777）十二月條」記李正己、田承嗣、李寶臣與梁崇義各擁勁兵數萬，相與根據蟠結，雖奉事朝廷而不用其法令，官爵、甲兵、租賦、刑殺皆自專之，自於境內築壘，繕兵無虛日。以是雖在中國名藩臣，而實如蠻貊異域，頁 7250。

〔註69〕《舊唐書》，卷 143，〈李懷仙傳〉，頁 3895。

〔註70〕《舊唐書》，卷 141，〈張孝忠附張茂昭傳〉，頁 3859。

〔註71〕《舊唐書》，卷 181，〈羅弘信等傳〉，頁 4693。

〔註72〕（唐）杜牧，《樊川文集》（臺北：漢京文化公司，1983 年），卷 5，〈罪言〉，頁 87。

〔註73〕（清）董誥等編，《全唐文及拾遺》（臺北：大化書局，1987 年），卷 744，殷侑〈竇建德碑〉，頁 3457。

其他種關係？〔註74〕藉上述兩個大方向的討論，以釐清唐河之間政治關係的演變及其性質。

　　本文除緒論及結論外共分四章，第二章為河北地區的地理環境與人口變遷，其餘各章分別就安史之亂前的河北道及安史亂後舊河北道魏博、成德、幽州三個割據藩鎮與唐中央之間的政治關係作深入探討，以期對於整個唐朝唐廷與河北地區之政治關係有全面性的了解。由於筆者才疏學淺，文中論點如有不當之處，尚請方家不吝指正。

第二節　研究範圍與方法

一、研究範圍

　　本文所稱「河北地區」係指太行山以東、古黃河以北之地區，在唐代，本區被劃為「河北道」。地理上的範圍約以今河北省為主體，兼有今北京市、天津市、遼寧省、河南省、山東省等的部分地區。如含羈縻府州，範圍將擴大為今日河北省和內蒙古、東北三省以至俄羅斯遠東沿海地區均涵括其中。

　　漢唐並稱中國盛世，唐朝國勢於唐玄宗開元時期達於巔峰。天寶十四載（755）安祿山起兵范陽，所謂「漁陽鼙鼓動地來」，唐玄宗倉皇西顧，肅宗靈武即位，唐朝由盛轉衰，中央權威不復，唐廷在所謂「藩鎮體制」下延續國祚至滅亡。

　　安史亂前河北地區劃屬河北道，安史亂後則由數個藩鎮分領，如河陽、相衛、邢洺、成德、深趙、德棣、義昌、魏博、幽州、瀛莫、平盧、義武等，其中以魏博、成德、幽州最為跋扈，此河北三鎮與唐廷之間的關係臣服少而反叛多，可說呈半獨立狀態，一直是唐廷心腹大患，無法加以征服。

　　河北道對唐朝歷史的發展有著重要的影響，因此，本文以安史亂前之河北道及安史亂後的河北三鎮為研究範圍，分析其與唐廷間之政治關係。

二、研究方法

　　本文旨在對唐代河北地區與中央間之政治關係作深入的分析和討論。唐

〔註74〕如盧建榮認為唐廷與河北三鎮屬取扈從主義的關係，唐河雙方在文化上並無不同。見盧建榮，〈唐後期河北特區化的抗爭文化邏輯──兼論唐廷與河北為扈從主義關係說〉，收入《中華民國史專題論文集第五屆論文討論會》第一冊（臺北：國史館，1990年），頁397～459。

廷在安史之亂前嚴密地控制著河北道，安史之亂後元氣大傷，力不足全面掌控各地，藉「藩鎮體制」維繫統治。跋扈割據型之河北三鎮如半獨立狀態，唐廷無法掌握其人事、財政、軍事，官方相關資料極少，遠不如前期完備，因此，本文採用文獻分析法進行研究時，資料上除正史外，也採用各文集、詩集、筆記小說與墓誌銘中之相關史料進行討論。至於河北道地方首長方面的資料，則以王壽南《唐代藩鎮與中央關係之研究》附錄〈唐代藩鎮總表〉、郁賢皓《唐刺史考》以及綦中明論文《唐代縣令論考——以河南河北道為中心》與筆者論文《唐代的縣與縣令》為主。河北三鎮的文職幕僚參考戴偉華《唐方鎮文職僚佐考》（修訂本），武職僚佐方面則為劉琴雨、馮金忠的相關研究。本文地圖主要依據譚其驤主編之《中國歷史地圖集》及程光裕、徐聖謨主編之《中國歷史地圖》。

第三節　研究回顧

　　河北地區形勢緊要、民族複雜、經濟繁榮、人口眾多，安史之亂後又是河朔三鎮的主要根據地，是研究唐史的重要題材，歷來研究成果豐碩。現依總論、自然環境、人口、民族、安史之亂、藩鎮、幕府等分別敘述之。

一、總論

　　嚴蘭紳主編，杜榮泉著《河北通史・隋唐五代卷》綜論隋唐五代時期（581～959）河北地區的歷史，是了解此時期河北歷史的重要書籍。〔註75〕李鴻賓主著之《隋唐對河北地區的經營與雙方的互動》從中央和地方的關係著眼來討論隋唐時期朝廷對河北地區的經營與互動。〔註76〕馮金忠《唐代河北藩鎮研究》乃集結了作者十餘年相關河北藩鎮的研究而成，是繼張國剛《唐代藩鎮研究》後有關河北藩鎮綜合性研究的較新論著。〔註77〕勞允興〈唐代河北道〉一文論述唐代河北道的經濟、文化等方面達到空前的進步水平。河北道的政治局勢屢經變化，牽涉中央，波及全國。〔註78〕谷霽光〈安

〔註75〕嚴蘭紳主編，杜榮泉著，《河北通史・隋唐五代卷》（石家莊：河北人民出版社，2000年）。

〔註76〕李鴻賓主著，《隋唐對河北地區的經營與雙方的互動》（北京：中央民族大學出版社，2008年）。

〔註77〕馮金忠，《唐代河北藩鎮研究》（北京：科學出版社，2012年）。

〔註78〕勞允興，〈唐代河北道〉，《北京社會科學》2，1994年。

史亂前的河北道〉提到河北道地位的重要，完全因為邊疆防務關係。河北道在安史亂前，一向被朝廷歧視，安史之亂直接間接都與河北人民嫉惡的心理有關。〔註79〕

二、自然環境

胡阿祥主編《兵家必爭之地——中國歷史軍事地理要覽》一書第16講專論河北的歷史軍事地理，分述河北的戰略地位、山川險要與軍事重鎮。〔註80〕

鄒逸麟編著《中國歷史地理概述》從自然環境的變遷、歷代疆域和政區的變遷及歷代社會經濟環境的變遷等三大部分簡述歷史時期中國地理環境各要素變化的過程、特點及其相互之間的內在聯繫。〔註81〕另鄒氏主編之《黃淮海平原歷史地理》一書從歷史自然地理與歷史人文地理兩方面對黃淮海平原進行研究。〔註82〕

史念海著《唐代歷史地理研究》一書收集史氏所撰15篇論文，是研究唐代地理重要論文集。〔註83〕另史念海〈戰國至唐初大行山東經濟地區的發展〉一文以為遠在戰國秦漢時期，太行山的東麓就比渤海灣的西岸為繁榮。直至隋和唐初，東部地區才有了廣泛的促進。〔註84〕

黃冕堂〈論唐代河北道的經濟地位〉談到河北地區自戰國以後直到唐末，它始終是中國封建社會內一個地方經濟最發達和物產最豐富的地區。〔註85〕

金寶祥〈安史亂後唐代封建經濟的特色〉認為安史亂後，黃河流域並非像一般人所想像的那樣殘破凋敝，江淮地區農業手工業生產已有足夠長足的發展，安史亂後商品貨幣關係的發展成為唐代封建經濟的特色。〔註86〕

賈艷紅〈唐後期河北道區域性經濟的發展〉：河北藩鎮能夠長期割據的原因，強大的軍事力量外，還有著雄厚的經濟實力。而唐後期河北道農業、手

〔註79〕谷霽光，〈安史亂前的河北道〉，《燕京學報》19，1935年。

〔註80〕胡阿祥主編，《兵家必爭之地——中國歷史軍事地理要覽》（海口：海南出版社，2008年）。

〔註81〕鄒逸麟編著，《中國歷史地理概述》（福州：福建人民出版社，1993年）。

〔註82〕鄒逸麟主編，《黃淮海平原歷史地理》（合肥：安徽教育出版社，1993年）。

〔註83〕史念海，《唐代歷史地理研究》（北京：中國社會科學出版社，1998年）。

〔註84〕史念海，《北京師範大學學報·社會科學版》3，1962年。

〔註85〕黃冕堂，〈論唐代河北道的經濟地位〉《山東大學學報》1，1957年。

〔註86〕金寶祥，〈安史亂後唐代封建經濟的特色〉，收入《唐史論文集》（蘭州：甘肅人民出版社，1982年）。

工業與商業居全國領先地位，正是河北藩鎮經濟實力的來源。〔註87〕

　　冀朝鼎著，朱詩鰲譯，《中國歷史上的基本經濟區與水利事業的發展》認爲隋唐時期（589～907）長江流域取得了基本經濟區的地位，隨著唐朝的衰落與五代（907～960），以及伴隨而來的、特別是北方各省的大破壞，忽視北方的現象就開始出現了。〔註88〕

　　華林甫〈唐代粟、麥生產的地域布局初探〉：唐代粟的主要生產地域爲黃河流域的華北平原、黃土高原、河西走廊以及今日四川東部，麥子生產地域則集中在北方黃河流域的同時，在南方江南東道、荊湖地區、川西平原也有較多的生產，具有北多南少的特點。安史亂後北方粟的生產明顯下降，而麥子則無論南北都有驚人的增長。〔註89〕

　　楊遠《唐代的鑛產》：作者查考唐代金、銀、銅、鐵、錫、鉛、鹽、水銀和硃砂等九種鑛產，江南道和嶺南道的鑛產種類與產地最全、最多。河北道鑛產較豐者爲鐵及鹽。唐代的工業，甚至經濟中心已從北方轉移到南方。〔註90〕

　　成一農〈唐代地緣政治結構〉一文收入李孝聰主編之《地域結構與運作空間》裏，成氏認爲唐貞觀元年採「山河形便」的原則調整了地方行政區，分天下爲十道。安史之亂後，有些道的設置因爲軍事的需要而打破了山川的限制，犬牙交錯，原來的地緣政治結構逐漸被打破。〔註91〕

三、人口

　　人口是歷史研究的課題之一，唐代河北道的人口密集，居全國前茅。凍國棟專著《唐代人口問題研究》內容豐富，討論唐地志戶口數字繫年、唐代人口的升降狀況、唐代人口分布、唐代人口遷移、唐代的人口結構等，是研究唐代人口的重要書籍。〔註92〕

　　梁方仲編著《中國歷代戶口、田地、田賦統計》一書對於唐代戶口、田

〔註87〕賈艷紅，〈唐後期河北道區域性經濟的發展〉，《齊魯學刊》4，1996 年。

〔註88〕冀朝鼎著，朱詩鰲譯，《中國歷史上的基本經濟區與水利事業的發展》（北京：中國社會科學出版社，1981 年）。

〔註89〕華林甫，〈唐代粟、麥生產的地域布局初探〉《中國農史》2，1980 年及〈唐代粟、麥生產的地域布局初探（續）〉，《中國農史》3，1980 年。

〔註90〕楊遠，《唐代的鑛產》（臺北：台灣學生書局，1982 年）。

〔註91〕李孝聰，《地緣結構與運作空間》（上海：上海辭書出版社，2003 年）。

〔註92〕凍國棟，《唐代人口問題研究》（武昌：武漢大學出版社，1993 年）。

地與田賦有詳細的統計，極具參考價值。〔註93〕

《唐代人口與區域經濟》是翁俊雄探討唐代人口發展和分布，以及與此相適應的各個地區的經濟發展狀況的專書。〔註94〕翁氏另著《唐初政區與人口》〔註95〕、《唐朝鼎盛時期政區與人口》〔註96〕、《唐後期政區與人口》等書分別討論了初唐、盛唐以及唐後期的政區與人口。

楊遠〈唐代的人口〉一文重點有一、唐代仍未能從根本解決「逃戶」問題，「逃戶」問題直延續到玄宗末期。二、天寶十三年為唐代人口最盛之一年，是唐代的戶口由「北盛南衰」而轉變為「南盛北衰」的樞紐，唐代北方人口的實際減少是「安史亂」以後的事。〔註97〕

張德美〈試論唐前期人口重心北移及其影響〉指出唐前期全國人口分布重心北移的現象，正是唐王朝走向興盛之時；人口重心自北向南移動，適值唐中央政權衰落之機。〔註98〕

吳松第〈盛唐時期的人口遷移及其地域特點〉以為盛唐時期的人口遷移，主要分周邊民族內遷中原、中原漢族外遷邊區、中原非京畿地區人口遷往京畿地區、中原逃戶遷往各地，以及居住在南方的非漢族人口在南方的遷移等幾種。北方移民南遷雖開始於安史之亂以後，卻幾乎縱貫唐後期至五代，而且高潮是在唐末黃巢起義以後。〔註99〕

寧欣〈唐代流動人口探析（二）——以幽州地區為中心〉，認為由於幽州的地理區位的特殊，北部草原、東北乃至中亞民族的進出是一種經常性的流動。在唐初——安史之亂間以少數民族內遷為主。安史之亂這八年期間是本地人口（包括前此遷入的各少數民族）大量外移，而北方後起民族繼續流入幽州。〔註100〕

〔註93〕梁方仲編著，《中國歷代戶口、田地、田賦統計》（上海：上海人民出版社，1980年）。

〔註94〕翁俊雄，《唐代人口與區域經濟》（臺北：新文豐出版公司，1995年）。

〔註95〕翁俊雄，《唐初政區與人口》（北京：師範學院，1990年）。

〔註96〕翁俊雄，《唐朝鼎盛時期的政區與人口》（北京：首都師大，1995年）。

〔註97〕楊遠，〈唐代的人口〉，收入《唐代研究史論集》（臺北：新文豐出版公司，1992年）。

〔註98〕張德美，〈試論唐前期人口重心北移及其影響〉《河北師範大學學報‧哲社版》1，2001年。

〔註99〕吳松第，〈盛唐時期的人口遷移及其特點〉，收入李孝聰主編之《唐代地域結構與運作空間》（上海：上海辭書出版社，2003年）。

〔註100〕寧欣，〈唐代流動人口探析（二）——以幽州地區為中心〉，收入《唐史識見

　　王義康〈唐河北藩鎮時期人口問題試探〉，從藩鎮軍額、散見諸文獻中各府州實際口數及相關材料、河北經濟發展狀況三個方面對河北藩鎮時期的人口進行考察，得知藩鎮時期的實際民戶未必大減於天寶盛時。〔註101〕

四、民族

　　河北地區是民族匯集之處，陳寅恪於〈唐代政治史述論稿〉一文中提出所謂「外族盛衰之連環性」，而唐室統治之中國遂受其興亡強弱之影響，及利用其機緣，或坐承其弊害。並舉突厥、回紇、吐蕃、南詔爲例說明。〔註102〕

　　傅樂成〈唐代夷夏觀念之演變〉中以李唐皇室乃起源於北朝胡化之漢人，於所謂夷夏觀念，本甚薄弱。太宗死後，所謂華夷一家之觀念及政策，仍爲唐室所繼續保持。安史亂後，唐室對於武人，深懷顧忌；夷夏之防，亦因而轉嚴；對異族文化，亦漸有歧視之意。〔註103〕

　　王吉林〈唐太宗的對外經略及其困境〉對唐太宗一朝的對外經略做了深入的分析，太宗貞觀朝幾乎是所向皆捷，唯親征高麗而未獲決定性的勝利。從貞觀十六年開始，唐太宗已展開東西兩面作戰的序幕，太宗在對外開拓上的無法避免的困難，在高宗朝暴露無遺，高宗總章元年終滅高麗，麟德四年滅吐谷渾。唐於此時失安西四鎮於吐蕃，吐蕃成爲與唐相始終的巨患者，太宗兩面作戰，注意於遠方，忽視肘腋，以成此患。〔註104〕

　　朱小琴〈唐初的民族政策〉認爲唐初的「戰」爲各少數民族的臣服打下了基礎，「和」也使得少數民族在一定程度上依附於唐大國的統治以求保全。周邊各小國政權只有與唐修邊交易，以求保境安民，得以生存發展。〔註105〕

　　李鴻賓《唐朝中央集權與民族關係——以北方區域爲線索》認爲安史之亂以前，民族關係的顯著特徵是互相融合。安史之亂以後，唐朝各民族之間的關係呈現出不同的變化趨勢，第一，文化出現分區。第二，胡漢觀念強化。

　　　　錄》（北京：商務印書館，2009年）。
〔註101〕王義康，〈唐河北藩鎮時期人口問題試探〉，《河南社會科學》1，2005年。
〔註102〕陳寅恪，〈唐代政治史述論稿〉，《陳寅恪先生文集》（臺北：中央研究院歷史語言研究所，1971年）。
〔註103〕傅樂成，〈唐代夷夏觀念之演變〉，收入《漢唐史論集》（臺北：聯經出版公司，1984年）。
〔註104〕王吉林，〈唐太宗的對外經略及其困境〉，《史學彙刊》16，1990年。
〔註105〕朱小琴，〈唐初的民族政策〉，《西安教育學院報》2，2003年。

第三，到末期，民族分域與強權勢力開始結合。〔註106〕

　　李蓉〈唐初兩蕃與唐的東北策略〉提到唐初的東北策略基本是迴護佔據遼西走廊的奚與契丹兩蕃，爭取它們的舊附，進而控制遼西地區，達到牽制突厥和高麗的目的。〔註107〕

　　于賡哲〈隋、唐兩代伐高句麗比較研究〉認爲遼東的軍事困境是導致隋軍失利和唐朝改懸更張的根本原因。唐朝用兵高句麗在維護東北邊疆的安全與穩定。當吐蕃與唐朝全面爭奪西域和青海後，唐朝已無暇東顧。〔註108〕

　　李松濤〈論契丹李盡忠、孫萬榮之亂〉：萬歲通天元年契丹李盡忠與孫萬榮叛亂後，唐朝被迫在東北邊境實行退守防禦政策。玄宗時，東北邊防體系中形成了幽州的軍事中心地位，營州成了幽州的從屬配合力量。范陽節度使兼平盧軍節度使因而十分強大，安祿山便據此叛亂。〔註109〕李松濤另文〈試論安史亂前幽州防禦形勢的改變〉則指出孫萬榮與李盡忠的叛亂，打破唐朝本來的防禦體系，迫使唐朝除調整對兩蕃的政策，唐朝不得不在河北加強軍防，在東北採取消極防禦之政略。唐玄宗時仰仗地方社會力量尤其是胡人熟番來抵禦東北諸族，卻給了安祿山握重兵而傾天下的機會。〔註110〕

　　唐前期，在幽州設置二十一個羈縻州以安置內徙之東突厥、粟末靺鞨、奚、契丹、雜胡、新羅等民族，馬馳〈唐幽州境僑治羈縻州與河朔藩鎮割據〉討論了兩者間的關係，歸納出蕃漢一體的所謂「河朔藩鎮割據」，究其實質，則是羈縻州體制在新條件下的繼續和擴大的結論。〔註111〕

　　馬文軍〈試論唐代河北地區胡化漢化的兩種趨向〉文中提到河北地區在安史之亂後便達到了「全是胡化」的高潮，此後河北地區又逐步開始漢化，河北地區在漢化過程中表現出了不同階層、不同地區漢化進度不一，漢化總

〔註106〕李鴻賓，《唐朝中央集權與民族關係——以北方區域爲線索》（北京：民族出版社，2003年）。

〔註107〕李蓉，〈唐初兩蕃與唐的東北策略〉，《四川師範大學學報・社會科學版》2，2003年。

〔註108〕于賡哲，〈隋、唐兩代伐高句麗比較研究〉，收入王小甫主編《盛唐時代與東北亞政局》（上海：上海辭書出版社，2003年）。

〔註109〕李松濤，〈論契丹李盡忠、孫萬榮之亂〉，收入王小甫主編《盛唐時代與東北亞政局》（上海：上海辭書出版社，2003年）。

〔註110〕李松濤，〈試論安史亂前幽州防禦形勢的改變〉，收入王小甫主編《盛唐時代與東北亞政局》（上海：上海辭書出版社，2003年）。

〔註111〕馬馳，〈唐幽州境僑治羈縻州與河朔藩鎮割據〉，《唐研究》第四卷，1988年。

勢中伴隨胡化逆流等現象。〔註112〕

　　康樂〈唐代前期的邊防〉詳論唐代前期的邊防，太宗高宗時國勢的達於顛峰，高宗後帝國國防策略，邊防結構轉趨守勢。天寶十四載（755）安史亂起，至代宗廣德元年（763），唐帝國傾百餘年國力積極經營的防線，除河東關中地區未發生太大變動外，西部防線已幾乎全面崩潰，也爲此一時期的邊防作一結束。〔註113〕

　　桂齊遜在〈唐代都督、督護及軍鎮制度與節度體制創建之關係〉裏指出所謂唐代節度體制的出現，係因唐代前期之邊防體系逐漸不能擔負防禦任務後，循著軍鎮制度發展而成。節度體制發軔於景雲年間，大體完成於開元前期，初始之用意在對外經略，並非對內統治。中唐以降，節度使例兼觀察處置使，有土地、人民、甲兵、財賦，其勢遂牢不可破矣。〔註114〕

　　孟憲實〈唐代前期的使職問題研究〉：軍事使職的產生乃是基於戰爭需要，原來的行軍制度的臨時性質，不能解決戰爭膠著化的問題，於是才有軍鎮體制的應運而生，軍事使職於是隨之出現。軍鎮制度可以被認爲是節度使制度發展的前一個時期，節度使制度就是軍鎮制度的放大。由宇文融開創的財政使職體制在唐後期被發揚光大，財政使職有維護加強中央集權的一面。〔註115〕

　　黃永年〈唐代河北藩鎮與奚契丹〉主要討論了節度使制度的建立及河北藩鎮與奚契丹間的關係等兩個問題。武則天時契丹孫萬榮與李盡忠的叛亂使唐朝左支右絀，結果產生了節度使制度。河北藩鎮的產生以至消滅和奚、契丹始終有著緊密的聯繫。〔註116〕

五、安史之亂

　　天寶十四載（755）爆發的安史之亂成爲唐朝盛衰的關鍵，而唐末五代所

〔註112〕馬文軍，〈試論唐代河北地區胡化漢化的兩種趨向〉，《洛陽師專學報》6，1996 年。

〔註113〕康樂，〈唐代前期的邊防〉，《東海歷史學報》1，1977 年。

〔註114〕桂齊遜，〈唐代都督、都護及軍鎮制度與節度體制創建之關係〉（抽印本），《大陸雜誌》4，1994 年。

〔註115〕孟憲實，〈唐代前期的使職問題研究〉，爲吳宗國主編《盛唐政治制度研究》（上海：上海辭書出版社，2003 年）之第六章。

〔註116〕黃永年，〈唐代河北藩鎮與奚契丹〉，收入《唐代史事考釋》（臺北：聯經出版公司，1998 年）。

發生的變革，到了宋代便出現一個嶄新的局面。內藤湖南〈概括的唐宋時代觀〉〔註117〕與邱添生《唐宋變革期的政經與社會》對此歷史變革有詳細的說明。〔註118〕陳長征《唐宋地方政治體制轉型研究》則研究安史之亂後，藩鎮政權為維護自身利益所採取的一系列加強內部集權的政治、軍事、經濟措施對以後王朝的的影響，從整體上來考察安史之亂後到北宋仁宗近三百年的歷史變遷。〔註119〕

安祿山起兵的經濟條件如何？趙劍敏〈安祿山起兵之經濟條件〉的結論是安祿山起兵所依據的經濟條件，不僅來自河北當地，更有中央政府對他的資助，其他地區的供給。〔註120〕

黃永年〈《通典》論安史之亂的「二統」說證釋〉的重點在於「二統」即哥舒翰所統領的「西方二師」及安祿山所領的「東北三師」，此乃玄宗時兩個最強大的軍事集團。玄宗信用二統，結果東北三師反戈向內，西方三師戰敗潰亡，朔方軍成為朝廷依靠的主要力量。〔註121〕

黃永年〈論安史之亂的平定和河北藩鎮的重建〉：安史之亂平定後，任命安史餘黨田承嗣等為節度使，讓河北藩鎮重建，這是當時河北叛黨勢力尚強大下不得不採用的一種策略。中央政權對安史亂後的河北地區自有一貫的策略，僕固懷恩處理河北問題只是稟承朝廷旨意。〔註122〕

林偉洲〈唐河北道藩鎮的設置、叛亂與轉型──以安史之亂為中心〉（上、下）：唐代節度使的研究，應以安史之亂為界，分成前後兩期。前期因應周邊民族的互動，遂由駐地都督與行軍總管結合，職權擴張型成環邊節度使體制；後期則是因安史之亂唐本部的不設防，建構起數十個小型節鎮的層層防護網。權力過度集中，遂有安史之亂。肅宗以權力分散、均衡的決策，於各道內普設節鎮，道與道間權力互不相涉，則河北道節鎮僅能由安史降將分屬統治。雖欲其彼此形成均衡，但河北節鎮既合縱又連橫的結果，反形成河北

〔註117〕內藤湖南，〈概括的唐宋時代觀〉，收入黃約瑟譯、劉俊文主編，《中國史論著選譯》第一卷〈通論〉（北京：中華書局，1992年7月）。

〔註118〕邱添生，《唐宋變革期的政經與社會》（臺北：文津出版公司，1999年）。

〔註119〕陳長征，《唐宋地方政治體制轉型研究》（濟南：山東大學出版社，2010年）。

〔註120〕趙劍敏，〈安祿山起兵之經濟條件〉，《學術月刊》1，1998年。

〔註121〕黃永年，〈《通典》論安史之亂的「二統」說證釋〉，收入《唐代史事考釋》（臺北：聯經出版公司，1988年）。

〔註122〕黃永年，〈論安史之亂的平定和河北藩鎮的重建〉，收入《唐代史事考釋》（臺北：聯經出版公司，1988年）。

三鎮特殊的勢力。〔註123〕

六、藩鎮

　　藩鎮是唐史研究的重要課題，王壽南《唐代藩鎮與中央關係之研究》〔註124〕
與張國剛《唐代藩鎮研究》〔註125〕是唐代藩鎮研究領域的兩大重要專書。除
王壽南與張國剛外，日野開三郎的專著〈唐代藩鎮の支配體制〉〔註126〕也對
唐代藩鎮作了綜合性的討論。

　　從個別主題研究藩鎮者眾多，宋強剛〈試論唐代藩鎮的歷史地位和作
用〉：唐代藩鎮的歷史作用，一般都比較著重其消極作用，其實藩鎮的割據和
戰爭，促進了均田制的最後崩潰並帶來了封建社會固有等級制度的變化，從
而促進了社會的進步。〔註127〕

　　不同於王壽南與張國剛對藩鎮的分類，王援朝在〈唐代藩鎮分類芻議〉
一文將唐代藩鎮分爲長期割據型、一度割據型、京東防內型、西北防邊型、
南方財源型等五種類型。〔註128〕

　　孟彥弘〈姑息與用兵──朝廷藩鎮政策及其實施〉：安史之亂結束後一批
新軍閥「成長」起來。對此，李唐朝廷政策的核心便是「放棄河北、控制其
餘」，中央在對河朔之外的藩鎮控制得到加強後，總還想再用兵河朔。但這只
是一種理想，而沒有成爲朝廷理性和務實的藩鎮政策的一部分。〔註129〕

　　張天虹〈「河朔故事」再認識：社會流動視野下的考察──以中晚唐五代
初期爲中心〉：五代時期，約從後唐開始，朝廷對河北地區加強了控制。但是
「河朔故事」仍然保持了很大的影響。〔註130〕

〔註123〕林偉洲，〈唐河北道藩鎮的設置、叛亂與轉型──以安史之亂爲中心〉上、
　　　　下，《大葉大學通識教育學報》3、4，2009 年。
〔註124〕王壽南，《唐代藩鎮與中央關係之研究》（臺北：大化書局，1978 年）。
〔註125〕張國剛，《唐代藩鎮研究》（北京：中國人民出版社，2010 年）。
〔註126〕日野開三郎，〈唐代藩鎮の支配體制〉，《日野開三郎東洋史學論集》第一卷
　　　　（東京：三一書房，1980 年）。
〔註127〕宋強剛，〈試論唐代藩鎮的歷史地位和作用〉，《四川教育學院學報》3，2002
　　　　年。
〔註128〕王援朝，〈唐代藩鎮分類芻議〉，《唐史論叢》5，1990 年。
〔註129〕孟彥弘，〈姑息與用兵──朝廷藩鎮政策及其實施〉，《唐史論叢》12，2010
　　　　年。
〔註130〕張天虹，〈「河朔故事」再認識：社會流動視野下的考察──以中晚唐五代初
　　　　期爲中心〉，收入嚴耀中主編，《唐代國家與地域社會研究──中國唐史學會
　　　　第十屆年會論文集》（上海：上海古籍出版社，2008 年）。

　　韓國磐〈唐末五代的藩鎮割據〉：藩鎮割據的條件在經濟方面，首先是藩鎮節度保持和鞏固本鎮土地所有者或者大莊主的利益，其次是藩帥獨占本鎮的財賦；軍事方面，安史亂後，節度使多握有強大兵力，以牙兵為最著。牙兵的設置，更加強了藩鎮兵力，成為藩鎮割據的繼續和發展的重要條件。〔註131〕

　　樊文禮〈安史之亂以後的藩鎮形勢和唐代宗朝的藩鎮政策〉：代宗朝是藩鎮體制形成的初期，也是唐朝制訂對藩政策的開始。代宗朝的對藩政策的確表現出姑息、遷就的一面，在條件允許或力所能及的情況下，朝廷也對藩鎮勢力進行了一些限制甚至打擊。〔註132〕

　　伍伯常〈唐德宗的建藩政策──論中唐以來制馭藩鎮戰略格局的形成〉：德宗在奉天亂後，積極於兩河創置新鎮及重組舊藩，這種措施背後實寓有保障運路、孤立叛藩、打擊逆命及不必如昔日專倚西北和神策部伍而可收制馭叛逆之效等戰略目標。但軍力畢竟強弱懸殊，終唐一代始終沒法將河朔三鎮重歸王土。〔註133〕

　　王賽時〈唐代中後期的軍亂〉中統計了天寶十五年（756）後軍亂次數，共有 224 起。軍亂的類型有因治軍殘暴、虐待將士及其部屬而引起者；有出於將士本身各種原因而發生者；有為爭奪軍權而發動兵變者。朝廷與方鎮處理軍亂的方式則有兩種，一是堅決鎮壓，二是姑息寬縱。〔註134〕

　　張國剛〈唐代藩鎮類型及其動亂特點〉將唐代藩鎮分為河朔割據型（簡稱河朔型）、中原防遏型（簡稱中原型）、邊疆禦邊型（簡稱邊疆型）、東南財源型（簡稱東南型），唐代藩鎮動亂一般可分為兵士嘩變、將校作亂、反叛中央、藩帥殺其部下。唐代藩鎮動亂在形式上表現出封閉性與凌上性，而在內容上則具有反暴性和嗜利性。〔註135〕

　　張國剛〈唐代藩鎮的軍事體制〉：唐代藩軍軍制的內容是十分複雜，其各個藩鎮內部的軍事體制，大體分為三個層次：一是方鎮治所州的牙兵（衙軍），

〔註131〕韓國磐，〈唐末五代的藩鎮割據〉，收入《隋唐五代史論集》（北京：生活、讀書、新知三聯書店出版社，1979年）。
〔註132〕樊文禮，〈安史之亂以後的藩鎮形勢和唐代宗朝的藩鎮政策〉，《煙台師範學院學報‧哲社版》4，1995年。
〔註133〕伍伯常，〈唐德宗的建藩政策──論中唐以來制馭藩鎮戰略格局的形成〉，《東吳歷史學報》6，2000年。
〔註134〕王賽時，〈唐代中後期的軍亂〉，《中國史研究》3，1989年。
〔註135〕張國剛，〈唐代藩鎮類型及其動亂特點〉，《歷史研究》4，1983年。

二是方鎮屬下各個支州（支郡）的駐兵，三是州下各縣軍鎮，一些領州較多的藩鎮，又按軍事需要或地理形勢的便利劃分若干小的軍區。〔註136〕

胡如雷〈唐五代時期的「驕兵」與藩鎮〉：驕兵的存在和藩鎮割據局面的形成互爲表裏，相互影響。掌握不了驕兵，節度使不能進行割據和叛亂，甚至難以生存；得不到驕兵的擁戴，就不會出節度使。發展到五代，就是所謂「國擅於將，將擅於兵」。一直到宋代，藩鎮割據問題才與驕兵逐帥問題一起解決，中央集權遂得以再度恢復。〔註137〕

楊西雲〈唐中後期中央對藩鎮的鬥爭政策——從元和用兵到長慶銷兵〉：元和十五年穆宗實行「銷兵」，次年（長慶元年）唐廷再失河朔。原因是憲宗削藩並沒能觸動河朔三鎮的根基，銷兵政策對藩鎮不利，觸及到他們的切身利益，才激起士兵憤怨。銷兵不是對藩鎮的姑息，而是用兵政策的繼續。〔註138〕

焦杰〈唐穆宗初期再失河朔原因發微——兼論朝廷在藩鎮問題上的失策〉：長慶初年上承元和中興，中央集權相對強大，河朔三鎮在短期內歸而復叛主要原因是藩鎮軍將勢力的強大，三鎮復叛皆與朝廷舉措不當。〔註139〕

劉瑞清〈從德、順、憲三朝看唐中央對藩鎮割據的態度〉：德宗在位期間，政府的兵力和財力都不宜進行持久戰。而德宗急於求成，因此導致一些政策的失誤。順宗也是反對藩鎮割據的。憲宗平定藩鎮，暫時掃清了藩鎮叛亂，恢復了唐中央的威望，被後人尊爲「中興之主」。所以德、順、憲三朝打擊藩鎮的政策是延續的。〔註140〕

李宗保、曾敏〈試論唐末藩鎮對昭宗朝政局的影響〉：唐末局勢動蕩情況下，由於宰相、宦官皆成爲藩鎮跋扈和爭霸天下的幫凶或工具，再加上中央政府本身的軍事力量不如地方藩鎮，由此決定了昭宗朝各項政策的夭折和唐

〔註136〕張國剛，〈唐代藩鎮的軍事體制〉，收入《唐代政治研究論集》（臺北：文津出版社，1994 年）。

〔註137〕胡如雷，〈唐五代時期的「驕兵」與藩鎮〉，收入《隋唐五代社會經濟史論稿》（北京：中國社會科學出版社，1996 年）。

〔註138〕楊西雲，〈唐中後期中央對藩鎮的鬥爭政策——從元和用兵到長慶銷兵〉，《歷史教學》7，1996 年。

〔註139〕焦杰，〈唐穆宗初期再失河朔原因發微——兼論朝廷在藩鎮問題上的失策〉，《唐史論叢》第 6 輯（西安：陝西人民出版社，1995 年）。

〔註140〕劉瑞清，〈從德、順、憲三朝看唐中央對藩鎮割據的態度〉，《陰山學刊》2，2008 年。

王朝的滅亡。〔註141〕

　　程志〈晚唐藩鎮與唐朝滅亡〉：自唐末農民戰爭開始，藩鎮的本質發生了根本性的變化，農民戰爭中或保存實力，或脫離唐廷自立，使唐廷徹底喪失了對地方的控制。在農民起義失敗後，藩鎮不再把唐廷放在眼裡，紛紛擁兵割據，兼併爭奪，出現了「無藩不反」的局面。〔註142〕

　　李愷彥《安史亂後河北地域文化與藩鎮政治》指出唐後期河北地區的文化的特點有一、河北藩鎮內既存在胡化的情況，也存在漢化的情況；二、幽州之胡化程度高於成德、魏博兩鎮，漢化則相反。胡化是藩鎮與中央的對抗的原因之一，藩鎮內部的政治發展也受到胡化的影響，漢化則有著緩和甚至制止和中央對抗的作用。成德、魏博地域的胡化人口經過長期文化交融後走向漢化，幽州鎮一直保持著胡化及獨立性。〔註143〕

　　馮金忠〈唐代河北藩鎮與地域社會〉提出下列觀點：一、唐德宗建中之亂後，河北藩鎮拒絕中央染指河北事務，同時也無心向外擴展和推翻唐中央，長慶復叛後唐王朝放棄了收復河北的努力，不再試圖改變河北故事。因此，雙方維持了長時期相對和平的局面。二、河北藩鎮的統治中，武職僚佐世代為將，遷轉於各藩鎮間；許多河北士族任職於藩鎮、完成由文到武的蛻變；河北地區的士子仍以科舉為仕進正途，選擇在當地任職；三、安史亂後河北成為胡化最重的地區，但漢化乃不可避免的趨勢。四、河北社會除任俠尚武、歧視文士之風外，縱橫之風的復活是另一個特點。〔註144〕

　　毛漢光〈論安史亂後河北地區之社會與文化—舉在籍大士族為例〉認為安史亂後的河北地區，鎮州暨滹沱河以北，其人武質極濃，儒學甚淡；在此以南，其文化水準及文風以兩京即江東士人看來頗為低下。由於士族中央化已十餘代之久，三鎮藩帥多為外族或本地人，加上在原籍之族人漸次南移，安史亂後的河北諸藩鎮之職業軍人，遂填補了這個地區社會勢力的空檔。〔註145〕

〔註141〕李宗保、曾敏，〈試論唐末藩鎮對昭宗朝政局的影響〉，《史學月刊》3，1993年。
〔註142〕程志，〈晚唐藩鎮與唐朝滅亡〉，《東北師大學報·哲學社會科學版》3，1988年。
〔註143〕李愷彥，〈安史亂後河北地域文化與藩鎮政治〉，中央民族大學碩士論文，2006年。
〔註144〕馮金忠，〈唐代河北藩鎮與地域社會〉，《唐都學刊》5，2010年。
〔註145〕毛漢光，〈論安史亂後河北地區之社會與文化—舉在籍大士族為例〉，收入

　　河朔三鎮魏博、成德與盧龍（幽州）性質上被歸納爲割據跋扈型的強藩，關於魏博鎮，毛漢光《魏博兩百年史論》詳論始自安史之亂而迄於趙宋之建國，魏博之歷史。〔註146〕

　　李樹桐〈論唐代的魏博鎮〉中的看法是，魏博鎮極具重要性，其所以重要的原因，在於其位置及交通兩方面來。魏博鎮在唐代是四通八達的交通中心，是一個得之則盛、強、勝利；失之則衰、弱、失敗的地區。〔註147〕

　　方積六〈唐及五代的魏博鎮〉：唐代魏博節度使實力異常強大，竊據一方，原因是(1)長期保持一支戰鬥力很強的軍隊，藩帥自行擁立，形成了軍閥統治。(2)長期管轄6州，地廣人多，爲提供兵源和軍需物資創造了重要物資條件。(3)藩帥直接控制各州縣及幕府屬官，內部統治比較穩定。五代時期魏博軍隊屢遭戰敗而被屠殺，或被徵調入中央禁軍；藩帥由中央政府任免，魏博從地廣兵強而變爲地狹人少；州縣官及藩鎮幕僚的銓選權逐漸收歸中央。〔註148〕

　　韓國磐〈關於魏博鎮影響唐末五代政權遞嬗的社會經濟分析〉：在佔據中原的五個朝代中，魏博鎮對於五個朝代政權的轉變，關係至爲密切，影響至爲重大。魏博既擁有一支維護本鎮莊園主利益的強大軍隊特別是牙軍，同時又是中國北方經濟最繁富之區，因此成爲唐末五代中國北方最強大的方鎮，對於唐末五代政局變化具有很重大的作用〔註149〕

　　渡邊孝〈魏博と成德——河朔三鎮の權力構造についての再檢討〉：魏博初代節度使田承嗣從被封於魏博時，幾乎都沒有自己的將兵。田承嗣必須從當地強迫性地徵兵，並選拔「驍健者萬人」成立魏博牙軍。相對的成德軍李寶臣從安史之亂時就長任於成德軍駐守地，所以兵力是從安史時代就繼承下來成爲藩軍，但成德軍有很多安史以來的舊將，也是威脅藩帥地位的主要

《晚唐與社會文化》（臺北：台灣學生書局，1990年）。
〔註146〕毛漢光，《魏博兩百年史論》，收入《中國中古政治史論》（臺北：聯經出版事業公司，1990年）。
〔註147〕李樹桐，〈論唐代的魏博鎮〉，收入《中國史新論》（臺北：台灣學生書局，1985年）。
〔註148〕方積六，〈唐及五代的魏博鎮〉，收入《魏晉南北朝隋唐史資料——唐長孺教授八十大壽紀念專輯》11（武昌：武漢大學出版社，1991年）。
〔註149〕韓國磐，〈關於魏博鎮影響唐末五代政權遞嬗的社會經濟分析〉，原刊於《廈門大學學報》文史版1954年第五期，後收入《隋唐五代史論集》（北京：生活、讀書、新知三聯書店出版社，1979年）。

因素。

　　成德的藩帥與各將間有著潛在的緊張關係，成德的藩帥爲了強固自己的地位，勢必要有唐朝權威爲靠山。魏博的「將」「兵」是一體的牙軍集團，是可左右藩軍政治動向的主體；相對地，成德的「將」與「兵」之間有地位的隔閡，主導藩軍、政的是「將」。魏博後期是藩帥地位不安定化，成德後期反因藩帥世襲支配而安定化；魏博主體勢力是牙軍集團時團結力更強，成德則是將主體勢力的諸將漸次淘汰弱體化，因此，兩藩由此可理解權力構造的差異。〔註150〕

　　姜密《唐代的成德鎮》：成德鎮有割據時間最長、軍亂較少、「家鎮」管理模式、成德鎮割據並不是要脫離唐朝中央政府、成德鎮割據是爲了實現並傳延「河朔舊事」等割據特點。但是，成德鎮是以唐朝地方政權的形式而出現的藩鎮。節度使一職雖是世襲，而每一任卻也都等待朝廷的認可，各項制度也是以唐中央各項制度爲準繩的，因此，隨著整個唐帝國的滅亡，成德鎮也趨於消亡。〔註151〕

　　張正田〈唐代成德軍節度使之變動——安史亂後初期（781～789）河北中部軍政形勢研究〉：張文主要探討安史亂後河北中部之成德軍，因節度使李寶臣逝世後，內部勢力分裂，進而分裂出易定、滄景兩小藩鎮，及其中各系勢力相互競合之原因與過程。結論是所謂「河朔諸鎮」問題，並非全然是一整體性之政治與文化問題，在河北諸鎮間、甚至至少從成德軍第一次分裂之歷史過程中，可看出河北內部各系勢力間，往往也存在著不同的政經利害關係，這也左右彼此在政治與軍事上的競爭、合作。〔註152〕

　　關於盧龍鎮的研究，吳光華〈唐代盧龍鎮之研究〉中將盧龍政權之始末分成五期。盧龍地域主義爲維繫盧龍政權最重要的基礎，劉仁恭入師幽州，結合胡人的武力與瀛州的經濟力，遂破壞了盧龍之地域主義。盧龍也因此而亡。〔註153〕吳光華另撰有〈唐代幽州地域主義的形成〉〔註154〕，內容不脫〈唐

〔註150〕渡邊孝，〈魏博と成德——河朔三鎮の權力構造についての再檢討〉，《東洋史研究》50卷2號，1995年。

〔註151〕姜密，〈唐代的成德鎮〉，河北師範大學碩士論文，1998年。

〔註152〕張正田，〈唐代成德軍節度使之變動——安史亂後初期（781～789）河北中部軍政形勢研究〉，《國立政治大學學報》22，2004年。

〔註153〕吳光華，〈唐代盧龍鎮之研究〉，台灣大學歷史研究所碩士論文，1981年。

〔註154〕吳光華，〈唐代幽州地域主義的形成〉，收入《晚唐的社會與文化》（臺北：台灣學生書局，1990年）。

代盧龍鎮之研究〉之範疇。

吳光華外，馮金忠亦以幽州鎮爲研究主題，其論文〈唐代幽州鎮研究〉內容大要如下：幽州鎮在結構上表現爲幽州——盧龍二元體制，在土地經營方式上屯田十分發達。在割據特點上亦表現出不同於魏博、成德的特色，主要表現在（1）軍亂頻仍，長期動盪不安，節度使反覆易人。（2）幽州鎮恭順的節帥較魏博、成德爲多，程度較深。〔註155〕

谷川道雄〈關於河朔三鎮藩帥的繼承〉：河朔三鎮藩帥的交替，有父子、兄弟、叔姪間的同姓承襲，也有藩帥權移轉到他姓去的。藩帥的選任，是在「軍眾」、「三軍」之集團與藩帥，這兩者間來舉行，而非出於個人意志。河朔的藩帥，一方面是「伙伴集團」中的一員，一方面是朝廷的使臣，具有這兩面矛盾性格的藩帥，在現實中，也就不能不搖擺於軍人與朝廷之間了。藩鎮終於擺脫這種矛盾，而進一步自立起來，那是黃巢之亂以後的事了。〔註156〕

賈艷紅〈略論唐代的政治婚姻及其作用〉文中認爲政治婚姻是唐代政治、軍事鬥爭的產物，其方式和類型也隨政治、軍事形式的變化而變化。唐朝廷與藩鎮聯姻有助於加強中央對地方的控制，維護中央集權；藩鎮之間的聯姻在初期鞏固了軍事同盟和地方割據，至唐末又有助於壯大強藩的勢力，實現局部的統一。〔註157〕

州與縣是唐代地方行政主要層級，安史亂前由唐中央掌控，但安史亂後藩鎮卻支配著州與縣。夏炎《唐代州級官府與地域社會》〔註158〕及張達志《唐代後期藩鎮與州之關係研究》〔註159〕二書分別探討了州與地域社會及州與藩鎮間的關係。至於縣的層級，張玉興《唐代縣官與地方社會研究》〔註160〕一書作了全面性的研究。

七、幕府

幕府起源甚早，到了唐代，藩鎮幕職成爲士人仕宦的一大出路，而藩鎮

〔註155〕馮金忠，〈唐代幽州鎮研究〉，河北師範大學碩士論文，2000年。
〔註156〕谷川道雄，〈關於河朔三鎮藩帥的繼承〉，《第一屆唐代國際學術會議論文集》（臺北：台灣學生書局，1989年）。
〔註157〕賈艷紅，〈略論唐代的政治婚姻及其作用〉，《齊魯學刊》4，2003年。
〔註158〕夏炎，《唐代州級官府與地域社會》（天津：天津古籍出版社，2010年）。
〔註159〕張達志，《唐代後期藩鎮與州之關係研究》（北京：中國社會科學出版社，2011年）。
〔註160〕張玉興，《唐代縣官與地方社會研究》（天津：天津古籍出版社，2009年）。

對士人也十分重視，士人因此遊走於朝廷與藩鎮之間。

關於唐代藩鎮幕府的研究，嚴耕望，〈唐代方鎮使府僚佐考〉從文武兩系統討論唐代方鎮使府僚佐之全貌，爲唐代藩鎮幕府的研究奠下基礎。〔註161〕

石雲濤的專書《唐代幕府制度》詳細完整的介紹了唐代的幕府制度。〔註162〕另外，石雲濤發表的〈唐代幕府辟署制之研究〉〔註163〕不離專書之內容。

戴偉華，《唐代方鎮文職僚佐考》（修訂本）依吳廷燮《唐方鎮年表》之方鎮排序，考證了自方鎮設立，至唐哀帝天祐四年（907）唐亡止，各方鎮之文職僚佐。藉此書，得以了解僚佐充職的變化與時風的轉移，對於研究藩鎮文職僚佐，是一本重要、實用的工具書。〔註164〕

劉琴雨，《唐代武官選任制度初探》（北京：社會科學文獻出版社，2006年）一書的第五章〈唐代中後期方鎮使府武職僚佐的辟署制〉，對方鎮中的武職僚佐辟署方式與對象、官職薦奏與遷轉、社會構成與地域分布等作了探討。〔註165〕

馮金忠〈唐代河朔藩鎮武職僚佐的遷轉流動——以中央朝官間的流動爲中心〉：安史之亂後，由於河朔地區陷入割據，河朔藩鎮武職僚佐通過正常渠道進入中央朝廷爲官的機會較少。同時，唐廷派朝官入河朔藩鎮任職也是很困難的。河朔武職僚佐進入朝廷爲官多是一種非正常的途徑，主要有棄帥來投和因軍亂而入朝等。唐朝野內外對河朔社會的歧視政策並沒有影響到河朔入朝武職僚佐的仕途發展。他們依靠過硬的軍事才能和強大的政治影響力爲朝廷所重視，並位居高位，在唐後期政治舞台上發揮了十分重要的作用。〔註166〕

〔註161〕嚴耕望，〈唐代方鎮使府僚佐考〉一文，收入《唐史研究叢稿》（香港：新亞研究所，1969年）。

〔註162〕石雲濤，《唐代幕府制度》（北京：中國社會科學出版社，2003年）。

〔註163〕石雲濤，〈唐代幕府辟署制之研究〉，《許昌師專學報・社會科學版》1，1997年。

〔註164〕戴偉華，《唐代方鎮文職僚佐考》修訂本（桂林：廣西師範大學出版社，2007年）。

〔註165〕劉琴雨，《唐代武官選任制度初探》（北京：社會科學文獻出版社，2006年）。

〔註166〕馮金忠〈唐代河朔藩鎮武職僚佐的遷轉流動——以中央朝官間的流動爲中心〉，收入嚴耀中主編《唐代國家與地域社會研究——中國唐史學會第十屆年會論文集》（上海：上海古籍出版社，2008年）。

第二章　河北地區之自然環境與
　　　　　區域經濟發展

　　河北地區古為「九州」中的幽、冀二州，北枕燕山，南臨黃河，西憑太行，東漸於海，「視中原居高負險，有建瓴之勢」〔註1〕，有著十分優越的地理位置。自漢末以來，河北成為各個權力集團爭奪的焦點、治亂的關鍵地帶〔註2〕，以及能否「為王為霸」的決定性因素〔註3〕。宋遼以後，中國的重心移至河北的中北部，河北更被視為控制全國的中心而受到特別的關注。

　　唐初貞觀元年（627）因「山河形便」分全國為十道〔註4〕，如圖 2-1〈唐代貞觀十道圖〉。位於黃河以北、太行山以東的河北地區被劃為河北道，西隔太行山與河東道相鄰，南以黃河為界接壤河南道。開元二十一年（733）又分天下為十五道，河北道改與河東道、都畿道、河南道相接。

　　不含羈縻府州，《舊唐書・地理志二》載河北道有懷、衛、相、魏、澶、博、貝、洺、邢、趙、鎮、冀、深、滄、景、德、定、祁、易、瀛、莫、幽、

〔註1〕　（清）顧祖禹，《讀史方輿紀要》，卷10，〈直隸序〉，頁443。
〔註2〕　東漢末年以後，河北成為矛盾、戰爭、融和、發展、分裂與統一等各種力量衝突與彙集的地區，成為治亂的關鍵地帶。「河北亂則天下亂，河北治則天下治」，河北是影響謂魏晉南北朝歷史發展的重要地區。見牛潤珍，〈魏晉北朝幽冀諸州要論──兼談南北東西形勢的形成〉，收入谷川道雄編，《日中共同研究：地域社會在六朝政治文化上所起的作用》（京都：玄文社，1989年），頁103。
〔註3〕　（唐）杜牧：「山東，王者不得，不可為王；霸者不得，不可為霸。」見《樊川文集》，卷5，〈罪言〉，頁87。此處「山東」主要是指河北地區。
〔註4〕　《舊唐書》，卷38，〈地理志一〉，頁1384。

涿、薊、檀、媯、平、營等 28 個正州並 171 個屬縣。〔註 5〕《新唐書‧地理志三》則有孟、懷、澶、衛、魏、博、相、邢、洺、惠、貝、冀、深、趙、鎮、定、滄、景、德、瀛、莫、幽、易、涿、平、媯、壇、薊、營等 29 州、安東都護府與 174 個縣〔註 6〕。《唐六典‧尚書戶部》中河北道則有懷、衛、相、洺、邢、趙、恒、定、易、幽、莫、瀛深、冀、貝、魏、博、德、滄、棣、媯、檀、營、平、安東等 25 州，但缺縣名〔註 7〕。《新志》較《舊志》增加了玄宗天寶之後的新置州縣〔註 8〕。《唐六典》雖記載 25 州州名，但缺縣名。經考證《新唐書‧地理志三》河北道 29 個正州屬縣的現在位置〔註 9〕，所列 174 縣中，118 縣在今河北省，25 縣在今河南省，20 縣在今山東省，8 縣在今北京市，2 縣在今天津市，1 縣在今遼寧省。如此，唐代河北道的地理範圍實以今河北省為主體，兼有今北京市、天津市、遼寧省、河南省、山東省等的部分地區。若將河北道所轄羈縻府州劃入河北道北部〔註 10〕，河北道的地理範圍將涵括今日河北省和內蒙古、東北三省以至俄羅斯遠東沿海地區均涵括其中。〔註 11〕

　　河北道大致可以燕山為界分為河北道北部與河北道南部，〔註 12〕如圖 2-3〈開元二十九年（741）河北道北部〉、圖 2-4〈開元二十九年（741）河北道南部〉。北部具有防守邊疆的戰略地位；南部則饒富物產，人口眾多，交通便利，經濟發達。安史亂後的唐朝藩鎮林立，如圖 2-2〈元和年間（806～820）

〔註 5〕　《舊唐書》，卷 39，〈地理志二〉，頁 1488～1527。

〔註 6〕　《新唐書》，卷 39，〈地理志二〉，頁 1009～1023。

〔註 7〕　《唐六典》，卷 3，〈尚書戶部〉，頁 66～67。

〔註 8〕　《舊志》裏的祁州與鎮州靈壽縣、媯州媯川縣為《新志》所無，《新志》少了祁州，多了孟州與惠州：少了鎮州靈壽縣與媯州媯川縣 2 縣，新增孟州的河陽、氾水、河陰、溫、濟源及魏州的永濟等 6 縣，其餘 168 縣兩《志》相同。《舊志》中魏州與澶州均載有臨黃縣，實為同一縣，故兩《志》有 168 縣相同。

〔註 9〕　參見吳松弟編著，《兩唐書地理志匯釋》（合肥：安徽教育出版社，2002 年）「河北道」：《中國歷史大辭典‧歷史地理卷》（上海：上海辭書出版社，1996 年）。《中國歷史大辭典‧隋唐五代史》（上海：上海辭書出版社，1996 年）。

〔註 10〕　《新唐書》，卷 43 下，〈地理志七下〉，頁 1119。

〔註 11〕　譚其驤主編之《中國歷史地圖集‧隋唐五代時期》將《新唐書‧地理志三》之羈縻府州劃入河北道北部，地理範圍有今日河北省、內蒙古、東北三省以至俄羅斯遠東地區。

〔註 12〕　以燕山為界，燕山以南為農業區，燕山以北為半農半牧區，再北為遊牧區。見史念海，〈唐代河北道北部農牧地區的分布〉，收入《唐代歷史地理研究》（北京：中國社會科學出版社，1988 年），頁 112、128。

唐代藩鎮圖〉，跋扈的魏博、成德、幽州三鎮亦仰賴河北原有優越的經濟條件，得與朝廷長期對抗。以下分三節討論河北道的自然環境、區域經濟以及戶口變動。

圖 2-1　唐代貞觀十道圖（貞觀十四年，640）

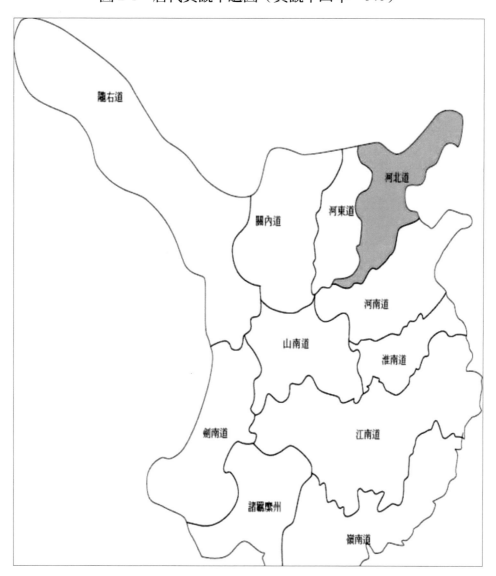

資料出處：程光裕、徐聖謨主編，《中國歷史地圖》上冊（臺北：中國文化大學出版社，1984年），圖二十三〈唐代十道圖〉，頁 45～46。

圖 2-2　唐代元和藩鎮圖（元和年間，806～820）

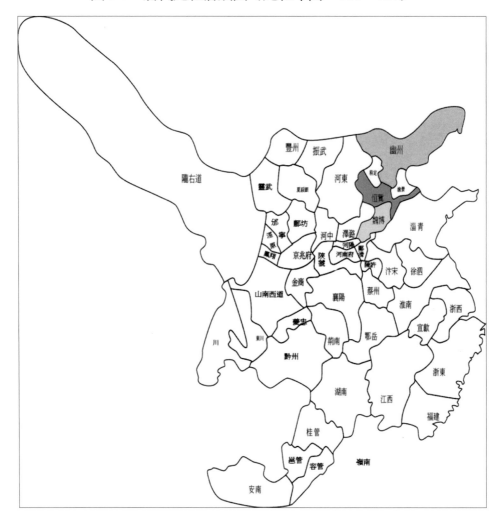

資料出處：程光裕、徐聖謨主編，《中國歷史地圖》上冊（臺北：中國文化大學出版部，1984
年），圖二十四〈唐代藩鎮圖〉，頁 48。

圖 2-3　唐河北道北部圖（開元二十九年，741）

資料出處：譚其驤，《中國歷史地圖集》，第五冊《隋、唐、五代十國時期》（上海：地圖出版
　　　　社，1982 年），〈唐河北道北部圖〉，頁 50～51。

圖 2-4　唐河北道南部圖（開元二十九年，741）

資料出處：譚其驤，《中國歷史地圖集》，第五冊《隋、唐、五代十國時期》（上海：地圖出版
　　　　社，1982 年），〈唐河北道南部圖〉，頁 48～49。

第一節　自然環境

人類生活在大自然中，無法避免週圍環境因素（自然環境、社會環境）的影響，而自然環境中的地形、水文往往左右著一個地區的發展與興衰，因此，本節就河北地區的地形與水文進行研究。

壹、地形

顧祖禹稱河北「滄海環其東，太行擁其右，漳衛襟帶於南，居庸鎖鑰於北，幽燕形勝實甲天下。」〔註13〕位置關鍵，乃兵家必爭之地。〔註14〕

本區地貌特徵明顯：背倚聳峙的羣山，面向浩瀚的海洋。西部和北部，高原盤踞，山巒疊起；東南部，平原展布，坦蕩如砥，地勢起伏大。地貌類型山地、丘陵、高原、平原和盆地等五大類型俱全。自東南向西北，由沿海到內陸，地勢逐級上升，宛如三級階梯。

高原占據著西北角，是內蒙古高原的一部分。高原在當地俗稱「壩上」，故又稱「壩上高原」，是第一級階梯。

冀北山地、冀西北山間盆地和冀西太行山地彼此連接，構成第二級階梯，成弧形環抱著平原。

壩上高原區、冀北山地區、冀西北山間盆地區、冀西山地區如同一道綿延不斷遮蔽河北的天然屏障。其中壩上高原橫亙在北方高原與華北大平原之間，海拔1200至1500公尺，是阻止北方草原游牧民族南下的重要屏障。

冀北山地北連壩上高原，西以白河谷地與冀西北山間盆地分界，屬於層巒疊嶂的燕山山脈。〔註15〕燕山西連太行山，東達山海關海濱，為黃河流域

〔註13〕（清）顧祖禹，《讀史方輿紀要》（上海：上海書店出版社，1998年）卷10，〈直隸一〉，頁468。

〔註14〕從軍事歷史看，河北是兵家必爭之地，清朝以前，該區域共發生戰爭700餘次，在全國處於第四位。見胡阿祥主編，胡阿祥、彭安玉、郭黎安著，《兵家必爭之地——中國歷史軍事地理要覽》（海口：海南出版社，2008年），頁416。

〔註15〕「燕山」，各家說法不一。歷史上的燕山，係指冀東薊縣、遵化、玉田三角地區的山地而言。地理上的燕山山脈已向北延展到長城以外，包括了霧靈山、五指山、都山等地。地質學上所謂的燕山地區實際上是泛指前熱南、冀東山地而言。燕山與太行山在今北京市交會，兩大山脈的天然分界線即位於北京西北方的關溝，關溝是中原地區通往西北高原的險要通道。見鄧綬林、劉文彰、楊積餘編著，《河北省地理》（石家莊：河北人民出版社，1986年），頁25。

主幹山脈之一。

山峰大多在 1000 公尺以上，且峰谷參差，河谷狹窄，急流奔瀉。山南傾斜度大，急落爲丘陵平原，山北傾斜度小，舒展爲高寒草原。長城沿高脊修築。灤河有許多隘口、潮白河及其支流將石英岩山脊切出許多隘口，如潘家口、喜峰口、古北口等，成爲交通要道與古代重兵防守的險關，極具戰略地位。故顧祖禹曰：「燕冀之北有松亭關、古北口、居庸關，此中原險要所恃以隔絕匈奴者也。」〔註 16〕燕山一旦失守，來自東北、蒙古高原上的遊牧民族便可長驅直入，危及中原政權的統治。五代時，後晉石敬瑭割讓燕雲十六州，拱手將此一戰略地區交給契丹，致使宋朝長期處於外族威脅之下，嚴重影響宋朝的發展。

冀西北山間盆地區，山谷相間分布，山地多在 1000 公尺以上，由地塹發育而成的谷地和盆地多呈串珠式分布，張家口、宣化、懷來、陽原、懷安、蔚縣、龍關、趙川等谷地和盆地，如珠珠相連，與冀北山地連成一片，共同構成華北平原的天然屏障體系。

冀西山地屬連綿起伏的太行山地「隔絕東西，今古之大防。」〔註 17〕是河北平原與山西高原的天然界限，亦是河北安全之所恃。因山以西爲高原地貌，所以山脈西側坡度徐緩；東側則斷層下陷爲廣大平源，坡度因而陡峻。太行山爲黃河流域主幹山脈，南抵黃河，北始拒馬河，長四百餘公里，與燕山山脈在今北京市相接。《元和郡縣圖志‧河北道一》敘太行山：

> 太行山首始於河內，自河內北至幽州，凡百嶺，連互十二州之界。
> 有八陘：第一曰軹關陘，今屬河南府濟源縣，在縣理西十一里；第二太行陘，第三白陘，此兩陘今在河內；第四滏口陘，對鄴西；第五井陘，第六飛狐陘，一名望都關，第七蒲陰陘，此三陘在中山；第八軍都陘，在幽州。太行陘闊三步，長四十里。〔註 18〕

太行山區主要由五台山、恆山、中條山及太行山組成。山間有許多盆地，土質肥沃，農業發達，是邊境防禦的重要物資供應基地。山西高原與河北平原通過太行山的陘道可以相通。連山中斷爲陘。「太行八陘」中，有五陘在今河北境內，分別是井陘（井陘縣）、滏口陘（磁縣）、飛狐陘（蔚縣）、蒲陰陘

〔註 16〕 （清）顧祖禹，前引書，頁 469。
〔註 17〕 （清）顧祖禹，前引書，頁 445。
〔註 18〕 《元和郡縣圖志》，卷 16，〈河北道一〉，頁 444。

（易縣）、軍都陘（今北京市昌平區）。其中「井陘」自古爲山西太原東通河北之最主要大道，爲天下九塞之一。〔註19〕「滏口陘」，即古代壺關道，東晉十六國及北朝時代，鄴城爲重地、偏霸國都，由鄴城西至河東、太原、遼州諸道皆以滏口爲樞紐。安史亂後，唐朝在此設置澤潞節度使，藉控制太行山東之邢、磁、洺三州，以鍥入成德與魏博兩鎮之間，期能抑制河北三鎮之勢力。〔註20〕「飛狐陘」位於中國古代北塞東段，在八陘中途程最長，自先秦以來即爲南北交通之要道，天下控扼要道之一，與句注（雁門）、盧龍並稱北方之險之首。天寶十四載（755）之後，河北藩鎮跋扈，不受朝廷節制。德宗建中二年（783）在易定設立義武鎮，直屬中央。義武鎮位處成德、幽州兩鎮之間，朝廷利用飛狐道以伸展中央勢力於河北，義武鎮則發揮間開河北三鎮，使其不能聯爲一氣的作用。〔註21〕「軍都陘」爲太行八陘之最北陘道，幽州近處通往山北之最主要孔道，用兵通使與商貿往來，莫不由之，故自先秦兩漢以來極受重視。軍都陘西北有居庸關，又名軍都關、納款關，「東連盧龍、碣石，西屬太行、常山，實天下之險。」〔註22〕居庸關外石門關，「關路崖狹，一夫可以當百，此中國控扼契丹之險也。」〔註23〕

第三級階梯——平原。平原位於東南部，西、北兩廂爲弧形山地環繞，大致以 100 公尺等高線與低山丘陵區分界。平原土地遼闊，地勢低平，地表坦緩，海拔高度代於 50 公尺的占絕大部分。〔註24〕

太行山以東，燕山以南的河北平原地區，即黃（河）海（河）平原，河北屬《禹貢》古冀州之域，簡稱冀，又爲燕趙舊地，故別稱燕趙。唐代河朔三鎮連兵，爲朝廷大患，而魏博、成德、幽州三鎮都在黃河以北的平原。

河北平原中部和東部是黃河及太行山、燕山流出的河流在歷史上多次遷徙、氾濫而成的沖積平原，古河道和河流間的窪地相間排列。大清河以北主

〔註19〕所謂「九塞」指大汾、冥扼、荊阮、方城、殽、井陘、令疵、句注、居庸等古中原長城要塞，見《呂氏春秋》，卷13，〈有始覽第一〉。

〔註20〕嚴耕望，〈太行滏口壺關道〉，《唐代交通圖考・河東河北區》（臺北：中央研究院歷史語言研究所，1986年），頁1421。

〔註21〕嚴耕望，〈太行飛狐諸陘道〉，《唐代交通圖考・河東河北區》（臺北：中央研究院歷史語言研究所，1986年），頁1503～1504。

〔註22〕《新唐書》，卷39，〈地理志三〉，頁1022。

〔註23〕《新五代史》，卷73，〈四夷附錄二〉，頁905。

〔註24〕鄧綬林、劉文彰、楊積餘編著《河北省地理》（石家莊：河北人民出版社，1986年），頁3～5。

要是永定河沖積平原,衡水以北,大清河以南,東至滄州,青縣一帶,主要是由滹沱河、滏陽河、大清河部分支流形成的沖積平原,屬於沉積帶。這一帶洼地與湖泊相間,有名的白洋淀、文安洼。越往東,地勢越低,排水不暢,使平原的土質含沙量很高,鹽漬化很重。造成的原因是大運河的修建,運河像一堵牆,阻擋了西邊來水的排泄。大運河以東屬於濱海沖積海積平原,受海水潮汐影響,古代被稱作「斥鹵之地」。〔註25〕

河北平原有發達的經濟、密度高的人口,在軍事上也不容忽視。原因為(一)河北平原地勢坦蕩,土層深厚,是極為重要的農耕區,對奪取戰爭勝利的軍事意義,不言可喻。(二)河北平原東瀕渤海,是大集團決戰的主要場所,戰略意義舉足輕重。(三)河北平原上水系叢密,從西部和北部山地向東南匯集,注入渤海。由於該區夏秋炎勢,降水豐沛,因而雨季洪水氾濫,河水漲滿,阻礙軍事行動。以遊牧民族為主的北方強敵不習慣在濕熱多雨的季節作戰,往往不敢輕舉妄動。叢集的河流成為固守河北、抵禦邊患的天然屏障。〔註26〕因此,河北平原向為兵家所重視。

貳、水文

一、水系

本區河流有海河與灤河為兩大水系。海河是中國華北地區大河之一,也是本區最大的河流。海河水系形成以前的河北平原水系,從西周至春秋戰國時代,流經河北平原的主要河流是黃河。西漢時黃河幹流東移至今黃驊縣附近入海,東漢時黃河南移經山東北部,至今濱縣、利津一帶入海。海河支流眾多,長10公里以上的約300餘條。大多發源於燕山、恆山、五台山、太行山脈,出山後進入平坦的河北平原,河道極不穩定。諸流可以拒馬河下游為界分為南北二系,南系包括清、漳、滹沱、滹、淶、易等水,北系包括沽、潞、鮑丘、泃、庚等水。最後眾支流匯為五大支流,即今之北運河、永定河、大清河、子牙河和南運河,所謂的華北五河。五河分別自北、西、南三面匯流至天津,構成典型的扇狀水系,至天津後始名海河。如圖2-5唐海河流域水系圖。

〔註25〕 李孝聰,《中國區域歷史地理》(北京:北京大學出版社,2004年),頁171~172。

〔註26〕 胡阿祥、彭安玉、郭黎安,前引書,頁417~418。

圖 2-5　唐海河流域水系圖

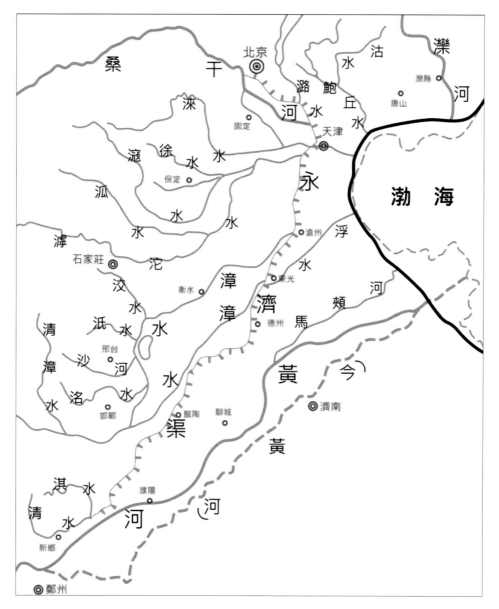

資料出處：鄒逸麟主編，《黃淮海平原歷史地理》（合肥：安徽教育出版社，1993 年），圖 4-9
　　　　　海河水系穩定階段（唐）海河流域水系圖，頁 150。

　　五河中的南運河水系幹流由漳河和南運河構成，是海河水系中最長的一
條。

　　子牙河水系上游為滹沱河，源出山西繁峙縣泰戰山，東南至河北黃壁

莊進入河北平原，又東至獻縣滏陽河后稱爲子牙河，爲海河水系第二大支流水系。

　　大清河水系上游爲瀦龍河，源出山西靈丘縣太白山南麓，稱爲大沙河，東南至河北陽曲縣進入河北平原，在安國縣明官店會磁河後始稱瀦龍河，至文安蘇橋會白溝河後始稱爲大清河。

　　永定河水系上游爲桑乾河，源出山西寧武縣管涔山東麓，東北過懷來稱爲永定河，在石景山進入河北平原，是海河的第三大水系。

　　北運河水系上游爲溫榆河，源出軍都山南麓，過通縣內河橋以下爲北運河，至天津入海河，爲海河最小的一個支流水系。

　　海河水系的形成係經過四個階段的演變，包括雛型階段（戰國中期以前）、形成階段（戰國中期至西漢前期）、發展階段（西漢後期至隋）、穩定與改造階段（唐至今）。東漢末年，海河五大水系匯流天津共注海河入海的局面已經基本形成。〔註27〕酈道元在《水經・沽河》注曰「清、淇、漳、洹、滱、易、淶、濡、沽、滹沱，同歸于海。故《經》曰派河尾也。」〔註28〕已明確指出五大水系匯流的情形。隋以後海河水系進入長期穩定的階段，屬於相當穩定的統一水系系統。目前的海河水系除沁水外，基本上即隋煬帝時代的水系格局。

　　灤河是本區第二大河，主要流經今河北省東北部，其次是內蒙古自治區南部南部及遼寧省西南部的各一小部分。〔註29〕灤河（濡水）源於上都河與連淵水，《水經・濡水注》說明灤河下游在今樂亭之北，已分爲二支分流入海：

> 濡水自孤竹城東南逕西鄉北，郱溝水注之，水出城東南，東流注濡
> 水。濡水又逕故城南，分爲二水，北水枝出，世謂之小濡水也。東
> 逕樂安亭北，東南入海。濡水東南流，逕樂安亭南，東與新河故瀆
> 合。……新河又東分爲二水，枝瀆東南入海。〔註30〕

但具體在何處入海，尚不太清楚。如圖 2-6 灤河下游演變圖。

〔註27〕鄒逸麟，前引書，頁 132～154。

〔註28〕（北魏）酈道元著，陳橋驛校證《水經注校證》（北京：中華書局，2007 年），
　　　　頁 338。注中「派河」應爲「沠河」。

〔註29〕鄧綬林、劉文彰、楊積餘編著《河北省地理》（石家莊：河北人民出版社，1986
　　　　年），頁 90。

〔註30〕（北魏）酈道元，陳橋驛校證，前引書，頁 347。

圖 2-6　灤河下游演變圖

資料出處：鄒逸麟主編，《黃淮海平原歷史地理》（合肥：安徽教育出版社，1993 年），圖 4-10 灤河下游演變圖，頁 153。

二、湖沼

湖沼包括湖泊與沼澤兩種地貌類型，古代統稱為「澤藪」或「藪澤」。在調蓄水量、供給引水、灌溉、航運乃至調節氣候等方面都起著重大作用。

北魏酈道元之《水經注》記載了六世紀前後中國湖沼的詳細情況。根據鄒應麟的研究，《水經注》中的湖沼名目繁多，計有湖、澤、藪、淀、渚、淵、坑天然湖沼以及陂、塘、池、潭、堰利用自然窪地蓄水而成的人工湖泊等十二種類型；黃淮海平原的大小湖沼共有 190 個之多，如圖 2-7《水經注》記載

湖沼分布圖，位屬後世唐代河北道範圍內的湖沼則有 57 個，如表 2-1《水經注》黃淮海平原湖沼分布表（唐河北道範圍）。

圖 2-7　《水經注》記載湖沼分布圖

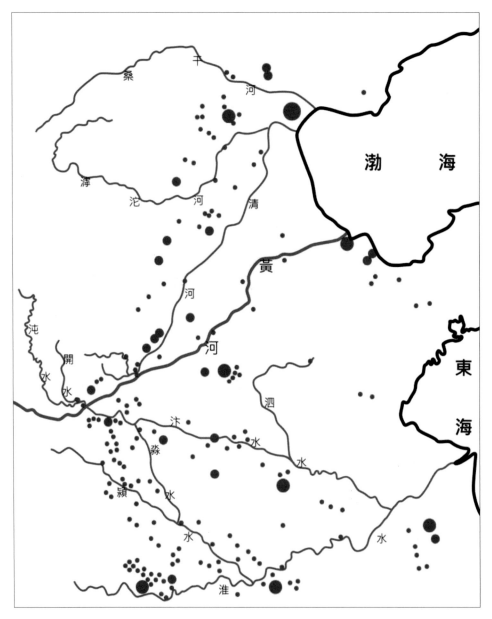

資料出處：鄒逸麟主編，《黃淮海平原歷史地理》（合肥：安徽教育出版社，1993 年），圖 5-2
《水經注》記載湖沼分布圖，頁 186。

表2-1　《水經注》黃淮海平原湖沼分布表（唐河北道範圍）

地　區	湖　沼　名	備　註
河北平原北部	謙澤、西湖、護淀、鳴澤渚、金臺陂、范陽陂、曹河澤、小淈淀、陽城淀、蒲澤、夏澤、督亢陂、西淀、長潭、故大陂、梁門陂、大淈淀、蒲水淵、清梁陂、天井澤	
河北平原中南部	狐狸淀、烏子堰、淀（青縣西）、泜湖、大浦淀、淀（青縣北）、廣麋淵、大鹿澤、澄湖、雞澤、清淵、澤渚、澤藪、郎君淵、白鹿淵、堂池、柯澤、渚、廣博池、從陂、武強淵、張平澤、落里坑、沙邱堰、穢野薄	大鹿澤又名大陸澤
豫東北魯西南	吳澤（大陸澤）、安陽陂、湖陂、白祀陂、黃澤、鸕鷀陂、百門陂、卓水陂、白馬湖（朱管陂）、同山陂、臺陂、澶淵	

　　唐代河北道的湖沼在《新唐書・地理志》、《元和郡縣圖志》與《太平寰宇記》等地理書中均有記載，如表2-2唐代河北道湖沼表。從表中可以了解湖沼除有著調蓄水量、供給引水、灌溉、航運、調節氣候等功能外，也可作為帝王遊獵的場所。湖沼中水生動植物具有很高的經濟價值，百姓藉以為生。因此，湖沼的利用備受統治者的重視。

表2-2　唐代河北道湖沼表

資料出處	《新唐書・地理志三》	《元和郡縣圖志・河北道》	《太平寰宇記・河北道》
(州名)湖沼名(功能)	(孟州)牛口渚、梁公堰(漕運)、枋口堰 (懷州)吳澤陂 (邢州)大陸澤 (冀州)葛榮陂 (趙州)廣潤陂(畜洩水利) (薊州)渠河塘(溉田)、孤山陂(溉田)	(懷州)平皋陂(多菱葉蒲葦，百姓資其利) (相州)黃澤、鸕鷀陂(蒲魚之利，州境所資) (冀州)武強湖 (深州)大陸澤 (趙州)廣阿澤 (定州)天井澤、陽城淀(莞蒲菱芡，靡所不生) (滄州)薩摩陂(蒲魚之利)	(孟州)牛口渚 (懷州)平皋陂(多菱蓮蒲葦，百姓資其利)、吳澤陂 (魏州)黃澤、鸕鷀陂(蒲魚之利，州境所資) (衛州)百門陂(溉田) (澶州)放鶴池 (洺州)雞澤(魚鱉菱芡，州境所資)、董塘陂、唐臺澤(康臺澤) (邢州)廣阿澤(葭蘆、菱蓮、魚蟹之類，充牣于中。澤畔又有鹹泉，煮而成鹽，百姓資之) (趙州)大陸澤(即廣阿澤、又名大鹿澤、鉅鹿澤) (祁州)盤蒲澤 (鎮州)蒲澤、雷澤 (定州)天井澤、靈沼(蒲魚之利)、滋泊(蒲魚之利) (冀州)武強湖 (滄州)薩摩陂(蒲魚之利) (瀛州)大浦淀(大廉陂)

第二節　唐代河北道的經濟發展

　　河北道是唐朝一個非常重要的地區，唐玄宗稱大河南北「人戶殷繁，衣食之源，租賦尤廣。」〔註31〕冀朝鼎視河北地區為「基本經濟區」，是中國歷史上各個集團爭相掌控以求征服與統一中國之處。〔註32〕

　　回顧歷史，河北地區自戰國秦漢以後到唐代一直是一個富饒的經濟單位，是一個戰略所必爭，國家盛衰所維繫的重要區域。河北地區古為幽，冀二州，戰國時期分屬於燕、趙、魏、齊等國（只懷州屬韓）。趙、魏、齊諸國是當時政治上和經濟上的強大國家。西漢時為山東之地，「多魚、鹽、漆、絲、馬牛羊」等，而整個北方則銅鐵之利，「千里」之內，「往往山出棊置」。齊則冰紈綺繡純麗之物，「號為冠帶衣履天下」。趙亦「仰機利而食，作巧姦治，多美物。」燕處「勃碣之間，南通齊、趙，東北邊胡，上谷至遼東，有魚鹽棗栗之饒」。〔註33〕光武帝據河內，因此建立東漢帝國的基礎。魏晉時「冀州帶甲百萬，穀支十年」〔註34〕，永嘉之亂時，北方遍地糧荒，割據河北的王浚卻「積粟五十萬斛」。〔註35〕魏晉以後，山東河北是破壞較重的地區，但到了北朝又被恢復起來，所以《北史》記載「國之資儲，唯籍河北」〔註36〕。後魏時，僅「滄、瀛、幽、青、四州與邯鄲（僅四灶）的鹽產每年即達「二十萬九千七百八斛四斗」〔註37〕，可以滿足全國的軍國所需。隋統一以後，河南河北人口眾多，物質上則是關內和隋帝國政權的主要支援力量。

　　唐朝建立之後，太宗李世民對河北的經濟地位的評價是：「山東人物之所，河北蠶綿之鄉，而天府委輸，待以成績。」〔註38〕貞觀年間下詔「於洛、

〔註31〕　《全唐文》，卷31，〈論河南河北租米折流本州詔〉，頁149。

〔註32〕　冀朝鼎認為中國歷史上的每一個時期，有一些地區是比其他地區受到更多的重視。這種受到特殊重視的地區，是在犧牲其他地區利益的條件發展起來的，這個地區就是統治想要建立和維護的所謂「基本經濟區」。不管是哪一個集團，只要控制了這一地區，它就有可能征服與統一全中國。見冀朝鼎著，朱詩鰲譯，《中國歷史上的基本經濟區與水利事業的發展》（北京：中國社會科學出版社，1981年），頁8～10。

〔註33〕　《史記》，卷139，〈貨殖列傳〉，頁3254～3265。

〔註34〕　《三國志・魏志》，卷6，〈袁紹傳〉，頁191。

〔註35〕　《晉書》，卷39，〈王沈附浚傳〉，頁1150。

〔註36〕　《北史》，卷15，〈魏諸宗室・常山王遵附暉傳〉，頁572。

〔註37〕　《通典》，卷10，〈食貨十・鹽鐵〉，頁230。

〔註38〕　《資治通鑑》，卷190，〈唐紀六〉，「高祖武德五年（622）壬申條」，頁5963。

相、幽、徐、齊、并、秦、蒲州置常平倉，粟藏九年，米藏五年，下濕之地，粟藏五年，米藏三年，皆著于令。」〔註 39〕「九年」，「五年」之久的平常積蓄多少反映了此一地區農業生產的富饒情況。

此外，《通典・食貨・屯田》記載，「天寶八年（749），天下屯收百九十一萬三千九百六十石。」「河北四十萬三千二百八十石。」〔註 40〕河北屯收約為全國總產量的五分之一。《通典・食貨・輕重》記載天寶八年（749），「義倉總六千三百一十七萬七千六百六十石」，「河北道千七百五四十萬四千六百石」〔註 41〕，相當關內、河東、隴右、劍南、淮南、諸道之和。河北道已是國家財政收入的主要來源之一。《通鑑考異》引天寶十四載（755）顏杲卿上書安祿山陳楊國忠罪狀，更明確的指出：「今河北殷實，百姓富饒，衣冠禮樂，天下莫敵」。〔註 42〕《全唐文》，卷 316，〈安陽令廳壁記〉內載：「天寶以來，東北隅節度位冠諸侯，按數軍鉦鼓，兼本道連帥，以河北貢籠徵稅，半乎九州。」〔註 43〕《唐語林》述開元初「河北諸道租庸，充滿左藏。財寶山積，不可勝計。」〔註 44〕這些都是對河北地區的經濟地位的絕佳說明。

河北道物產豐富，但水利是農業發展所必須，交通則影響地區經濟的興衰，因此，本節分別就水利、交通、物產等項加以敘述。

壹、水利

冀朝鼎在《中國歷史上的基本經濟區與水利事業的發展》一書中云：

> 發展水利事業或者說建設水利工程，在中國，實質上是國家的一種
> 職能，其目的在於增加農業產量以及為運輸，特別是為漕運創造
> 便利條件。諸如灌溉渠道、陂塘、排水與防洪工程以及人工水道
> 等，多半是作為公共工程而建造的，它們同政治都有著密切的聯
> 繫。各個朝代都把它們當作社會與政治鬥爭的重要手段和有力的武
> 器。〔註 45〕

〔註 39〕　《新唐書》，卷 51，〈食貨一〉，頁 1344。

〔註 40〕　《通典》，卷 2，〈食貨二・屯田〉，頁 44。

〔註 41〕　《通典》，卷 12，〈食貨十二・輕重〉，頁 293。

〔註 42〕　《資治通鑑》，卷 217，〈唐紀三十三〉，「玄宗天寶十四載（755）條」，頁 5963。

〔註 43〕　《全唐文》，卷 316，李華〈安陽縣令廳壁記〉，頁 1438。

〔註 44〕　（宋）王讜著、周勛初校證，《唐語林校證》（北京：中華書局，1997 年），卷 3，〈夙慧〉，頁 309。

〔註 45〕　冀朝鼎，前引書，頁 8。

說明了水利事業在農業乃至國家方面所具的重要性。全漢昇指出水利灌溉對中國西北黃土的生產力有很大的貢獻：

> 水利灌溉對於中國西北黃土的生產力，有很大的貢獻；因爲由於黃土的多孔性和毛細管作用，只要得到充分水量的供給，牠便可像海綿般吸收水分，把深藏在地底下的礦物質帶上來，以便穀物的根來吸取。因此，中國西北的黃土，經過適宜的灌溉後，便成爲最肥沃的土壤，可以生產多量的農作物。〔註46〕

例如戰國時魏史起利用漳水溉鄴「以富魏之河內」，使原本不宜生產的鹹苦之地轉成爲稻粱的重要產區；〔註47〕秦開鄭國渠灌溉了關中四萬餘頃沼澤鹹苦之地，產量豐富，關中因此成爲沃野，「秦以富彊，卒并諸侯」。〔註48〕上述二例顯示了水利灌溉與農業之間的依存關係。而戰國至秦時在黃河上游的大興水利，是北方能成爲古代中國經濟重心的重要原因之一。

　　唐代的水利設施在《新唐書·地理志》裏有詳細的記載，其中有些是在原有的基礎上修復起來的，有些尤其是南方則是新建的。〔註49〕唐代的水利設施爲數多少？各家看法不一。屈弓在冀朝鼎、鄒逸麟、韓國磐、宋錫民等人的研究上提出較新的論述：「見於唐宋正史及各類史志的工程計有325項，見於清代省志及部份宋、元、明地方志，而爲唐宋史志所遺漏的工程共有82項，兩者相加，總計407項。」〔註50〕至於興建的時間與各道的數目如表2-3唐代水利設施分布表。

〔註46〕全漢昇，〈唐宋帝國與運河〉，《中國經濟史研究》（上）（板橋：稻香出版社，2003年），頁266。

〔註47〕《漢書》，卷29，〈溝洫志〉，頁1677。

〔註48〕《史記》，卷29，〈河渠書〉，頁1409。

〔註49〕冀朝鼎，前引書，頁102。

〔註50〕歷來學者討論唐代水利工程的數目因爲使用的史料與統計標準而有所不同，如冀朝鼎的254項、鄒逸麟的264項、韓國磐的269項、宋錫民的275項等，使用的史料大約爲唐宋正史及各類史志、依據明清碑志從而間接取材於唐宋碑志的清代省志兩大類，屈弓認爲對於這兩大類史料要「兼收並蓄」，才能盡可能地掌握水利工程的全貌。見屈弓，〈關於唐代水利工程的統計〉，《西南師範大學學報》1，1994年，頁101～103。

表2-3　唐代水利設施分布表〔註51〕

道	關內	京畿	河東	河北	河南	都畿	淮南	山南東	山南西	江南東	江南西	劍南	嶺南	隴右	百濟	合計
唐代前期	2	20.5	15	57	29	14	7	1.5		28	13	18	3	1	1	210
唐代後期	6	18	3	3	10	11	12	6	1	72	29	7	4			182
時間不詳		1	2	1	5	1				5						15
合　　計	8	39.5	20	61	44	26	19	7.5	1	105	42	25	1	1	1	407

　　從上表中可以歸納出下列幾點：1.唐代前期的水利設施是多過唐代後期的，與清朝顧炎武「天寶以前者，居什之柒。」〔註52〕的論點大致相符。2.唐代前期河北道水利設施的數額遙遙領先其餘各道，唐代後期則以江南東道名列前茅。3.唐代前期北方的水利設施遠多於南方，唐代後期北方遠遜於江南，顯示了唐代經濟重心由北轉南的趨勢。

　　如表2-3，唐代前期河北道的水利設施冠於全國，後期卻大為衰退，其原因當與安史之亂所造成破壞脫不了干係。至於河北道所轄各州的水利設施多少與興修的時間，以《新唐書‧地理志》所載29州水利設施為依據製表，河北道各州的水利設施數額如表2-4唐代河北道水利設施分布表。

表2-4　唐代河北道水利設施分布表

州名	水　利　設　施	修築時間	資料出處
孟州	汜水縣有梁公堰，河南尹李傑因故渠濬之，以便漕運。	開元二年（714）	《新唐書》卷39〈地理志三〉、《唐會要》卷87〈漕運〉
懷州	令杜某開新河，自六真山下合黃丹泉水南流入吳澤陂。	大中年間（847～860）	《新唐書》卷39〈地理志三〉
魏州	刺史盧暉徙永濟渠，自石灰窠引流至貴鄉縣城西，注魏橋，以通江淮之貨。	開元二十八年（740）	《新唐書》卷39〈地理志三〉、《唐會要》卷87〈漕運〉

〔註51〕本表引自屈弓，前引文之唐代水利工程分布表，頁103。
〔註52〕顧炎武根據《新唐書‧地理志》中所記的水利設施加以統計，得出「天寶以前者，居什之柒。」的結論，並分析天寶之後較少的原因為「河朔用兵之後，則以催科為急，而農工水道有不暇講求者。」屈弓運用的史料遠多於顧炎武，所以兩者數目不同，然唐代前期多於唐代後期則是一致的。見顧炎武，《日知錄集釋》（臺北：世界書局，1991年）卷12，〈水利〉，頁293～294。

相州	安陽縣西有高平渠，刺史李景引安陽水東流溉田，入廣澤陂。	咸亨三年（672）	《新唐書》卷39〈地理志三〉
相州	鄴縣南有金鳳渠，引天平渠下流溉田。	咸亨三年（672）	《新唐書》卷39〈地理志三〉
相州	堯城縣北有萬金渠，引漳水入故齊都領渠以溉田。	咸亨三年（672）	《新唐書》卷39〈地理志三〉
相州	臨漳縣南有菊花渠，自鄴引天平渠水溉田，臨漳縣令李仁綽開。	咸亨四年（674）	《新唐書》卷39〈地理志三〉
相州	臨漳縣北有利物渠，自滏陽入成安，取天平渠水以溉田，臨漳縣令李仁綽開。	咸亨四年（674）	《新唐書》卷39〈地理志三〉
衛州	衛縣御水有石堰一	貞觀十七年（643）	《新唐書》卷39〈地理志三〉
衛州	黎陽縣有新河，觀察使田弘正及鄭滑節度使薛平開鑿。	元和八年（813）	《新唐書》卷39〈地理志三〉
貝州	經城縣西南有張甲河，姜師度因故瀆開	神龍三年（709）	《新唐書》卷39〈地理志三〉
邢州	刺史元誼徙漳水，自州東二十里出，至鉅鹿北十里入故河	貞元中（785～805）	《新唐書》卷39〈地理志三〉
洺州	雞澤縣有漳、洺南隄二，沙河南隄一	永徽五年（654）	《新唐書》卷39〈地理志三〉
鎮州	獲鹿縣有大唐渠，自平山至石邑，引太白渠灌田。		《新唐書》卷39〈地理志三〉
鎮州	獲鹿縣有禮教渠，自石邑引太白渠東流入眞定界以溉田。	總章二年（669）	《新唐書》卷39〈地理志三〉
鎮州	自獲鹿縣石邑引大唐渠東南流四十三里入太白渠。	天寶二年（743）	《新唐書》卷39〈地理志三〉
冀州	信都縣東有葛榮陂，刺史李興公開，引趙照渠水以注之。	貞觀十一年（637）	《新唐書》卷39〈地理志三〉
冀州	南宮縣西有濁漳隄	顯慶二年（657）	《新唐書》卷39〈地理志三〉
冀州	南宮縣西有通利渠	延載元年（694）	《新唐書》卷39〈地理志三〉
冀州	堂陽縣西南有渠，自鉅鹿入縣境，下入南宮。	景龍元年（707）	《新唐書》卷39〈地理志三〉
冀州	堂陽縣西有漳水隄	開元六年（718）	《新唐書》卷39〈地理志三〉

冀州	武邑縣北有衡漳右隄	顯慶元年（656）	《新唐書》卷 39〈地理志三〉
冀州	衡水縣南有羊令渠，載初中，縣令羊元珪引漳水北流，灌注城隍。	載初中（689～690）	《新唐書》卷 39〈地理志三〉
趙州	平棘縣東有廣潤陂，引太白渠以注之。東南有畢泓，皆平棘縣令弓志元開，以畜洩水利。	永徽五年（654）	《新唐書》卷 39〈地理志三〉
趙州	寧晉縣西南有新渠，上元中，縣令程處默引洨水入城以溉田。	上元中（674～676）	《新唐書》卷 39〈地理志三〉
趙州	昭慶縣城下有澧水渠，縣令李玄開，以溉田通漕	儀鳳三年（678）	《新唐書》卷 39〈地理志三〉
趙州	柏鄉縣有千金渠、萬金堰，縣令王佐所浚築，以疏積潦。	開元中（713～741）	《新唐書》卷 39〈地理志三〉
滄州	清池縣西北有永濟隄二。	永徽二年（651）	《新唐書》卷 39〈地理志三〉
滄州	清池縣西有明溝河隄二、西五十里有李彪淀及徒駭河西隄	永徽三年（652）	《新唐書》卷 39〈地理志三〉
滄州	清池縣西有衡漳隄二	顯慶元年（656）	《新唐書》卷 39〈地理志三〉
滄州	清池縣西北有衡漳東隄	開元十年（722）	《新唐書》卷 39〈地理志三〉
滄州	清池縣東南有渠，注毛氏河，東南有渠注漳，並引浮水，皆刺史姜師度開。		《新唐書》卷 39〈地理志三〉
滄州	清池縣西南無棣河、東南陽通河、南浮河隄與陽通河隄、永濟北隄	開元十六年（728）	《新唐書》卷 39〈地理志三〉
滄州	無棣縣有無棣溝通海，隋末廢，永徽元年，刺史薛大鼎開。	永徽元年（650）	《新唐書》卷 39〈地理志三〉、《唐會要》卷 87〈漕運〉
景州	東光縣南有靳河，自安陵入浮河。	開元中（713～741）	《新唐書》卷 39〈地理志三〉
景州	南皮縣有古毛和自臨津經縣入清池	開元十年（722）	《新唐書》卷 39〈地理志三〉
德州	平昌縣有馬頰河，久視元年開，號「新河」。	久視元年（700）	《新唐書》卷 39〈地理志三〉
瀛州	河間縣西北有長豐渠，刺史朱潭開。	開元二十一年（733）	《新唐書》卷 39〈地理志三〉

瀛州	河間縣西南有長豐渠，刺史盧暉自東城、平舒引滹沱東入淇通漕，溉田五百餘頃。	開元二十五年（737）	《新唐書》卷 39〈地理志三〉
莫州	任丘縣有通利渠，令魚思賢開，以洩陂淀，自縣南五里至城西北入滱，得地五百餘頃。	開元四年（716）	《新唐書》卷 39〈地理志三〉
薊州	漁陽縣有平虜渠傍海穿漕，以避海難，又其北漲水爲溝，以拒契丹，皆神龍中滄州刺史姜師度開。	神龍三年（707）	《新唐書》卷 39〈地理志三〉、《唐會要》卷 87〈漕運〉

依表 2-4，在河北道諸州中以滄州、冀州、趙州分居一、二、三名；各州水利設施的數額如表 2-5 唐代河北道水利設施分布統計表。

表 2-5　唐代河北道水利設施分布統計表

州　　　名	數　　量	備　　　註
孟州	1	
懷州	1	
衛州	1	
相州	5	
魏州	2	
澶州	0	
博州	0	
貝州	1	
洺州	3	
惠州	0	
邢州	1	
趙州	6	
鎮州	3	
冀州	7	
深州	0	
滄州	17	
景州	2	
德州	1	

定州	0	
易州	0	
瀛洲	2	
莫州	1	
幽州	0	
涿州	0	
薊州	2	
檀州	0	
嬀州	0	
平州	0	
營州	0	

從表 2-4 與表 2-5 中可以得知：1.唐河北道的水利設施大部份是在安史之亂前修築的，極少數是在安史之亂後進行。2.唐代河北道的水利設施主要分布在滄、冀、趙、相等州，位屬農耕區的河北道南部；居河北道北部畜牧區的幽、涿、冀、薊、檀、嬀、平、營等州的水利設施則付之闕如。此種分布情形似與地理環境有絕大關係。

此外，河北道原本就是唐代粟、麥等糧食作物的主要生產區域，太行山東麓平原及以東的河北平原腹地是產粟區，南起相、衛，北達幽州的太行山東麓平原同時也是麥類生產區，[註 53] 需要充足的水來灌溉，所以河北道南部的水利設施較多是可以理解的。

貳、交通

交通與區域的經濟發展息息相關，也影響著區域內城市的興衰榮枯，河北道的交通網絡分陸路交通與水路交通，分別敘述如下。

一、陸路交通

黃河流域主幹山脈，在河渭以南稱秦嶺、崤山，踰河而北為中條山、太行山。太行山脈自黃河北岸，向東北蜿蜒，東連燕山山脈，直達山海關海濱。

[註 53] 華林甫，〈唐代粟、麥生產的地域布局初探〉，《中國農史》2，1980 年，頁 36～37。華林甫，〈唐代粟、麥生產的地域布局初探（續）〉，《中國農史》3，1980年，頁 26。

山脈連珠，高峰疊起，海拔多在兩千公尺以上。山脈東南爲河北平原，山脈西北爲山西高原。平原高原間有爲數甚多的陘道，較有名者即所謂的「太行八陘」，交通晉冀，爲東西要道。

聳峙於河北西部的太行山脈，從黃河北岸向東北延伸至拒馬河，長 400 餘公里。山地海拔 1000～2000 公尺，個別山峯超過 1500 公尺，山勢陡峭，地形千姿百態，難於強攻，易於防守；地形複雜，有利於隱蔽突襲，軍事地位甚爲重要。〔註 54〕而分處太行山兩側的山西與河北關係密切，「欲保河北，必據山西」，「恃山西高原爲屏障，河北平原爲外府」〔註 55〕，山西的軍事集團居高臨下，可輕易地制服河北。歷史上如北魏、唐、後唐、後晉、後漢，都是興起於山西高原，然後兼得河北平原，唐王朝還建立了長達近 300 年的統一局面。

太行山不僅是軍事屏障，與河北的交通也有關聯。河北道的陸路交通首推太行山東麓的南北交通大道。〔註 56〕這條大道南自東都洛陽，北達幽州，是河北陸路交通的主幹道。此一太行山東麓南北走廊驛道是古今中原通向東北最主要大道，據嚴耕望的考證：

> 太行以東之南北主要交通惟賴靠太近太行山脈東麓之一線，此爲自遠古以來之形勢，故唐道如此，唐以前亦如此，可稱爲太行以東之南北走廊，古代立國建都亦往往在此走廊上。……中國古代國都叢於一條路線者，未有如此道之多也，尤見此一路線在古代南北交通上居於特殊重要之地位。〔註 57〕

在太行山東麓南北走廊之東，也有兩條南北向的陸上交通大道，一條是沿永濟渠開展，由魏州、博州、德州、棣州、滄州、幽州、平州。一條自貝州起，經冀州、深州、瀛州、莫州直到幽州，介於太行山東路南北走廊和永濟渠之間，可稱作河北平原之中部縱貫線。〔註 58〕

三條南北向大道之間，還有若干橫向的聯絡支線或平行的輔助支線。

〔註 54〕 胡阿祥，前引書，頁 421。
〔註 55〕 嚴耕望，《唐代交通圖考》（臺北：中央研究院歷史研究所，1986 年）第五卷〈河東河北區〉，頁 1551。
〔註 56〕 見嚴耕望，前引書，圖二十一〈唐代河陽以東黃河津渡、河北平原交通合圖〉，頁 1676。
〔註 57〕 嚴耕望，前引書，頁 1549。
〔註 58〕 嚴耕望，前引書，頁 1644～1648。

與境外的聯繫上，有自鎮州西出娘子關至山西，自易州西經紫荊關、飛狐線至今山西，自磁州西經滏口至今山西等道路；自幽州向東北、西北和東有如居庸關北出塞外道、古北口通奚王衙帳道、盧龍塞道、榆關通柳城契丹遼東道等數條交通道路。

二、水路交通

（一）內河航運

隋代修築的大運河是溝通中國南北的交通大動脈，其暢通與滯塞影響著國運的興隆和衰替。雖然大運河的開鑿與隋煬帝醉心於江都的繁華有關，但全漢昇認為：

> 大運河是在隋唐大一統帝國的新的客觀形勢下產生出來的，目的是在聯繫留在北方的軍事政治重心和南移的經濟重心。既是時代必然的產物，所以即使沒有隋煬帝，一定有其他的人出來開闢一條聯繫南北的新的河道的。〔註59〕

大運河中，隋煬帝大業四年（608）開鑿的永濟渠是隋代河北地區最大的水利工程。《隋書·煬帝紀》云：「四年（608）春正月乙巳，詔發河北諸郡男女百餘萬開永濟渠，引沁水南達于海，北通涿郡。」〔註60〕永濟渠是隋大運河的北段，南起黃河，北迄涿郡，主要流經河北地區。如圖2-8隋唐運河圖。到了唐代，永濟渠仍然流經河北地區，南通江淮，北達幽燕，縱貫河北境內，溝通海河水系，是南北運輸的主要航運通道。永濟渠由淇水入黃河，經洛水能達洛陽，沿渭水可達長安，既是河北內河運輸的主要渠道，也是聯繫河北與京師的紐帶。〔註61〕

永濟渠是當時河北內河航運的主要水道，而漳水在當時也發揮著重要的航運作用。自古以來漳水一直是河北地區重要的水道，漢魏之際最重要的

〔註59〕全漢昇，前引書，頁275～277。

〔註60〕《隋書》，卷3，〈煬帝紀上〉，頁71。

〔註61〕嚴耕望認為永濟渠與通濟渠對唐代的交通運輸同具重要貢獻，永濟渠不但是連繫洛陽與東北重鎮幽州的直接渠道，而且可由滄德航海至平州與遼東，或由獨流口東北循泉州渠及新河故瀆通漕平州，對東北交通具有不可輕忽的重大作用。隋用兵遼東，唐前期防備突厥、契丹皆藉永濟渠饋運軍糧。惟安史亂後，河北為藩鎮割據，唐室資糧全恃東南，永濟渠不在唐室威令所及範圍之內，所以永濟渠在唐代交通運輸上的價值不如通濟渠顯著。見嚴耕望，前引書，頁1589。

政治都會和經濟都會鄴城即位於漳水上。《唐六典》，卷 7，〈尚書工部、水部郎中〉載「若渭、洛、汾、濟、漳、淇、淮、漢，皆互達方域，通濟舳艫，徙有之無，利於生人者矣。」〔註62〕說明了漳水也還是一條重要的航運水道。

圖 2-8　隋唐運河圖

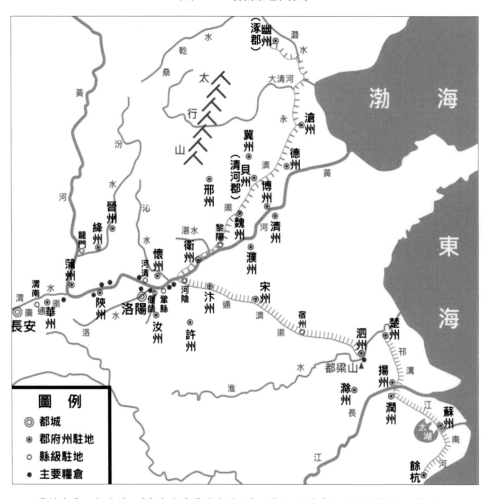

資料出處：鄒逸麟，《黃淮海平原歷史地理》，圖 4-12 隋唐大運河形勢圖，頁 171。

永濟渠、漳水之外，河北地區還有不少由地方官府興建的漕運支渠，如瀛洲在開元二十一年（733）由刺史朱潭開鑿長豐渠，開元二十五年（737）

〔註62〕《唐六典》，卷7，〈尚書工部・水部郎中〉，頁 226。

刺史盧暉「自東城、平舒引滹沱東入淇通漕」〔註63〕；滄州有開元十六年（728）開的無棣河與陽通河。〔註64〕開元二十八年（740）魏州刺史盧暉「徙永濟渠，自石灰窰引流至州城西，都注魏橋，夾州製樓百餘間，以貯江淮之貨。」〔註65〕這些支渠多與永濟渠或漳水相通，構成了一個以永濟渠爲主幹的水上交通網絡。

由於安史之亂前唐朝的財賦重心在北方，尤其倚重河北、河南與河東三道，因此永濟渠在唐代前期發揮著重要的作用。這些作用主要表現在四個方面：第一，將山東河北的租米轉運入關至京師。第二，將軍用物資轉運至北部邊防。第三，在荒歉年份從江淮轉糧賑濟河北地區。第四，商業用途的交通運輸。〔註66〕唐代後期，因爲永濟渠沿岸經常成爲戰場，使得原來的多種運輸功能逐漸喪失，於是永濟渠作爲河北道南北交通大動脈的的地位開始衰落。

與永濟渠相關的城市裏，鄴城的繁榮得力於漳水和白溝，自曹魏至北朝、東魏、北齊一直是北方地區的中心城市，後趙、冉魏、前燕、東燕、北齊各代先後以鄴爲都，直到北周滅北齊後才降爲相州治所。魏州、貝州與幽州亦因位於永濟渠沿岸而得利。魏州當永濟渠南北水運中心，自唐代前期已是河北道一大城市。安史亂後，魏州成爲魏博節度使治所，更是重要，與定州、恆（鎮）州同爲唐朝後期形成的華北地區中心城市。〔註67〕

位於永濟渠中途的貝州，天寶年間稱清河郡，地當水陸交通要衝，戶口眾多，都市繁榮，也是相當重要的都會。由於在軍事上居重要地位，所以唐代前期聚集大批財物軍械於此，以備河北軍用，號「天下北庫」。〔註68〕唐代後期，河北三鎮割據，「清河北庫」難得復存，不過魏博節度使雖治魏州，卻

〔註63〕《新唐書》，卷39，〈地理志三〉，頁1020。
〔註64〕《新唐書》，卷39，〈地理志三〉，頁1017。
〔註65〕《唐會要》，卷87，〈漕運〉，頁1893。
〔註66〕苑書義、孫寶存、郭文書、孫繼民等編，《河北經濟史》第一卷（北京：人民出版社，2003年），頁463〜465。
〔註67〕李孝聰將定州、恆州、魏州列爲唐朝後期形成的華北區域中心城市，魏州位於永濟渠旁，農業、手工業興盛，人口眾多；襟山帶河，地理位置適中，水路交通發達；主持魏博節度使的將帥多出自魏州，所以魏州在永濟渠沿線城市中地位上升得最快，成爲區域中心城市。但與定州、恆（鎮）州相較，魏州的軍事控制色彩較淡。見李孝聰，〈論唐代後期華北三個區域中心城市的形成〉，《北京大學學報》（哲學社會科學版）2，1992年，頁61〜62。
〔註68〕《新唐書》，卷153，〈顏真卿傳〉，頁4855。

仍集軍儲於貝州，備受重視。

幽州是北陲的重鎮，東北防禦體系的重心，通往奚、契丹與東方諸國的起點〔註 69〕，也是東北各族互相交往匯集的中心。永濟渠北達幽州，來自太行山東各州的貨物運輸到幽州，再由幽州輸往域外，域外的貨物也匯集於此再南運內地，促使幽州繁榮富庶起來。〔註 70〕安史之亂起自幽州，之後的盧龍鎮便以此為基地，聯合成德鎮、魏博鎮共同對抗唐廷。

（二）海運

渤海海運歷史已久，唐代河北道之平州、幽州、薊州、滄州等州因瀕臨渤海，且有良港，在交通運輸上具重要地位。如滄州為渤海灣頭之海運中心，舟航甚盛。《舊唐書·五行志》記開元十四年七月「滄州大風，海運船沒者十之一二，失平盧軍糧五千餘石，舟人皆死。」〔註 71〕，尤見滄州為河北通遼碣之海運中心。

海運除負擔山東半島與南方海上交通的任務外，主要是負擔對渤海北岸軍用物資地供應。隋末唐初對高麗長期用兵，海運就扮演著吃重的角色。唐高宗總章元年（668）設置安東都護府前後，唐朝開始在平州、營州、幽州一線陸續駐軍，形成以范陽節度使和平盧節度使為中心的東北邊軍，河北海運又擔負起供應范陽、平盧兩鎮軍用物資的任務。海運已成為河北不可缺少的運輸路線。

參、物產

一、糧食作物：粟、麥、水稻

粟（穀子）、麥及稻是唐代大多數人口的主糧，粟居第一，麥其次、〔註 72〕稻居第三。〔註 73〕在唐代實施的均田制與租庸調制中，政府規定「每

〔註 69〕由幽州經營州柳城可透過三道到達契丹、奚與東方諸國。一是東北至契丹牙帳，通東北諸國道；二是西北踰松陘至奚王牙帳通北蕃道；三是東至遼東城通東方諸國道。見嚴耕望，前引書，頁 1756。

〔註 70〕史念海，〈隋唐時期運河和長江的水上交通及其沿岸的都會〉，收入《唐代歷史地理研究》（北京：中國社會科學出版社，1998 年），頁 328。

〔註 71〕《舊唐書》，卷 37，〈五行志〉，頁 1358。

〔註 72〕華林甫，〈唐代粟、麥生產的地域布局初探〉，《中國農史》2，1980 年，頁 33 ～34。

〔註 73〕華林甫，〈唐代水稻生產的地理布局及期變遷初探〉，《中國農史》2，1992 年，頁 27。

丁歲入租粟二石」〔註74〕，「若無粟之鄉，輸稻、麥。」〔註75〕「租出穀，庸出絹，調出繒、絁、布、麻」〔註76〕，可見粟、麥與稻除作為糧食之外，也是人民繳稅之物。

（一）粟

唐太宗時曾在洛、相、幽、徐、齊、并、秦、蒲州置常平倉，粟藏九年，〔註77〕相、幽二州隸屬河北道，而河北道在唐代是粟的的主要產區之一。粟是喜溫耐旱的作物，華北平原的氣候屬半濕潤性質，極適宜於粟的生長，是全國產粟最多的地區。

河北道位於華北平原，因此，河北道中無論是太行山東麓平原，還是河北平原腹地，南起黃河，北抵燕山山脈，都是粟盛產之地，且具有多而集中的特點。〔註78〕安史之亂前，河北道是粟的主要產區之一，據《通典·食貨志十二》所載天寶八載正倉、義倉、常平倉數額，如表2-6，表中河北道均居前三位，論總額則次於河東道與河南道，居全國第三位。安史亂後原河北道分由魏博、成德、幽州……等藩鎮統治，但仍然是粟的主要產區。

表2-6　天寶八載正倉、義倉、常平倉數額表〔註79〕

	正　倉	義　倉	常平倉	總　額	名次
關內道	1821516 石	5946212 石	375570 石	8143298 石	4
河北道	1821516 石	17544600 石	1663778 石	21029894 石	3
河東道	30589800 石	7309610 石	535386 石	38434796 石	1
河西道	702065 石	388403 石	31090 石	1121558 石	9
隴右道	372780 石	300034 石	42850 石	715664 石	10
劍南道	223940 石	1797228 石	70740 石	2091908 石	8
河南道	5825414 石	15429763 石	1212464 石	22467641 石	2

〔註74〕《舊唐書》，卷48，〈食貨志上〉，頁2088。
〔註75〕《通典》，卷6，〈食貨六〉，頁109。
〔註76〕《新唐書》，卷52，〈食貨志二〉，頁1355。
〔註77〕《新唐書》，卷51，〈食貨志一〉，頁1344。
〔註78〕華林甫，〈唐代粟、麥生產的地域布局初探〉，《中國農史》2，1980年，頁37～38。
〔註79〕《通典》，卷12，〈食貨典十二〉，頁292～294。

淮南道	688252 石	4840872 石	81152 石	5610276 石	6
江南道	978825 石	6739270 石	49190 石	7767285 石	5
山南道	143882 石	2871682 石	－	3015564 石	7
總　　計	42126184 石	63177660 石	4602220 石		

代宗大曆八年（773），相衛節度使薛嵩卒，田承嗣派盧子期攻取之，「李寶臣攻洺州……復徇瀛州，瀛州亦降，得兵萬人，粟二十萬石，獻子期京師，斬之。」〔註 80〕《新唐書・田悅傳》記有唐德宗詔王武俊出恆冀粟三十萬賜朱滔一事。〔註 81〕上述二例證明了藩鎮體制下的原河北道依舊是產粟的主要區域，不因政治體制的更動而有所變化。

（二）麥

麥是僅次於粟的唐代第二大主要糧食作物，唐朝麥類的主要生產區，分布在都畿、河南、河北、京畿、關內、河東諸道，集中產於華北平原和黃土高原上。就河北道來說，麥類則呈帶狀集中產於南起相、衛，北達幽州的太行山東麓沿線沖積扇平原上。安史亂後，粟的產量明顯下降，而麥子產量急驟上升，唐代各地區水利事業的興盛，除與水稻的廣泛種植息息相關外，與麥子生產的增長也不無關聯。〔註 82〕

（三）水稻

自古以來稻米就是中國南方人民的主糧，與粟、麥同是唐代人民生活不可缺少的糧食。唐代水稻的生產分布在幽州－并州、絳州－同州－雍州（京兆府）－隴州－渭州－蘭州一線以南地區，淮河以南、南嶺以北、三峽以東至海的大片土地（不含福建）是全國最主要的水稻生產區，〔註 83〕黃河流域北起幽、并，南達秦嶺－淮河，西起蘭州，東極大海的廣大地區生產水稻，地域雖然遼闊，但分布稀疏。區內的水稻生產主要集中在關中平原、伊洛河流域、相衛懷和汴陳許地區。相州、衛州、懷州位於漳、淇、沁水流域，是河北道水稻生產區，自戰國以來即以生產水稻聞名。〔註 84〕

〔註 80〕《新唐書》，卷 210，〈藩鎮魏博・田承嗣傳〉，頁 5924～5926。
〔註 81〕《新唐書》，卷 210，〈藩鎮魏博・田悅傳〉，頁 5929。
〔註 82〕華林甫，〈唐代粟、麥生產的地域布局初探（續）〉，《中國農史》3，1980，頁 24～37。
〔註 83〕苑書義、孫寶存、郭文書、孫繼民等編，前引書，頁 27～28。
〔註 84〕苑書義、孫寶存、郭文書、孫繼民等編，前引書，頁 33～34。

肆、手工業

一、紡織業

河北地區的手工業生產自古以來便是極其有名的，紡織業中的絲織業具有「產地多、產量大；質量高，品種繁多」的特點。〔註85〕對此，嚴耕望的解釋是「大河南北自古爲蠶桑區域，絲紡織工業之發達，亦以此區爲盛。漢世絲紡織業最盛之地爲齊梁地區，在大河之南。南北朝末年，絲紡織業最盛之區在大河以北。」並指出南北朝末期及隋朝的紡織工業以河北之博陵、魏郡、清河爲最發達。〔註86〕根據表 2-7 唐代河北道各州土貢表，可以發現河北道州郡的進貢物中許多都是綾或絹。所謂「貢」，依《通典》所載，其意爲「諸郡貢獻皆盡當土所出」，〔註87〕也就是各地方定期向中央進貢當地各種土產品。絹與綾都屬絲織品，會成爲代表地方進貢中央的物品，表示此物應爲當地特產。另據黃冕堂的研究，唐天寶時全國紡織業貢品總數以河北爲第一，江南第二，山南第三；開元時各道紡織品貢賦州郡之數以河南爲第一，江南第二，河北第三；唐代各道紡織品貢賦州郡之數以江南爲第一，山南第二，河南第三，河北第四；開天時各道紡織品貢賦種類以河北劍南與江南爲第一，山南第二，河南第三；綜合紡織品貢賦種類之數，其總數則以江南爲第一，劍南第二，河南與山南第三，淮南第四，而河北列於第五。〔註88〕

表 2-7　唐代河北道各州土貢表

	《新唐書·地理志》	《元和郡縣圖志》	《太平寰宇記》	《通典·食貨三》	《唐六典·尚書戶部》
孟州	黃魚鮓				
懷州	平紗、平紬、枳殼、茶、牛膝	開元貢：牛膝。賦：絲、絹、絁。元和貢：平紬 10 匹、牛膝。	貢：絲、絹、綿、絁。	貢：平紗 10 疋。	貢：牛膝。

〔註85〕苑書義、孫寶存、郭文書、孫繼民等編，前引書，頁 448～449。
〔註86〕嚴耕望，〈唐代紡織工業之地理分佈〉，收入《唐史研究叢稿》（香港：新亞研究所，1969 年），頁 645～646。
〔註87〕《通典》，卷 6，〈食貨典賦稅下〉，頁 112。
〔註88〕黃冕堂，〈論唐代河北道的經濟地位〉，《山東大學學報》1，1957 年，頁 78～79。

魏州	花紬、綿紬、平紬、絁、絹、紫草	開元貢：縠紬、平紬。賦：絲、縠、絁、、紬。	貢：絹、綿、絁、紬。	貢：白綿紬 8 疋、白皮紬 8 疋。	貢：平紬。
博州	綾、平紬	開元貢：平紬 10 匹。賦：縠、絹。	貢：綿、絹、平紬。	貢：紬 10 疋。	貢：平紬。
相州	紗、絹、隔布、鳳翮席	開元貢：紗、鳳翮席、胡粉、知母。賦：縠、絹、絲。	貢：胡粉、鳳翮席、花口胡盧、紗、絹。	貢：紗 10 疋、鳳翮席 6 領、胡粉 100 團	貢：紗、鳳翮席、胡粉。
衛州	綾、絹、綿、胡粉	開元貢：絹。賦：縠、絹。		貢：綿 300 領。	貢：綿。
貝州	絹、氈、覆鞌氈	開元貢：白氈。賦：縠、絹。	貢：白氈、韉氈。（按隋圖經云：「清河郡爲天下第一。」頁 1199。《河北道七‧貝州》	貢：氊 10 領。	貢：白氈。
澶州	角弓、鳳翮席、胡粉	開元貢：平紬、絹。賦：縠、絹、粟。	貢：角弓、鳳翮席、桑白皮、香附子、茅香、胡粉。		
邢州	絲布、磁器、刀、文石			貢：絲布 10 疋。	貢：瓷器、絲布。
洺州	絁、綿、紬、油衣				貢：平紬。
惠州	紗、礪石				
鎭州	孔雀羅、瓜子羅、春羅、梨				
恆州		開元貢：羅。賦：縠、絹。		貢：梨 600 顆、羅 20 疋。	貢：春羅、孔雀羅、羅。
冀州	絹、綿	開元貢：絹。賦：縠、絹。	貢：絹、綿。	貢：絹 20 疋、綿 20 屯。	貢：綿、絹。
深州	絹	開元貢：絹。賦：絹、縠。	貢：布、絹。	貢：絹 20 疋。	貢：絹。
趙州	絹	開元貢：絲。賦：縠、絹。		貢：錦 50 疋。	貢：綿。
滄州	絲布、柳箱、葦簟、糖蟹、鱧鮬	開元貢：柳箱、葦簟、糖蟹、鱧鮬。賦：縠、絹。		貢：細簟 4 領、細柳箱 80 合、糖蟹 23 坩、鱧鮬 350 梃。	貢：葦席、柳箱。

景州	葦簟	開元貢：柳箱、葦簟、糖蟹、鱧鮬。賦：絲、絹。元和貢：葦簟。賦：綿、絹。			
德州	絹、綾	開元貢：綾。賦：絹、絲。	貢：綾、蛇牀子。賦：綿、絹。	貢：絹20疋。	貢：絹。
棣州		開元貢：絹10匹。賦：絹、粟、麥。	貢：絹。	貢：絹10疋。	貢：絹。
定州	羅、紬、細綾、瑞綾、兩窠綾、獨窠綾、二包綾、熟線綾	開元貢：兩窠細綾14匹。	貢：兩窠細綾、欀梨、羅綺。	貢：細綾1270疋、兩窠細綾15疋、瑞綾255疋、大獨窠綾25疋、獨窠綾10疋。	貢：兩窠細綾、紬、綾。
易州	紬、綿、墨	開元貢：紬、絲、墨。賦：絹、絲。		貢：墨200梃。	貢：墨。
幽州	綾、綿、絹、角弓、人葠		貢：范陽綾、琉璃。	貢：綾20疋。	貢：范陽綾。
瀛州	絹		貢絹30疋。	貢：絹30疋。	貢：絹。
莫州	絹、綿		貢：絹。	貢：綿300兩。	貢：綿。
平州	熊鞟、蔓荆實、人葠			貢：蔓荆子4斤	貢：蔓荆子。
嬀州	樺皮、胡祿、甲榆、□矢、麝香			貢：麝香10顆。	貢：麝香。
檀州	人葠、麝香			貢：人參5斤	貢：人參。
薊州	白膠			貢：鹿角膠10斤。	貢：鹿角膠。
營州	人葠、麝香、豹尾、皮骨			貢：麝香10顆。	貢：麝香。
安東都護府	人葠			貢：人參5斤。	貢：人參、野馬皮。

　　河北地區不僅紡織品的生產種類和數量特別多，而且生產出許多為時人所欣慕的珍貴產品。《唐六典》卷二十載「凡絹、布出有方土，類有精粗。絹分為八等，布分為九等，所以遷有無，和利用也。」〔註89〕如表 2-8 唐代絹產

〔註89〕《唐六典》，卷20，〈太府寺〉，頁541。

地等第表〔註90〕。按其內容所註各州等第，河北地區的絹產質料在二等到五等之間，而且將近一半列於二三等。

表2-8　唐代絹產地等第表

等　第	州
第一等	宋、亳
第二等	鄭、汴、曹、懷
第三等	滑、衛、陳、魏、相、冀、德、海、泗、濮、徐、兗、貝、博
第四等	滄、瀛、齊、許、豫、仙、棣、鄆、深、莫、洺、邢、恒、定、趙
第五等	穎、淄、青、沂、密、壽、幽、易、申、光、安、堂、隨、黃
第六等	益、彭、蜀、梓、漢、劍、遂、簡、綿、襄、褒、鄧
第七等	資、眉、邛、雅、嘉、陵、閬、普、壁、集、龍、果、洋、渠
第八等	通、巴、蓬、金、均、開、合、興、利、泉、建、閩

河北綾的生產尤其有名，如定州年貢綾1575疋，種類有細綾、瑞綾、兩窠綾、獨窠綾、二包綾、熟線陵等。〔註91〕由於定州有著特別好的綾織品生產基礎，因此中唐以後便出現了大規模的生產手工業，出現了像何明遠那樣的「貲財巨萬，家有綾機五百張。」的大手工業企業主。〔註92〕

二、礦產

唐代的礦物在《新唐書‧地理志》中記載甚多，楊遠以《新志》為主，輔以其他文獻查考金、銀、銅、鐵、錫、鉛、鹽、水銀汗珠砂等九種礦物的產地。共考有604處產地，礦產分布在231府州中。就礦產種類和產地一項論，各道中屬江南道和嶺南道兩道的礦產種類和產地最全、最多，河北道的礦產與各道相比是較差的地區，如表2-9唐代礦產的道別產地表。〔註93〕

〔註90〕《唐六典》，卷20，〈太府寺〉，頁541。
〔註91〕《通典》，卷6，〈食貨六‧賦稅下〉，頁1019。博陵郡（定州）年貢細綾1270疋、兩窠細綾15疋、瑞綾255疋、大獨窠綾25疋、獨窠綾10疋，共1575疋。
〔註92〕（唐）張鷟，趙守儼點校《朝野僉載》（北京：中華書局，1997年）卷3，頁75。
〔註93〕本表引自楊遠，《唐代的礦產》（臺北：台灣學生書局，1982年），表四唐代礦產的道別產地，頁129～130。

表 2-9　唐代礦（鑛）產的道別產地表

道別	鑛　　　　　　產									附　　　註
	金	銀	銅	鐵	錫	鉛	鹽	水銀	硃砂	
關內道	1	1	3	7			13			銅 1、鹽 3。
河南道	1	6	5	9	2		15			銀 1、銅 2、鐵 2、鹽 6。
河東道	1	3	10	17	1		2			銅 5、鐵 2、鹽 2。
河北道			1	10	1		4			銅 1、鹽 3。
山南道	10	2	1	12	3		20		3	銅 1、鹽 4。
隴右道	7	3	1	2			13		1	硃砂 1。
淮南道	1	1	5	4			2			銅 3、鹽 2。
江南道	15	28	39	29	6	8	18	8	14	金 1、銀 2、銅 7、鉛 1、鹽 7、水銀 1、硃砂 4。
劍南道	28	2	8	22	1		52		2	金 1、銅 2、鐵 3、鹽 12。
嶺南道	32	51	5	6	5	5	10	2	4	金 1、銅 1、鐵 2、錫 1、鹽 1、硃砂 1。
合　計	96	97	78	118	19	13	149	10	24	總計 604

附註內數字表示「主要產地」。

從礦產的府州產地來看，嶺南道 64 州、江南道 44 州、劍南道 29 州、山南道 22 州、河南道 17 州、關內道 15 州、河東道 13 州、隴右道 13 州、河北道 8 州、淮南道 6 州。嶺南道、江南道、劍南道分居一二三名，南方共 158 府州，北方 73 州，南方為北方的 2.2 倍，顯示唐代的工業，甚至經濟中心已從北方轉移到了南方。〔註94〕

　　唐代礦產的主要產地有 86 處，分布在 54 州府中，如表 2-10 唐代礦產主要產地表。〔註95〕表中河北道定州是銅的主要產地，滄州是鹽的主要產地，如邢州的鐵也是唐時的主要產地，河北道各府州的礦產以鹽產為主。

〔註94〕楊遠，前引書，頁 7～9。
〔註95〕本表引自楊遠，《唐代的鑛產》（臺北：台灣學生書局，1982 年），表三唐代鑛產主要產地表，頁 122～125。

表 2-10　唐代礦（鑛）產主要產地表

道別	府	州	鑛　產									附　　註
			金	銀	銅	鐵	錫	鉛	鹽	水銀	硃砂	
關內道		商州			1							
		靈州							1			
		鹽州							1			
		宥州							1			關內道：銅1、鹽3。
河南道	河南府			1								
		陝州			1							
		徐州				1						
		青州							2			
		萊州							1			
		兗州			1							
		海州							1			
		密州							2			河南道：銀1、銅2、鐵2、鹽6。
河東道	河中府								2			
		絳州			3							
	太原府				1	2						
		蔚州			1				3			河東道：銅5、鐵2、鹽2。
河北道		滄州							3			
		定州			1							河北道：銅1、鹽3。
山南道		夔州							3			
		萬州							1			
		鄧州			1							山南道：銅1、鹽4。
淮南道		揚州			3				1			
		楚州							1			淮南道：銅3、鹽2。
江南道		潤州			1							

道	州									備註
	昇州			2						
	蘇州						1			
	杭州						2			
	越州						1			
	溫州						1			
	福州						1			
	宣州			1						
	顎州			1						
	饒州	1	1	1						
	潭州						1			
	郴州					1				
	黔州							1		
	辰州							2		
	錦州							1	1	江南道：金1、銀2、銅7、鉛1、鹽7、水銀1、硃砂4。
劍南道	邛州		1	1			1			
	簡州						2			
	資州				1		1			
	雋州				1		1			
	梓州			1			2			
	緜州	1								
	陵州						2			
	榮州						1			
	昌州						1			
	瀘州						1			劍南道：金1、銅2、鐵3、鹽12。
嶺南道	廣州			2						
	恩州						1			
	邕州	1								

	宜州							1		
	桂州	1								
	賀州				1					嶺南道：金1、銅1、鐵2、錫1、鹽1、硃砂1。
	合計	3	3	23	9	1	1	40	1	5 總計86

　　如表 2-9 與表 2-10，河北道的礦產有銅、鐵、錫、鹽，定州與滄州是唐代銅、鹽的主要產地之一。河北道礦產分布的情形如表 2-11 唐代河北道礦產分布表：〔註96〕

表 2-11　唐代河北道礦（鑛）產分布表

州 名	縣 名	鑛 產							
		金	銀	銅	鐵	錫	鉛	鹽	其他
澤州	陽城			○	○	○			
相州	鄴縣				○				
邢州	林慮				○				
邢州	沙河				○				
邢州	鉅鹿							○	
邢州	內丘				○				
惠州	武安					○			
惠州	昭義				○				
鎮州	井陘				○				
鎮州	平山				○				
滄州	治清池							●	
滄州	鹽山							●	
滄州	乾符							●	
定州	唐縣			●	○				
幽州	治薊縣				○				
平州	馬城				○				

〔註96〕本表引自楊遠，《唐代的鑛產》，表一「唐代鑛產地理分布」有關河北道部分，頁15。●指該地為全國礦產的主要產地。

有了銅礦和鐵礦，河北的金屬手工業發達，杜牧〈戰論〉云：「天下無河北則不可，河北既虜，則精甲銳卒利刀良弓健馬無有也」。〔註97〕足見河北的軍器製造和生產是相當有名的，這種軍用的生產技術對於維持藩鎮割據有著更直接的影響。

　　製鹽是河北手工業生產的一項內容。唐代的鹽概分為池鹽、井鹽、海鹽三大類型。幽州、棣州及滄州是河北道的產鹽區，楊遠的查考之外，《新唐書・食貨志四》記「唐有鹽池十八，井六百四十，……幽州、大同橫野軍有鹽屯，每屯有丁有兵，歲得鹽二千八百斛，下者千五百斛。」〔註98〕《通典・食貨典十》說明得比較詳細：「幽州鹽屯，每屯配丁五十人，一年收率滿二千八百石以上，準營田第二等，二千四百石以上準第三等，二千石以上準第四等。」〔註99〕以上所述為開元二十五年的數據，但幽州的鹽屯究竟有多少，仍不得而知。如以 3 屯計算，至少年產 7200 石以上。滄州因瀕臨渤海，所轄縣清池、鹽山都有海鹽出產，是重要的產鹽區。棣州也出產海鹽，唐代後期棣州鹽利為成德鎮所控制，因為不上貢朝廷，故而增加該鎮不少財力。

三、瓷器與墨筆

　　唐代製瓷業的主要產地在河北道，河北道製瓷業又主要集中在邢州，邢州白瓷與越窯青瓷、河南府白瓷並稱天下精品，為定期進貢皇室的貢品。相關邢州瓷器的史料如《唐六典》卷三〈戶部郎中員外郎〉條載河北道土貢，有「邢州瓷器」、「邢州絲布」；河南道有「河南府瓷器」〔註100〕；《新唐書・地理志三》亦記河北道邢州土貢為「絲布、瓷器、刀、文石」〔註101〕；又《元和郡縣圖志》卷五〈河南道一・河南府〉條記「開元貢：白瓷器，綾」〔註102〕；《唐六典》條自注的時間是在開元二十五年（737），《新唐書・地理志三》條的時間在代宗永泰元年（765）之後，第三條追記開元時期的土貢種類，由此得知邢州貢瓷的時間最久，其數量也應是最多。〔註103〕

〔註97〕（唐）杜牧，《樊川文集》，卷 5〈戰論〉（臺北：漢京文化事業公司，1983 年），頁 91。

〔註98〕《新唐書》，卷 54，〈食貨志四〉，頁 1377。

〔註99〕《通典》，卷 10，〈食貨十・鹽鐵〉，頁 231。

〔註100〕《唐六典》，卷 3，〈戶部郎中員外郎〉，頁 66〜67。

〔註101〕《新唐書》，卷 39，〈地理志三〉，頁 1013。

〔註102〕《元和郡縣圖志》，卷 5，〈河南道一〉，頁 130。

〔註103〕苑章義、孫寶存、郭文書、孫繼民等編，前引書，頁 443〜444。

易州以製墨出名，《新唐書・地理志三》載易州土貢「紬、綿、墨」〔註104〕，《通典・食貨六・賦稅下》載易州貢「墨兩百梃」〔註105〕，唐朝以墨爲貢品者唯易州，可見易州墨品在全國的地位。

河北除了製墨有名外，造紙業也相當發達。《新唐書・藝文志一》記載唐玄宗在大明宮光順門外、東都明福門外，皆創集賢書院，「太府月給蜀郡麻紙五千番，季給上谷墨三百三十六丸，歲給河間、景城、清河、博平四郡兔五千五百皮爲筆材。」〔註106〕河北四郡爲筆材的原產地，河北大量造筆提供社會使用，有著發達的製筆業應是毫無疑問的。

綜合上述，河北道在安史之亂以前一直是一個農業生產極爲發達的地區，產品資儲在盛唐時期駕乎全國各道之上，在租賦上是支援唐帝國的重要區域。安史之亂之後，河北地區經歷了長期的戰爭，生產和經濟大不如前；但由於地理環境的優越，過去有著較好的生產基礎，再加上當地的節帥們爲了維護他們各自的政權，在政治上也不是只有破壞，毫無建設，所以生產潛力基本上仍然被保存著，而此經濟實力也就成爲魏博、成德、幽州等割據政權賴以長存的主要力量。

第三節　隋至唐末河北道的戶口變動

人口問題是歷史研究中一個重要的課題，凍國棟以爲：

通過對某一時期人口數量的升降、變動與分佈狀況的具體研究，可以衡量出各個地區的經濟發展水平，進而探尋人口的發展規律。通過對人口遷移的考察，可以了解人口遷移的諸般因素、時代背景以及對人口地理、經濟發展和文化發展所帶來的巨大影響。對於人口結構的探討，不僅可以弄清該時期人口家庭結構的基本類型、發展線索，揭示人口的性別比例、生殖率、死亡率、階級結構、職業結構等相關問題，而且還可據以獲知不同時代的人口政策、賦役制度對人口、家庭結構所產生的直接和間接的影響。〔註107〕

因此，就歷史研究而言，對人口問題的探討是極具意義且不可或缺的。

〔註104〕《新唐書》，卷39，〈地理志三〉，頁1019。
〔註105〕《通典》，卷6，〈食貨六・賦稅〉，頁117。
〔註106〕《新唐書》，卷57，〈藝文志一〉，頁1422。
〔註107〕凍國棟，《唐代人口問題研究》（武昌：武漢大學出版社，1993）序言，頁1。

　　唐朝在中國歷史上是一個社會繁榮、昌盛的時代，與漢朝並稱盛世。從唐朝的人口發展和分布，可以得知唐朝各個地區的經濟發展狀況。現存唐代戶口資料中，除一些全國戶口總數的記載以外，還有貞觀、開元、天寶和元和年間各州的戶口數，其中以開元、天寶間的數字最為豐富。各地志中，《元和郡縣志》和《太平寰宇記》有「開元戶」；《通典‧州郡門》有開元的戶、口數字；《舊唐書‧地理志》和《新唐書‧地理志》分別記載了天寶年間的戶、口數字。《新唐書‧地理志》明確標明「天寶元年」，其餘並未載明年代，造成使用上的困擾。經翁俊雄的校勘，得出以下結論：《太平寰宇記》所載的「開元戶」數，大部抄錄他志，實際上是由貞觀十三年（639）、開元和天寶年間的戶數補綴而成，確定為開元十年（722）左右的數字。《通典‧州郡門》確定為開元二十九年（741）的戶口數。《元和郡縣志》所載的「開元戶」數應是開元二十年（732）左右的數字。天寶戶數部分，兩〈志〉均為天寶十二載（753）之戶口數。〔註108〕此外，《元和郡縣志》雖然成書於元和八年（813），但自元和四年（809）以後至元和十四年（819），河朔藩鎮陸續申報戶口、供貢賦的變化也已補入其中。〔註109〕

　　凍國棟的看法不同，《通典‧州郡門》記述唐州縣繫年基本上以天寶元年（742）為主。兩《唐書‧地理志》之戶口數應為天寶十一載（752）的數字，《舊唐書‧地理志》從史料學的角度而言最為原始，可信度較高，《新唐書‧地理志》其中有不少的訛誤，在某種程度上補充了《舊唐書‧地理志》的不足。《元和郡縣志》成書在元和八年（813），元和戶大抵是根據元和四年（809）或五年（810）的前後的記帳資料而來，下限則是在元和八年（813），但無論是元和二年（807）的《元和國計簿》還是《元和郡縣志》，所記的並非全國各道州的總戶數。中唐以前的戶口資料尚可見於《通典‧州郡門》、兩《唐書‧地理志》，可是中唐以後直至唐末唯一較為完備的戶口資料僅見於《元和郡縣志》，所以研究中晚唐的人口問題必須依靠《元和郡縣志》不可。〔註110〕

〔註108〕翁俊雄，〈各地志所載唐開元、天寶戶口數字的源流、繫年和校勘〉，收入《唐代人口與區域經濟》（臺北：新文豐出版公司，1995年），頁20～41。

〔註109〕翁俊雄，〈《元和國計簿》考補〉，收入《唐代人口與區域經濟》（臺北：新文豐出版公司，1995年），頁162。

〔註110〕凍國棟，《唐代人口問題研究》（武昌：武漢大學出版社，1993年），頁1～24。

　　根據《隋書·地理志》、《舊唐書·地理志》、《新唐書·地理志》、《通典·州郡門》、《元和郡縣志》、《唐會要》、《冊府元龜》、《舊五代史》及《資治通鑑》等的記載，表 2-12 中有關自隋朝至唐末的全國戶數，顯示了這段時間人口變化的趨勢；〔註111〕再細分至各道，如表 2-13，則可以得知隋唐時期各道人口的增減情形。

表 2-12　隋至唐末全國戶口數變動表〔註 112〕

時　間	戶　數	口　數	出　　　處
開皇九年（589）	4,499,604		《通典》，卷 7，〈歷代盛衰戶口〉。隋禪北周，得戶 3999604，開皇九年平陳，得戶 50 萬。
大業五年（609）	8,907,546（9,077,714）	46,019,956	《隋書》，卷 29，〈地理志〉
貞觀十三年（639）	3,041,871	12,351,681	《舊唐書·地理志》諸州戶口統計數
永徽三年（652）	3,800,000		《舊唐書》，卷 4，〈高宗本紀〉。《通典》卷 7，〈歷代盛衰戶口〉。《唐會要》，卷 84〈戶口數〉。
	3,850,000		《唐會要》卷 84〈雜錄〉
神龍元年（705）	6,156,141	37,140,000	《舊唐書》，卷 88，〈蘇瓌傳〉。《唐會要》，卷 84，〈戶口數〉
開元十四年（726）	7,069,565	41,419,612	《舊唐書》卷 8〈玄宗本紀上〉。《唐會要》，卷 84，〈戶口數〉。《通典》卷 7〈歷代盛衰戶口〉
開元二十年（732）	7,861,236	45,431,265	《舊唐書》，卷 8，〈玄宗本紀上〉。《唐會要》，卷 84，〈戶口數〉。《通典》，卷 7，〈歷代盛衰戶口〉
開元二十二年（734）	8,018,710	46,285,161	《唐六典》卷 3，《冊府元龜》，卷 486，〈邦記部·戶籍〉
開元二十四年（736）	8,018,710		《唐會要》，卷 84，〈戶口數〉
開元二十八年（740）	8,412,871	48,143,609	《舊唐書·地理志》序

〔註111〕本表依據凍國棟，《唐代人口問題研究》，表 3-1 及梁方仲，《中國歷代戶口、田地、田賦統計》等製作。

〔註112〕大業五年戶數，如據《隋書·地理志》所載：「大凡郡一百九十，現一千二百五十五，戶八百九十萬七千五百四十六。」但各州分計相加總和則爲 9077714。

天寶元年 （742）	8,523,763	48,909,800	《舊唐書》，卷 9，〈玄宗本紀下〉。《資治通鑑》，卷 125。
	8,535,763		《唐會要》，卷 84，〈戶口數〉
	8,348,395	45,131,272	《通典》，卷 7，〈歷代盛衰戶口〉
	8,710,569	48,191,985	《通典・州郡典》諸州郡口總計
天寶十一載 （752）	8,937,792		《舊唐書・地理志》諸州戶口統計數
	8,973,634	59,975,543	《舊唐書・地理志》諸州戶口統計數
天寶十三載 （754）	9,069,154		《唐會要》，卷 84，〈戶口數〉
	9,619,254	52,880,488	
	9,187,548	52,881,280	《舊唐書》，卷 9，〈玄宗本紀下〉課、不課戶口分計 數總和
天寶十四載 （755）	8,914,790	52,919,309	《通典》，卷 7，〈歷代盛衰戶口〉
至德元載 （756）	8,018,710		《唐會要》，卷 84，〈戶口數〉。《冊府元龜》，卷 486， 〈邦計部・戶籍〉
乾元三年 （760）	1,933,174	16,990,386	《通典》，卷 7，〈歷代盛衰戶口〉，課、不課戶口分計 數總和
	1,931,145		《唐會要》，卷 84，〈戶口數〉
乾元末	1,933,124	16,990,386	《新唐書》，卷 52，〈食貨志二〉
廣德二年 （764）	2,933,125	16,920,386	《舊唐書》，卷 11，〈代宗本紀〉
	2,933,125	16,990,386	《冊府元龜》，卷 486，〈邦計部・戶籍〉。《文獻通考》， 卷 10，〈戶口一〉
大曆中	1,300,000		《通典》，卷 7，〈歷代盛衰戶口〉。
建中元年 （780）	3,085,076		《舊唐書》，卷 12，〈德宗本紀上〉
	3,100,000		《通典》卷 7，〈歷代盛衰戶口〉，據土客戶分計數統 計，土戶 180 餘萬，客戶 130 餘萬。
	3,805,076		《唐會要》，卷 84，〈戶口數〉。《冊府元龜》卷 486〈邦 計部・戶籍〉
元和二年 （807）	2,440,254		《唐會要》，卷 84，〈戶口數〉。《舊唐書》，卷 14，〈憲 宗本紀上〉
	2,140,554		《冊府元龜》，卷 486，〈邦計部・戶籍〉
元和十五年 （820）	2,375,400		《舊唐書》，卷 16，〈穆宗本紀〉

元和戶	2,473,963		《唐會要》，卷 84，〈戶口數〉
元和戶中	2,368,774		《元和郡縣圖志》各州分計數總計，不含闕失者
長慶元年（821）	2,375,805	15,762,432	《舊唐書》，卷 16，〈穆宗本紀〉
	3,944,959		《唐會要》，卷 84，〈戶口數〉。《冊府元龜》，卷 486，〈邦計部・戶籍〉
	3,350,000		《舊唐書》，卷 157，〈王彥威傳〉。《舊唐書》，卷 17 下，〈文宗本紀下〉。《新唐書》，卷 52，〈食貨志二〉
	3,500,000		《新唐書》，卷 164，〈王彥威傳〉
寶曆中	3,978,982		《唐會要》，卷 84，〈戶口數〉。《冊府元龜》，卷 486，〈邦計部・戶籍〉
大和（太和）中	4,357,575		《唐會要》，卷 84，〈戶口數〉。《冊府元龜》，卷 486，〈邦計部・戶籍〉
開成四年（839）	4,996,752		《唐會要》，卷 84，〈戶口數〉。《冊府元龜》，卷 486，〈邦計部・戶籍〉。《舊唐書》，卷 17 下，〈文宗本紀下〉
會昌元年（841）	2,114,960		《新唐書》，卷 52，〈食貨志二〉
會昌五年（845）	4,955,151		《唐會要》，卷 84，〈戶口數〉。《冊府元龜》，卷 486，〈邦計部・戶籍〉。
顯德六年（959）	2,309,812		《舊五代史》，卷 146，〈食貨志〉。《冊府元龜》，卷 486，〈邦計部・戶籍〉。

表 2-13　隋唐各道各戶數表

道　別	隋大業戶	唐貞觀戶	唐開元戶	唐天寶戶	唐元和戶
關內道	戶 904502	戶 398066	戶 710352	戶 810263	戶 283778
河南道	戶 2721272	戶 275618	戶 1439461	戶 1795539	戶 158710
河東道	戶 852001	戶 271199	戶 723367	戶 632611	戶 244916
河北道	戶 2163345	戶 369730	戶 1084856	戶 1514765	戶 185783
山南道	戶 727009	戶 180724	戶 491917	戶 576883	戶 214719
淮南道	戶 452976	戶 91091	戶 186541	戶 412448	戶　－
江南道	戶 357819	戶 403939	戶 1334988	戶 1824004	戶 791736
隴右道	戶 171241	戶 55956	戶 120436	戶 112874	戶　－

劍南道	戶 360184	戶 638200	戶 739145	戶 922353	戶 159860
嶺南道	戶 367365	戶 357348	戶 285456	戶 336052	戶 149139
總　　計	戶 907714	戶 3041871	戶 7116519	戶 8937792	戶 2188641（？）

　　從表 2-12 內容看來，隋大業五年（609）的戶數高達 9077714，比開皇九年（589）增加了 4578110 戶，「隋氏之盛，及於此也。」〔註113〕唐太宗貞觀十三年（639），戶數驟減為 3041871，少大業五年（609）足足有 6035843 戶之多。天寶十四載（755）的戶數為唐朝最高者，戶數已有 8914790，然仍不如隋大業五年（609）的盛況。安史之亂於天寶十四載（755）爆發，戶數再度遽降，乾元三年（760）的戶數僅 1933174，其後回升，會昌五年（845）已有 4955151 戶，遠不如天寶十四載，直到唐末，全國戶數終難望玄宗盛世之向背。

　　其次，表 2-13 中的河南與河北兩道一直是各道中人口屬一屬二者，不過，江南道從玄宗開元時期已經急起直追，戶數僅次於河南道，勝過河北道；天寶與元和時期已經超越河南道及河北道，穩坐戶口數最多的寶座。

　　表 2-12 與表 2-13 透露出兩點重要訊息，即 1.從隋初至唐末，全國戶數的變化情形為少（唐初）→多（開天）→少（安史亂後）→多（長慶至黃巢亂起）→不明（大中、咸通至唐末）；2.從隋初至安史之亂前，河南、河北兩道始終是全國戶數最多的地區，開元至唐末，江南道已經取代兩河，戶數冠於全國。就第一點而言，唐初戶口大量下降，戶口耗損的情形如魏徵之描述：「今自伊洛以東，暨于海、岱，茫茫千里，人煙斷絕，雞犬不聞。道路蕭條，進退艱阻。」〔註114〕貞觀十三年（639）全國十道的總戶口數僅為 3041871 戶，12351681 口，與隋大業戶相距甚遠。〔註115〕以地區論，黃河中下游一帶地區的戶口下降的最為嚴重。唐初戶口的銳減除了歸因於隋煬帝的暴政、隋末戰亂所造成的社會經濟的凋敝、人口的大量死亡外，還有的就是不少人民為逃避戰亂而移居他鄉。〔註116〕

　　隨著社會的相對安定，經濟迅速發展，唐的戶口經太宗、高宗朝後逐漸恢復和回升，至玄宗開、天之世臻於極盛。《舊唐書・地理志一》敘開元二十

〔註113〕《隋書》，卷 29，〈地理志上〉，頁 808。
〔註114〕《貞觀政要》，卷 2，〈納諫第五・直諫〉「貞觀六年（632）條」，頁 41。
〔註115〕《舊唐書》，卷 38～41，〈地理志〉，頁 1383～1781。
〔註116〕凍國棟，前引書，頁 99。

八年（740）戶口為「戶八百四十一萬二千八百七十一，口四千八百一十四萬
三千六百九，……雖未盈兩漢之數，晉、魏以來，斯為盛矣。」〔註117〕杜佑
視天寶十四載（755）為唐戶口極盛之時「十四載，管戶總八百九十一萬四千
七百九，管口總五千二百九十一萬九千三百九，此國家之極盛也。」〔註118〕
已超越隋大業五年（609）的戶數。〔註119〕

　　天寶十四載（755）安祿山起兵范陽，震撼整個唐朝。這場叛亂是唐朝由
盛轉衰的分水嶺，從此盛世不再，藩鎮體制形成，跋扈的河北藩鎮長期割據，
唐廷控制力大幅降低，倚賴「以藩鎮制藩鎮」的策略及江南財賦的供輸維持
局面到唐末。

　　安史之亂的爆發同時也是唐代人口發展的一個轉折點，自貞觀年間以後
人口持續增長的趨勢自此發生了巨大的變化，官府所直接掌握的戶口數字急
遽下降。安史之亂後全國戶口大量減耗的情形如《通典‧食貨七》：

> 自天寶十四年至乾元三年，損戶總五百九十八萬二千五百八十
> 四，……損口總三千五百九十二萬八千七百二十三。……戶至大曆
> 中，唯有百三十萬戶。建中初，命黜陟使往諸道按比戶口，約都得
> 土戶百八十餘萬，客戶百三十餘萬。〔註120〕

《新唐書‧食貨志二》裏安史亂後歷朝戶口遠少於天寶盛世：

> 乾元末，天下上記百六十九州，戶百九十三萬三千一百二十四，……
> 口千六百九十九萬三百八十六。……元和中，戶百四十四萬，比天
> 寶纔四之一。……至長慶，戶三百三十五萬。……至武宗即位，戶
> 二百一十一萬四千九百六十。會昌末，戶增至四百九十五萬五千一
> 百五十一。〔註121〕

安史亂後戶口資料不如前期確實，中晚唐人口分布的資料主要依賴李吉甫撰

〔註117〕《舊唐書》，卷38，〈地理志一〉，頁1393。

〔註118〕《通典》，卷7，〈食貨七〉，「歷代盛衰戶口」，頁153。但《唐會要》卷84〈戶
　　　　口數〉與《資治通鑑》卷217「天寶十三載條」均記天寶十三載全國民戶數
　　　　為9069154，異於《通典》的數字。

〔註119〕據翁俊雄的研究，天寶十二載為唐代鼎盛時期的高峰年分。依其統計，天寶
　　　　十二載全國民戶達9021226，首次突破隋朝大業五年的戶數。同時，這一年
　　　　也是唐朝經濟繁榮的頂點。見翁俊雄，《唐朝鼎盛時期政區與人口》（北京：
　　　　首都師範大學出版社，1995年），頁1～2。

〔註120〕《通典》，卷7，〈食貨七〉「歷代盛衰戶口」，頁153。

〔註121〕《新唐書》，卷52，〈食貨志二〉，頁1362。

《元和郡縣志》。但該書的問題是：部分州郡不申戶口：「永泰之後，河朔、隴西，淪爲寇盜。元和掌計之臣，嘗爲版簿，二方不進戶口，莫可詳之。」〔註122〕今本《元和郡縣志》多有缺失、申戶州的數字或有錯誤，並不可靠，只能據此作大概的推測。〔註123〕

　　兩稅法建立至唐末黃巢之亂爆發前著籍戶口已逐漸上升。文宗開成四年（839）戶數4996752，接近500萬戶，乃安史之亂後中央戶部記帳所掌握民戶的最高數字。大中、咸通以後，戰事又起，直至唐亡，中央所控制的著籍戶口數不見記載，無從推知。

　　唐代河南、河北、江南三道分屬黃河流域與長江流域，戶口的升降其實意味著北方與南方地位的消長。自漢至隋長達600餘年間，中國人口分布始終以黃河中下游地區和關中一帶最爲稠密。以隋代爲例，整體來看，隋代人口密度最高的地區大都在北方，冀州（河北）、兗、青、豫、徐州等河南、山東一帶爲最高。戶口密度較高的郡大都在魏晉南北朝以來經濟相對發達的地區，尤其是黃河中下游地區的河南、河北和山東境內，如表2-14隋大業年間諸郡屬縣人口密度分統計表〔註124〕。

表2-14　隋大業年間諸郡屬縣人口密度分類統計表

類　　別	郡　　　　　　　名	轄縣平均戶數
第一類	清河、恆山	2萬戶以上
第二類	京兆、滎陽、濟陰、東平、武陽、平原、河東、襄國、武安、北海、齊郡	1.5萬戶左右
第三類	馮翊、扶風、安定、北地、上郡、太原、西河、臨汾、上黨、河南、梁郡、譙郡、襄城、穎川、汝南、淮陽、汝陰、東郡、濟北、渤海、信都、魏郡、汲郡、河內、趙郡、博陵、河間、東萊、高密、彭城、魯郡	1萬戶以上
第四類	弘化、天水、長平、絳郡、雁門、樓煩、涿郡、瑯邪、下邳、南陽、義陽、淮南、鍾離、新城、蜀郡、江都、丹陽、沔陽、安陸、永安、襄陽、春陵	7000戶至1萬戶左右

〔註122〕《舊唐書》，卷38，〈地理志一〉，頁1393。
〔註123〕凍國棟，前引書，頁159。
〔註124〕表2-14引自凍國棟，前引書，表4-6〈隋大業年間諸郡屬縣人口密度分統計〉，頁143～145。分析見凍國棟，前引書，頁144。資料來源爲《隋書・地理志》。

第五類	延安、平涼、漢陽、弘農、淅陽、淯陽、淮安、文城、龍泉、離石、上谷、東海、七陽、普安、金山、巴西、遂寧、巴都、蘄春、廬江、同安、歷陽、南郡、竟陵、江東、江夏、毗陵、會稽、東陽、盧陵、郁林	4000 戶至 7000 戶上下
第六類	雕陽、朔方、鹽川、靈武、隴右、金城、榆罕、武威、張掖、敦煌、西城、房陵、宕渠、臨洮、宕昌、河池、汶山、義城、涪陵、臨邛、眉山、隆山、資陽、上洛、漁陽、北平、安樂、宣城、吳郡、餘杭、新安、永嘉、建安、遂安、鄱陽、臨川、南康、宜春、豫章、九江、長沙、南海、永熙、始安、永平、合浦、寧越、交趾、九眞	2000 戶至 4000 戶左右
第七類	澆河、西平、漢川、清化、通川、武都、同昌、順政、平武、巴東、犍爲、越嶲、武陵、馬邑、熙平、龍川、高涼、信安、蒼梧、珠崖、日南、澧陽、巴陵、衡山、桂陽、零陵、夷陵	1000 戶至 2000 戶左右
第八類	榆林、五原、定襄、遼西、瀘川、黔安、沅陵、清江、義安、比景、海陰、林邑	1000 戶以下
第九類	鄯善、且莫、西海、河源、牂柯	無戶數

　　貞觀十三年（639）全國十道裏，經比較各道戶口數、平均戶口數及各道戶數，如表 2-15 唐貞觀十三年各道戶口數、平均戶口數及各道戶口數的比重表〔註 125〕河北道的戶數占諸道總戶數的 12.15%，次於劍南道的 20.98%、江南道的 13.28%、關內道的 13.09%；口數占 12.87%，次於劍南道的 23.13%、江南道的 15.86%、關內道的 14.12%，均排名第四。河北道居於第四，代表人口分佈發生了變化，人口重心已由稠密的黃河中下游地區逐漸南移，此一變化主要還是受到戰亂與人口遷移兩項因素的影響，不過南方超過北方人口分佈的格局要等到唐中葉才得以完成。〔註 126〕

　　河北在隋代是人口最密集的地區之一，但前引貞觀十三年（639）各道戶口數已落於全國第四。唐初至貞觀年間人戶大量減耗的情形，河北戶口減少的原因之一在於隋末曾三次作為東征高麗的基地，造成「士卒死亡過半，耕稼失時，田疇多荒。加之饑饉，穀價踊貴」，加上「官吏貪殘，因緣侵漁，百姓困窮，財力俱竭，安居則不勝凍餒，死期交急」〔註 127〕。隋唐之際，此地

〔註 125〕表 2-15 唐貞觀十三年各道戶口數、平均戶口數及各道戶口數的比重表引自梁方仲，《中國歷代戶口、田地、田賦統計》（上海：上海人民出版社，1980 年）甲表 23〈唐貞觀十三年各道戶口數、平均戶口數及各道戶口數的比重〉，頁 78。梁表資料來源爲《舊唐書·地理志》。

〔註 126〕凍國棟，前引書，頁 151～152。

〔註 127〕《資治通鑑》，卷 181，〈隋紀五〉，「煬帝大業七年（611）條」，頁 5656。

又是竇建德、劉黑闥等人之勢力範圍，淪爲各方交戰的戰場，受到相當嚴重的破壞，戶口大量流移死亡，損耗極多。《舊唐書・地理志》中貞觀十三年（639）河北道的戶口數爲 369730，隋大業五年（609）冀州地區的戶口數則有 2672381，約爲隋時的七分之一，足見戶口減耗之嚴重。

表2-15　唐貞觀十三年各道戶口數、平均戶口數及各道戶口數的比重表

道　別	縣數	戶　數	口　數	每縣平均戶數	每戶平均口數	各道戶數占諸道總百分比	各道口數占諸道總數百分比
諸道總計	1,408	3,041,871	12,351,681	2201.07	431	100.00	100.00
關內道	111	398,066	1,744,628	3,586.18	4.38	13.09	14.12
河南道	145	275,618	1,169,214	1,900.81	4.24	9.06	9.47
河東道	82	271,199	998,493	3,307.30	3.68	8.92	8.08
河北道	160	369,730	1,589,320	2,310.81	4.30	12.15	12.87
山南道	136	180,724	787,697	1,328.85	4.36	5.94	6.38
淮南道	51	91,091	405,737	1,786.10	4.45	2.99	3.29
江南道	179	403,939	1,959,510	2,632.38	4.85	13.28	15.86
隴右道	56	55,956	198,222	999.21	4.20	1.84	1.60
劍南道	231	638,200	2,856,679	2,762.77	4.90	20.98	23.13
嶺南道	257	357,348	642,181	1,390.46	2.62	11.75	5.20

北方五道中的關內、河南、河北三道在隋末因破壞慘重而戶口銳減，之後恢復迅速，戶口快速回升。元結永泰二年〈問進士第三〉的內容足以證實此點。其內容爲「開元、天寶之中，耕者益力，四海之內，高山絕壑，耒耜亦滿。人家糧儲，皆及數歲，太倉委積，陳腐不可校量。忽遇凶年，穀猶耗盡。當今三河膏壤，淮泗沃野，皆荊棘已老，則耕可知。」〔註128〕

文中「三河」係指河南、河東與河內，並未提及河北。不過此時河北卻是關中租粟輸入的重要基地。李華〈安陽縣令廳壁記〉中有「天寶以來，東北隅節度位冠諸侯，案數軍鉦鼓，兼本道連帥，以河北貢籠，半乎九州。」〔註129〕的記述，說明了河北經濟的富庶與財力的雄厚。

〔註128〕《全唐文》，卷380，元結〈問進士第三〉，頁1732。
〔註129〕《全唐文》，卷316，李華〈安陽縣令廳壁記〉，頁1438。

以《新唐書・地理志》的內容爲依據，天寶十一載（752）全國總戶數爲8937792，河北道戶數有1514765，占全國16.95%，僅次於江南道的20.40%及河南道的20.08%，與河南道同是戶口稠密的重要地區，兩河戶口總數超過江南道，表示黃河中下游地區仍然是人口重心之所在。〔註130〕

天寶十四載（755）安祿山起兵范陽，河北淪爲戰場，八年內戶口大量減耗，郭子儀曾言「東至鄭、汴，達于徐方，北自覃懷，經于相土，人烟斷絕，千里蕭條。」〔註131〕河北道南部諸州破壞得十分嚴重。

河北道在安史之亂後分由數個藩鎮統領，河北三鎮並不受唐廷控制，長期不申戶口，《舊唐書・憲宗紀上》元和二年（807）十二月條載有不申戶口的州名：

> 己卯，史官李吉甫撰《元和國計簿》，總計天下方鎮凡四十八，管州二百九十五，縣一千四百五十三，戶二百四十四萬二百五十四，其鳳翔、鄜坊、邠寧、振武、涇原、銀夏、靈鹽、河東、易定、魏博、鎮冀、范陽、滄景、淮西、淄青十五道，凡七十一州，不申戶口。〔註132〕

《元和國計簿》於元和二年（807）撰成，只有不申戶口的道名，並無戶數；成書於元和八年（813）的《元和郡縣志》卻記有河北諸州的戶數，這是因爲元和十四年（819）憲宗平李師道，「自廣德以來，垂六十年，藩鎮跋扈河南、北三十餘州，自除官吏，不供貢賦，至是盡遵朝廷約束。」〔註133〕河朔藩鎮震懾，陸續申報戶口、供貢賦的緣故。而《元和郡縣志》也是元和年間河北道人戶數字的唯一資料來源。

《唐六典・尙書戶部》中河北道轄有懷、衛、相、洺、邢、趙、恒、定、易、幽、莫、瀛、深、冀、貝、魏、博、德、滄、棣、媯、檀、營、平、安東等二十五州。安史亂後舊河北道各州分由藩鎮管理。《元和郡縣志》河北道

〔註130〕天寶時期的人口分布，密度最高的地區有黃河中下游地區、成都平原及臨近地區、長江下游三角洲及浙東地區，但黃河中下游地區面積最大，人口密度較高的州府數也較多，顯然黃河中下游地區仍然是人口重心之所在。見葛建雄主編，凍國棟著，《中國人口史》第二卷《隋唐五代時期》（上海：復旦大學出版社，2002年），頁203。

〔註131〕《舊唐書》，卷120，〈郭子儀傳〉，頁3457。

〔註132〕《舊唐書》，卷14，〈憲宗紀上〉，頁424。

〔註133〕《資治通鑑》，卷24，〈唐紀五十七〉，「憲宗元和十四年（819年）二月壬戌條」，頁7765。

部分，河陽三城懷州節度使管懷州，魏博節度使管魏、相、博、衛、貝、澶六州，恆冀節度使管恆、冀、深、趙、德、棣六州，易定節度使管定、易二州，滄景節度使管滄、景二州，但缺卷十九〈河北道四〉，並不完全。〔註134〕針對缺文，翁俊雄在繆荃孫原來的研究上加以增補，添補上幽州盧節度使管幽、涿、薊、瀛、莫、檀、嬀、平、營等九州。〔註135〕

　　比較開元與元和兩時期的戶口數，表 2-13 河北道開元戶為 1084856，元和戶僅有 185783，降了 17.1%，河南道降了 11%，是諸道中下降幅度最大者。河北道各州元和戶數減少非常嚴重，如表 2-16 唐代河北道諸州府各階段戶口數統計表，其原因當與安史之亂、安史亂後藩鎮間的攻戰以及唐廷對河北用兵有關。不過如凍國棟所質疑：「元和時戰事頻繁，戶口可能不甚多，但也決不致像《元和志》所載如此之少。」〔註136〕王義康也認為「中唐以後河北藩鎮的割據，雖然削弱了中央的財力，但本區經濟並沒有陷入全面衰退或停滯，而且原有的生產潛力得到充分的發擇，本區保持一定數量的人口規模，接近、或相當天寶戶，仍然有著堅實的經濟基礎。」〔註137〕如魏州是魏博治所，唐後期河北平原最發達的地區，羅紹威曾因憚於牙軍悍驕，在魏州「夷滅凡八千族，閭室為空」〔註138〕；又如後唐孔謙、段徊曾言「魏博六州戶口，天下之半」〔註139〕，後唐版圖不大，「天下」雖僅止於唐時河南、河北、河東、關內四道之地，不過孔謙之言說明了魏博六州是河北的人口重心。上引二例證明河北藩鎮戶口應是超過《元和郡縣志》之所記，畢竟沒有充足的人口是無法組成強大軍隊的，而強大的軍隊正是河北三鎮得以長期對抗唐廷的依據。

〔註134〕《元和郡縣志》，卷 16～19，〈河北道〉，頁 443～525。

〔註135〕翁俊雄，《唐后期政區與人口》（北京：首都師範大學出版社，1999 年），頁 125～148。

〔註136〕凍國棟認為河北強藩為維持龐大的軍隊，賦役的徵斂，必然重視對戶口的掠奪和控制。河北地區經濟條件優越，加上元和之後，朝廷基本上不再對河北用兵，經濟應有所恢復。此外，短暫歸順朝廷期間，所申報戶口遠低於實數，所以《元和志》登錄的戶數並不能反映實際情況。見凍國棟，《唐代人口問題研究》，頁 181～182。

〔註137〕王義康，〈唐河北藩鎮時期人口問題試探〉，《河南社會科學》1，2005 年，頁 117～120。

〔註138〕《新唐書》，卷 210，〈羅弘信附紹威傳〉，頁 5942。

〔註139〕《舊五代史》，卷 69，〈唐書・王正言傳〉，頁 915。

表 2-16 唐代河北道諸州府各階段戶口數統計表

州 府	各階段戶口數					
	貞觀十三年（639）	開元二十年（732）	開元二十九年（741）	開元二十年（732）	天寶十二載（753）	元和八年（813）
	《舊唐書·地理志》	《元和郡縣圖志》	《通典·州郡門》	《太平寰宇記》	《舊唐書·地理志》	《元和郡縣圖志》
懷州	戶：30090 口：126916	戶：43175	戶：54100 口：315370	戶：43170	戶：55349 口：318126	戶：8741
衛州	戶：11903 口：43682	戶：30666	戶：46980 口：207980	戶：30600	戶：48056 口：284630	戶：2777
相州	戶：11490 口：74766	戶：78000	戶：109450 口：590196	戶：78000	戶：101142 口：590196	戶：39000
魏州	戶：30440 口：136612	戶：117575	－	戶：117175	戶：151596 口：119870	戶：6920
博州	戶：7682 口：37394	戶：37470	－	戶：37444	戶：52631 口：408252	戶：2430
貝州	戶：17719 口：90079	戶：84400	－	戶：81400	戶：110015 口：834757	戶：20102
澶州						戶：3269
洺州	戶：22933 口：101030	戶：77150	戶：89290 口：662810	戶：7750	戶：91666 口：683280	－
邢州	戶：21985 口：90960	戶：58820	戶：67660 口：462780	戶：58820	戶：70189 口：382789	戶：3692
趙州	戶：21427 口：85992	戶：51430	戶：61163 口：374712	戶：51430	戶：63454 口：395238	戶：8157
鎮州（恆州）	戶：26113 口：54543	戶：42694	戶：53510 口：317717	戶：42694	戶：54633 口：342234	戶：17580
冀州	戶：16023 口：72733	戶：94120	戶：111880 口：826770	戶：94120	戶：113885 口：830520	戶：8967
深州	戶：20156 口：87000	戶：42215	戶：48858 口：346472	戶：42215	戶：18825 口：346472	戶：14097
滄州	戶：20052 口：95796	戶：98157	－	戶：124024	戶：124024 口：825705	戶：9514
德州	戶：10135 口：52141	戶：61770	－	戶：61770	戶：83211 口：659855	戶：9356

棣州		戶：25545			戶：5447
定州	戶：25637 口：86869	戶：65460	戶：76600 口：477206	戶：25460	戶：78090 口：496676	戶：26832
易州	戶：12820 口：63457	戶：37227	戶：44912 口：245807	戶：44035	戶：44230 口：258779	戶：569
瀛州	戶：35605 口：164000	戶：98018	戶：95240 口：642562	戶：98018	戶：98018 口：663171	－
幽州	戶：21698 口：102079	－	戶：70960 口：390585	戶：67242	戶：67242 口：171312	－
檀州	戶：1737 口：6468	戶：7300	戶：6138 口：31637	－	戶：6064 口：30246	戶：3269
嬀州	戶：476 口：2490	－	戶：2350 口：10540	戶：2263	戶：2263 口：11584	－
平州	戶：603 口：2542	戶：2263	戶：3031 口：13775	－	戶：3113 口：25086	
順州	戶：81 口：219	－	戶：5718 口：18150	－	戶：1064 口：5157	
營州 都督府	戶：1031 口：4732	－	戶：874 口：3000	－	戶：997 口：3789	
莫州	－	戶：53400	戶：50510 口：326450	戶：53400	戶：53493 口：339972	
歸順州	－	－	－	－	戶：1037 口：4469	
景州	－	戶：(11300)	－	－	戶：11003	戶：2025
薊州	－	－	戶：4829 口：25487	－	戶：5317 口：28521	－
燕州 以下諸州	戶：1394 口：6086	－	戶：2246 口：11591	－	戶：7440 口：30297	－
安東府 以下諸州	－	－	－	－	戶：5718 口：18156	－
合　計	戶：369715 口：1588585	戶：1195281	戶：1006029 口：6301597	戶：1161030	戶：1514057	戶：185783

第三章　安史亂前河北道與中央政治之關係

　　唐初併省州郡，貞觀元年（627）因「山河形便」，將全國分為關內道、河南道、河東道、河北道、山南道、隴右道、淮南道、江南道、劍南道及嶺南道等十道。〔註1〕開元二十一年（733）又分山南、江南為東西道，增置黔中道與京畿道、都畿道，「貞觀十道」衍變為「開元十五道」〔註2〕。

　　河北地區在唐時劃為河北道，安史亂後舊河北道由藩鎮分領。其中，魏博、成德、幽州三鎮跋扈不馴，是唐廷的心腹大患。憲宗時曾一度順服，穆宗時旋即叛離，此後直到唐末，河北三鎮始終處於半獨立的狀態。

　　在唐前期，河北道的地位不如關內道與河東道，其原因在於關內道為京都所在，形勝之地；河東道為唐王朝所基，特別受到重視。〔註3〕但是，河北道無論是從經濟、軍事、政治乃至民族方面實不容統治者忽視。從經濟的觀點來看，河北道位於黃河下游，經濟發達，人口密集，是所謂的「基本經濟區」；從軍事的觀點著眼，河北道的北部處於農耕遊牧的交界地帶，控禦契丹與奚兩蕃，位居東北邊防的前哨，軍事上的重要性不言可喻。政治方面，首先，在曹魏、北朝、東魏、北齊時期，河北地區是該國的「政治核心區」，曹魏、後趙、前燕、東魏、北齊亦曾以鄴城為其都城；其次，西魏、北周、隋、唐一脈相承，均屬關隴集團，與東魏、北齊相抗，河北地區先後是東魏

〔註1〕　《舊唐書》，卷38，〈地理志一〉，頁1384。
〔註2〕　《新唐書》，卷37，〈地理志一〉，頁960。
〔註3〕　谷霽光，〈安史亂前的河北道〉，原載於《燕京學報》19，1935年。現收入《谷霽光史學論文集》（南昌：江西人民出版社，1996年），第四卷，頁180。

及北齊的勢力所在。當北周滅北齊，隋繼北周，唐代隋，隋唐要有效的控馭河北，必須提出適當的對策以鞏固其統治。第三，李唐出身關隴集團，河北地區是「世家大族」的聚集地。北周與隋對於世家大族採取遷離故土等政策，使其脫離自己的勢力範圍，降低了影響力。〔註4〕但在唐初，崔、盧、鄭、王等大姓仍有相當的影響力，朝廷與河北大族的關係是經營河北道無法迴避的現實。最後，河北地區曾是竇建德與劉黑闥的根據地、李建成著意經營之處。至於河北道的北部分佈著許多羈縻府州，胡族聚居其中，隱含著胡漢相處的問題。玄宗時，安祿山即藉民族問題而厚積實力，趁隙興亂，摧毀了大唐盛世。

　　大致說來，唐初武德、貞觀時期對於河北的經營著重在掃除敵對勢力、鞏固統治；高宗與武后則將重心放在與東北外族契丹、奚的和戰，玄宗時期因為加強東北邊防的軍力，予安祿山可乘之機，最後釀成安史之亂。本章分二節，即從上述觀點切入，分別討論高祖與太宗、高宗至玄宗等時期河北道與中央之政治關係及其變化。

第一節　唐高祖與唐太宗對河北的經營

壹、河北的征戰與平定

　　隋文帝楊堅於開皇九年（589）滅陳，結束了自晉惠帝永興元年（304）以來的分裂局面，天下復歸統一。隋朝三十餘年間，「大體前治後亂」〔註5〕，隋文帝在位24年（581～605），開皇之治使致國力富裕，民生樂利：「於是躬節儉、平徭賦、倉廩實，法令行，君子咸樂其生，小人各安其業，強無凌弱，眾不暴寡，人物殷阜，朝野歡娛。二十年間，天下無事，區宇之內晏如也。」〔註6〕

　　隋煬帝在位13年（605～617），憑仗國家富裕，積極建設與高度奢侈，卒致亂亡：

> 負其富強之資，思逞無厭之欲，……恃才矜己，傲狠明德，內懷險

〔註4〕史睿，〈北周、隋、唐初的士族政策與政治秩序的變遷〉，《首都師範大學學報‧社會科學版》3，1986年，頁44～46。

〔註5〕李樹桐，《隋唐史別裁》（臺北：臺灣商務印書館，1995），頁9。

〔註6〕《隋書》，卷2，〈高祖紀下〉，頁55。

躁，外示凝簡，盛冠服以飾其姦，除諫官以掩其過。荒淫無度，法令滋章，教絕四維，刑參五虐，除誅骨肉，屠勦忠良，受賞者莫見其功，為戮者不知其罪。驕怒之兵屢動，土木之工不息，頻出朔方，三駕遼左，旌旗萬里，徵稅百端，滑吏侵漁，人不堪命。乃急令暴條以擾之，嚴刑峻法以臨之，甲兵威武以董之，自是海內騷然，無聊生矣。……加之以師旅，因之以饑饉，流離道路，轉死溝壑，十八九焉。於是相聚萑蒲，蝟毛而起，大則跨州連郡，稱帝稱王，小則千百為羣，攻城剽邑，……土崩魚爛，貫盈惡稔，普天之下，莫匪仇讎，左右之人，皆為敵國。……遂以萬乘之尊，死於一夫之手。〔註7〕

隋煬帝「自作孽，不可逭」，故史臣以為「億兆靡感恩之心，九牧無勤王之師。子弟同就誅夷，骸骨棄而莫掩，社稷顛殞，本枝殄絕，自肇有書契以迄於茲，宇宙崩離，生靈塗炭，喪身滅國，為有若斯之甚也。」〔註8〕

　　隋煬帝役使民力過多，加上對外戰爭造成人民死傷，民變因此而起。大業六年（610）正月第一宗民變發生，此事據《隋書‧煬帝紀上》所載：「有盜數十人，皆素冠練衣，焚香持華，自稱彌勒佛，入自建國門。監門者皆稽首。繼而奪衛士仗，將為亂。齊王暕遇而斬之。於是都下大索，與相連作者千餘家。」〔註9〕從此以後民變迭起，總計自大業七年（611）起至武德四年（621）止起事者有王薄、劉霸道、竇建德、張金稱、高士達、韓進洛、孟海公、孟讓、郭方預、郝孝德、格謙、甄寶車、劉元進、朱燮、管崇、彭秀才、李三兒、向但子、孫宣雅、呂明星、左才相、杜伏威、輔公祏、唐弼、李弘、張大彪、宋世謨、劉迦倫、鄭文雅、林寶護、司馬長安、留苗王、王德仁、左孝友、盧明月、楊仲緒、魏刀兒、張起緒、魏麒麟、禮子通、翟讓、柴保昌、朱粲、翟松柏、盧公邏、孫華、趙萬海、荔非世雄、操師乞、林士弘、徐圓朗、高開道、梁師都、劉武周、李密、郭子和、張子路、李通德、房憲伯、薛舉、李軌、李淵、蕭銑、宇文化及、王世充、劉企成、羅藝、宋金剛、沈法興、汪華、劉黑闥等人，羣雄大致在關中者均附唐、在河北者附竇建德、在河南者多附李密。〔註10〕

〔註7〕《隋書》，卷4，〈煬帝紀下〉，頁96。
〔註8〕《隋書》，卷4，〈煬帝紀下〉，頁96。
〔註9〕《隋書》，卷3，〈煬帝紀上〉，頁74。
〔註10〕鄧之誠，《中華兩千年史》（北京：中華書局，1983年），卷3，頁62～71。

隋煬帝大業十三年（617）五月甲子（十五），唐高祖李淵起兵於太原，隋恭帝於義寧二年（618）五月禪位於高祖，高祖稱帝，改國號為唐，改元武德。然而唐的統一遲至唐太宗貞觀二年（628）四月梁師都被殺才告完成。

在唐高祖統一天下的過程中，河北是一個極重要的地區。歷史的發展下，河北緣於地理形勢及地區政治、軍事、經濟的發展，民族的分布和遷徙等因素，成了「矛盾、戰爭、融合、發展、分裂與統一，各種力量交織一起，相互衝突，彼此彙集的地區」〔註 11〕，所謂「河北亂則天下亂，河北治則天下治」，河北竟成為治亂的關鍵地帶。

杜牧《戰論》中敘河北之風俗為：

> 夫河北者，俗儉風渾，淫巧不生，樸毅堅強，果於戰耕。名城堅壘，嶺壁相貫；高山大河，盤互交鎖。加以土息健馬，便於馳馬，是以出則勝，處則饒，不窺天下之產，自可封殖，亦猶大農之家，不待珠璣然後以為富也。〔註 12〕

又云「山東，王者不得，不可為王；霸者不得，不可為霸；猾賊得之，是以致天下不安。」〔註 13〕，故而「天下無河北則不可」。〔註 14〕

當時山東地區大體有三個主要的軍事集團。竇建德、王世充及李密。在唐的統一戰爭中，平定山東可算是最大最艱鉅的戰役。要攻克河北，竇建德、劉黑闥、高開道、羅藝則是李淵必須剗除的敵對勢力。據《舊唐書‧竇建德傳》所記，其中的竇建德，貝州漳南人，少時，頗以然諾為事。大業七年（611）

〔註 11〕 牛潤珍，〈魏晉北朝幽冀諸州要論──兼談南北東西形勢的形成〉，收入谷川道雄編，《日中國際共同研究地域社會在六朝政治文化上所起的作用》（京都：玄文社，1989 年），頁 102～103。

〔註 12〕 （唐）杜牧，《樊川文集》（樹林：漢京文化事業公司，1983 年），卷 5，〈戰論并序〉，頁 91。

〔註 13〕 （唐）杜牧，前引書，卷 5，〈罪言〉，頁 87。所謂「山東」，歷來史家有不同的看法。自華山以東、崤山以東至太行山以東不一。明顧炎武《日知錄》卷 31「山東河內」條謂「山東者，華山以東」。清王鳴盛《十七史商榷》卷 35「山東山西」條則是「河北之山莫大於太行，故謂太行以東為山東」。同書卷 90 有「唐以河北為山東」條。唐人「以山東為河北」，杜牧之「山東」即指河北魏博、鎮冀諸鎮。張榮芳，〈試論隋唐的山東與關東〉，收入中國唐代學會編，《唐代研究論集》第三輯（臺北：新文豐出版社，1992 年）一文中說明唐時山東指太行山以東之地，略與唐河北道相等。在唐人觀念中，山東也可以指河北道之地。隋時的山東仍是太行山以東，河北指的是黃河以北，非專指山東，範圍較大，約及唐之河東與河北兩道。見該文頁 747。

〔註 14〕 同註 13。

亡入高雞泊爲盜，大業十三年（617）據樂壽，稱樂壽王。武德元年（618）建國號夏，極盛時曾據河南河北，武德四年（621）被殺，河北悉平，起軍至滅共六載。〔註15〕

劉黑闥亦是貝州漳南人，無賴，嗜酒，好博弈，不治產業。曾從郝孝德爲盜，後歸李密、王室充及竇建德。竇建德敗後匿於漳南，武德四年（621）起兵漳南，自稱大將軍，半歲悉復竇建德故地。武德五年（622）稱漢東王，都洺州。武德六年（623）敗於建成、元吉合擊，後斬於洺州，山東底定。〔註16〕

高開道，滄州陽信人。少以煮鹽自給，有勇力。隋大業末從格謙，謙滅後亡匿海曲。武德元年（618）自立爲燕王，都於漁陽。武德三年（620）建元，署置百官。因羅藝遣使降唐，詔封北平郡王，賜姓李。武德五年（622）結合劉黑闥與突厥，寇恆、定、幽、易等州。武德七年（624）爲部將張金樹所殺，以其地降唐。〔註17〕

羅藝，襄陽人，性桀黠，剛愎不仁，勇於攻戰，善射，大業時以軍功官至虎賁郎將。及天下大亂，自稱幽州總管，武德三年（620）奉表歸國，詔封燕王，賜姓李氏。高祖時拜左翊衛大將軍，因突厥爲患，令鎮涇州。太宗貞觀元年（627）反於涇州，奔突厥途中爲左右所殺，傳首京師。〔註18〕

雖然竇建德等或被擊滅，或歸附李淵，唐高祖雖取得河北要地，然而竇建德的影響深遠，《全唐文》卷七四四殷侔〈竇建德碑〉載：

> 隋大業末，主昏時亂，兵革咸起。夏王建德，以耕甿厥興，河北山東，皆所奄有。……赫赫乎當時之雄也。是時李密在黎陽，世充據東都，蕭銑、王楚、薛舉擅秦，然視其瓶割之跡，觀其模畧之大，皆未有及建德者也。唯夏氏爲國，知義而尚仁，貴忠而愛賢，無暴虐及民，無淫兇於己。故兵所加而勝，令所到而服，……行軍有律而身兼有武，聽諫有道而人無拒拂，斯蓋豪傑所以勃興，而定霸一朝，拓疆千里者哉。……自建德亡據今已遠，山東河北之人或尚談其事，且爲之祀，知其名不可滅，而及人者存也。聖唐大和三年，魏州書佐殷侔過其廟下，見父老羣祭，駿奔有儀，夏王之稱，猶紹

〔註15〕《舊唐書》，卷54，《竇建德傳》，頁2235～2243。
〔註16〕《舊唐書》，卷55，《劉黑闥傳》，頁2258～2260。
〔註17〕《舊唐書》，卷55，《高開道傳》，頁2256～2257。
〔註18〕《舊唐書》，卷56，《羅藝傳》，頁2277～2279。

於昔。〔註19〕

殷侔撰碑於文宗大和三年（829），離竇建德死已逾二百年，其勢力在舊地猶
若此，則當時高祖對竇建德、劉黑闥等勁敵之忌憚可想而知。《舊唐書・竇建
德傳》述竇建德：

> 少時，頗以然諾爲事。……每傾身接物，與士卒均執勤苦，由是能
> 致人之死力。……建德每平城破陣，所得資財，並散賞諸將，一無
> 所取。又不啖肉，常食唯有菜蔬、脫粟之飯。其妻曹氏不衣紈綺，
> 所使婢妾纔十數人。……寬厚從諫。〔註20〕

《新唐書・竇建德傳》：「初，他盜得隋官及士人必殺之，唯建德恩遇必
備，……隋郡縣吏多以地歸之。」〔註21〕其人儉樸律己，與部下共甘苦，且
寬厚從諫，招集賢良，禮遇士人，因而平定河朔，士馬精強，成爲與李密、
王世充、李淵相抗拮的勢力。故王鳴盛《十七史商榷》卷七十「擒竇建德降
王世充」條以爲「建德討宇文化及，能爲義舉，得人心，又盡收河北、山東
地，勢極強，唐所最忌。」〔註22〕

　　劉黑闥「素彊武，多狙詐。……每乘隙奮奇兵，出不意，多所摧克，
軍中號爲神勇。」〔註23〕「夏王於唐固有德，往禽淮安王、同安公主，皆厚
遣還之。今唐得夏王，即加害。我不以餘生爲王復讎，無以見天下義士。」
〔註24〕武德四年（621）劉黑闥繼竇建德而據山東。武德五年（622）劉黑闥
重反時，高祖「欲令盡殺其黨，使空山東」：「黑闥重反，高祖謂太宗曰：『前
破黑闥，欲令盡殺其黨，使空山東，不用吾言，至有今日。』」〔註25〕陳寅恪
對此條史實的解釋爲「唐高祖以劉黑闥重反之故，竟欲盡殺河北丁壯，以空
其地。蓋河北之人以豪強著稱，實爲關隴集團之李唐皇室所最忌憚。」〔註26〕

〔註19〕《全唐文》，卷744，殷侔〈竇建德碑〉，頁3457。

〔註20〕《舊唐書》，卷54，〈竇建德傳〉，頁2234～2243。

〔註21〕《新唐書》，卷85，〈竇建德傳〉，頁3698。

〔註22〕王鳴盛，《十七史商榷》，卷70，「擒竇建德降王世充」條，頁601。

〔註23〕《新唐書》，卷86，〈劉黑闥傳〉，頁3715。

〔註24〕《新唐書》，卷86，〈劉黑闥傳〉，頁3716。

〔註25〕《資治通鑑》，卷190，「唐高祖武德五年十二月壬申（劉黑闥）眾遂大潰條」，
頁5963。

〔註26〕陳寅恪，〈論唐代之蕃將與府兵〉陳寅恪，收入《金明館叢館初編》（臺北：
里仁書局1981年），頁272。陳寅恪分析李唐憚忌河北人民的原因爲「『河北
之地，人多壯勇』，頗疑此集團實出自北魏冀、定、瀛、相、諸州營戶屯兵之
系統，而此種人實亦北方塞外胡族之子孫。李唐出身關隴集團，故最忌憚此

武德九年盧江王李瑗反叛，其兵曹參軍王利涉云：「山東之地，先從竇建德，酋豪首領，皆是僞官，今並黜之，退居匹庶，此人思亂，若旱苗之望雨。王宜發使其復舊職，各於所在遣募本兵，諸州倘有不從，即委隨便誅戮。此計若行，河北之地可呼吸而定也。」〔註27〕依其所言，竇、劉雖逝，其勢力仍匿藏民間，此河北不安、朝廷不放心之理由。

就個人特點言，竇建德「知義而尚仁，貴忠而愛賢，無暴虐及民，無淫兇於己。」〔註28〕，劉黑闥則擅軍事又富忠義精神，兩人皆「富忠義」且「善戰鬥」，「善戰鬥」乃陳寅恪所謂「山東豪傑」特質之一。

山東集團與關隴集團是隋唐政治史活躍的兩大政治集團，「關隴集團」乃宇文泰爲與山東高氏及江左蕭氏鼎足而立所創之「融合其所割據關隴區域內之鮮卑六鎭族民族，及其他胡漢土著之人爲一不可分離之集團」〔註29〕，楊堅、李淵即出身關隴集團。相對於「關隴集團」，陳寅恪對「山東集團」表述較複雜與散亂，根據仇鹿鳴的整理，陳寅恪論述中有關山東地區的政治、軍事勢力的論述共有十七種，大體上可分爲四大類，第一類泛指整個山東地區的政治勢力，如山東集團、山東地域、山東系統等；第二類用於指山東舊有的士族勢力，如山東士族、山東貴族、山東舊族、山東舊門、山東之大族、山東之高門、山東盛門；第三類指隋末唐初活躍於山東地區武力集團，如山東武人、山東豪傑、山東豪傑集團、山東武裝農民集團、河北英俊、山東豪雄等；第四類爲山東寒族。〔註30〕從陳寅恪之定義，「山東豪傑」即「一胡漢雜糅，善戰鬥，務農業，而有組織之集團，常爲政治上敵對雙方爭取之對象」〔註31〕、「性強勇，工騎射，組織堅固，從事農業，及姓氏多有胡族關係。」〔註32〕

　　等人羣。」
〔註27〕《舊唐書》，卷60，〈盧江王瑗傳〉，頁2351。
〔註28〕同註14。
〔註29〕陳寅恪，《唐代政治史述論稿》（臺北：里仁書局，1990年），頁167。
〔註30〕仇鹿鳴統計陳寅恪對隋唐時期山東政治勢力的表述共有17種：1、山東集團；2、山東士族；3、山東貴族；4、山東舊族；5、山東舊門；6、山東之大族；7、山東之高門；8、山東盛門；9、山東武人；10、山東豪傑；11、山東豪傑系統；12、山東武裝農民系統；13、河北英俊；14、山東豪雄；15、山東寒族；16、山東地域；17、山東系統。見仇鹿鳴，〈陳寅恪「山東集團」辨析〉，《史林》5，2004，頁70～71。
〔註31〕陳寅恪，〈論隋末唐初所謂「山東豪傑」〉，收入《金明館叢稿初編》（臺北：里仁書局，1981年），頁217。
〔註32〕陳寅恪，〈論隋末唐初所謂「山東豪傑」〉，收入《金明館叢稿初編》（臺北：

如竇建德與劉黑闥爲胡種，故戰鬥力特強。山東豪傑與山東士族是當時山東社會文武兩大勢力、「山東集團」兩個主要層次〔註33〕。

山東豪傑中，竇建德、劉黑闥與李唐分處敵對之兩方，然山東豪傑中投身李淵陣營中也所在多有，在統一天下與帝位爭奪戰中等發揮著作用。黃永年認爲「山東人特別是山東兵將對唐初政權的穩固和李氏父子之間鬥爭的勝負有著重大的關係。」〔註34〕以李世民秦王府爲例，義寧元年（618）李淵受禪，李世民被封爲秦王，以李世民爲核心的秦府集團爲李唐統一天下與李世民登基立下汗馬功勞。自617至626，李世民集結的秦府成員計有于志寧、杜如晦、薛收、房玄齡、虞世南、唐皎、姚思廉、褚亮、蔡允恭、蘇勖、蘇世長、陸德明、孔穎達、李守素、許敬宗、薛元敬、蓋文達、劉孝孫、李玄道、皇甫無逸、溫大雅、顏相時、薛萬均、殷開山、權弘壽、竇綸、顏思魯、杜鄭倫、李桐客、戴冑、閻立德、楊琮、褚遂良、段志玄、齊善行、尉遲敬德、秦叔寶、田留安、程知節、公孫武達、丘行恭、宇文士及、張亮、屈突通、劉文靜、馮少師、韓重良、盧赤松、唐儉、封倫、高士廉、柴紹、張公瑾、劉師立、李孟常、王君廓、龐卿惲、樊興、長孫無忌、長孫順德、侯君集、劉弘基、李安遠、王軍愕、豆盧寬、牛進達、張士貴、周護、許洛仁、杜君綽、鄭仁泰、吳黑闥、安元壽、豆盧仁亞、斛斯正則、羅君副、段元哲、韋慶植、董葵、張仁、魏德、張彥、封泰、崔君肅、匹婁氏、崔福善、高仁、夏侯絢、竇琰，合計96人，據曹雙印分析，可考的91人中，屬於關隴集團的成員有27人，屬於山東區域的有53人，屬於江左區域的有11。屬於山東區域者中張亮、高士廉、丘行恭、劉師立、張士貴、龐卿惲、牛進達、羅君副、段元哲、李孟常、鄭仁泰、尉遲敬德、秦叔寶、程知節、董葵、魏倫、王君愕、周護、許洛仁、杜君綽、竇盧寬、竇盧仁業、吳黑闥、張仁、魏德、張彥、封泰、匹婁氏、崔善福、高仁、柴紹、王君廓、張公瑾、元仲元、秦行師、田留安、段志玄等屬於武才類。〔註35〕李世民在平定山東的過

里仁書局，1981年），頁231。

〔註33〕陳寅恪，〈論隋末唐初所謂「山東豪傑」〉，收入《金明館叢稿初編》（臺北：里仁書局，1981年），頁228。

〔註34〕黃永年，〈李勣與山東〉收入黃永年《唐代史事考釋》（臺北：聯經出版公司，1998年），頁65。關於李世民與建成、元吉的鬥爭可參考氏著同書〈論武德貞觀時統治集團的內部矛盾和鬥爭〉一文。

〔註35〕曹雙印，〈從秦府集團成員仕進狀況看區域文化合流〉，《中國歷史理論叢》1（2006年），頁35～39。

程中，廣事羅致人材，如前述尉遲敬德、秦叔寶、程知節、張公瑾、劉師立、段志玄等即來自不同的敵對陣營。山東人材基本上已入李世民彀中，所以建成與元吉攻擊李世民「秦王左右多是東人」〔註 36〕。李世民的目的當然是擴充一己實力，以備將來爭奪帝位之需。

秦府成員外，山東豪傑中的李勣與常何必須加以討論。李勣地位之重實因其為山東豪傑領袖之故；常何在玄武門事變中「揔北門之寄」，與張亮、張公瑾同有著重要的地位與偉大的功績，「太宗之勘定內亂，其得此系統人物之助力，較任何其他諸役如戰勝隋末羣雄及摧滅當時外族者為更多也。」〔註 37〕李勣原名徐世勣，曹州離狐人。與李靖並稱「二李」，係山東豪傑系統的代表人。太宗曾委其輔佐高宗，高宗欲立武曌為后，李勣獨以武氏為山東人而贊成其事。李勣之重要如陳寅恪云：

> 徐世勣者，翟讓死後，實代為此系統之領袖，李密不過以資望見推，而居最高之地位耳。密既降唐，其土地人眾均為世勣所有，世勣於王世充、竇建德與唐高祖等鼎峙競爭之際，蓋有舉足輕重之勢，其絕鄭夏而歸李唐，亦隋唐間政權轉移之大關鍵也。李唐破滅王、竇，凱旋告廟，太宗為上將，世勣為下將，蓋當時中國武力集團最重要者，為關隴六鎮及山東豪傑兩系統，而太宗與世勣二人即可視為其代表人也。世勣地位之重實因其為山東豪傑領袖之故，太宗為身後之計欲平衡關隴、山東兩大武力集團之力量，以鞏固其皇祚，是以委任長孫無忌及世勣輔佐柔懦之高宗，其用心可謂深遠矣。〔註 38〕

然黃永年並不認為李勣的戰績足以媲美李靖，卻能立太宗高宗兩朝終其身不替，「主要原因是他是山東人，而且是好惠施結江湖豪傑的庶族地主，……和多數出身庶族下層的瓦崗軍將士以及其他山東人的關係比出身世族地主的關中貴族李密更密切。」〔註 39〕以後李世民便憑藉羅致的山東力量以及瓦崗軍

〔註 36〕《舊唐書》，卷 64，〈隱太子建成傳〉，頁 2418。

〔註 37〕陳寅恪，〈論隋末唐初所謂「山東豪傑」〉，收入《金明館叢稿初編》（臺北：里仁書局，1981 年），頁 226。

〔註 38〕陳寅恪，〈論隋末唐初所謂「山東豪傑」〉，收入《金明館叢稿初編》（臺北：里仁書局，1981 年），頁 226～227。

〔註 39〕黃永年，〈李勣與山東〉，收入黃永年《唐代史事考釋》（臺北：聯經出版公司，1998 年），頁 61。

舊時將士奪取最高政權。所以李勣始終見重於李淵父子。

次論常何。初唐帝室的主要人物有三，高祖、太子建成與秦王世民，齊王元吉只是太子建成的助手。建成與世民同爲高祖左右手，建成與世民爭取人才與爭立軍功的目的無非邀高祖寵愛信任與支持，無論在人才方或軍功方面，世民都給予建成極大的威脅。《新唐書》卷二百一〈袁朗傳〉：

> 武德初，隱太子與秦王、齊王相傾，爭致名臣以自助，太子有詹事李綱、寶軌、庶子裴矩、鄭善果，友賀德仁、洗馬魏徵、中舍人王珪、舍人徐師謨、率更令歐陽詢、典膳監任燦、直典書坊唐臨、隴西公府祭酒韋挺、記室參軍庾抱、左領軍大都督長史唐憲。秦王有友于志寧、記事參軍事房玄齡、虞世南、顏思魯、諮議參軍事寶綝、蕭景、兵曹杜如晦、鎧曹褚遂良、士曹戴冑、閻立德、參軍事薛元敬、蔡允恭、主簿薛松、李道玄、典籤蘇幹、文學姚思廉、褚亮、燉煌公府文學顏師古、右元帥府蕭瑀、行軍元帥府長史屈突通、司馬寶誕、天策府長史唐儉、司馬封倫、軍諮祭酒蘇世長、兵曹參軍杜淹、倉曹李守素、參軍事顏相時。〔註40〕

建成力保太子位置無虞，世民冀望高祖效隋文帝廢太子。但欲假手高祖以廢建成，只得高祖一番訓誡；謀以洛陽爲基礎，又遭反對而成空，有功高不賞之感；加上世民部屬多半來自結納收降，基於自身利害，擁護世民奪嫡；所以太宗及其部屬棄和緩之路而發動玄武門之變。〔註41〕

眾所周知，武德九年（626）六月四日的玄武門之變是李世民得以登帝的關鍵之役，是役如常何等「山東豪傑」扮演極爲重要的角色。《舊唐書·太宗本紀》記玄武門之變「（武德）九年，皇太子建成、齊王元吉謀害太宗。六月四日，太宗率長孫無忌、尉遲敬德、房玄齡、杜如晦、宇文士及、高士廉、侯君集、程知節、秦叔寶、段志玄、屈突通、張士等於玄武門誅之。」〔註42〕「高祖大驚，乃以太宗爲皇太子。」〔註43〕陳寅恪云：

> 武德九年六月四日玄武門之事變爲太宗一生中最艱苦之奮鬥，其對方之建成、元吉亦是智勇俱備之人，謀士鬥將皆不減於秦府左右，

〔註40〕《新唐書》，卷201，〈袁朗傳〉，頁5727。
〔註41〕李樹桐，〈初唐帝室間相互關係的演變〉，收入《唐史考辨》（臺北：台灣中華書局，1985年），頁137～152。
〔註42〕《舊唐書》，卷2，〈太宗本紀上〉，頁29。
〔註43〕《新唐書》，卷2，〈太宗本紀〉，頁26。

其結果則太宗勝而建成、元吉敗者，其關鍵實在太宗能利用守衛宮城要隘玄武門之山東豪傑，如常何輩。〔註44〕

又云：

太宗之所以得勝，建成元吉之所以致敗，俱由一得以兵據玄武門即宮城之北門，一不得以兵入玄武門故也。然則玄武門為武德九年六月四日事變成敗之關鍵，至為明顯，……然後知太宗與建成元吉皆誘致對敵之勇將，常何舊曾隸屬建成而為太宗所利誘，當武德九年六月四日常何實任屯守玄武門之職，故建成不以致疑，而太宗因之竊發。〔註45〕

常何之事跡僅見於巴黎圖書館敦煌寫本李義府傳常何碑：

公諱□，字□□，其先居河內溫縣，迺祖遊陳留之境，因徙家焉，今為汴州浚儀人也。〔公〕傾產周窮，捐生拯難，嘉賓狹至，俠侶爭歸。繼而炎靈將謝，政道云衰，……爰顧宗姻，深憂淪溺。鄉中豪傑五百餘人以公誠信早彰，譽望所集，請為盟主。李密擁兵敖庾，沈（？）威河曲，廣集英彥，用託爪牙，乃授公上柱國雷澤公。尋而天歷有歸，聖圖斯啓，……抗言於密，請歸朝化。密竟奉謁丹墀，……實賴於公……授清義府驃騎將軍上柱國雷澤公。密奉詔綏撫山東，公又以本官隨密，密至函城之境，有背德之心，公既知逆謀，乃流涕極諫，密憚公強正，遂不告而發，軍敗牛關之側，……率充內營左右去逆歸順。高祖嘉其變通，尚其英烈，臨軒引進，特申優獎，授車騎將軍。徐圓朗竊據沂、兗，稱兵淮、泗，……公與史萬寶併力攻圍，應期便陷。方殄餘噍，奉命旋師，令從隱太子討平河北。……〔武德〕七年，奉太宗令追入京，賜金刀子一枚，黃金卅挺，令於北門領健兒長上，仍以數十金刀子委公錫驍勇之夫，趨奉藩朝，參聞霸略，承解衣之厚遇，申繞帳之深誠。九年六月四日令摠北門之寄。〔註46〕

〔註44〕陳寅恪，〈論隋末唐初所謂「山東豪傑」〉，收入《金明館叢稿初編》（臺北：里仁書局，1981年），頁225。

〔註45〕陳寅恪，《唐代政治史述論稿》（臺北：里仁書局，1990年）「中篇政治革命及黨派分野」，頁205。

〔註46〕陳寅恪，〈論隋末唐初所謂「山東豪傑」〉，收入《金明館叢稿初編》（臺北：里仁書局，1981年），頁222。

碑文中常何先後爲李密、王世充所用，入唐後成爲建成部屬。秦王「賜金刀子一枚，黃金三十挺」收買常何，「仍以數十金刀子委公錫驍勇之夫」，又是給與常何活動資金，讓他代爲收買北門（玄武門）健兒，「利誘」是常何由建成部下轉變而爲幫助太宗的根本原因。太宗以重金收買常何是秘密進行，在高祖、建成、元吉不知而未防意外的情形下，太宗得逞其志，使唐史發生奇大的轉變。〔註47〕然而玄武門之變除使太宗「貽譏千古」〔註48〕外，對於唐朝有極大的影響。李樹桐云：

> 太宗奪嫡的成功，無形中使唐代帝位繼承出了軌道，覬覦帝位的藩王，想作太宗，羣臣想作房杜，遂使已立的太子，毫無安全感，被廢的時有所聞。爲保持其地位而生變亂的，亦復有之。藩王中有爲奪取權位而生亂的，也有被人嫉忌而被誅死的。其後皇后、公主參加逐鹿，傾軋相循，紛爭時起，形成潮流而無法阻止。推究其淵源，直接間接無非受太宗奪嫡成功的鼓勵與影響。〔註49〕

陳寅恪亦謂「皇位繼承之無固定性及新舊君主接續之交，輒有政變發生，遂爲唐代政治史之一大問題也。」〔註50〕

武德九年（626）六月四日玄武門事變後，京師長安城裏的戰事已平，但國內仍餘波盪漾。首先反的是幽州大都督盧江王李瑗，《新唐書》卷七八〈盧江王瑗傳〉：「時隱太子有陰謀，厚結瑗。」〔註51〕可知其是建成黨羽，「及建成誅死，遣通事舍人崔敦禮詔瑗入朝，瑗有懼色。君廓素險薄，欲以事陷之以爲己功。……瑗乃因敦禮，舉兵反。……君廓擒瑗，縊殺之，年四十一，傳首京師，絕其屬籍。」〔註52〕六月下旬亂事平定。

武德九年（626）七月丁酉（十一），派諫議大夫魏徵宣慰山東，原因在於「太子建成、齊王元吉之黨散亡在民間，雖更赦令，猶不自安，徼倖者爭告捕以邀賞。……太子（李世民）下令：『六月四日已前事連東宮及齊王，十

〔註47〕李樹桐，〈玄武門之變的再認識〉，收入《唐史索隱》（臺北：台灣商務印書館，1988 年），頁 33～34。
〔註48〕《資治通鑑》，卷 191，〈唐紀七〉，「高祖武德九年（626）臣光曰」，頁 6013。
〔註49〕李樹桐，〈玄武門之變及其對政治的影響〉，收入《唐史考辨》（臺北：台灣中華書局，1985 年），頁 174。
〔註50〕陳寅恪，《唐代政治史述論稿》（臺北：里仁書局，1990 年）「中篇政治革命及黨派分野」，頁 209。
〔註51〕《新唐書》，卷 78，〈盧江王瑗傳〉，頁 3526。
〔註52〕《舊唐書》，卷 60，〈盧江王瑗傳〉，頁 2351～2352。

七日前連李瑗者，並不得相告言，違者反坐。』」〔註53〕《新唐書》卷九七〈魏徵傳〉：

> （太宗）即位，拜諫議大夫，封鉅鹿縣男。當是時，河北州縣素事隱、巢者不自安，往往曹伏思亂。徵白太宗曰：「不示至公，禍不可解。」帝曰：「爾行安喻河北。」道遇太子千牛李志安、齊王護軍李思行傳送京師。徵與其副謀曰：「屬有詔，宮府舊人普原之。今復執送志安等，誰不自疑者？吾屬雖往，人不信。」即貸而後聞。使還，帝悅，日益親，或引至臥內，訪天下事。〔註54〕

「往往曹伏思亂」意謂思亂者不止一處而是多處，在李志安、李思行以前，必有多人被錮送京師，可見建成與元吉的部下在其後兩個月內持續反抗。

玄武門事變餘波是在貞觀元年（627）正月羅藝被殺才告結束。《舊唐書》卷五六〈羅藝傳〉：

> 羅藝字子延，本襄陽人也。寓居京兆之雲陽。……藝性桀黠，剛愎不仁，勇於攻戰，善射，能弄矟。……太宗之擊劉黑闥也，藝領兵數萬，破黑闥弟什善於徐河。明年，黑闥引突厥俱入寇，藝復將兵與隱太子建成會於洺州，因請入朝，高祖遇之甚厚，俄拜左翊衛大將軍。藝自以功高位重，無所降下，太宗左右嘗至其營，藝無故毆擊之。高祖怒，以屬吏，久而乃釋，待之如初。時突厥屢為寇患，以藝素有盛名，為北夷所憚，令以本官領天節軍將鎮涇州。……太宗即位，拜開府儀同三司，而藝懼不自安。〔註55〕

《舊唐書》卷二〈太宗本紀上〉：「貞觀元年（627）春正月辛丑（十七），燕郡王李藝據涇州反，尋為左右所斬，傳首京師。」〔註56〕羅藝與建成的關係使其「不自安」，這也是其反於涇州的理由。羅藝被殺代表著建成餘部的反抗至此完全平定。

貳、河北道州縣官的任用

在東魏與北齊時代，河北是其核心地區。北周滅北齊，河北納入北周統

〔註53〕《資治通鑑》，卷191，〈唐紀七〉，「高祖武德九年（626）秋七月丁酉（十一）條」，頁6017。

〔註54〕《新唐書》，卷97，〈魏徵傳〉，頁3868。

〔註55〕《舊唐書》，卷56，〈羅藝傳〉，頁2279。

〔註56〕《舊唐書》，卷2，〈太宗本紀上〉，頁32。

治之內。隋文帝統一天下之後，河北成爲隋朝重要地區之一，此時，河北與隋朝中央實爲地區與中央之間的關係，而不再是國與國之間的關係。〔註57〕

關於中央與地方之間的關係，張金鑑謂：「統一國家的中央政府，不但其轄境甚廣，且必思以有效的方法去指揮監督其地方政府，其收指臂運如的結果。」〔註58〕根據熊文釗的研究，現代國家中央對地方控制的方式有立法控制、行政控制、財政控制、人事控制、司法控制與政策控制等六種，〔註59〕認爲「由中央政府通過任免地方主要官員的方式實行對地方的控制是一種十分有效的控制方式，……通過掌握人事任免使地方服從中央的指令是多數中央集權國慣用的控制方法。」〔註60〕中國係君主專制政體的國家，君主主通過任免地方主要官員，加強中央對地方的監督和控制。〔註61〕

隋文帝統一下後，河北成爲隋朝統轄範圍之內的重要地區，「隋朝對河北的控制一是採取以州縣體制爲主的行政措施外，二則是藉助地方大族的勢力，這二者互相結合，達到穩定和有效控制該地區的目的。」〔註62〕對河北的管理，「北部因與游牧勢力交界而派駐軍隊，多以軍人將領駐守或擔任刺史等官職；南部則派遣州縣官吏以行政治理爲主要方式。」〔註63〕

唐得天下之後，在全國各地中，山東、河北一帶是各種矛盾的焦點，問題最爲複雜。原因如下：

> 第一、山東、河北一帶是當時生產最先進，經濟最發達的地區之一，但是在隋煬帝殘暴統治時期和隋末唐初的混戰中，這裏受到的破壞也最嚴重。第二、山東、河北一帶是隋末農民起義風暴的策源

〔註57〕 李鴻賓主著，《隋唐對河北地區的經營與雙方的互動》（北京：中央民族大學出版社，2008年），頁9。

〔註58〕 張金鑑，《中國政治制度史》（臺北：三民書局，1984年），頁143。

〔註59〕 熊文釗，《大國地方──中國中央與地方關係憲政研究》（北京：北京大學出版社，2005年），頁26～33。

〔註60〕 熊文釗，前引書，頁27。

〔註61〕 熊文釗認爲中國君主專制政體延續兩千多年，對中國社會歷史的發展巨大深遠。封建君主制政體的特點有 1.在國家政治統治體系中，封建君主具有至高無上的地位。2.天下大權集於中央，中央大權集於封建君主。3.法令由一統。4.家天下、終身制和世襲制。5.通過吏治掌控地方。6.控制地方財政經濟。7.豢養龐大的軍隊，用強制和暴力來維持君主專制統治。熊文釗，前引書，頁35～37。

〔註62〕 李鴻賓，〈隋朝中央與河北地方之關係〉，收入《隋唐對河北地區的經營與雙方的互動》（北京：北京大學出版社，2008年），頁113。

〔註63〕 同註62，頁127。

地，人民富有革命鬥爭傳統。⋯⋯唐廷君臣對山東豪傑懷著疑懼的
心理，在山東豪傑與唐朝統治者之間還處於相對緊張的狀態。第
三、河北一帶曾是建成樹立地方勢力的重點，對太宗是個很大的隱
患。〔註 64〕

此外，山東地區為建都關中的李唐皇室經濟上的生命線，山東河北戶口之眾
也非其他各的可比擬，山東河北如發生變亂，對朝廷是個很大的威脅。〔註 65〕
因此，要穩定全國局勢，特別是扭轉山東、河北一帶的緊張局面，唐高祖與
唐太宗的用人政策至關重要，而兩者的用人政策也有差異。

《大唐創業起居注》卷一述唐高祖：「帝素懷濟世之略，有經綸天下之
心，接待人倫，不分貴賤，一面相遇，十數年不忘，山川衝要，一覽便憶，
咸思託付。」〔註 66〕唐高祖的用人，據李樹桐的研究，高祖第一步是結納人
才，他用盡種種方法盡力結納與搜求；其次，除令太子秦王結納人才外，還
隨時隨地接受部屬對他推薦的人才；第三，高祖待人大體寬厚、愛護、禮
遇、依重；第四，對於部屬常常因其才而用；第五，高祖對人才既注重安
排，安排以後又多信任不疑；第六，高祖用人不只消極的納諫與容人，尤是
注意到積極的鼓勵。〔註 67〕

王吉林研究唐高祖的用人，亦即唐高祖與其大臣之關係，認為要特別注
意兩點：

其一為代北人士之通性，即「尚貴戚，徇勢力」以此之故，亡國者
之子孫及大臣，俱在隋唐二代君主網羅之列。其二即對「山東士人」
之嫉恨，溢於言表。此蓋由文化之差異，造成二者之對立。「山東士
人」不強求仕，勢力對其無所用，復以禮法自重，自不齒「亡禮教」
之代北人士。其遭唐高祖、太宗之壓抑，原因可能在此。〔註 68〕

〔註 64〕 汪篯，〈唐太宗〉，收入唐長孺、吳宗國、梁太濟、宋家鈺、席康元編《汪篯
隋唐史論稿》（北京：中國社會科學出版社，1981 年），頁 94。
〔註 65〕 汪篯，〈唐太宗之拔擢山東微族與各集團人士之並進〉，收入唐長孺、吳宗國、
梁太濟、宋家鈺、席康元編《汪篯隋唐史論稿》（北京：中國社會科學出版社，
1981 年），頁 145。
〔註 66〕 《大唐創業起居注》，卷 1。
〔註 67〕 李樹桐，〈論唐高祖之才略〉，收入《唐史考辨》（臺北：臺灣中華書局，1985
年），頁 67～75。
〔註 68〕 王吉林，〈唐代初年政治集團的運用及其限制〉，收入《唐代宰相與政治》（臺
北：文津出版社，1999 年），頁 16。

其結論是：

> 唐高祖之用人，並不偏重於關隴份子，特別重視南北兩方有聲望之
> 人物，尤以曾仕於隋爲先決條件，而不提拔孤寒之士。故武德一朝
> 之政治人物，非唯出身官僚世家，且本身亦多隋朝舊臣。〔註69〕

唐太宗與唐高祖之用人方式有所不同：「高祖所用爲昔日同僚、太原舊屬與河東從龍之士等三類。太宗用人則不侷限於此，範圍較廣，規模似出於高祖之上。」〔註70〕「文有十八學士，武有山東豪傑，即位後，繼承原有關隴武力，輔以山東豪傑，造成『天可汗』之事業，締造了『貞觀之治』。」〔註71〕

　　唐高祖偏重任用關隴集團人仕的政策，到太宗時有了變化。太宗用人並不排斥貴族和士族，關隴軍事貴族在大臣中人仍佔有很大的比例，最高統治機構中也吸收了一些關中和關東士族。太宗用人政策的特點則是 1.拔用了不少關東的寒族地主或普通地主；2.用熟知經史的江南儒生爲文學侍從之臣以備顧問；3.在決定施政方針上，則極爲重視關東普通地主的大臣的意見。〔註72〕

　　前所引武德四年（621）劉黑闥繼竇建德而據山東。武德五年（622）劉黑闥重反時，高祖「欲令盡殺其黨，使空山東」一事，高祖對河北顯有疑忌；太宗用人較高祖範圍較廣，規模較大，但《舊唐書》卷七八〈張行成傳〉載唐太宗「嘗言及山東、關中人，意有同異」，張行成建議「天子以四海爲家，不當以東西爲限，……示人以狹隘」〔註73〕。李世民不經意透露出「厚關中、輕山東」之意。高祖與太宗對於河北猜忌的心理是否反映在河北地方官的任用，無法一視同仁？以下是針對高祖武德至太宗貞觀期間河北道刺史與縣令的分析，藉此了解高祖與太宗在河北道的用人政策，唐隋二朝對河北道控制

〔註69〕 王吉林，前引文，頁24。

〔註70〕 王吉林，前引文，頁8。

〔註71〕 王吉林，前引文，頁24。

〔註72〕 汪籛，〈唐太宗〉，收入唐長孺、吳宗國、梁太濟、宋家鈺、席康元編《汪籛隋唐史論稿》（北京：中國社會科學出版社，1981），頁95～96。汪籛分析唐太宗時宰相22人，其中山東人佔了一半，這些山東人絕大份出自寒族，極少數來自二流的門閥；關中籍宰相多是貴介子弟；江南宰相多出名家。太宗多用山東人的原因在於山東是人才薈萃的地方，其次則是藉以緩和山東人對唐室的惡感。多提拔山東微族的理由主要是顧忌與不樂用山東士族。見〈唐太宗之拔擢山東微族與各集團人士之並進〉，《汪籛隋唐史論稿》（北京：中國社會科學出版社，1981年），頁132～145。

〔註73〕《舊唐書》，卷78，〈張行成傳〉，頁2703。

的差異處。

《新唐書・地理志一》記高祖武德初年州郡設置的情形爲「羣盜初附，權置州郡，倍於開皇、大業之間。」〔註74〕然而此非常之計造成了地方制度的混亂，直到政局穩定，武德、貞觀相繼省併州縣，地方制度才重行穩定。

高祖「武德元年（618）六月十九日改郡爲州，置刺史、別駕、治中各一人。」〔註75〕刺史「掌清肅邦畿，考覈官吏，宣布德化，撫和齊人，勸課農桑，敦敷五教。」〔註76〕「治人之本，莫如刺史。」〔註77〕自唐高祖武德至唐太宗貞觀期間任河北道刺史者，如 3-1 河北道刺史表（武德～貞觀）（618～650）：

表 3-1　唐代河北道刺史表（武德～貞觀）（618～650）〔註78〕

州名	刺史名	時　　間	籍　貫	資　　料　　來　　源
魏州	元寶藏	武德二年（619）	（河南道）河南洛陽	《隋書・煬帝紀》，大業十三年九月「武陽郡丞以郡降李密。」《通鑑・武德二年》正月：宇文化及攻魏州總管元寶藏，四旬不克。魏徵往說之，丁未，寶藏舉州來降。
魏州	權　威	武德四年（621）	不詳	《通鑑・武德四年》八月：丁酉，劉黑闥陷邯縣，魏州刺史權威、貝州刺史元祥與戰，皆敗死。
魏州	潘道毅	武德四年（621）	不詳	《新書・高祖紀》：武德四年十二月，「庚午，『劉黑闥』陷魏州，總管潘道毅死之。」
魏州	田留安	武德五年（622）	不詳	《新書・高祖紀》：田留安據章丘。《通鑑・武德五年》：十一月，「劉黑闥擁兵而南，自相州以北州縣皆附之，爲魏州總管田留安勒冰拒守。」
魏州	鄧　嵩	約貞觀初期	（山南道）鄧州南陽鄧氏	《隋書・李景傳》：大業末遼西太守鄧嵩。《大唐故并州司馬鄧府君（賓）志石銘并序》：「高祖嵩，隋開府儀同三司、華州刺史，燕郡、襄平二太守，御衛大將軍。皇家受命，拜金紫光祿大夫營州總管，壘遷散騎常侍，冀、魏二州刺史。」

〔註74〕《新唐書》，卷38，〈地理志一〉，頁 1384。

〔註75〕《唐會要》，卷68，〈刺史上〉，頁 1416。

〔註76〕《舊唐書》，卷44，〈職官制三〉，頁 1919。

〔註77〕同註75。

〔註78〕本表係依據郁賢皓，《唐刺史考》三（九龍：中華書局香港分局，1987 年）河北道部分製表而成。

魏州	元義端	約貞觀中	（河南道）河南洛陽	《姓纂》卷四：「義端，魏州刺史。」
魏州	辛君昌	貞觀中	（隴右道）隴西狄道	《姓纂》卷三「隴西狄道辛氏」：「君昌，魏州刺史。」
魏州	王波利（濤）	貞觀中（？）	（劍南道巂州）越巂邛都	《寶刻叢編》卷九引《集古錄目》有〈唐魏州刺史王波利碑〉「……忠公姓王氏，名濤，字波利，越巂邛都人，仕唐爲給事中，官至魏州刺史、眞定縣公，謚曰忠。」
博州	達奚恕	武德中	不詳	《舊書·馬周傳》：「武德中，補博州助教，日飲醇酎，不以講授爲事。刺史達奚恕加咎責，周乃拂衣遊於曹、汴。
博州	崔 同	貞觀初？	（河北道貝州清河東武城大房	《新表二下》「崔氏清河大房」：「同，博州刺史。」乃後魏東莞太守崔子聿之孫。武德初任齊州刺史。
博州	閻立德	約貞觀十一年～十三年（約637～639）	（關內道）雍州萬年	《舊書·閻立德傳》：「貞觀十年，文德皇后崩，又令攝司空，……俄起爲博州刺史。」
博州	權知讓	貞觀末？	（關內道）雍州萬年	《舊書·權懷恩傳》「……父知讓，襲爵，官至博州刺史。」
相州	呂 珉	武德元年～武德二年（618～619）	不詳	《元龜》卷164：義寧二年，「六月，隋安陽令呂珉以相州來降，拜相州刺史。」
相州	雙士洛	武德二年？～四年？（619？～621？）	（隴右道）天水	《乾道臨安志三》：「雙士洛，右武衛大將軍，定、相二州刺史。」
相州	房 晃	武德四年（621）	不詳	《新書·高祖紀》：「五年正月乙酉，劉黑闥陷相州，刺史房晃死之。」
相州	獨孤徹	武德五年（622）	不詳	《新書·高祖紀》：「相州人殺其刺史獨孤徹，以其州叛附于黑闥。」
相州	張道源（河）	武德七年前（624前）	（河南道）下邳趙氏	《舊書·張道源傳》：「高祖舉義，詔授大將軍府戶曹參軍。及平京城，遣道源撫慰山東，燕、趙之地爭來款附，……尋轉太僕卿，後歷相州都督。武德七年卒官。」
相州	唐 懿	武德中？	（隴右道瓜州）晉昌唐氏	《新表四下》「唐氏」：「懿，字君德，隋（隨）、相二州刺史。」
相州	李道彥	貞觀初	（隴右道）隴西狄道	《舊書·膠東王道彥傳》：「貞觀初，轉相州都督。」

相州	李厚德	貞觀五年（631）	（河北道）河內李氏	《舊書‧刑法志》：「其後河內人李好德，……有妖妄之言，……好德之兄厚德，爲其（相州）刺史……。」
相州	李　泰	貞觀十年～十七年（636～643）	（隴右道）隴西狄道	《舊書‧魏王泰傳》：「〔貞觀〕十年，徙封魏王，遙領相州都督。」、《通鑑‧貞觀十七年》：「詔解魏王泰雍州牧、相州都督、左武侯大將軍，降爵爲東萊郡王。」
相州	張　亮	貞觀七年～十一年	（河北道）沛國武氏	《舊書‧張亮傳》：「七年，魏王泰爲相州都督而不之部，進亮金紫光祿大夫，行相州大都督長史。」《新書‧長孫無忌傳》：「十一年，……詔曰：相州都督府長史、郇國公張亮可澧州刺史，改封鄖國公。」
相州	侯莫陳肅	貞觀中	（河南道）河南侯莫臣氏	《姓纂》卷五「河南侯莫陳氏」：「肅，字虔會，唐考功郎中，相州刺史，昇平縣男。」
相州	李　貞	貞觀十七年～十一年（633～637）	（隴右道）隴西狄道	《舊書‧李貞傳》：「貞觀十七年，轉相州刺史。……永徽四年，轉安州都督。」
衛州	裴萬頃	貞觀四年（630）	（河東道）河東解縣洗馬裴氏	《續高僧傳》、《新表一上》「洗馬裴氏」有「萬頃，冀州刺史。」
衛州	薛懷昱	約貞觀中	（河東道）河東汾陰薛氏西祖房	《新表三下》「薛氏西祖房」有「懷昱，饒州刺史。」
衛州	鄭懷節	約貞觀中	（河南道）鄭州滎陽	《大唐故贈博州刺史鄭府君（進思）墓誌銘并序》：「父懷節，皇朝澧州司□、衛州刺史。」
貝州	趙君德	武德元年～二年（618～619）	不詳	《舊書‧李神通傳》：「神通督兵薄而擊之，貝州刺史趙君德攀堞而上，神通心害其功，因止軍不戰。」
貝州	戴元祥	武德四年（621）	不詳	《新書‧高祖紀》：「劉黑闥陷鄃縣，魏州刺史權威、貝州刺史戴元祥死之。」
貝州	許善護	武德五年（622）	不詳	《新書‧高祖紀》：「癸丑，貝州刺史許善護及黑闥戰于鄃縣，死之。」
貝州	許文寶（太寶）	約武德中	（河東道太原府）太原許氏	《姓纂》卷六「太原許氏」：「唐太僕少卿、貝州刺史許元寶。」
貝州	郭孝恪	約貞觀初	（河南道）許州陽翟	《舊書‧郭孝恪傳》：「及破建德，平世充，……歷遷貝、趙、江、涇四州刺史。」
貝州	李孝義	貞觀中	（隴右道）隴西狄道	《全文》卷三七一李彰〈泗州刺史李君（孟犨）神道碑〉：「列祖謚孝義，武德初，封永安郡王，貞觀中……冀、貝等州刺史。」

貝州	郎知遠	約貞觀中	（河北道）定州新樂	《舊書・郎餘令傳》：「餘令父知遠，貝州刺史。」
貝州	蕭　欽	貞觀中	（江南道常州）蘭陵蕭氏齊梁房	《新表一下》「蕭氏齊梁房」：「欽，貝州刺史。」
貝州	薛大鼎	貞觀、永徽間	（河東道）蒲州汾陽薛氏	《新表三下》「薛氏」：「大鼎，貝州刺史。」
邢州	陳君賓	武德元年～二年（618～619）	（江南道）湖州吳興長城	《舊書・陳君賓傳》：仕隋爲襄國太守。武德初，以郡歸款，封東陽公，拜邢州刺史。
邢州	房仁裕	貞觀中？	（河北道貝州）清河靈壽	《唐文續拾》卷二崔融〈贈兵部尚書房忠公神道碑并序〉：「是以建德受縛，王充請降（缺），擢徙授公濰州刺史，……遷邢州刺史。」
邢州	裴　勗	約貞觀中	（河東道）河東聞喜	《金石補正》卷三七〈大唐故左親衛將軍裴君（可久）墓誌銘并序〉：「祖勗，衛尉少卿，邢州刺史，翼城公。」
邢州	長孫義莊	貞觀中？	（河南道）河南洛縣	《新表二上》「長孫氏」：「義莊，邢州刺史」。
邢州	崔思默	貞觀中	（河南道）鄭州崔氏	《新表二下》「鄭州崔氏」：「斯默，邢州刺史」。
邢州	李　寬	貞觀二十年（646）	不詳	《畿府通志》卷152隆平縣〈光業寺大佛堂碑〉：「貞觀二十年，遣左驍衛府長史長孫無忌與邢州刺史李寬。」
洺州	裴之隱	武德元年（618）	（河東道）河東聞喜	《文苑英華》卷九二五李炯秀〈唐齊州長史裴府君（希惇）神道碑〉：「父之隱，隨侍御史，……皇太僕司農二少卿，武安郡太守，始州刺史，通直散騎常侍，益州長史。」
洺州	袁子幹	武德二年（619）	不詳	《新書・高祖紀》：「竇建德陷洺州，執總管袁子幹。」
洺州	陳君賓	武德四年（621）	不詳	《舊書・良吏傳上》：「陳君賓，陳鄱陽王伯山子也。仕隋爲襄國太守。武德初，以郡歸款，封東陽公，拜邢州刺史。」
洺州	李　瑗	武德五年（622）	（隴右道）隴西狄道	《通鑑・武德五年》：十月「淮陽王道玄之敗也，山東震駭，洺州總管廬江王元棄城西走。州縣皆叛附於黑闥。」
洺州	李　惲	貞觀八年（634）	（隴右道）隴西狄道	《舊書・蔣王惲傳》：「（貞觀）八年，授洺州刺史。十年，改封蔣王、安州都督。」

洺州	長孫操	貞觀中	（關內道）雍州長安	《舊書・長孫操傳》：「武德中，爲陝東道行臺金部郎中，出爲陝州刺史，……貞觀中，歷洺州刺史、益揚二州都督府長史。」
洺州	程名振	貞觀？年～十八年（？～644）	（河北道）洺州平恩	《舊書・程務挺傳》：「父名振，棄（竇）建德歸國。……名振以功拜營州都督府長史，……累轉洺州刺史。」
洺州	張士貴	貞觀十八年～十九年（644～645）	（河南道）虢州盧氏	拓本《大唐故輔國大將軍荊州都督虢國公張公（士貴）墓誌銘并序》：「（貞觀）十八年以讒去官，……敕爲遼東道行軍總管，授金紫光祿大夫洺州刺史。」
洺州	辛偓武	貞觀中？	（隴右道）天水辛氏	《千唐誌・唐故鼎州三原縣令盧府君夫人辛氏墓誌銘》：「祖偓武，唐太常卿，洺州刺史。」
洺州	李昭貴	貞觀中？	（隴右道）隴西狄道	《千唐誌・唐故國子監丞李公（濟）墓誌銘并序》：「今上四從之叔、廣平郡太守諱昭貴之曾孫」
趙州	張志昂	武德元年～二年（618～619）	不詳	《元和郡縣志》卷十七〈趙州〉：「武德元年，張志昂舉城歸國，又改爲趙州。」
趙州	張道源	武德四年（621）	（河東道）并州祁人	《新書・張道源傳》：「淮安王神通略定山東，令守趙州，爲竇建德所執。……俄而賊平，還，拜大理卿。」
趙州	郭孝恪	約貞觀初	（河南道）許州陽翟	《舊書・郭孝恪傳》：「隋末，率鄉曲數百人附於李密，……及破建德，平世充，歷遷貝、趙、江、涇四州刺史。」
趙州	李元慶	貞觀九年～十年（635～636）	（隴右道）隴西狄道	《新書・道王元慶傳》：「貞觀九年，拜趙州刺史，……十年，改封道王，授豫州刺史。」
趙州	長孫無忌	貞觀十一年～十三年（637～639）	（關內道）雍州長安	《舊書・長孫無忌傳》：「（貞觀）十一年，令與諸功臣世襲刺史，……無忌可趙州刺史，改封趙國公。」
趙州	杜敖	貞觀二十年（646）	不詳	《畿輔通志》：卷一五二「隆平縣」〈光業寺大佛堂碑〉稱「貞觀二十年，遣左驍衛府長史長孫無忌與邢州刺史李寬、趙州刺史等僉謁塋域，畫圖進上。」
恆州	王公政	武德五年（622）	不詳	《新書・高祖紀》：武德五年十二月「戊午，劉黑闥陷恆州，刺史王公政死之。」
恆州	王義童	貞觀七年（633）	（關內道）雍州萬年	《楊炯集》卷七〈唐恒州刺史建昌公王公（義童）神道碑〉：「武德四年，……詔除泉州都督。……貞觀三年，詔遷散騎，行果州刺史。……七年，詔遷銀青光祿大夫，行恆州刺史。」
恆州	李義	貞觀中？	（隴右道）隴西狄道	《全文》卷二九九張嘉貞〈趙州癭陶令李懷仁德政碑〉：「父義，持節丹松商恒四州刺史，使持節丹州、松州、商州、恆州等州諸軍事恒州刺史。」

恆州	于德行	貞觀中？	（河南道）河南洛陽	《姓纂》卷二「河南洛陽于氏」：「德行，恆州刺史。」
恆州	裴某	貞觀中？	不詳	《金石補正》卷四六〈經幢八種〉有：「常山郡守孫、河東裴君心妻胡」字樣。
冀州	麴(鞠)稜	武德元年～四年（約 618～621）	（河南道）萊州東萊鞠氏	《通鑑·武德元年》：六月「丙申，隋信都郡丞東萊麴稜來降，拜冀州刺史。」
冀州	齊善行	約武德六、七年（約 623、624）	（河北道貝州）清河齊氏	《通鑑·武德四年》：六月，「壬申，齊善行以洺、相、魏等州來降。」
冀州	丘師利	約武德末	（河南道）河南丘氏	《舊書·高祖紀》：大業十三年九月，「鄠縣賊帥丘師利、李仲文……等，合數萬眾來降。」
冀州	鄧暠	約貞觀初	（山南道）鄧州南陽鄧氏	大業末有遼西太守鄧暠，見《隋書·李景傳》。
冀州	許某	貞觀七年（633）	不詳	《唐文拾遺》卷六三〈大唐孝昌公許君墓碑〉：「（缺）七年入朝，加授大中大夫使持節冀州刺史。」
冀州	李興公	貞觀十一年（637）	不詳	《新書·地理志三》「冀州信都縣注」：「東二里有葛榮陂，貞觀十一年，刺史李興公開，引趙照渠水以注之」
冀州	李孝義	貞觀中	（隴右道）隴西狄道	《全文》卷三七一李軫〈泗州刺史李君（孟犨）神道碑〉：「列祖謚孝義，武德初，封永安郡王，貞觀中……冀、貝等州刺史。」
冀州	裴萬頃	貞觀中	（河東道蒲州）河東解縣洗馬裴氏	《新表一上》：「洗馬裴氏」：「萬頃，冀州刺史。」
冀州	李君平	貞觀中？	（關內道）隴西李氏姑臧房	《新表二上》：「隴西李氏姑臧房」：「君平，冀州刺史。」
冀州	鄭德本	貞觀中	不詳	《元龜》卷六七七：「薛大鼎貞觀中為滄州刺史，大鼎與瀛洲刺使賈敦頤、濟州刺史鄭德本俱有美政。」
深州	裴晞	武德四年（621）	不詳	《新書·高祖紀》：武德四年八月，「辛亥，深州人崔元遜殺其刺史裴晞，叛附於劉黑闥。」
深州	崔元遜	武德四年～六年（621～623）	（河北道）深州	《新書·劉黑闥傳》：「饒陽賊崔元遜攻陷深州，殺刺史裴晞應之（黑闥）。……五年……遂執詣皇太子所斬之。」

深州	諸葛德威	武德六年（623）	不詳	《舊書‧劉黑闥傳》：武德六年二月，「……黑闥所屬饒（深）州刺史諸葛德威出門迎拜，延之入城。」
深州	張士儒	約貞觀初	（河北道）魏州繁水	上圖藏拓片《唐潞州潞城縣令張忱墓志》：「曾祖世儒，唐持節深州刺史，定遠郡公。」張公謹之父
深州	成緯	貞觀中	（河北道）上谷（唐易州）	《楊炯集》卷七〈唐贈荊州刺史成公（知禮）神道碑〉：「父緯，隋紫金光祿大夫，唐深州刺史、上柱國，天子大夫，金章紫綬，天王使者，皂蓋朱輪。」
滄州	盛彥師	武德元年？（618？）	（淮南道楊州）廣陵盛氏	《姓纂》卷九「廣陵盛氏」：「唐驍衛將軍滄州總管盛彥師」
滄州	王孝師	武德二年（619）	不詳	《通鑑‧武德二年》：四月，「隋將帥、郡縣及賊帥前後繼有降者，詔以王薄爲齊州總管，……王孝師爲滄州總管。」
滄州	程大買	武德五年（622）	不詳	《通鑑‧武德五年》：「十一月，庚辰，滄州刺史程大買爲黑闥所迫，棄城走。」
滄州	獨孤機	約貞觀中	河南	上圖藏拓片《河南獨孤氏墓志并序》：「夫人諱□，河南人也。……祖機，皇朝滄州刺史、上柱國、滕國公。」
滄州	席辨（辯）	貞觀十八年（644）	不詳	《通鑑‧貞觀十九年》：「滄州刺史席辨坐贓污，二月，……詔朝集使臨觀而戮之。」
滄州	賈敦頤	貞觀中	（河南道曹州濟陰郡宛句）賈氏	《舊書‧良吏上賈敦頤傳》：「貞觀中，歷遷滄州刺史。」
滄州	薛大鼎	貞觀二十三年～永徽元年（649～650）	（河東道）蒲州汾陽	《舊書‧良吏上‧薛大鼎傳》：「貞觀中，累轉鴻臚少卿、滄州刺史。」
德州	元白澤	武德中	（河南道）河南洛陽	《元龜》卷七七五：「元方頃，河南人，德州總管白澤之孫也。」《舊書‧元方頃傳》：「組白澤，武德中總管。」
德州	李遷	武德中？	（河北道趙州）趙郡李氏南祖房	《新表二上》：「趙郡李氏南祖房」：「遷，德州長史。」
德州	陸善宗	約貞觀初	（江南道）吳郡吳縣	《千唐誌‧大唐故韓王府兵曹參軍延陵縣開國公陸君（紹）墓誌銘并序》祖善宗，皇朝駕部郎中，使持節德、光、懷三州刺史，洛州長史，上柱國、延陵縣開國公。

德州	宇文定及	貞觀中？	（河東道蒲州）濮陽	《姓纂》卷六「濮陽宇文氏」：「定及，唐德州刺史。」隋宇文歸子，宇文化及堂兄
德州	李　亮	貞觀中	（隴右道）隴西李氏	《唐故興元元從雲麾將軍右神威將軍知軍事兼御史中丞上柱國順政郡王李公（良）墓誌銘并序》：「高祖亮，皇德州刺史。」
棣州	崔　樞	武德中？	（河南道）許州鄢陵房	《新書・任希古傳》：「任敬臣自希古，棣州人，……刺史崔樞欲舉秀才，自以學未廣，遁去。」隋許州主簿子今之子、《舊書・張公瑾傳》：「武德元年，與王世充所署洧州刺史崔樞以州城歸國」
棣州	王　積	貞觀中？	不詳	《千唐志・大唐故右衛率府親府親衛上騎都尉王君（傑）墓誌銘并序》：「曾祖積，皇棣州刺史。」
定州	獨孤修德	武德四年（621）	不詳	《通鑑・武德四年》：七月「獨孤機之子定州刺史修德，……世充與兄世惲驅出，修德等殺之。」
定州	李玄通	武德四年（621）	（關內道）雍州藍田	《舊唐書・李玄通傳》：「仕隋鷹揚郎將。義兵入關，率所部歸國，累除定州總管。」
定州	雙士洛	武德五年～六年（622～623）	（隴右道）天水	《新書・高祖紀》：武德五年九月，壬寅「定州總管雙士洛、驃騎大將軍魏道仁又敗之（突厥）于恆山之陽。」《乾道臨安志三》：「雙士洛，右武衛大將軍，定、相二州總管，杭州刺史，呂國公。」
定州	耿　靜	約武德中	不詳	《千唐誌・大周故朝靖大夫行陳州司馬上輕車都尉公士成□夫人平陽縣君耿氏（慈愛）墓志銘》：「祖靜，隨任馮翊通守，唐任定州大總管府長史。」
定州	郭某？	武德中？	不詳	上圖藏拓片《大唐故宣議郎行邢州柏仁縣丞太原郭君（承亨）墓誌銘并序》：「高祖定州刺史、鄡城侯、食邑三百戶。……」疑非唐人
定州	齊士員	貞觀間	不詳	《唐文拾遺》卷十二齊士員〈太武皇帝穆皇后供養石像之碑〉：「義旗之始，即授正議大夫左一軍領。」
定州	薛　猷	貞觀十五年（641）	（河東道）河東汾陰	《元龜》卷一〇四：貞觀十五年，「九月癸酉，詔集刺史以上升殿親問之曰：……定州刺史薛猷對曰……。」
定州	裴休貞	約貞觀中	（河東道）絳州聞喜中眷	《新表一上》「中眷裴氏」：「休貞，定州刺史。」
定州	李元軌	貞觀二十三年（649）	（隴右道）隴西狄道	《舊書・霍王元軌傳》：「（貞觀）二十三年，加實封滿千戶，為定州刺史。」

易州	慕容孝幹	武德四年～五年（621～622）	不詳	《新書・高祖紀》：武德五年三月，「蔚州總管高開道反，寇易州，刺史慕蓉孝幹死之。」
易州	藺衡	武德中	不詳	《千唐志・大唐荊州大都督府祁□□明府故藺夫人墓誌銘并序》：「曾祖衡，隨隋春宮右千牛備身，唐易州刺史、上柱國、永富縣開國公。」
易州	劉弘基	約貞觀三年（約629）	（關內道）雍州池陽	《舊書・劉弘基傳》：「以父蔭為右勳侍。大業末，嘗從煬帝征遼東家貧不能自致……事解亡命……會高祖鎮太原，遂自結託，武德元年，拜右驍衛大將軍，太宗即位，起為易州刺史」
易州	元仁觀	貞觀中	（河南道）河南洛陽	《姓纂》卷四「河南洛陽元氏」：「（仁）觀，易州刺史，右武衛將軍。」
易州	崔恭禮	貞觀中	（河北道定州）博陵崔氏	《全文》卷三九獨孤及〈唐前楚州司馬河南獨孤公故夫人博陵崔氏墓誌銘〉：「曾祖恭禮，國朝駙馬都尉，延、齊、易三州刺史。」
瀛州	盧士叡	武德四年（621）	不詳	《新書・盧士叡傳》：「及兵興，率數百人上謁汾陽，……擢累右光祿大夫，為瀛州刺史。」
瀛州	馬匡武	武德五年（622）	（關內道）扶風茂陵	《新書・高祖紀》：武德五年九月，「劉黑闥陷瀛州，刺史馬匡武死之」
瀛州	雙子符	約武德中	（河南道）東郡白馬縣	《姓纂》卷一「東郡白馬縣雙氏」：「唐瀛、莒二州刺史雙子符。」
瀛州	盧祖尚	貞觀二年（628）	（淮南道）光州樂安	《舊書・盧祖尚傳》：「武德六年……以功受蔣州刺史，又歷壽州都督、瀛州刺史。」
瀛州	杜楚客	約貞觀八年（約634）	（關內道）京兆杜陵	《新書・杜楚客傳》：「貞觀四年，詔為給事中。……進蒲州刺史，政有能名，徙瀛州。」
瀛州	黨仁弘	貞觀中	（關內道）馮翊黨氏	《元龜》卷498「唐初官左武侯將軍、檢校陝州總管」，《姓纂》卷七「馮翊黨氏」：「仁弘，唐陝、瀛等州刺史。」
瀛州	楊峻	約貞觀中	（河南道）陝州陝郡弘農華陰	《千唐誌・故朝議大夫國子祭酒致仕上騎都尉楊府君（寧）墓誌銘并序》：「五代皇銀青光祿大夫瀛州刺史曰峻。」
瀛州	朱潭	貞觀二十一年（647）	不詳	《新書・地理志三》「瀛州河間縣」注：「西北百里有長豐渠，（貞觀）二十一年，刺史朱潭開。」
瀛州	賈敦頤	貞觀二十三年～永徽二年（649～651）	（河南道）曹州菀句	《舊書・賈敦頤傳》：「（貞觀）二十三年，轉瀛洲刺史。」
幽州	羅藝（李藝）	武德元年～六年（618～623）	（山南道襄州）襄陽寓居京兆雲陽	煬帝虎賁郎將《通鑑・武德元年》：十二月，「癸未，詔以〔羅〕藝為幽州總管。」按《舊書》本傳稱武德三年以州降。

幽州	高　寬	約武德中	（關內道）雍州京兆渭南	《千唐誌・唐故梁郡高公（崇敬）墓誌銘并序》（開元十五年二月二十九日）：「祖寬，左驍衛將軍，營、幽二州總管。」
幽州	李　瑗	武德九年（626）	（隴右道）隴西狄道	《舊書・廬江王瑗傳》：「高祖從父兄，……武德元年歷信州總管，……九年，累遷幽州大都督。」
幽州	王君廓	武德九年～貞觀元年（626～627）	（河東道）并州石艾	《新書・王君廓傳》：「少亡命於羣盜，……高祖兵起，召之，不從。歸李密，密不甚禮，乃歸國。授上柱國、假河內太守、常山郡公，遷遼州刺史，……爲右武衛將軍……進爵彭國公，鎮幽州。」《通鑑・武德九年》：六月，「壬午，以王君廓爲左領軍大將軍兼幽州都督。」，《通鑑・貞觀元年》：九月，「辛未，幽州都督王君廓謀叛，道死。」
幽州	李玄道	貞觀元年（627）	（關內道）隴西，山東冠族	《舊書・李玄道傳》：「玄道仕隋爲齊王府屬。李密據洛口，引爲記室。及密破，爲王世充所執。……釋縛以爲著作佐郎。東都平，太宗召爲秦王府主簿、文學館學士。貞觀元年，累遷給事中……拜玄道爲幽州長史，以維持府事。」
幽州	張允濟	貞觀初	（河南道）青州	《舊書・張允濟傳》：「隋大業中爲武陽令貞觀初，累遷刑部侍郎，……出爲幽州刺史，尋卒。」
幽州	衛孝節	貞觀三年（629）	不詳	《新書・太宗紀》：貞觀三年十一月庚申，「幽州都督衛孝節爲恆安道行軍總管，……以伐突厥。」
幽州	李靈夔	貞觀十年～十四年（636～640）	（隴右道）隴西狄道	《舊書・魯王靈夔傳》：「貞觀五年，封魏王。十年，改封燕王，……授幽州都督。」
幽州	張士貴	貞觀十七年～十八年（643～644）	（河南道）虢州盧氏	《舊書・張士貴傳》：「大業末，聚眾爲盜，……高祖降書招懷之，士貴以所統送款，拜右光祿大夫。」〈大唐故輔國大將軍荊州都督虢國公張公（士貴）墓誌銘〉：「（貞觀）十一年一月授蘭州都督，又遷幽州都督。」
幽州	獨孤彥雲	約貞觀中	（關內道）雍州長安	《新書・忠義傳上》：「幽州都督、歷陽郡公獨孤彥雲」、《會要》卷四五：「總章元年三月六日詔：太原元從、西府舊臣，……幽州都督獨孤彥雲。」
幽州	郭振武	貞觀中？	（關內道）雍州萬年	《唐文拾遺》卷十六郭漢章〈唐故（贈）銀青光祿大夫涼州刺史定遠縣開國公郭公（雲）墓誌銘〉：「祖慶，隋驃騎將軍、右光祿大夫、相州長史。父振武，開府儀同，金紫光祿大夫，幽、并二州長史。」

幽州	崔　幹	貞觀中？	（河北道定州）博陵崔氏	《新表二下》「崔氏第二房」：「幹字道貞，黃門侍郎、博陵元公。」《元龜》卷六七七：「崔幹歷宋、幽二州刺史，為下所懷。」
幽州	李　緯	約貞觀中	（河北道趙州）趙郡元氏	《全文》卷二〇一李尚一〈開業寺碑并序〉：「開業寺者，李公舍山第之所立也。……曾孫緯，皇朝宗正、衛尉、司農三寺卿，金紫光祿大夫，荊州大都督府長史，幽州都督，……懷、洛、蒲三州刺史。」
幽州	牛　秀（進達）	約貞觀末	（隴右道）隴西狄道	《唐文續拾》卷十四闕名〈大唐故左驍衛大將軍幽州都督上柱國瑯琊郡開國公牛公碑銘并序〉：「公諱秀，字進達，其先隴西狄道人也。……父漢，隨僕州主簿、洺州清漳縣令。」、《新書·太宗本紀》：貞觀十二年「九月辛亥，闊水道行軍總管牛進達及吐蕃戰于松州，敗之。」
嬀州	張金樹	武德七年（624）	不詳	《通鑑·武德七年》：二月，「壬戌，以（張）金樹為北燕州都督。」
嬀州	王　詵	武德九年（626）	不詳	《新書·盧江王瑗傳》：「及建成誅死，遣通事舍人崔敦禮召瑗入朝，瑗乃囚敦禮，舉兵反。召北燕州刺史王詵，將與計事。」
嬀州	李道彥	貞觀中	（隴右道）隴西狄道	《新書·膠東王道彥傳》：「貞觀初，為相州都督，徙岷州，……從李靖擊吐谷，……為赤辭所乘，軍大敗，……詔減死，謫戍邊。久之，召為嬀州都督。」《舊書·膠東王道彥傳》：「後起為涼州都督，尋卒。」
檀州	匹婁武徹（婁武徹）	貞觀中	（河南道）河南婁氏	《千唐誌·大周唐故左戎衛右郎將古君夫人匹婁氏墓誌并序》：「父武徹，朝散大夫，唐秦府庫真，驃騎將軍，右衛中郎將，檀、雲、朔等州刺史，安西都護使持節，上柱國，濟源縣開國公。」
平州	周仲隱	武德四年（621）	（江南道）江州潯陽	《通鑑·武德四年》：四月，「王世充平州刺史周仲隱以城來降。」
平州	崔　順	約武德末	（河北道）定州博陵	北圖藏拓片《大唐故崔夫人墓誌銘》：「曾祖諱順，使持節松、渝、□、簡、平、湖等六郡太守」武德五年為江南道簡州刺史。
平州	路文昇	貞觀初	（關內道）京兆三原	《姓纂》卷八「京兆三原路氏」：「文昇：唐平、愛、秦三州刺史。」
營州	楊林甫	武德元年（618）	（關內道華州）華陰	《新書·楊瑒傳》：「五世祖縉，……〔子〕林甫字衛卿，為柳城太守，高祖軍興，遣其子琮招之，挈郡以來，授儉校總管，大父林甫，隋上郡北平等五郡太守

營州	鄧暠	武德元年～二年（618～619）	（山南道）鄧州南陽鄧氏	《通鑑・武德元年》：十二月，「丁酉，隋襄平太守鄧暠以柳城、平二郡來降，以暠爲營州總管。」
營州	晉文衍	武德四年（621）	不詳	《新書・高祖紀》：武德四年六月，「庚子，營州人石世則執其總管晉文衍，叛附于靺鞨。」
營州	高寬	武德中	（關內道）雍州京兆渭南	《千唐志・唐故梁郡公高公（崇敬）墓誌銘并序》：「祖寬，左驍衛將軍，營、幽二州總管。」
營州	程名振	約武德七年（約624）	（河北道）洺州平恩	《新書・程務挺傳》：「父名振、隋大業末，仕竇建德爲普樂令，盜不跡境。俄棄賊自歸，高祖詔授永樂令，使率兵經略河北。」父名振，棄竇建德歸國。名振以功拜營州都督府長史。
營州	薛萬淑	貞觀初～四年（約627～630）	（關內道）雍州咸陽	《舊書・薛萬徹傳》：「萬徹長兄萬淑，亦有戰功。貞觀初，至營州都督，檢校東夷校尉。」
營州	張植	貞觀中	（關內道）雍州新豐	《長安志》卷八「安邑坊」：「西南隅左衛大將軍范陽公張延師宅」注：「況兄植，金紫光祿大夫、營州都督。」
營州	張儉	貞觀十四年～永徽四年（640～653）	（關內道）雍州新豐	《舊書・張儉傳》：「檢校代州都督。……遷營州都督，兼護東夷校尉。」

將上表分類如 3-2 唐代河北道刺史分類表（武德～貞觀）：

表3-2　唐代河北道刺史分類表（武德～貞觀）（618～649）〔註79〕

姓名（州名）	籍　貫	時　間	分　類
元寶藏（魏州）	（河南道）河南洛陽	武德二年（619）	李密舊將（割據勢力）
元義（魏州）	（河南道）河南洛陽	約貞觀中	
侯莫陳肅（相州）	（河南道）河南侯莫臣氏	貞觀中	

〔註79〕本表之分類係引用曹雙印之概念，曹氏將秦府成員分爲高祖重臣類、隋朝舊吏類、隋朝舊吏類、割據勢力類與在野投靠類。高祖重臣類指原來被高祖重用的；隋朝舊吏類爲原來隋朝舊吏；割據勢力類指征伐各割據勢力時，收復的文臣武將，有些人是帶領割據軍隊投靠的，有些人是從敵對割據勢力分化過來的；在野投靠類則是指本身不是前朝或當朝官員，或由於家世背景，或由於體能武藝，或由於文史才華，被直接吸收的。見曹雙印，前引文，頁39～40。

鄭懷節（衛州）	（河南道）鄭州榮陽	約貞觀中	
郭孝恪（貝州）（趙州）	（河南道）許州陽翟	貞觀中（貝州）、約貞觀初（趙州）	李密部將（割據勢力）
長孫義莊（邢州）	（河南道）河南洛縣	貞觀中？	
崔思默（邢州）	（河南道）鄭州崔氏	貞觀中	
張士貴（洺州）（幽州）	（河南道）虢州盧氏	貞觀十八年～十九年（644～645）（洺州）、貞觀十七年～十八年（643～644）（幽州）	賊、軍人（十二衛）。秦王府（割據勢力類）
于德行（恒州）	（河南道）河南洛陽	貞觀中？	
麴（鞠）稜（冀州）	（河南道）萊州東萊鞠氏	武德元年～四年（約618～621）	隋朝舊吏類
丘師利（冀州）	（河南道）河南丘氏	約武德末	割據勢力（賊帥）
獨孤機（滄州）	（河南道）河南	約貞觀中	
賈敦頤（滄州）（瀛州）	（河南道）曹州濟陰郡宛句賈氏	貞觀中（滄州）、貞觀二十三年～永徽二年（649～651）（瀛州）	
元白澤（德州）	（河南道）河南洛陽	武德中	
崔樞（棣州）	（河南道）許州鄢陵房	武德中？	武德元年，與王世充所署洧州刺史崔樞以州城歸國（割據勢力）
元仁觀（易州）	（河南道）河南洛陽	貞觀中	右武衛將軍（軍人）
雙子符（瀛州）	（河南道）東郡白馬縣	約武德中	
楊峻（瀛州）	（河南道）陝州陝郡弘農華陰	約貞觀中	軍人
張允濟（幽州）	（河南道）青州	貞觀初	隋舊將（隋朝舊吏類）
匹婁武徹（樓武徹）（檀州）	（河南道）河南樓氏	貞觀中	秦府庫直、驃騎將軍、右衛中郎將（軍人）
辛君昌（魏州）	（隴右道）隴西狄道	貞觀中	
雙士洛（相州）（定州）	（隴右道）天水	武德二年？～四年？（619？～621？）（相州）、武德五年～六年（622～623）（定州）	右武衛大將軍（軍人）
唐懿（相州）	（隴右道瓜州）晉昌唐氏	武德中？	

李道彥（相州）（嬀州）	（隴右道）隴西狄道	貞觀初（相州）、貞觀中（嬀州）	宗室（膠東王）
李泰（相州）	（隴右道）隴西狄道	貞觀十年～十七年（636～643）	宗室
李貞（相州）	（隴右道）隴西狄道	貞觀十七年～十一年（633～637）	宗室（越王）
李孝義（貝州）（冀州）	（隴右道）隴西狄道	貞觀中	宗室
李瑗（洺州）（幽州）	（隴右道）隴西狄道	武德九年（626）	宗室（廬江王）
李惲（洺州）	（隴右道）隴西狄道	貞觀八年（634）	宗室
辛偃武（洺州）	（隴右道）隴西狄道	貞觀中？	
李昭貴（洺州）	（隴右道）隴西狄道	貞觀中？	宗室
李元慶（趙州）	（隴右道）隴西狄道	貞觀九年～十年（635～636）	宗室
李義（恒州）	（隴右道）隴西狄道	貞觀中？	軍人
李亮（德州）	（隴右道）隴西狄道	貞觀中	
李元軌（定州）	（隴右道）隴西狄道	貞觀二十三年（649）	宗室（霍王）
李靈夔（幽州）	（隴右道）隴西狄道	貞觀十年～十四年（636～640）	宗室
牛秀（進達）（幽州）	（隴右道）隴西狄道	約貞觀末	左武衛大將軍（軍人）、秦王府－山東區域－（割據勢力類）
閻立德（博州）	（關內道）雍州萬年	約貞觀十一年～十三年（約637～639）	秦王府成員－關隴區域－（在野投靠、文才類）
權知讓（博州）	（關內道）雍州萬年	貞觀末？	
長孫操（洺州）	（關內道）雍州長安	貞觀中	隋朝舊吏類
長孫無忌（趙州）	（關內道）雍州長安	貞觀十一年～十三年（637～639）	秦王府－關隴區域－在野投靠
王義童（恒州）	（關內道）雍州萬年	貞觀七年（633）	
李君平（冀州）	（關內道）隴西李氏姑臧房	貞觀中？	
李玄通（定州）	（關內道）雍州藍田	武德四年（621）	隋鷹揚郎將（隋朝舊吏類）
劉弘基（易州）	（關內道）雍州池陽	約貞觀三年（約629）	右驍衛大將軍（軍人）秦王府－關隴區域。在野投靠

馬匡武（瀛州）	（關內道）扶風茂陵	武德五年（622）	
杜楚客（瀛州）	（關內道）京兆杜陵	約貞觀八年（約634）	
黨仁弘（瀛州）	（關內道）京兆杜陵	貞觀中	唐初官左武侯將軍、檢校陝州總管（軍人）
高寬（幽州）（營州）	（關內道）雍州京兆渭南	約武德中（幽州）、武德中（營州）	左驍衛將軍（軍人）
李玄道（幽州）	（關內道）隴西，山東冠族	貞觀元年（627）	李密記室，王世充著作佐郎，秦王府簿給事中（割據勢力類）
獨孤彥雲（幽州）	（關內道）雍州長安	約貞觀中	「太原元從、西府舊從」、「右衛大將軍歷陽縣公」（軍人）
郭振武（幽州）	（關內道）雍州萬年	貞觀中？	
路文昇（平州）	（關內道）京兆三原	貞觀初	
楊林甫（營州）	（關內道華州）華陰	武德元年（618）	隋朝舊吏類
薛萬淑（營州）	（關內道）雍州咸陽	貞觀初～四年（約627～630）	營州都督兼東夷校尉（軍人）
張植（營州）	（關內道）雍州新豐	貞觀中	檢校東夷校尉（軍人）
張儉（營州）	（關內道）雍州新豐	貞觀十四年～永輝四年（640～653）	左衛大將軍，兼護東夷校尉（軍人）
裴萬頃（衛州）（冀州）	（河東道）河東解縣洗馬裴氏	貞觀四年（630）（衛州）、貞觀中（冀州）	
薛懷昱（衛州）	（河東道）河東汾陰薛氏西祖房	約貞觀中	
許文寶（太寶）（貝州）	（河東道太原府）太原許氏	約武德中	
薛大鼎（貝州）（滄州）	（河東道）蒲州汾陽薛氏	貞觀、永徽間（貝州）、貞觀二十三年～永徽元年（649～650）（滄州）	
裴勣（邢州）	（河東道）河東聞喜	約貞觀中	衛尉少卿（軍人）
裴之隱（洺州）	（河東道）河東聞喜	武德元年（618）	
張道源（河）（趙州）（相州）	（河東道）并州祁人	武德四年（621）（趙州）、武德七年前（624）（相州）	在野投靠類
宇文定及（德州）	（河東道蒲州）濮陽	貞觀中？	隋朝舊吏類
薛獻（定州）	（河東道）河東汾陰	貞觀十五年（641）	

裴休貞（定州）	（河東道）絳州聞喜中眷	約貞觀中	
王君廓（幽州）	（河東道）并州石艾	武德九年～貞觀元年（626～627）	少亡命於羣盜，李密舊將，右武衛將軍。秦王府－山東區域。割據勢力（軍人）
崔同（博州）	（河北道）貝州清河東武城大房	貞觀初？	山東士族
李厚德（相州）	（河北道）河內李氏	貞觀五年（631）	
張亮（相州）	（河北道）沛國武氏	貞觀七年～十一年（633～637）	秦王府－山東區域－割據勢力類
郎知遠（貝州）	（河北道）定州新樂	約貞觀中	
房仁裕（邢州）	（河北道貝州）清河靈壽	貞觀中？	
程名振（洺州）（營州）	（河北道）洺州平恩	貞觀？年～十八年（？～644）（洺州）、約武德七年（約624）（營州）	竇建德部下（割據勢力類）（軍人）
齊善行（冀州）	（河北道貝州）清河齊氏	約武德六、七年（約623、624）	竇建德部下（割據勢力類）秦王府（山東區域）
崔元遜（深州）	（河北道）深州（繁水）	武德四年～六年（621～623）	劉黑闥部下
成綽（深州）	（河北道）上谷（唐易州）	貞觀中	隋朝舊吏類
李遷（德州）	（河北道趙州）趙郡李氏南祖房	武德中？	山東士族
崔公禮（易州）	（河北道定州）博陵崔氏	貞觀中	山東士族
崔幹（幽州）	（河北道定州）博陵崔氏	貞觀中？	山東士族
李緯（幽州）	（河北道趙州）趙郡元氏	約貞觀中	山東士族
崔順（平州）	（河北道）定州博陵	約武德末	山東士族
鄧嵩（魏州）（營州）	（山南道）鄧州南陽鄧氏	約貞觀初期（魏州）、武德元年～二年（618～619）（營州）	隋朝舊吏類
羅藝（李藝）（幽州）	（山南道襄州）襄陽寓居京兆雲陽	武德元年～六年（618～623）	隋朝舊吏類（拜左翊衛大將軍）軍人

王波利（濤）（魏州）	（劍南道嶲州）越嶲邛都	貞觀中（？）	
盛彥師（滄州）	（淮南道楊州）廣陵盛氏	武德元年？（618？）	驍衛將軍（軍人）
盧祖尚（瀛州）	（淮南道）光州樂安	貞觀二年（628）	隋朝舊吏類
蕭欽（貝州）	（江南道常州）蘭陵蕭氏齊梁房	貞觀中	
陸善宗（德州）	（江南道）吳郡吳縣	約貞觀初	王世充懷州刺史（割據勢力類）
周仲隱（平州）	（江南道）江州潯陽	武德四年（621）	王世充部將（割據勢力類）
陳君賓（邢州）（洺州）	（江南道）湖州吳興	武德元年～二年（618～619）、武德四年（621）	隋朝舊吏
權威（魏州）	不詳	武德四年（621）	
潘道毅（魏州）	不詳	武德四年（621）	
田留安（魏州）	不詳	武德五年（622）	賊帥（割據勢力）、秦王府成員
達奚恕（博州）	不詳	武德中	
房晃（相州）	不詳	武德四年（621）	
獨孤徹（相州）	不詳	武德五年（622）	
趙君德（貝州）	不詳	武德元年～二年（618～619）	
戴元祥（貝州）	不詳	武德四年（621）	
許善護（貝州）	不詳	武德五年（622）	
李寬（邢州）	不詳	貞觀二十年（646）	
袁子幹（洺州）	不詳	武德二年（619）	
張志昂（趙州）	不詳	武德元年～二年（618～619）	
杜敖（趙州）	不詳	貞觀二十年（646）	
王公政（恒州）	不詳	武德五年（622）	
裴某（恒州）	不詳	貞觀中	
許某（冀州）	不詳	貞觀七年（633）	
李興公（冀州）	不詳	貞觀十一年（637）	
鄭德本（冀州）	不詳	貞觀中	

裴晞（深州）	不詳	武德四年（621）	
諸葛德威（深州）	不詳	武德六年（623）	劉黑闥舊屬（割據勢力）
程大買（滄州）	不詳	武德五年（622）	
席辨（辯）（滄州）	不詳	貞觀十八年（644）	
王積（棣州）	不詳	貞觀中？	
獨孤修德（定州）	不詳	武德四年（621）	
耿靜（定州）	不詳	約武德中	隋朝舊吏類
郭某？（定州）	不詳	武德中？	
齊士員（定州）	不詳	貞觀間	在野投靠類
慕容孝幹（易州）	不詳	武德四年～五年（621～622）	
藺衡（易州）	不詳	武德中	
盧士叡（瀛州）	不詳	武德四年（621）	割據勢力類
朱潭（瀛州）	不詳	貞觀二十一年（647）	
衛孝節（幽州）	不詳	貞觀三年（629）	左武衛大將軍（軍人）
張金樹（嬀州）	不詳	武德七年（624）	
王詵（嬀州）	不詳	武德九年（626）	
晉文衍（營州）	不詳	武德四年（621）	

從 3-2 表可以發現：

1. 從武德至貞觀期間，河北道 136 名刺史中，以籍貫論，隴右道有 21 人，關內道 21 人，河東道 13 人，河南道 23 人，河北道 13 人，劍南道 1 人，山南道 3，淮南道 2 人，江南道 4 人，不詳 35 人。隴右道、關內道籍者共 42 人，河南道連河北道籍者有 36 人。關隴人士為數最多，山東人士其次，可見高祖與太宗在任命河北道刺史時，偏重關隴集團者之外，也用了相當多的山東人士作為刺史。若單看河北道籍者，僅有 13 人，為數不多。

2. 刺史中曾為隋朝官吏者有 12 人，割據勢力類 16 人，在野投靠類 5 人。

3. 刺史中出身山東（河北）士族 6 人，李唐宗室 10 人，軍人有 20 人。軍人擔任刺史者有幽州羅藝、高寬、張士貴、牛秀、獨孤彥雲、王君廓、衛孝節等 7 人；易州元仁觀、劉弘基 2 人；營州高寬、薛萬淑、張植、張儉、程名振 5 人；瀛州黨仁弘、楊峻 2 人；檀州匹樓武徹 1 人；定州雙士洛 1

人；恆州李義1人；邢州有裴勛1人、滄州有盛彥師1人。軍人擔任河北道北部諸州的刺史，與隋朝一般，任務還是著重在防禦外族。

縣令「掌導揚風化，撫字黎甿，敦四人之業，崇五土之利，養鰥寡，恤孤窮。審察冤屈，躬親獄訟，務知百姓之疾苦。」〔註80〕係親民之官，與刺史為「治人之首」。〔註81〕高祖武德至太宗貞觀期間，擔任河北道縣令者如3-3唐代河北道縣令表（武德～貞觀）（618～649）：

表3-3　唐代河北道縣令表（武德～貞觀）（618～649）〔註82〕

姓　名	籍　貫	出身	官　歷	年　代（生卒）	出　處	婚配	任官時代	類　別
張　彥	河內脩武（河北道）	選授	秦王府參軍－邢州南和縣令	隋開皇～唐武德（583～623）41	《隋唐墓誌銘匯編》洛陽（5），頁49	河內郭氏	武德（河北人）	山東集團、北齊入隋、武才
蕭　瑤	南徐州蘭陵（江南道）	隋荊州曲江縣令	（618）敕授吏部宣德郎－（河南道）亳州城父縣令－（633）滄州景城縣令	隋文帝開皇～唐太宗貞觀（589～638）50	《隋唐墓誌銘匯編》洛陽（6），頁60	京兆杜氏	貞觀	江左集團、梁陳入隋、隋朝舊吏
楊　基	弘農華陰（河南道）		（山南道）隆州錄事參軍－（劍南道）瀘州司戶－幽州范陽縣令	隋文帝開皇～唐太宗貞觀（599～648）50	《隋唐墓誌銘匯編》洛陽（3），頁29		貞觀	
王順孫	京兆霸城（關內道）		（淮南道）楚州司法參軍…衛州新鄉縣令	隋文帝開皇～唐太宗貞觀（595～648）54	《隋唐墓誌銘匯編》洛陽（3），頁13	京兆韋氏	貞觀	
裴希淳	河東聞喜（河東道）		（劍南道）普安郡丞－（山南道）蓬州別駕－冀州南宮縣令	隋文帝開皇～唐高宗永徽（588～650）63	《文苑英華》卷925，頁4872	京兆韋氏	貞觀	

〔註80〕《舊唐書》，卷44，〈職官志三〉，頁1921。
〔註81〕《唐會要》，卷68，〈刺史上〉，頁1419。
〔註82〕本表依據蔡中明碩士論文《唐代縣令論考——以河南河北道為中心》（西安：陝西師範大學，2007年）未刊稿，「唐代前期河南河北道縣令一覽表」改製。

□　海	邢州任縣（河北道）	632年詔授	洺州永年縣令	北周武帝～唐太宗貞觀（589～650）82	《唐墓誌銘匯編》續集，永淳006，頁258	貞觀（河北人）	
李　信	隴西成紀（隴右道）	辟	（山南道）巴西西水法曹…宋州司戶參軍－幽州昌平縣令－穎州下蔡縣令	隋文帝開皇～唐高宗永徽（578～654）77	《隋唐墓誌銘匯編》洛陽（3），頁94	貞觀	
房　基	清河（河北道）	隋宣議郎	授右衛倉曹－（627）（饒陽男）（劍南道）普州司倉－（631）（貞觀）滄州樂陵縣令－（634）（劍南道）渝州萬壽縣令	隋文帝開皇～唐高宗永徽（594～654）61	《隋唐墓誌銘匯編》洛陽（3），頁114	貞觀	山東集團、隋朝舊吏
董明	隴西成紀（隴右道）		隆化府帥都督－左屯衛府長史－高□郡北平縣令	隋文帝開皇～唐高宗顯慶（582～659）78	《隋唐墓誌銘匯編》洛陽（4），頁19	鄒魯郗氏	貞觀
韋　俊	京兆（關內道）		右監門府鎧曹參軍－尚書直長－（646）（貞觀）懷州濟源縣令	隋煬帝大業～唐高宗龍朔（608～662）55	《全唐文補遺》第七輯，頁271	貞觀	
王　植	太原晉陽府遷京兆萬年（河東道）	貢明法省試擢第	大理事錄事－長安令－魏州武陽縣令（仍在京州定律令）書省都事	（隋文帝仁壽～唐高宗龍朔（604～663）60	《隋唐墓誌銘匯編》陝西（3），頁61	貞觀	
獨孤澄	河西遷長安（隴右道）		（劍南道）渝州錄事參軍－倉州景城縣令	隋煬帝大業～唐高宗龍朔（608～663）56	《隋唐墓誌銘匯編》洛陽（4），頁135	貞觀	
衛　規	河南洛陽（河南道）	擢第于四科	（627）東宮通事舍人－（633）（貞觀）德州平原縣令－（638）隆州閬中縣令	隋文帝開皇～唐高宗龍朔（608～663）56	《隋唐墓誌銘匯編》陝西（3），頁115	貞觀	

王善通	瑯琊臨沂（河南道）	敕授	韓州參軍事－（京兆府）萬年縣尉－（河南府）洛州河南縣令－氾水縣令－衛州司馬	隋文帝仁壽～唐高宗龍朔（601～664）	《唐墓誌銘匯編》麟德017，頁406		貞觀	
王君德	太原晉陽（河東道）	朝歌舊邑	相州湯陰縣令	隋文帝開皇～唐高宗咸亨（592～670）79	《隋唐墓誌銘匯編》洛陽（5），頁99		貞觀	
周　三	汝南平輿（河南道）	擢第甲科	右衛率府兵曹參軍－右…濟州平陰縣令－定州安喜縣令	隋文帝大業～唐高宗上元（610～674）65	全唐文補遺》第八輯，頁348	晉氏	貞觀～高宗	

16 名縣令中，其籍貫如下：隴右道 3 人、關內道 2 人、河東道 3 人、河北道 3 人、河南道 3 人、江南道 1 人、嶺南道 1 人。關隴人士 5 人，山東人士 6 人，人數相當。其中僅蕭瑤與房基爲隋朝舊吏。

綜合上述河北道刺史與縣令人選之討論，可以得到結論如下：

一、唐高祖與唐太宗在任用河北道刺史與縣令時，涵括了關隴集團、山東集團、江左集團。其中關隴集團佔大多數，山東集團居次。顯示唐高祖與唐太宗除重用關隴集團外，也起用不同地區、不同文化性質的集團爲唐效命。

二、唐高祖武德至唐太宗貞觀年間，刺史與縣令的來源分別是隋朝舊吏、在野投靠與割據勢力等三類。隋朝舊吏擔任唐朝刺史與縣令者爲數不少，顯示唐朝對於曾在隋朝任職並與新王朝合作者並不排斥，且安排其擔任官職以爲籠絡〔註83〕，甚至擔任河北道北部諸州的刺史，負起防禦外族的重任，如張允濟等。武德年間，張行成「以隋資補穀熟尉」〔註84〕貞觀元年（627）

〔註83〕李鴻賓利用墓誌銘研究隋唐嬗代之際官吏士人之走向時，發現 1.唐朝初起時未參與新政權的建設，但因曾在隋朝爲官，且祖、父均係官宦之流，爲籠絡計，均授與一定的官職，但比原來的職務低。2.投靠並參與唐朝起事活動的人，他們被唐朝任命爲官的機會與參與的程度成正比。3.不論在隋朝任職與否，這些人共同的特點都是官宦出身。見李鴻賓，〈隋唐嬗代之際官吏士人走向之分析〉，收入李鴻賓主著《隋唐對河北地區的經營與雙方的互動》（北京：中央民族大學出版社，2008 年），頁 142～149。

〔註84〕《舊唐書》，卷 78，〈張行成傳〉，頁 2703。

選官時，徐州司戶柳雄「妄訴隋資，有司得，劾其偽，將論死。」〔註 85〕可見承認隋朝資蔭是唐初選官的普遍原則。〔註 86〕

　　為安置投降的割據勢力，唐初增置了許多州，如平州，《唐會要》所記：「溫縣，武德四年（622），令周仲隱以縣來歸，乃于縣置平州，以仲隱為刺史。」〔註 87〕並授予地方官職以寵祿之，「初，隋末喪亂，豪桀並起，擁眾據地，自相雄長；唐興，相帥來歸，上皇為之割置州縣以寵祿之，由是州縣之數，倍於開皇、大業之間。」〔註 88〕而且這些官職一般都要高於他們原來的職位，如刺史授以總管，縣令授以刺史，因為在原有州縣難以安置，必須要割置新的州縣，造成了隋末、武德時期州縣數量倍增的主要原因。武德中後期開始省併州縣，貞觀元年分全國為十道，做了大規模的調整，才改善了地方行政區混亂的情形。〔註 89〕

　　三、河北道刺史中有 6 位出身河北士族，分別是崔同（貝州清河東武城大房）、李遷（趙郡李氏南祖房）、崔公禮（博陵崔氏）、崔幹（博陵崔氏）、李緯（趙郡元氏）、崔順（博陵崔氏），出身河北崔、李兩大士族。山東士族以崔、盧、李、鄭、王為首，「山東則為『郡姓』，王、崔、盧、李、鄭為大」，〔註 90〕太宗曾云：「其世代衰微，全無冠蓋。」〔註 91〕頗有貶抑之意，事實上崔、盧、李、鄭仍是隋唐時期最重要和影響最大的士族集團。

　　回顧山東士族的發展，北魏末期，山東士族具有雄厚的經濟實力和強大的宗族鄉里基礎，如《通典・食貨志三》所述：「瀛冀諸劉，清河張、宋，并州王氏，濮陽侯族，諸如此輩，一宗近將萬室，煙火連接，比屋而居。」〔註 92〕進可左右朝政，退可控御鄉土，是當政者不可忽視的強大力量。

　　東魏與北齊對山東士族疑懼又依賴，因為山東士族挾強大的宗族鄉里基

〔註 85〕《舊唐書》，卷 97，〈魏徵傳〉，頁 3873。

〔註 86〕史睿認為唐朝鑒於隋煬帝對關隴集團的壓制導致了內部的分裂，於是承認前朝資蔭，凡有家世背景的公卿子弟也得到任用，這舉措使唐政權確立了堅實的基石。見史睿，〈北周、隋、唐初的士族政策與政治秩序的變遷〉，《首都師範大學學報・社會科學版》3，1988 年，頁 47。

〔註 87〕《唐會要》，卷 70，〈州縣改置上〉，頁 1479。

〔註 88〕《資治通鑑》，卷 192，「貞觀元年」，頁 6033。

〔註 89〕成一農，〈唐代的地緣政治結構〉，收入《唐代地域結構與運作空間》（上海：上海辭書出版社，2003 年），頁 17～20。

〔註 90〕《新唐書》，卷 199，〈柳沖傳〉，頁 5678。

〔註 91〕《舊唐書》，卷 150，〈高士廉傳〉，頁 2441。

〔註 92〕《通典》，卷 3，〈食貨志三〉，頁 62。

礎和軍事潛力，隨時可能動搖政權，所以疑懼；又因為士族在山東地區有極為深廣的社會影響力，能維護地方政治與社會秩序，同時東魏、北齊政權依靠山東士族的支持而建立，此所以依賴。北周與隋則遷徙山東士族入關以免分裂或叛亂。隋文帝且廢除鄉官，將九品以上官僚的任命權收歸中央，切斷了士族與地方政權聯繫的途徑。〔註 93〕最後，科舉代替了九品官人法。隋朝的人才選舉政策嚴重打擊了包括山東士族在內的士族，因為世襲性選官特權是山東士族得以保持其地位的重要因素。〔註 94〕經過周、隋統治者的限制與打擊，唐初山東士族已是「世代衰微，全無官宦人物」〔註 95〕。

李唐建國，「在唐初統治核心層裏，幾乎沒有山東第一流高門的席位。隋朝以來關中勛貴集團排擠和疑忌山東士人特別是山東高門的傾向，在唐初仍然存在。」〔註 96〕高祖、太宗出自關隴集團，唐太宗自詡用人：「唯有才行是任，豈以新舊為差。」〔註 97〕，又說「與山東崔盧李鄭舊既無嫌」〔註 98〕事實上太宗「言及山東、關中人，意有同異」，〔註 99〕故張行成諫其「不當以東西為限，若如是，則示人以隘陋。」〔註 100〕太宗還下令重修氏族志：

> 先是，山東士人，好自矜誇，以婚姻相尚。太宗惡之，以為甚傷教義，乃詔禮部尚書高士廉、御史大夫韋挺、中書侍郎岑文本、禮部侍郎令狐德棻及四方士大夫諳練族姓者，普索天下譜諜，約諸史傳，考其真偽，以為氏族志。〔註 101〕

氏族志「進忠賢，退悖惡，先宗室，後外戚，退新門，進舊望，右膏粱，左寒畯」〔註 102〕，「王妃、主婿接取當世勛貴名臣家，未嘗尚山東舊族。」〔註 103〕貞觀十六年（642）六月下禁賣婚詔：

〔註 93〕史睿，前引文，頁 44～45。
〔註 94〕陳金鳳、梁瓊，〈山東士族與隋朝政治略論〉，《山東師範大學學報·人文社會科學版》6，2003 年。頁 67。
〔註 95〕《唐會要》，卷 36，〈氏族〉，頁 7744。
〔註 96〕唐長孺，《魏晉南北朝隋唐史三論》（武漢：武漢大學出版社，1996 年），頁 376。
〔註 97〕《貞觀政要》，卷 5，〈論公平〉，頁 15。
〔註 98〕《貞觀政要》，卷 7，〈論禮樂〉，頁 11。
〔註 99〕《舊唐書》，卷 78，〈張行成傳〉，頁 2703。
〔註 100〕同註 99。
〔註 101〕《唐會要》，卷 36，〈氏族〉，頁 774～775。
〔註 102〕《新唐書》，卷 95，〈高士廉傳〉，頁 3841。
〔註 103〕同註 102，頁 3842。

氏族之盛，實繫於冠冕；婚姻之道，莫先於仁義。自有魏失御，齊
氏云亡，市朝既遷，風俗陵替。燕、趙右姓，多失衣冠之緒；齊、
韓舊族，或乖德義之風。名雖著於州閭，身未免於貧賤，自號高梁
之胄，不敦匹敵之儀，問名惟在於竊貲，結縭必歸于富室，乃有新
官之輩，豐財之家，慕其祖宗，競結婚媾，多納貨賄，有如販鬻。
或貶其家門，受屈辱於婚婭；或衿其舊族，行無禮於舅姑。積習成
俗，迄今未已，既紊人倫，實虧名教。朕夙夜兢替，憂勤政道，往代
蠹害，咸以懲革，惟此弊風，未能盡變。自今已後，明加告示，使
識嫁娶之序，各合典禮，知朕意焉。其自今年六月禁賣婚。〔註104〕

目的在壓抑山東士族的社會地位。雖然如此，單靠關隴集團實不足以鞏固
政權，必要吸納山東豪傑與山東士族進入統治集團，以維持政治的和諧與
穩定。

山東士族兼具強大的宗族鄉里基礎與雄厚的經濟實力，即使政治勢力已
大不如前，但在社會與文化方面依舊有其優勢，對地方也有相當影響力，陳
寅恪謂：

雖隋唐統一中國，江左之貴族漸次消滅，然河北之地，其地方豪族
仍保持舊時傳統，在政治上固須讓關隴胡漢混合集團列居首位，
但在社會上依然是一不可輕視之特殊勢力也。……河北士族不必
以仕宦至公卿，使得稱華貴，即鄉居不仕，仍足為社會之高等人
物。〔註105〕

在這個前提下，起用山東士族擔任刺史一職並不意外。前述崔同出身清河崔
氏，崔公禮、崔幹、崔順三人出身博陵崔氏，李緯為趙郡元氏，李遷是趙郡
李氏南祖房。依《新唐書·宰相世系表》，在唐前期，趙郡李氏 7 人入相，
〔註106〕清河、博陵崔氏也有 7 人入相，〔註107〕非僅宰相，刺史、縣令也在山
東士族入仕之列，崔同等人即是例證。運用山東士族擔任刺史、縣令等地方
官職也有助於河北的治理。

經過本節的討論，可以觀察到在唐朝初建，李淵父子戮力於擊敗羣雄，

〔註104〕《唐會要》，卷 83，〈嫁娶〉，頁 1810。
〔註105〕陳寅恪，〈論李棲筠自趙徙衛事〉，收入《金明叢館二編》（臺北：里仁書局，
1981 年），頁 6。
〔註106〕《新唐書》，卷 72 上，〈宰相世系表二上〉，頁 2473～2599。
〔註107〕《新唐書》，卷 72 下，〈宰相世系表二下〉，頁 2729～2817。

當竇建德、劉黑闥、高開道與羅藝逐一被殲滅之後，防止竇建德等人之餘部在河北復叛是統治集團的首要課題。

武德九年（627）李世民發動玄武門事變，成功地狙殺了建成與元吉，奪嫡登帝之後，曾為建成舊勢力的河北，則成為李世民清除建成殘餘勢力的第一目標。

李淵出自關隴集團，關隴集團與山東集團夙處敵對位置，但為統一天下、鞏固政權計，李淵必須廣納人才，甚至捐棄前嫌，籠絡利用山東豪傑與山東士人。

山東豪傑係一「胡漢雜糅，善戰鬥，務農業，而有組織之集團。」〔註108〕在李唐建國之初發揮了重要的作用。如身為山東豪傑領袖的李勣，其絕鄭夏而歸李唐，成為隋唐間政權轉移之大關鍵；又如山東豪傑一員的常何，在玄武門之變中扮演極為關鍵的角色，使得李世民得以登上皇帝寶座。

山東士族擁有雄厚的經濟實力和強大的宗族鄉里基礎，在地方極具影響力。雖然經過北周與隋的限制與打擊，到了唐初已是「世代衰微，全無官宦人物」。不過崔盧李鄭四姓在社會與文化方面依舊有其優勢，是隋唐時期最重要和影響最大的士族集團。

人才是國家發展的基石，「海納百川所以成其大」，所以高祖用人並不偏重於關隴份子，特別重視南北兩方有聲望之人物，尤以曾仕於隋為先決條件，而不提拔孤寒之士。唐太宗用人範圍較高祖為大，關隴集團在大臣中仍佔很大的比例，但吸收了一些關中和關東士族，也用了不少山東寒族。

在河北道地方官的選任方面，即使心有疑忌，也可以見到高祖與太宗用人不拘泥於關隴集團的框架，同時進用山東集團與江左集團。隋朝舊吏、割據勢力與河北士族分別是武德至貞觀期間，河北道刺史與縣令的來源。值得注意的是，與胡族接壤的河北道諸州，唐朝依循隋朝舊例，選任軍人為刺史，擔任備邊的重任。

第二節　唐高宗至安史之亂前的河北治理

隋末大亂，高祖、太宗蕩平羣雄，統一天下，建立唐朝。武德九年（626）高祖傳位太宗，太宗繼位後，以煬帝為鑑，「煬帝恃其俊才，驕矜自用，故口

〔註108〕陳寅恪，〈論隋末唐初所謂「山東豪傑」〉，收入《金明館叢稿初編》（臺北：里仁書局，1981年），頁217。

誦堯舜之言而身爲桀紂之行，曾不自知以至覆亡也。」〔註109〕勵精圖治，自許極高「人言天子至尊，無所畏憚。朕則不然，上畏皇天之監臨，下憚羣臣之瞻仰，兢兢業業，猶恐不合天意，未副人望。」〔註110〕對於百姓，務求「人人皆得營生，守其資財。」〔註111〕結果開創了「貞觀之治」，其內容如《貞觀政要》所述：

> 太宗自即位之始，霜旱爲災，米穀踊貴，突厥侵擾，州縣騷然。帝志在憂人，銳精爲政，崇尚節儉，大布恩德。是時自京師及河東、河南、隴右，饑饉尤甚，一匹絹，纔得一斗米。百姓雖東西逐食，未嘗嗟怨，莫不自安。至貞觀三年，關中豐熟，咸自歸鄉，竟無一人逃散，其得人心如此，加以從諫如流，雅好儒數，孜孜求士，務在擇官，改革舊弊，興復制度，每因一事，觸類爲善。初，息隱海陵之黨，同謀太宗者數百千人，事寧，復引左右近侍，心術豁然，不有疑阻，時論以爲能。斷決大事，得帝王之體。深惡官吏貪濁，有枉法受財者，必無赦免，在京流外有犯贓者，皆遣執奏，隨其所犯，寘以重法。由是官吏多自清謹制馭。王公妃主之家，大姓豪猾之伍，皆畏威屏跡，無敢侵欺細人。商旅野次，無復盜賊，囹圄常空，馬牛布野，外戶不必。又頻致豐稔，米斗三四錢。行旅自京師至嶺表，自山東至於滄海，皆不齎糧，取給於路。入山東村落，行客經過者，必厚加供待，或發時有贈遺，此皆古昔未有也。〔註112〕

貞觀二十三年（627）唐太宗薨，高宗即位。高宗在位34年，當政之初，「（長孫）無忌與褚遂良同心輔政，上亦尊禮二人，恭己以聽之，故永徽之政，百姓阜安，有貞觀之遺風。」〔註113〕但永徽之治，並不經久。「自永徽以後，終高宗之世，以迄武后，表面上雖無動亂，實則人物之進退，皆無定例，局面已不復如前此之穩定，而始於王皇后之被廢，亦即武則天之得寵。」〔註114〕高宗立武則天爲后也破壞了唐太宗苦心規劃的「安唐策」。〔註115〕

〔註109〕《資治通鑑》，卷192，「太宗貞觀二年（628）二月條」，頁6053。
〔註110〕《資治通鑑》，卷192，「太宗貞觀二年（628）二月條」，頁6048。
〔註111〕《貞觀政要》，卷1，頁18。
〔註112〕《貞觀政要》，卷1、卷21～22。
〔註113〕《資治通鑑》，卷199，「高宗永徽元年」條，頁6270。
〔註114〕章羣，《唐史》，頁34。
〔註115〕李樹桐認爲由於太宗對於太子晉王治的能力不放心，爲使他得來不易的唐帝國安定無虞，使太子治能安然繼承管唐帝國，所以籌劃出一套周密的安唐

《舊唐書‧則天皇后本紀》載：

> 則天皇后武氏諱曌，并州文水人也。父士彠，隋大業末爲鷹揚府隊
> 正。高祖行軍於汾、晉，每休止其家。義旗初起，從平京城。貞觀
> 中，累遷工部尚書、荊州都督，封應國公。初，則天年十四時，太
> 宗聞其美容止，召入宮，立爲才人。及太宗崩，遂爲尼，居感業寺。
> 大帝於寺見之，復召入宮，拜昭儀。時皇后王氏、良娣蕭氏頻與武
> 昭儀爭寵，互讒毀之，帝皆不納。進號宸妃。永徽六年，廢王皇后
> 而立武宸妃爲皇后。〔註116〕

陳寅恪則分析此事，以爲

> 武曌既非出自山東士族，其家又不屬關隴集團，但以母爲隋楊宗室
> 之故，遂亦可備宮闈下陳之選，……當高宗廢王皇后立武昭儀之
> 時，朝臣贊否不一，然詳察兩派之主張，即知此事非僅宮闈后妃
> 之爭，實爲政治上社會上關隴集團與山東集團決勝負之一大關鍵。
>
> 〔註117〕

自顯慶以後，高宗朝的實際政權已由武則天所掌握，「帝自顯慶以後，多苦風
疾，百司表奏，皆委天后詳決。自此內輔國政數十年，威勢與帝無異，當時
稱爲『二聖』。」〔註118〕「上初苦風眩頭暈，目不能視，百司奏事，上或使皇
后決之。后性明敏，涉獵文史，處事皆稱旨。由是始委以政事，權與人主侔
焉。」〔註119〕「史言后移唐祚，至是而勢成。」〔註120〕高宗後經中宗、睿宗，
天授元年（690）改唐爲周，直到中宗神龍元年（705）病危，中宗復位止，
武則天先後當政凡五十年。然武氏之影響力猶延至玄宗末世始衰。〔註121〕

> 策。安唐策的目的在於安定唐室，安定嗣君；所以凡有危害唐室或威脅太子
> 治的人或事，都要除去。同時凡是可以安定唐室的力量，都要盡力培植，使
> 之滋長壯大。見李樹桐，〈唐太宗的安唐策〉，收入《唐史索隱》（臺北：台灣
> 商務印書館，1988 年），頁 71～72。
>
> 〔註116〕《舊唐書》，卷 6，〈則天皇后本紀〉，頁 115。
> 〔註117〕 陳寅恪，〈記唐代之李武韋楊婚姻集團〉，收入《金明館叢稿初編》，頁 243。
> 〔註118〕《舊唐書》，卷 6，〈則天皇后本紀〉，頁 115。
> 〔註119〕《資治通鑑》，卷 200，「高宗顯慶五年十月」條，頁 6270。
> 〔註120〕《資治通鑑》，卷 200，「高宗顯慶五年十月」條註，頁 6270。
> 〔註121〕 陳寅恪提出李武韋楊婚姻集團的概念，認爲以安史之亂分唐史爲前後二期，
> 唐朝前期最高統治集團表面上雖爲李氏或武氏，實際上是一牢固的複合體，
> 李、武爲其核心，韋、楊助其黏合，此一集團自高宗初年至玄宗末世，宰制
> 百年之世局，故曰武氏之勢力至玄宗朝不稍衰歇，直到安史之亂起，李唐中

　　武則天掌權後，「轉移全國重心於山東，重進士詞科之選舉，拔取人才，遂破壞南北朝之貴族階級，運輸東南之財賦，以充實國防之力量，皆吾國社會經濟史上之重大措施，而開啓後數百年以至千年後之世局者也。」〔註122〕但是，「關中本位政策」也在其主政下逐漸破壞：

> 李唐皇室者唐代三百年統治之中心也，自高祖太宗創業至高統御之前期，其將相文武大臣大抵承西魏北周及隋以來之世業，即宇文泰「關中本位政策」下所結集團體之後裔也。自武曌主持中央政權之後，逐漸破壞傳統之關中本位政策」，以遂其創業垂統之野心，故「關中本位政策」最主要之府兵制，即於此時開始崩潰，而社會階級亦在此際起一升降之變動。蓋進士之科雖創於隋代，然當日人民致身通顯之塗徑並不必由此，及武后柄政，大崇文章之選，破格用人，於是進士之科爲全國干進者競趨之若鵠的。當時山東江左人民之中，有雖工於爲文，但以不預關中團體之故，致遭屛抑者，亦因此政治變革之際會，得以上升朝列，而西魏北周楊隋及唐初獎相舊家之政權尊位遂不得不爲此新興階級所攘奪替代，故武周之代李唐，不僅爲政治之變遷，實亦社會之革命，若依此義言，則武周之代李唐較李唐之代楊隋其關係人羣之演變，尤爲重大也。〔註123〕

關中本位政策至唐玄宗之世完全破壞無遺。

　　武則天當權期間，起兵反對者不多，均以失敗收場，無法撼動武氏政權。首先是武后光宅元年（684）九月丁丑（二十九），徐世勣之孫敬業等以諸武用事兼失職怨望，藉匡復廬陵王爲辭，自揚州起兵作亂，當年十一月乙丑（十八），徐敬業部將王那相殺敬業降，結束亂事〔註124〕。此亂雖平，後遺症是武后欲立威以治天下，施行酷吏之治，廣開告密之門，「太后自徐敬業之反，疑天下人多圖己，又自以久專國事，且內行不正，知宗室大臣怨望，心不服，欲大誅殺以威之，乃盛開告密之門。」〔註125〕誅戮無虛日，「太后自垂

央政府已失統治全國之能力，此一集團亦隨著衰竭。見陳寅恪，〈記唐代之李武韋楊婚姻集團〉，收入《金明館叢稿初編》，頁237。

〔註122〕同註117，頁249。

〔註123〕陳寅恪，〈唐代政治史述論稿〉，收入《陳寅恪先生論文集》（臺北：里仁書局，1990年），頁170。

〔註124〕《舊唐書》，卷67，〈李勣附孫敬業傳〉，頁2490～2492。《新唐書》，卷4，〈則天皇后本紀〉，頁83～84。

〔註125〕《資治通鑑》，卷205，「則天后垂拱二年（685）」條，頁6438。

拱以來，任用酷吏，先誅唐宗室貴戚數百人，次及大臣數百家，其刺史、郎
將以下，不可勝數。」〔註126〕造成全國恐怖。清人趙翼曰「古來無道之君，
好殺者，有石虎、苻生、齊明帝、北齊文宣帝、金海陵煬王。其英主好殺者，
有明太祖。然皆未如唐武后之忍者。」〔註127〕

其次是武后垂拱四年（687）唐宗室的造反。

> 八月壬寅（十七），博州刺史、琅邪王沖據博州起兵，命左金吾大將
> 軍丘神勣爲行軍總管討之。庚戌，沖父豫州刺史、越王貞又舉兵於
> 豫州，與沖相應。……九月，命内史岑長倩、鳳閣侍郎張光輔、左
> 監門大將軍鞠崇裕率兵討之。

> 丙寅（二十九），斬貞及沖等，傳首神都，改姓爲虺氏。曲赦博州。
> 韓王元嘉、魯王靈夔、元嘉子黃國公譔、靈夔子左散騎常侍范陽王
> 藹、霍王元軌及子江都王緒、故號王元鳳子東莞公融坐與貞通謀，
> 元嘉、靈夔自殺，元軌配流黔州，譔等伏誅，改姓虺氏。自是宗室
> 諸王相繼誅死者，殆將盡矣。其子孫年幼者咸配流嶺外，誅其親黨
> 數百餘家。〔註128〕

武后執政期間，河北道的大事除天災之外，主要與外族入寇叛變有關。周萬
歲通天元年（696）五月，營州城傍契丹首領松漠都督李進忠與其妻兄歸誠州
刺史孫萬榮殺都督趙文翽，舉兵造反，攻陷營州，盡忠自號可汗。〔註129〕原
因是「文翽剛愎，契丹饑不加賑給，視酋長如奴僕，顧二人怨而反。」〔註130〕
此亂直到次年六月才平定。

武后時奚、契丹即屢次入侵，此次李盡忠、孫萬榮的叛變，雖然時間延
續並不長，前後還不到兩年，可是對中央的打擊極大。因爲控制奚契丹的第
一線據點營州失陷，第二線河北重鎮幽州也岌岌可危，中央三度興師，兩次
被打得全軍覆沒，最後全靠突厥襲擊契丹的後方，奚又和契丹攜貳，才勉強
取勝。〔註131〕周與此兩外族關係自此決裂，周遂失去對遼河區的控制權，而

〔註126〕《資治通鑑》，卷205，「則天后長壽元年（692）」條，頁6485。

〔註127〕趙翼，《廿二史箚記》（臺北：華世出版社，1977年）卷19，「武后之忍」條，
　　　　頁412。

〔註128〕《舊唐書》，卷6，〈則天皇后本紀〉，頁119。

〔註129〕同註128，頁125～126。

〔註130〕《資治通鑑》，卷205，「則天后萬歲通天元年（696）五月壬子（十二）」條，
　　　　頁6505。

〔註131〕黃永年，〈唐代河北藩鎮與奚契丹〉，收入《唐代史事考釋》（臺北：聯經出版

被迫固守燕山山脈一線，對周帝國河北地區的邊防而言，甚為不利。武后末年契丹入侵時，周帝國即因去失去燕山之險，以致在河北對抗契丹戰行中，連遭慘敗，損兵折將，犧牲慘重。而河北平原遭受戰火洗卻，更是廬舍為墟，十室九空。〔註132〕

契丹亂平後接著是突厥默啜單于的寇邊。據《舊唐書・則天皇后本紀》所記，此事發生在聖曆元年（698）八月：

> 八月，突厥默啜以延秀非唐室諸王，乃因於別所，率眾與閻知微入寇嬀、檀等州。命司屬卿高平王重規、右武威衛大將軍沙吒忠義、幽州都督張仁亶、右羽林衛大將軍李多祚等率兵二十萬逆擊，乃放延秀還。己丑（初二），默啜攻陷定州，刺史孫彥高死之，焚燒百姓廬舍，遇害者數千人。九月，……默啜攻陷趙州，刺史高叡遇害。
>
> 丙子（十九，令納言狄仁傑為河北道行軍元帥。……癸未，默啜盡殺所掠趙、定州男女萬餘人，從五迴道而去，所至殘害，不可勝紀。〔註133〕

《通鑑》則曰：「狄仁傑將兵十萬追之，無所及。默啜還漠北，擁兵四十萬，據地萬里，西北諸夷皆附之，甚有輕中國之心。」〔註134〕

河北道百姓在孫萬榮、李盡忠的叛變與默啜單于地寇邊兩次事件蒙受極大的損失，在善後與安撫上狄仁傑扮演了吃重的角色。萬歲通天元年（696）十月，孫萬榮攻陷冀州後又攻瀛州，河北震動，朝廷徵狄仁傑為魏州刺史。前刺史獨孤思莊因懼契丹至，盡驅百姓入城，繕修守具。狄仁傑至後放歸農畝，並謂：「賊猶在遠，何必如是。萬一賊來，吾自當之，必不關百姓也。」契丹退後，百姓歌頌並立碑以紀恩惠。〔註135〕

聖曆初，默啜單于寇邊事，狄仁傑擔任河北道安撫大使，河朔人庶多為突厥逼脅，突厥退後懼誅大多逃匿。狄仁傑因上疏曰：

> 臣聞朝廷議者，以為契丹作梗，始明人之逆順，或因迫脅，或有願從，或受偽官，或為招慰，或兼外賊，或是土人，跡雖不同，心則

公司，1998年），頁137～138。

〔註132〕康樂，〈唐代前期的邊防〉，《東海歷史學報》1，1977年，頁16～17。

〔註133〕《舊唐書》，卷6，〈則天皇后本紀〉，頁127。

〔註134〕《資治通鑑》，卷206，「則天后聖曆元年（698）九月癸未（二十六）」條，頁6535。

〔註135〕《舊唐書》，卷89，〈狄仁傑傳〉，頁2889。

無別。誠以山東雄猛，由來重氣，一顧之勢，至死不回。近緣軍機，
調發傷重，家道悉破，或至逃亡，剔屋賣田，人不為售，內顧生計，
四壁皆空。重以官典侵漁，因事而起，取其髓腦，曾無心愧。修築
池城，繕造兵甲，州縣役使，十倍軍機。官司不矜，期之必取，枷
杖之下，痛切肌膚。事迫情危，不循禮義，愁苦之地，不樂其生。
有利則歸，且圖賒死，此乃君子之愧辱，小人之常行。人猶水也，
壅之則為泉，疏之則為川，通塞隨流，豈有常性。昔董卓之亂，神
器播遷，及卓被誅，部曲無赦，事窮變起，毒害生人，京室丘墟，
化為禾黍。此由恩不普洽，失在機先。臣一讀此書，未嘗不廢卷歎
息。今以負罪之伍，必不在家，露宿草行，潛竄山澤。赦之則出，
不赦則狂，山東羣盜，緣茲聚結。臣以邊塵暫起，不足為憂，中土
不安，以此為事。臣聞持大國者不可以小道，理事廣者不可以細分。
人主恢弘，不拘常法，罪之則眾情恐懼，恕之則反側自安。伏願曲
赦河北諸州，一無所問。自然人神道暢，率土歡心，諸軍凱旋，得
無侵擾。〔註136〕

制從之。「仁傑於是撫慰百姓，得突厥所驅掠者，悉遞還本貫。散糧運以賑貧
之，修郵驛以濟旋師。恐諸將及使者妄求供頓，乃自食疏糲，禁其下無得侵
擾百姓，犯者必斬。河北遂安。」〔註137〕

　　河北道地理位置重要，北部分布著許多外族。《新唐書‧地理志三》敘河
北道：

河北道，蓋古幽冀二州之地，漢河內、魏、渤海、清河、平原、常
山、上谷、涿、漁陽、右北平、遼西、真定、中山、信都、河間、
廣陽等郡國，又參有東郡、東河、上黨、鉅鹿之地。孟、懷、澶、
衛及魏、博、相之南境為娵訾分，邢、洺、惠、貝、冀、深、趙、
鎮、定及魏、博、相之北境為大梁分，滄、景、德為玄枵分，瀛、
莫、幽、易、涿、平、媯、壇、薊、營、安東為析木津分。為州二
十九，都護府一，縣百七十四。其名山：林慮、白鹿、封龍、井陘、
碣石、常岳。其大川：漳、淇、呼陀。厥賦：絲、絹、綿。厥貢：

〔註136〕《舊唐書》，卷89，〈狄仁傑傳〉，頁2892。
〔註137〕《資治通鑑》，卷206，「則天后聖曆元年（698）十月癸卯（十七）」條，頁
　　　　6536。

羅、綾、紬、紗、鳳翮、葦席。〔註138〕

《新唐書》卷43下〈地理志七下〉另記載了所謂的「羈縻府州」：

> 唐興，初未暇於四夷，自太宗平突厥，西北諸蕃及蠻夷稍稍內屬，
> 即其部落列置州縣。其大者爲都督府，以其首領爲都督、刺史，皆
> 得世襲。雖貢賦版籍，多不上戶部。然聲教所曁，皆邊州都督、都
> 護所領，著于令式。……突厥之別部及奚、契丹、靺鞨、降胡、高
> 麗隸河北者，爲府十四，州四十六……。〔註139〕

分布在河北道的羈縻府州，據《新志》如下表：〔註140〕

表3-4　《新唐書·地理志》河北道羈縻府州表

羈縻府州名稱與安置的各部	隸屬都督府
一、突厥州二。 （一）順州順義郡：貞觀四年平突厥，以其部落置順、祐、化、長四州都督府於幽、靈之境；又置北開、北寧、北撫、北安等四州都督府。六年順州僑治營州南之五柳戍；又分思農部置燕然縣，僑治陽曲；分思結部置懷化縣，僑治秀容，隸順州；後皆省。祐、化、長及北開等四州亦廢，而順州僑治幽州城中。歲貢麝香。縣一：賓義。 （二）瑞州：本威州，貞觀十年以烏突汗達干部置，在營州之境。咸亨中更名。後僑治良鄉之廣陽城。縣一：來遠。	初隸營州都督府，及李盡忠陷營州，以順州隸幽州都督府，徙瑞州于宋州之境。神龍初北還，亦隸幽州都督府。
二、奚州九，府一。 （一）鮮州：武德五年（622年）析饒樂都督府置。僑治潞之古縣城。縣一：賓從。 （二）崇州：武德五年析饒樂都督府之可汗部落置。貞觀三年更名北黎州，治營州之廢陽師鎮。八年復故名。後與鮮州同僑治潞之古縣城。縣一：昌黎。 （三）順化州：縣一，懷遠。 （四）歸義州歸德郡：總章中以新羅戶置，僑治良鄉之廣陽城。縣一：歸義。後廢。開元中，信安王禕降契丹李詩部落五千帳，以其眾復置。 （一）奉誠都督府：本饒樂都督府，唐初置，後廢。貞觀二十二年以內屬奚可度者部落更置，并以別帥五部置弱水等五州。開元二十三年更名，領州五： 1. 弱水州：以阿會部置。 2. 祁黎州：以處和部置。 3. 洛瓌州：以奧失部置。 4. 太魯州：以度稽部置。 5. 渴野州：以元俟析部置。	初皆隸營州都督，李盡忠陷營州，乃遷玄州於徐、宋之境，威州於州之境，昌、師、帶、鮮、信五州於青州之境，崇、愼二州於淄、青之境，夷憲二州於徐州之境，黎州於宋州之境，在河南者十州，神龍初乃使北還，二年皆隸幽州都督府。

三、契丹州十七，府一。 （一）玄州：貞觀二十年以紇主曲據部落置。僑治範陽之魯泊村。縣一：靜蕃。 （二）威州：本遼州，武德二年以內稽部落置。初治燕支城、後僑治營州城中。貞觀元年更名。後治良鄉之石窟堡。縣一：威化。 （三）昌州：貞觀二年以松漠部落置，僑治營州之靜蕃戍。七年徙於三合鎮，後治安次之故常道城。縣一：龍山。 （四）師州：貞觀三年以契丹、室韋部落置，僑治營州之廢陽師鎮，後僑治良鄉之東閭城。縣一：陽師。 （五）帶州：貞觀十年以乙失革部置。僑治昌平之清水店。縣一：孤竹。 （六）歸順州歸化郡：本彈汗州，貞觀二十二年以內屬契丹別帥析紇便部置。開元四年更名。縣一：懷柔。 （七）沃州：載初中析昌州置。萬歲通天元年沒于李盡忠，開元二年復置。後僑治薊之南回城。縣一：濱海。 （八）信州：萬歲通天元年以乙失活部落置。僑治范陽境。縣一：黃龍。 （九）青山州：景雲元年析玄州置。僑治范陽之水門村。縣一：青山。 （一）松漠都督府：貞觀二十二年以內屬契丹窟哥置，其別帥七部分置峭落等八州。李盡忠叛後廢，開元二年復置。領州八： 　　1.峭落州：以遏稽部置。 　　2.無逢州：以獨活部置。 　　3.羽陵州：以芬問部置。 　　4.白連州：以突便部置。 　　5.徒何州：以芮奚部置。 　　6.萬丹州：以墜斤部置。 　　7.匹黎州：以伏部置。 　　8.赤山州：以伏部分置。 　　9.歸誠州。	同上。
四、靺鞨州三，府三。 （一）慎州：武德初以涑沫、烏素固部落置。僑治良鄉之故都鄉城。縣一：逢龍。 （二）夷賓州：乾符中以愁思嶺部落置，僑治良鄉之古廣陽城。縣一：來蘇。 （三）黎洲：載初二年析慎州置。僑治良鄉之故都鄉城。縣一：新黎。 （一）黑水州都督府：開元十四年置。 （二）渤海都督府。 （三）安靜都督府。	同上
五、降胡州一。 （一）懍州：天寶初置，僑治范陽境。	幽州都督府。
六、高麗降戶州十四，府九：太宗親征，得羔车城，置羔州；得遼東城，置遼州；得白崖城，置巖州。及師還，拔蓋、遼二州之人以歸。高宗滅高麗，置都督府九，州四十二，後所存者止十四。初，顯慶五年平百濟，以其地置熊津、馬韓、東明、金連、德安五都督府，并置帶方州，麟德後廢。 （一）南蘇州。 （二）蓋车州。	安東都護府。

（三）代那州。	
（四）倉巖州。	
（五）磨米州。	
（六）積利州。	
（七）黎山州。	
（八）延津州。	
（九）木底州。	
（十）安市州。	
（十一）諸北州。	
（十二）識利州。	
（十三）拂涅州。	
（十四）拜漢州。	
（一）新城州都督府。	
（二）遼城州都督府。	
（三）哥勿州都督府。	
（四）衛樂州都督府。	
（五）舍利州都督府。	
（六）居素州都督府。	
（七）越喜州都督府。	
（八）去旦州都督府。	
（九）建安州都督府。	

《舊唐書》卷 39《地理志二》記載河北道北部的羈縻府州州縣如下表〔註 141〕：

表 3-5　《舊唐書‧地理志》河北道羈縻府州州縣表

州縣名稱	分　布　的　外　族
歸順州	開元四年置，安置契丹松漠府彈汗州部落。
營州	柳城東北分布著室韋、靺鞨諸部，西北與奚接界，北與契丹接界。
燕州	粟皆靺鞨別種，五百戶。
威州	契丹內稽部落。
愼州	武德初初置，領涑沫靺鞨烏素固部落。
玄州	隋開皇初置，處契丹李去閭部落。
崇州	武德五年置，處奚可汗部落。
夷賓州	乾封中置，處靺鞨愁思嶺部落。
師州	貞觀三年置，領契丹室韋部落。
鮮州	武德五年置，處奚部。

〔註 141〕本表引自李鴻賓，《唐朝中央集權與民族關係──以北方區域為線索》（北京：民族出版社，2003 年）附表，頁 125。

帶州	貞觀十九年置，處契丹乙失革部落。
黎州	載初二年置，處浮渝靺鞨烏素固部落。
沃州	載初中置，處契丹松部落。
昌州	貞觀二年置，領契丹松漠部落。
歸義州	總章中置，處海外新羅。
瑞州	貞觀十年置，處突厥烏突汗達干部落。
信州	萬歲通天元年置，處契丹失活部落。
凜州	天寶初置，處降胡。
安東都護府	總章元年置，至德後廢。散處高麗降戶。

　　河北道從地理位置、經濟與民族關係等方面來看都是不可忽略之處，尤其是當唐初積極經營東北時，太宗及高宗征伐高麗之役中，河北道作為於前進基地，供應人員及糧食外，唐廷主力多取渝關至營州經柳城線到遼東作戰，〔註142〕營州都督府也擔負著統率奚、契丹等外族進襲高麗的任務。〔註143〕理應受到唐廷長期的重視，然事實並非如此，此從唐初河北道折衝府的設置與武懿宗欲殺河北從眾等事可以看出原因所在。

　　唐代實行府兵制，折衝府的總數時有變化，史籍的記載也極為分歧，谷霽光以為大約 633～634 之數較為可靠。〔註144〕谷霽光在〈安史亂前的河北道〉一文中引用蘇冕《會要》中關於府兵的敘述，認為唐初河北道並「不置」折衝府。〔註145〕蘇冕文云：「關內置府二百六十一，精兵士二十六萬，舉關中之眾，以臨四方。又置折衝府二百八十，通給舊府六百三十三。河東道府額亞於關中；河北之地，人多壯勇，故不置府。其諸道亦置。」〔註146〕陳寅恪亦利用《玉海》卷 138《鄲侯家傳》中「玄宗時，奚、契丹兩蕃強盛，數寇河北諸州，不置府兵番上，以備兩蕃。」的敘述論證河北道不置府的原因。〔註147〕谷氏在之後的《府兵制考釋》一書中已修正了前述說法，

〔註142〕嚴耕望，《唐代交通圖考》第五卷（臺北：中央研究院歷史語言研究所，1986年），〈河東河北區〉，頁1754。
〔註143〕康樂，〈唐代前期的邊防〉，《東海歷史學報》1，1977年，頁17。
〔註144〕谷霽光，《府兵制度考釋》（臺北：弘文館出版社，1985年），頁145。
〔註145〕谷霽光，〈安史亂前的河北道〉，原載於《燕京學報》19，1935年，現收入《谷霽光史學論文集》（南昌：江西人民出版社，1996年）第四卷，頁184。
〔註146〕《玉海》，卷138，〈兵制〉引蘇冕《會要》，頁2655。
〔註147〕陳寅恪，〈論唐代之蕃將與府兵〉陳寅恪，收入《金明叢館初編》（臺北：里

所謂《會要》中的「故不置府」和《鄣侯家傳》中的「不置府兵番上」的「不」字均爲「又」字之訛〔註148〕，並考據出唐十道 657 個折衝府的數目，分別是關內道 288 個，居總數的 43.9%；河東道 164 個，佔 24.9%；河南道 74 個，佔 11.2%；河北道 46 個，佔 7%；隴右道 37 個，佔 5.6%；山南道 14 個，佔 2.13%；劍南道 13 個，佔 1.98%；淮南道 10 個，佔 1.52%；嶺南道 6 個，佔 6.91%。中河北道僅有 46 個，遠少於關內道的 288，河東道的 164，只佔總數的 7%〔註149〕，唐朝在國防上「重首輕足」、「居重馭輕」的態勢十分明顯。〔註150〕

　　從折衝府的設置一事看到了唐廷對河北道的疑忌。其原因如下：一、隋末王世充、劉黑闥、竇建德乃至建成與元吉都是以河北爲根據地與李唐或李世民對抗，唐廷深怕叛變發生，所以不置府兵；其次，河北民性特別強悍壯勇，狄仁傑曾形容山東人「山東雄猛，由來重氣，一顧之勢，至死不回。」〔註151〕多設兵府，於強幹弱枝本旨，不免自違。〔註152〕「唐高祖以劉黑闥重反之故，竟欲盡殺河北丁壯，以空其地。蓋河北之人以豪強著稱，實爲關隴集團之李唐皇室所最忌憚。故太宗雖增置府兵，而不於河北之地設置折衝府者，即因於此。」〔註153〕三、唐朝遵行「關中本位政策」所致。陳寅恪謂「蓋武后以前，唐承西魏、北周、楊隋之遺業，以關隴爲本位，聚全國之武力於此西北一隅之地，藉之宰制全國。」〔註154〕「李唐承襲宇文泰『關中本位政策』，全國重心本在西北一隅，而吐蕃盛強延及二百年之久，故當唐代中國極盛之時，已不能不於東北方面採維持現狀之消極政略。」〔註155〕關中、

　　　　仁書局，1981 年），頁 271。
〔註148〕谷霽光，《府兵制度考釋》（臺北：弘文館出版社，1985 年），頁 287。
〔註149〕谷霽光，《府兵制度考釋》（臺北：弘文館出版社，1985 年），「唐十道折衝府數比較表」，頁 156。
〔註150〕谷霽光，《府兵制度考釋》（臺北：弘文館出版社，1985 年），頁 158。
〔註151〕《文苑英華》，卷 694，狄仁傑〈言河朔人庶疏〉，頁 1632。
〔註152〕谷霽光，〈安史亂前的河北道〉，《燕京學報》19，1935 年，頁 189。
〔註153〕陳寅恪，〈論唐代之蕃將與府兵〉，收入《金明叢館初編》（臺北：里仁書局，1981 年），頁 272。陳寅恪分析李唐憚忌河北人民的原因爲「『河北之地，人多壯勇』，頗疑此集團實出自北魏冀、定、瀛、相、諸州營户屯兵之系統，而此種人實亦北方塞外胡族之子孫。李唐出身關隴集團，故最忌憚此等人羣。」
〔註154〕陳寅恪，〈論唐代之蕃將與府兵〉，收入《金明叢館初編》（臺北：里仁書局，1981 年）。頁 273。
〔註155〕陳寅恪，〈唐代政治史述論稿〉，收入《陳寅恪先生論集》，中央研究院歷史語言

河東兩道府額獨多，河北道軍府少於河南道，表現出來即前述「重首輕足」、「居重馭輕」。〔註156〕最主要的原因當是在於河北地區曾是東魏與北齊的根據地，李淵出身關隴集團，對其並不放心而有所防範。

武懿宗一例與孫萬榮、李盡忠之亂有關。當孫、李亂事平定，武后命武懿宗安撫河北，武懿宗原欲盡族河北從眾者，幸經王求禮與杜景儉勸諫，武后納諫而罷。《資治通鑑》對此事敘述如下：

> 制以契丹初平，命河內武懿宗、婁師德及魏州刺史狄仁傑分道安撫河北。懿宗所至殘酷，民有為契丹所脅從復來歸者，懿宗皆以為反，生剚其膽。先是，何阿小嗜殺人，河北人為之語曰：「唯此兩何，殺人最多。武攸宜自幽州凱旋。武懿宗奏河北百姓從賊者請盡族之，左拾遺王球理庭折之曰：「此屬素無武備，力不勝賊，苟從之以求生，豈有叛國之心！懿宗擁強兵數十萬，望風退走，賊徒滋蔓，又欲委罪於草野註誤之人，為臣不忠，請先斬懿宗以謝河北！」懿宗不能對。司刑卿杜景儉亦奏：「此皆脅從之人，請悉原之。」太后從之。〔註157〕

此事既見武懿宗對河北百姓的殘酷鎮壓，也見到武后容人納諫的一面。

前述契丹與突厥的寇邊使得河北邊防趨於緊張，唐廷不能不認真對待，河北道的政治、經濟地位才逐步加強，同時也設置或增置折衝府於河北道。但玄宗時府兵日漸破壞，「自高宗、武后時，天下久不用兵，府兵之法寢壞，番役更代多不以時，衛士稍稍亡逆，至是益耗散，宿衛不能給。」〔註158〕河北道府兵所能發揮的作用已大不如前。

李盡忠、孫萬榮的叛變平定後，契丹、奚在突厥勢力影響下，叛服無常，始終是唐朝東北地區嚴重的邊患，一直要到開元四年（716），突厥帝國中衰，契丹與奚轉而歸附唐朝。

邊境形勢的改變所致，唐朝從睿宗景雲元年（710）以後到玄宗開元九年（721）這十多年時間內，先後完成了後來稱為范陽、平盧、河東、朔方、安西、北庭、河西、隴右、劍南九個節度使及五府經略使的設置工作。〔註159〕

　　　研究所特刊之三（臺北：中央研究院歷史語言研究所，1976年），頁192～193。
〔註156〕同註148。
〔註157〕《資治通鑑》，卷206，「則天后神功元年（697）」條，頁6522。
〔註158〕《新唐書》，卷50，〈兵志〉，頁1326～1327。
〔註159〕嶺南五府經略設於景雲年間，至德元載（756）升為節度使。

接過原來行軍大總管的權力，從東北到西陲初步形成一條防禦線。如《舊唐書・地理志一》所載「范陽節度使，臨制奚，契丹」〔註160〕，范陽節度使的職責是應付奚與契丹兩個外患。依黃永年的分析，之所以在河北地區設置節度使，是因為對付不了奚、契丹的緣故，並提出「河北藩鎮的產生以至消滅和奚、契丹始終有著緊密的聯繫」的論點。〔註161〕安史亂後河北三鎮跋扈割據，唐廷對其無可奈何，但在制禦奚、契丹上仍繼承幽州節度使初建以來的老傳統，一直起著積極作用，中晚唐內地和奚契丹比較能和平相處，河北藩鎮是有其功績的。文宗太和五年（831）正月幽州軍亂，副兵馬使楊志誠逐其帥李載義，面對此一變局，宰相牛僧孺的反應是：「此不足煩聖慮。且范陽得失，不繫國家休戚，自安、史已來，翻覆如此。……至今志誠亦由前載義也，但因而撫之，俾扞奚、契丹不令入寇，朝廷所賴也。」〔註162〕司馬光責其「如僧孺之言，姑息偷安之術耳，豈宰相佐天子御天下之道哉！」〔註163〕對朝廷而言，繼續「姑息」亦或「用兵」河朔，牽涉甚廣，必須從長計議。《新唐書》卷二一九〈北狄傳〉也有「自至德後，藩鎮擅地務自安，郭戍斥候益謹，不生事于邊，奚、契丹亦鮮入寇」的記載〔註164〕，河北藩鎮在禦邊上發揮的作用是不容否定的。

　　經過上述的討論，基於疑忌怕反叛的心理抑或是執行「關中本位政策」，安史之亂前的河北道並未受到唐廷應有的重視，反因位於進攻高麗必經之路，負擔比其餘各道繁重與艱苦。直到李盡忠、孫萬榮叛變，打破了唐朝本來的防禦體系〔註165〕，奚、契丹成為東北邊防嚴重的外患，朝廷不得不加強

〔註160〕《舊唐書》，卷38，〈地理志一〉，頁1387。
〔註161〕黃永年，〈唐代河北藩鎮與奚契丹〉，收入《唐代史事考釋》（臺北：聯經出版公司，1998年），頁135。
〔註162〕《舊唐書》，卷172，〈牛僧孺傳〉，頁4471。
〔註163〕《資治通鑑》，卷244，〈唐紀六十〉，「文宗太和五年（831）臣光曰」，頁7875。
〔註164〕《新唐書》，卷219，〈北狄傳〉，頁6172。
〔註165〕唐前期在東北地區設置多層次的防禦系統，最外層是作為帝國藩屬的奚、契丹等外族，中間地帶則是以羈縻州形式統治的內附的外族部落降戶，內部則是唐朝著有軍隊保護及文官管理的州縣地方。幽州是唐朝東北防禦體系的中心。孫、李叛亂後，幽州成為防禦兩蕃及其他東北諸族入侵的一道最主要防線，而幽州東北的廣大地區則成了契丹族日後發展壯大的基地，影響極為深遠。見李松濤，〈論契丹李盡忠、孫萬榮之亂〉，收入王小甫主編，《盛唐時代與東北亞政局》（上海：上海辭書出版社，2003年），頁94。

在河北，特別是在幽州地區的軍防〔註166〕，李松濤稱「唐玄宗改變自立國以來對山東的態度，被迫全力地倚仗地方社會力量尤其是胡人熟蕃來抗禦東北諸族，卻給了蕃將安祿山手握重兵，一舉而傾天下的機會」〔註167〕，天寶十四載（755）安祿山即身兼范陽、平盧與河東三道節度使起兵范陽，掀起滔天巨禍，摧毀了唐朝盛世。

第三節　安史之亂的爆發及平定

唐玄宗繼唐太宗之後開創了「開元盛世」，海內富裕，國力充實。杜甫詩云：

> 憶昔開元全盛日，小邑猶藏萬家室。稻米流脂粟米白，公私倉廩俱豐實。九州道路無豺虎，遠行不勞吉日出。齊紈魯縞車班班，男耕女桑不相失。宮中聖人奏雲門，天下朋友皆膠漆。百餘年間爲災變，叔孫禮樂蕭何律。〔註168〕

《通典》記述開元十三年（726）的繁榮情景爲

> 至（開元）十三年，封泰山，米斗至十三文，青齊穀斗至五文，自後天下無貴物。兩京米斗不至二十文，麵三十二文，絹一疋二百一十文。東至汴、宋，西至岐州，夾路列店肆待客，酒饌豐溢，每店皆有驢賃，客乘倏忽數十里，謂之驛驢。南詣荊、襄，北至太原、范陽，西至蜀州、涼府，皆有店肆，以供商旅遠適，數千里不持寸刃。〔註169〕

唐代的戶口也在天寶十三載（754）時達到極盛：「是歲，戶部奏天下郡三百二十一，縣千五百三十八，鄉萬六千八百二十九，戶九百六萬九千一百五十四，口五千二百八十八萬四百八十八。」〔註170〕但天寶十四載（755）安祿山

〔註166〕經過開天年間對幽、營二州的建設，安史亂前東北邊境上范陽（幽州）節度使已經統兵91400人，平盧（營州）節度使統兵37500人，見《資治通鑑》，卷 215，〈唐紀三十一〉「玄宗天寶元載（742）春正月壬子（初六）」條，頁 6849。

〔註167〕李松濤，〈試論安史亂前幽州防禦形勢的改變〉，收入王小甫主編，《盛唐時代與東北亞政局》（上海：上海辭書出版社，2003 年），頁 127。

〔註168〕（唐）杜甫，《分門集註杜工部詩》，收入《四部叢刊正編》（臺北：台灣商務印書館，1979 年），〈憶昔〉，頁 246～247。

〔註169〕《通典》，卷7，〈食貨七・歷代盛衰戶口〉，頁 152。

〔註170〕《唐六典》，卷84，〈戶口數〉，頁 1837。《資治通鑑》，卷 217，「玄宗天寶十

叛變改變了唐朝的命運，國勢由盛轉弱，唐廷勢衰，亂後藩鎮林立，直到唐朝結束。

安祿山本爲胡人，因受唐玄宗的寵愛而掌握大權，詎料心懷異志，起兵范陽，據《舊唐書・安祿山傳》所記：

> 安祿山，營州柳城雜種胡人也。本無姓氏，名軋犖山，母阿史德氏，亦突厥巫師，以卜爲業。突厥呼鬬戰爲軋犖山，遂以名之。……及長，解六蕃語，爲互市牙郎。二十年，張守珪爲幽州節度，祿山盜羊事覺，守珪剝坐，欲棒殺之，大呼曰：「大夫不欲滅兩蕃耶？何爲打殺祿山！守珪見其肥白，壯其言而釋之。令與鄉人史思明同捉生，行必剋獲，拔爲偏將。……以驍勇聞，遂養爲子。

> 二十八年，爲平盧節度使。性巧黠，人多譽之。授營州都督、平盧軍使。……天寶元年，以平盧爲節度，以祿山攝中丞爲使。入朝奏事，玄宗益寵之。三載，代裴寬爲范陽節度，河北採訪、平盧軍等使如故。採訪使張利貞常授其賂；數載之後，黜陟使席建侯又言其公直無私；裴寬受代，及李林甫順旨，並言其美，玄宗意益堅不搖矣。後請爲貴妃養兒，入對皆先拜太眞，對曰：「臣是蕃人，蕃人先母而後父。」玄宗大悅。祿山陰有逆謀，於范陽北築雄武城，外示禦寇，內貯兵器，積穀爲保守之計，戰馬萬五千匹，牛羊稱是。兼三道節度，進奏無不允。楊國忠屢奏祿山必反。……（十四載）十一月，反于范陽，矯稱奉恩命以兵討逆賊楊國忠。……天下承平日久，人不知戰，聞其兵起，朝廷震驚。〔註171〕

安祿山以胡人而深得玄宗寵信，李林甫扮演重要的角色。李林甫爲鞏固相位，杜絕「出將入相」的習慣，勸玄宗用寒微的蕃人爲將，安祿山因此得勢。〔註172〕如《舊唐書・李林甫傳》所敘：

三載（754）條」，頁 6929。但杜佑記天寶十四載（755）管戶總八百九十一萬四千七百九，管口總五千二百九十一萬九千三百九，杜佑認爲天寶十四載（755）的戶口實爲唐朝之極盛。見《通典》，卷7，〈食貨七・歷代盛衰戶口〉，頁 153。

〔註171〕《舊唐書》，卷200上，〈安祿山傳〉，頁 5368～5370。

〔註172〕李林甫因私心而引用蕃人寒族的論點，黃永年有不同的看法。他認爲開元中葉以後充任節度使的確已多數是寒族蕃人，應是當時的國策。因爲高門貴族到中央有更好的出路，不願在邊境長期充當節度使，而要鞏固邊防，節度使

國家自武德、貞觀以來，蕃將如阿史納社爾、契苾何力，忠孝有才略，亦不專委大將之任，多以重臣領使以制之。開元中，張嘉貞、王晙、張說、蕭嵩、杜暹皆以節度使入知政事。林甫固位，志欲杜出將入相之源，嘗奏曰：「文士爲將，怯當矢石，不如用寒族、蕃人，蕃人善戰有勇，寒族即無黨援。」帝以爲然，乃用思順代林甫領使。自是高仙芝、哥舒翰皆專任大將，林甫利其不識文字，無入相由，然而祿山竟爲亂階，由專得大將之任也。〔註173〕

玄宗從河北地區民族複雜的環境考量，出身寒族胡人的安祿山是主持東北方面的合適人選：

夫此區域之民族既已脫離漢化，而又包括東北及西北之諸胡種，唐代中央政府若欲羈縻統治而求一武力與權術兼具之人才，爲此複雜胡族方隅之主將，則柘羯與突厥合種之安祿山者，實爲適應當時環境之唯一上選也。玄宗以東北諸鎮付之祿山，雖尚有他故，而祿山之種性與河朔之情勢要必爲其主因，豈得僅如舊史所載，一出於李林甫固位之私謀而已耶？〔註174〕

玄宗所用蕃將爲寒族胡人，如安祿山等，……其本身雖非酋長，無直接之部屬，但其人則可統率其他諸不同胡族之部落。質言之，即是一諸不同胡族之最高統帥。安祿山以雜種胡人之故，善於撫綏諸胡種，且其武力時以同一血統之部落爲單位，如併吞阿布思之同羅部落及畜義子爲「曳落河」，及收養諸雜類勇壯之人，編成軍隊，而視爲同一血統之部落。〔註175〕

李林甫得玄宗信任，在位十九年，終養成天下之亂：

上晚年自恃承平，以爲天下無復可憂，遂身居禁中，專以聲色自娛，悉委政事於林甫。林甫媚事左右，迎合上意，以固其寵；杜絕

又非久任不可，這只能用寒族、番人。見黃永年，〈《通典》論安史之亂的「二統」說證釋〉收入黃永年，《唐代史事考釋》（臺北：聯經出版公司，1988年），頁169。

〔註173〕《舊唐書》，卷106，〈李林甫傳〉，頁3239～3240。

〔註174〕陳寅恪，〈唐代政治史述論稿〉，收入《陳寅恪先生論集》，中央研究院歷史語言研究所特刊之三（臺北：中央研究院歷史語言研究所，1976年），頁120。

〔註175〕陳寅恪，〈論唐代之蕃將與府兵〉，收入《金明叢館初編》（臺北：里仁書局，1981年），頁270。

言路，掩蔽聰明，以成其姦；妬賢疾能，排抑勝己，以保其位；屢
起大獄，誅逐貴臣，以張其勢。自皇太子以下，畏之側足。凡在位
十九年，養成天下之亂，而上不寤也。〔註176〕

楊國忠繼李林甫為相，屢進讒言，激使安祿山提前發動軍事行動：

時安祿山恩寵特深，總握兵柄，國忠知其跋扈，終不出其下，將圖
之，屢於上前言其悖逆之狀，上不之信。是時，安祿山以專制河北，
聚幽、并勁騎，陰圖逆節，動未有名，伺上千秋萬歲之後，方圖叛
換。及見國忠用事，慮不利於己，……由是祿山惶懼，遂舉兵以誅
國忠為名。〔註177〕

當哥舒翰兵敗潼關，使「乘輿遷幸，朝廷陷沒，百僚繫頸，妃主被戮，兵滿
天下，毒流四海。」〔註178〕也必須歸罪於楊國忠，是以馬嵬兵亂，玄宗必須
敕殺楊國忠才倖免於難。《舊唐書・李林甫等傳》末「史臣曰」：「楊國忠秉性
奸回，才薄行穢，領四十餘使，恣弄威權，天子莫見其非，羣臣由之杜口，
致祿山叛逆，鑾輅播遷，梟首覆宗，莫救艱步。」〔註179〕

安祿山叛亂固與李、楊有關，憑仗著胡族的身分、河北道的富庶外，最
重要的還是他身兼范陽、平盧、河東三道節度使，倚恃強大的兵力，才敢發
動叛變，企圖推翻唐朝政權。

節度使原為「式遏四夷」的邊防軍事長官，後來演變成一道或一個大地
區的事實上的最高軍政長官。唐初的邊防設施在《新唐書・兵志》裏有詳細
的說明：

唐初，兵之戍邊者，大曰軍，小曰守捉，曰城，曰鎮，而總之者曰
道。其軍、城、鎮、守捉皆有使，而道有大將一人，已而更曰大都
督。至太宗時，行軍征討曰大總管。在其本道曰大都督。自高宗永
徽以後，都督帶使持節者，始謂之節度使，然猶未以名官。景雲二
年，以賀拔延嗣為涼州都督、河西節度使，接乎開元，朔方、隴右、
河東、河西諸鎮，皆置節度使。〔註180〕

節度使初為「式遏四夷」的邊防軍事長官，原本設於邊境，由軍鎮演變而

〔註176〕《資治通鑑》，卷216，「玄宗天寶十一載（752）條」，頁6914。
〔註177〕《舊唐書》，卷106，〈楊國忠傳〉，頁3245。
〔註178〕《舊唐書》，卷106，〈楊國忠傳〉，頁3247。
〔註179〕《舊唐書》，卷106，〈李林甫等傳〉末「史臣曰」，頁3255。
〔註180〕《新唐書》，卷50，〈兵志〉，頁1328～1329。

來，「唐代節度體制的出現，係因唐代前期之邊防體系逐漸不能負擔防禦任務後，循著軍鎮制度發展而成。」〔註181〕其主要作用爲防禦外患，並不關涉對內統治，「節度體制之出現，是爲因應新邊防任務之需求，其發軔於景雲年間，大體完成於開元前期，其初始用意在於對外經略，並非對內統治，其所著重爲軍事機能，而與內政無太大干係，僅兼掌其治所本州之地方行政事務。」〔註182〕天寶年間節度使開始兼領採訪處置使，〔註183〕當節度兼領管理州縣的採訪處置使時，一道的地方行政和財富大權逐步集中到節度使手中時，節度使就成了一道或一個大地區的事實上的最高軍政長官。

開元二十一年（733），玄宗在邊境設了十個節度使，安祿山擔任的范陽節度使、平盧軍節度使與河東節度使的兵力分別如下：

> 河東節度使，治太原府，管兵五萬五千人，馬萬四千疋，衣賜歲百二十六萬疋段，軍糧五十萬石。……范陽節度使，臨制奚、契丹，統經略、威武、清夷、靜塞、恆陽、北平、高陽、唐興、橫海等九軍。范陽節度使，理幽州，管兵九萬一千四百人，馬六千五百疋，衣賜八十萬疋段，軍糧五十萬石。……平盧軍節度使，鎮撫室韋、靺鞨，統平盧、盧龍二軍，榆關守捉，安東都護府。平盧軍節度使治，在營州，管兵萬七千五百人，馬五千五百疋。〔註184〕

范陽節度使的職責在防制奚與契丹，玄宗以安祿山爲范陽節度使，「東北二虜，藉其鎮遏。」〔註185〕由於奚與契丹極爲強悍，因而范陽節度使兵力達五萬之上，爲諸鎮之冠。連同平盧與河東兩節度使，安祿山實擁有可觀的兵力，故天寶十四載（755）十一月叛亂時，能「發所部兵及同羅、奚、契丹凡十五萬眾，號二十萬，反於范陽。」〔註186〕

杜佑《通典》卷一四八〈兵典序〉有一段對安史之亂的議論：

> 玄宗御極，承平歲久，天下乂安，財力殷盛。開元二十年以後，邀功之將，務恢封略，以甘上心，將欲蕩滅奚、契丹，剪除蠻、吐蕃，

〔註181〕桂齊遜，〈唐代都督、都護及軍鎮制度與節度體制創建之關係〉，《大陸雜誌》4，1994年，頁17。
〔註182〕桂齊遜，前引文，頁17～18。
〔註183〕《通典》，卷32，〈職官十四·都督〉，頁895。
〔註184〕《舊唐書》，卷38，〈地理志一〉，頁1386～1388。
〔註185〕《資治通鑑》，卷217，「玄宗天寶十四載（755）二月條」，頁6930。
〔註186〕《資治通鑑》，卷217，「玄宗天寶十四載（755）十一月甲子（初九）條」，頁6934。

> 喪師者失萬而言一，勝敵者獲一而言萬。寵錫云極，驕矜遂增，哥
> 舒翰統西方二師，安祿山統東北三師，踐更之卒，俱授官名；郡縣
> 之積，罄爲祿秩。於是驍將銳士，善馬精金，空於京師，萃於二統。
> 邊陲強勢既如此，朝廷勢弱又如彼，奸人乘便，樂禍覬欲，脅之以
> 害，誘之以利，祿山稱兵內侮，未必素蓄凶謀。是故地逼則勢疑，
> 力侔則亂起，事理不得不然也。〔註187〕

哥舒翰所統的「西方二師」，即是隴右、河西，安祿山所統的「東北三師」，
爲范陽、平盧再加上河東，這是當時兩個最強大的軍事集團。安祿山與哥舒
翰向來不合，《舊唐書》卷一〇四〈哥舒翰傳〉：「翰素與祿山、思順不協，上
每和解之爲兄弟。」〔註188〕西方和東北這兩大軍事集團對立得厲害，朝廷已
無法調解。

安祿山起兵范陽後，中原實無可用之兵，僅有哥舒翰的西方二師以及
西北的朔方軍可用來抵禦。但哥舒翰兵敗靈寶，接著是潼關不守，長安
淪陷。

安史之亂歷經八年，肅宗靠朔方軍及回紇兵加以平定。肅宗及繼任的代
宗在內地普設節度使，「大盜既滅，而武夫戰卒以功起行陣，列爲侯王者，皆
除節度使·由是方鎮相望於內地，大者連州十餘，小者猶兼三四。」〔註189〕
唐朝因無法消滅安史餘黨的李懷仙、張忠志與田承嗣等在河北的勢力，只好
任命其爲節度使，田承嗣、李寶臣、李懷仙的轄區魏博、成德、幽州稱爲「河
北三鎮」，《新唐書·藩鎮傳序》：

> 安、史亂天下，至肅宗大難略平，君臣皆幸安，故瓜分河北地，付
> 授叛，護養孽萌，以成禍根。亂人乘之，遂擅署吏，以賦稅自私，
> 不朝獻于廷。效戰國，肱髀相依，以土地傳子孫，脅百姓，加鋸其
> 頸，利怵逆汙，遂其人自視猶羌狄然。一寇死，一賊生，迄唐亡百
> 餘年，卒不爲王土。〔註190〕

天寶十四載（755）的安史之亂不只扭轉了國勢，也改變了唐朝的面貌。安史
之亂後，中央的權威喪失，禦寇平亂皆仰賴藩鎮，吳廷燮曰：「唐自中葉，天

〔註187〕《通典》，卷148，〈兵典序〉，頁3780。
〔註188〕《舊唐書》，卷104，〈哥舒翰傳〉，頁3213。
〔註189〕《新唐書》，卷50，〈兵志〉，頁1329。
〔註190〕《新唐書》，卷210，〈藩鎮傳序〉，頁5921。

下治亂，視方鎮之賢否。」〔註191〕陳寅恪則以爲唐朝已成兩國矣。

　　唐代自安史亂後，名義上雖或保持其一統之外貌，實際上則中央政
　　府與一部分之地方藩鎮，已截然劃爲二不同之區域，非僅政治軍事
　　不能統一，即社會文化亦完全成爲互不關涉之集團，其統治階級氏
　　族之不同類更無待言矣。蓋安史之霸業雖俱失敗，而其部將及所統
　　之民眾依舊保持其勢力，與中央政府相抗，以迄於唐室之滅亡，約
　　經一百五十年之久，雖號稱一朝，實成爲二國。〔註192〕

〔註191〕吳廷燮，《唐方鎮年表》（北京：中華書局，2003 年），〈序錄〉，頁 1466。
〔註192〕陳寅恪，〈唐代政治史述論稿〉，收入《陳寅恪先生論集》，中央研究院歷史語
　　　　言研究所特刊之三（臺北：中央研究院歷史語言研究所，1976 年），頁 120。

第四章 安史亂後河北地區與中央政治關係的疏離與對抗

　　唐朝在唐太宗締造「貞觀之治」後，唐玄宗開創了第二個盛世，史稱「開元之治」。天寶十四載（755）玄宗寵將安祿山起兵范陽，震撼承平已久的大唐帝國。哥舒翰兵敗靈寶，潼關失陷，玄宗倉皇入蜀，肅宗靈武即位，整個國家岌岌可危，倚賴朔方軍與回紇之助才平定亂事。

　　安史之亂後的唐朝，內地藩鎮林立，形成「藩鎮體制」。藩鎮類型不一，諸鎮中以河北三鎮魏博、成德與盧龍最為跋扈，長期割據並與中央對抗，這種情形持續到唐末。而唐廷倚賴東南八道的財賦繼續維持政權，當黃巢之亂破壞東南區域的經濟，又斷絕汴路運河的交通，唐朝壽命宣告結束。

　　本章旨在討論安史亂後河北地區與中央政治關係的演變。安史亂後，原河北道內分河陽、相衛、邢洺、成德、深趙、德棣、義昌、魏博、幽州、平盧、義武等鎮，河北三鎮胡化極深，係屬跋扈割據型藩鎮，天子力不能制，然三鎮與唐廷間的關係似又不如「兩國」般的截然斷絕，互不干涉，故以此三鎮為主要探討對象。

　　本章分為三節，分別是河北藩鎮的形成與性質、河北藩鎮與中央的疏離、河北藩鎮與中央的對抗，其中第三節著重在唐廷對河北三鎮的政策。

第一節　安史亂後河北地區藩鎮的形成與性質

　　安史之亂自玄宗天寶十四載（755）爆發，至代宗寶應二年（763）結束，歷時八年。安史之亂對唐朝的影響如下：（一）政治上：引起藩鎮之割據與宦

官的專權。（二）經濟上：改行兩稅法，農民日益窮困，造成以後的亂源。
（三）文化上：隨藩鎮割據而來的，形成兩個文化區；安史之亂，使唐人夷夏之辨漸嚴。（四）對外關係上：安史之亂後，回紇、吐蕃、南詔乘機侵掠，引起國人痛恨，夷夏觀念增強。經過安史之亂，大唐帝國盛世不再，走向衰弱之途。〔註1〕

　　安史亂世期間，鑒於戰事膠著，肅宗曾詢問李泌平敵之策，李泌對曰：

　　　令李光弼自太原出井陘，郭子儀自馮翊入河東，則思明、忠志不敢離范陽、常山，乾真不敢離長安，是以兩軍繫其四將也，從祿山者，獨承慶耳。願敕子儀勿取華陰，使兩京之道常通，陛下以所徵之兵軍於扶風，與子儀、光弼互出擊之，彼則救首則擊其尾，救尾則擊其首，使賊往來數千里，疲於奔命，我常以逸待勞，賊至則避其鋒，棄則乘其弊，不攻城，不過路。來春復命建寧為范陽節度大使，並塞北出，與光弼南北掎角以取范陽，覆其巢穴。賊退則無所歸，留則不獲安，然後大軍四合而攻之，必成擒矣。〔註2〕

惜肅宗急於收復兩京，只要求速效，未能「圖久安」，不採李泌之策，直接攻取安祿山之巢窟范陽，拖延了戰事。及代宗時為縮短戰爭，採僕固懷恩之議，封安史餘將李懷仙、田承嗣、張忠志、薛嵩等為節度使，伏下日後的亂源。

　　節度使原鎮守邊疆，玄宗天寶元年（742）天下唯十節度使，安史亂起，國內成為戰場，肅宗及代宗在中原內地普設節度使以扼守軍事要衝。「至德之後，中原用兵，刺史皆治軍戎，遂有防禦、團練、制置之名。要衝大郡，皆有節度之額；寇盜稍息，則易以觀察之號。」〔註3〕。據《新唐書・方鎮表》，僅肅宗至德元載（756）即增置了京畿節度使、關內節度使、東畿觀察使、河南節度使、淮南西道節度使、青密節度使、鄆齊兗三州都防禦使、河中防禦守捉蒲關使、澤潞沁節度使、襄陽南陽防禦守捉使、山南西道防禦守捉使、夔州防禦守捉使、淮南節度使及興平節度使等十四鎮，佔全部四十二鎮之三分之一。〔註4〕肅宗採「眾建節度使」之策，分別在關內道、河南道、河東道大量的增置節鎮。其原則如下：

〔註1〕 李樹桐，《隋唐史別裁》（臺北：台灣商務印書館，1995年），頁176。
〔註2〕 《資治通鑑》，卷219，「肅宗至德元載（756）十二月條」，頁7008。
〔註3〕 《舊唐書》，卷38，〈地理志一〉，頁1389。
〔註4〕 《新唐書》，卷64～69，〈方鎮表〉，頁1759～1954。

　　（一）以關中地區為本位，強幹弱枝的原則。除了中央禁衛軍的重建，環長安附近的關內道，更建立起數個小型節鎮，以護衛中央安全。（二）以原有舊地理區之「道」為劃分原則，大量的增設小型節鎮。除將沿邊大型節鎮分割成數個小型節鎮，原未設節鎮的本部，則大量增設小型節鎮，且不斷分割移徙，使後代研究唐藩鎮體制的學者，很難卻說唐各朝藩鎮的數目及領地。（三）以人為思考的原則。也就是原舊節鎮的勢力（特指朔方軍），不讓其擴張至其它道內。河東、關內道例外，因河東道原由安祿山領使，叛亂後舊節鎮官健已全面潰散，故由同樣潰散的河隴軍將入替；關內道原未設節鎮，故由中央信任的將領（大致仍為河隴軍將）入節。依此原則，河南道由原防禦使升格節鎮；河北道似乎也僅能由安史降將出任了。〔註5〕

其目的「以長安為中心，北都（太原）、東都（洛陽）為副中心，擴及外圍諸藩鎮，形成層層的軍事防護網。更於諸道內設置數個小型節鎮，形成彼此牽制，權力均衡的策略。」〔註6〕

　　唐廷的權威在安史之亂已受打擊，藩鎮普設後更加弱化，難制跋扈藩鎮，如《新唐書·兵志》所述：

大盜既滅，而武夫戰卒以功起行陣，列為侯王者，皆除節度使．由是方鎮相望於內地，大者連州十餘，小者猶兼三四。故兵驕則逐帥，帥疆則叛上。或父死子握其兵而不肯代，或取捨由於士卒，往往自擇將吏，號為「留後，以邀命於朝。天子顧力不能制，則忍恥含垢，因而撫之，謂之姑息之政。蓋姑息起於兵驕，兵驕由於方鎮，姑息愈甚，而兵將愈俱驕。由是號令自出，以相侵擊，擄其將帥，并其土地，天子熟識不知所為，反為和解之，末肯聽命。〔註7〕

及府兵之法壞而方鎮盛，武夫悍將雖無事時，據要險，專方面，既有其土地，又有其人民，又有其甲兵，又有其財賦，以布列天下。然則方鎮不得不疆，京師不得不弱。〔註8〕

〔註5〕 林偉州，〈唐河北道藩鎮的設置、叛亂與轉型——以安史之亂為中心（上）〉，《大葉大學通識教育學報》3，2009年，頁50～51。
〔註6〕 同註5。
〔註7〕 《新唐書》，卷50，〈兵志〉，頁1329。
〔註8〕 《新唐書，卷50，〈兵志〉，頁1328。

《新唐書・方鎮表序》亦載

> 方鎮之患，始也，各專其地以自世，既則迫於利害之謀，故其喜則
> 連衡而叛上，怒則以力而相并。及其甚，則起而弱王室。唐自中世
> 以後，收功弭亂，雖常倚鎮兵，而其亡也，亦終以此。〔註9〕

故吳廷燮曰：「唐自中葉，天下治亂，視方鎮之賢否。」〔註10〕及「方鎮之強，
唐室以弱，方鎮之弱，唐室以亡。」〔註11〕

代宗對藩鎮的態度主為姑息與遷就，《舊唐書・陽惠元傳》載：

> 大曆中，兩河平定，事多姑息。李正己有淄、青、齊、海、登、萊、
> 沂、密、德、棣、曹、濮、徐、兗、鄆十五州之地，養兵十萬；李
> 寶臣有恆、易、深、趙、滄、冀、定七州之地，有兵五萬；田承嗣
> 有魏、博、相、衛、洺、貝、澶七州之地，有兵五萬；梁崇義有襄、
> 鄧、均、房、復、郢六州之地，有眾二萬。皆始因叛亂得侯，各擅土
> 宇，雖泛稟朝旨，而威刑爵賞，生殺自專，盤根結固，相為表裏。
>
> 朝廷常示大信，不為拘限，緩之則嫌釁自作，急之則合謀。或聞詔
> 旨將增一城，浚一池，必皆怨怒有辭，則為之罷役，而自於境內治
> 兵繕壘以自固。凡歷三朝，殆二十年，國家不敢興拳石撮土之役。
> 代宗性寬柔無怒，一切從之。〔註12〕

姑息政策下，代宗對藩鎮做了一些限制，如限制藩鎮兵力、罷諸州團練與守
捉使、勒令藩帥不得署攝屬州刺史等。綜而論之，代宗初年，迫於形勢，唐
朝廷不得不對藩鎮的跋扈割據行為採取了姑息、遷就的態度，但隨著邊疆形
勢的趨於緩和，唐朝國力的逐漸恢復，朝廷的對藩政策也發生了很大的變化，
即由過去的姑息、遷就為主改變為限制、打擊為主。代宗後期的削藩政策由
德宗續之，並未成功，直至憲宗時才有所成就。〔註13〕

「唐代藩鎮局面的形成是安史之亂及其平定前後各種複雜的政治、軍事
形勢和矛盾相互作用的結果。」〔註14〕肅代兩朝對藩鎮的姑息，「其目的仍在

〔註 9〕《新唐書》，卷 64〈方鎮表序〉，頁 1759。
〔註 10〕（清）吳廷燮，《唐方鎮年表》（北京：中華書局，2003 年），〈序錄〉，頁 1466。
〔註 11〕（清）吳廷燮，前引書，頁 1。
〔註 12〕《舊唐書》，卷 144，〈陽惠元傳〉，頁 3915。
〔註 13〕樊文禮，〈安史之亂以後的藩鎮形勢和唐代宗朝的藩鎮政策〉，《煙台師范學院
學報・哲社版》〉4，1995 年，頁 43～45。
〔註 14〕張國剛，《唐代藩鎮研究》（長沙：湖南教育出版社，1987 年），頁 22～24。

安定混亂之政治局面，欲將反叛勢力轉變爲羣衛力量。」〔註 15〕然司馬光對
肅、代作爲不以爲然，且將兩百年間禍亂繼起，兵革不息，民墜塗炭等歸因
於此：

> 肅宗遭唐中衰，幸而復國，是宜正上下之禮以綱紀四方；而偷取一
> 時之安，不思永久之患。彼命將帥，統藩維，國之大事也，乃委一
> 介之使，徇行伍之情，無問賢不肖，爲其所欲者則授之。自是以後，
> 積習爲常，君臣循守，以爲得策，謂之姑息。乃至偏禆士卒，殺逐
> 主帥，亦不治其罪，因以其位任授之。然則爵祿、廢置、殺生、予
> 奪，皆不出於上而出於下，亂之生也，庸有極乎！

> 且夫有國家者，賞善而誅惡，故爲善者勸，爲惡者懲。彼爲人下而
> 殺逐其上，惡孰大焉！乃使之擁旄秉鉞，師長一方，是賞之也。賞
> 以勸惡，惡其何所不至乎！……爲天下之政而專事姑息，其憂患可
> 勝校乎！由是爲下者常眈眈焉伺其上，苟得間則攻而族之，爲上者
> 常惴惴焉畏其下，苟得間則掩而屠之；爭務先發以逞其志，非有相
> 保養爲俱利久存之計也。如是而求天下之安，其可得乎！迹其屬階，
> 肇於此矣。〔註 16〕

安史亂後，直到黃巢起事之前，唐代藩鎮大約穩定在四五十個。唐朝藩鎮之
類型，各家說法不一，王壽南將藩鎮分爲跋扈型、叛逆型與恭順型，且藩鎮
對中央之態度，有時會隨地域隨時間而有不同；〔註 17〕張國剛分藩鎮爲割據
型、防遏型、禦邊型及財源型。〔註 18〕王援朝則將藩鎮歸爲長期割據型、一
度割據型、京東防內型、西北防邊型、南方財源型〔註 19〕無論是何種分法，
河北三鎮均歸跋扈、割據類，三鎮「交相婚媾，互爲唇齒；嗣息爲副貳，奴
隸爲牧令；不輸租庸，不請官吏，自比古諸侯。」〔註 20〕長期與中央對抗，
成爲唐廷心腹大患，唐廷卻又無可如何。

河北藩鎮的重建固與僕固懷恩有關，也是當時情勢所致。《新唐書・藩鎮

〔註 15〕 王壽南，《唐代藩鎮與中央關係之研究》（臺北：大化書局，1978 年），頁 14。
〔註 16〕 《資治通鑑》，卷 219，「肅宗乾元元年十二月條臣光曰」，頁 7065。
〔註 17〕 王壽南，前引書，頁 42～44。
〔註 18〕 張國剛，《唐代藩鎮研究》（長沙：湖南教育出版社，1987 年），頁 22～24。
〔註 19〕 王援朝，〈唐代藩鎮分類芻議〉，收入史念海主編，《唐史論叢》第五輯（西安：
三秦出版社，1990 年），頁 106～111。
〔註 20〕 （清）吳廷燮，《唐方鎮年表・敘論》，頁 1467。

傳序》：「安、史亂天下，至肅宗大難略平，君臣皆幸安，故瓜分河北地，付授叛將，護養孽萌，以成禍根。」〔註21〕「朝廷以二賊繼亂，州縣殘析，數大赦，凡為賊詿誤，一切不問。當是時，懷恩功高，亦恐賊平則任不重，因建白承嗣等分帥河北，賜鐵券，誓不死。」〔註22〕因安史之亂的平定，河北地區的收復，乃是由於安史部將之歸降，加上回紇兵在中國橫行騷擾，唐廷窮於應付，本身「亦厭苦兵革，苟冀無事。」〔註23〕因而代宗接受了僕固懷恩的建議，任命安史降將為節度使並瓜分河北地。《新唐書·僕固懷恩傳》：「懷恩自見功高，且賊平則勢輕，不能固寵，乃悉請裂河北分大鎮以授之，潛結其心以為助，嵩等卒據以為患云」〔註24〕。

從田承嗣等人的傳中也可見到朝廷容許安史舊將擔任河北地區節度使的原因，《舊唐書·田承嗣傳》云：

> 代宗遣朔方節度使僕固懷恩引迴紇軍討平河朔。帝以二兇繼亂，郡邑傷殘，務在禁暴戢兵，屢行赦宥，凡為安、史詿誤者，一切不問。時懷恩陰圖不軌，慮賊平寵衰，欲留賊將為援，乃奏承嗣及李懷仙、張忠志、薛嵩等四人分帥河北諸郡。〔註25〕

《舊唐書·李懷仙傳》載：

> 寶應元年，元帥雍王統迴紇諸兵收復東都，朝義渡河北走，乃令副元帥僕固懷恩率兵追之。時羣凶瓦解，國威方振，賊黨聞懷恩至，望風納款。朝義以餘孽數千奔范陽，懷仙誘而擒之，斬首來獻。屬懷恩私欲樹黨以固兵權，乃保薦懷仙可用；代宗復授幽州大都督府長史、檢校侍中、幽州盧龍等軍節度使，與賊將薛嵩、田承嗣、張忠志等分河朔而帥之。〔註26〕

《舊唐書·薛嵩傳》載：

> 廣德元年，東都平，時皇太子為天下兵馬元帥，遣僕固懷恩東收河朔。嵩為賊守相州，聞賊朝義兵潰，王師至，嵩惶惑迎拜于懷恩馬

〔註21〕《新唐書》，卷210，〈藩鎮傳總序〉，頁5921。
〔註22〕《新唐書》，卷210，〈藩鎮傳總序〉，頁5924。
〔註23〕《資治通鑑》，卷222〈唐紀〉三十八，「代宗廣德元年（763）閏月條」，頁7141。
〔註24〕《新唐書》，卷224上〈叛臣上·僕固懷恩傳〉，頁6369。
〔註25〕《舊唐書》，卷141，〈田承嗣傳〉，頁3837。
〔註26〕《舊唐書》，卷143，〈李懷仙傳〉，頁3895。

前，懷恩釋之，令守舊職，時懷恩二心已萌。懷恩平河朔旋，乃奏
嵩及田承嗣、張忠志、李懷仙分理河北道；詔遂以嵩爲相州刺史，
充相、衛、洺、邢等州節度觀察使，承嗣鎭魏州，忠志鎭恆州，懷
仙鎭幽州，各據數州之地。時多事之後，姑欲安人，遂以重寄委
嵩。〔註27〕

以史朝義下降將李寶臣爲檢校禮部尚書、兼御史大夫、恆州刺史、
清河郡王，充成德軍節度使；薛嵩爲檢校刑部尚書、相州刺史、相
衛等州節度使；李懷仙檢校兵部尚書、兼侍中、武威郡王、幽州節
度使；田承嗣檢校戶部尚書、魏州刺史、鴈門郡王、魏博等州防禦
使。〔註28〕

《資治通鑑》講得比較詳細，列出了節度使所領各州，「以史朝義降將薛嵩爲
相、衛、邢、洺、貝、磁六州節度使，田承嗣爲魏、博、德、滄、瀛五州都
防禦使，李懷仙仍故地爲幽州、盧龍節度使。」〔註29〕

范祖禹評此事：「僕固懷恩既平河北而除惡不絕，其本復畱賊以邀後功，
亦由任蕃夷爲制將故也。唐失河北，實自此始。使郭李爲將，其肯遺國患乎？」
〔註30〕，胡三省亦曰：「河北藩鎭，自此強傲不可制矣。」〔註31〕。

安史餘黨田承嗣等得以出任河北節度使，後人均歸於僕固懷恩之私心，
是一種養癰遺患的失策，實則這是當時河北叛黨勢力尚強大下不得不採用的
政策，捨此之外已無更妥善的辦法；唐廷亦欲藉允許安史餘黨瓜分割據河北
地區，使河北的割據勢力處於羣龍無首的局面，不讓再出個安、史之類的領
袖用全河北的力量來公開反對中央，僕固懷恩只是這個策略的執行者而已。
〔註32〕當然，日後歷史的發展坐實了當初的疑慮，肅代兩帝的策略成就了田
承嗣等的跋扈與割據，河北三鎭「遂擅署吏，以賦稅自私，不朝獻于廷。效

〔註27〕《舊唐書》，卷124，〈薛嵩傳〉，頁3525。
〔註28〕《舊唐書》，卷11，〈代宗紀〉，「寶應二年（763）閏月戊申（初四）條」，頁271。
〔註29〕《資治通鑑》，卷222，〈唐紀〉三十八，「代宗廣德元年（763）閏月癸亥（十九）條」，頁7141。
〔註30〕（宋）范祖禹，《唐鑑》，卷12，〈代宗〉，頁328。
〔註31〕《資治通鑑》，卷222，〈唐紀〉三十八，「代宗廣德元年（763）閏月條」，頁7141。
〔註32〕黃永年，〈論安史之亂的平定和河北藩鎭的重建〉，收入《唐代史事考釋》（臺北：聯經出版公司，1998年），頁222～223。

戰國，肱髀相依，以土地傳子孫，脅百姓，加鋸其頸，利忧逆汙，遂其人自視猶羌狄然。一寇死，一賊生，迄唐亡百餘年，卒不爲王土。」〔註33〕

第二節　安史亂後河北地區藩鎮與唐中央的疏離

前節述及安史亂後，代宗接受僕固懷恩之議，讓薛嵩、田承嗣、張忠志、李懷仙等安史餘黨擔任河北地區的節度使，而薛嵩等人確因皇帝的重用而不懷貳心，爲國效力？抑或是跋扈割據，視朝廷於無物？

《舊唐書‧田承嗣傳》載：

> 田承嗣，平州人，世事盧龍軍爲裨校。……承嗣不習教義，沉猜好勇，雖外受朝旨，而陰圖自故，重加稅率，修繕兵甲，計戶口之眾寡，而老弱事耕稼，丁壯從征役，故數年之間，其眾十萬。乃選其魁偉強力者萬人以自衛，謂之衙兵。郡邑官吏，皆自署置，戶版不籍於天府，稅賦不入於朝廷，雖曰藩臣，實無臣節。代宗以黎元久罹寇虐，姑務優容，累加檢校尚書僕射、太尉、同中書門下平章事，封鴈門郡王，賜實封戶千户。及升魏州爲大都督府，以承嗣爲長史，仍以其子華尚永樂公主，冀以結固其心，庶其悛革；而生於朔野，志性兇逆，每王人慰安，言詞不遜。〔註34〕

《舊唐書‧李寶臣傳》：

> 李寶臣，范陽城旁奚族也。……河朔平定，忠志與李懷仙、薛嵩、田承嗣各舉其地歸國，皆賜鐵券，誓以不死。……時寶臣有恆、定、易、趙、深、冀六州之地，後又得滄州步卒五萬，馬五千匹，當時勇冠河朔諸帥。寶臣以七州自給，軍用殷積，招集亡命之徒，繕閱兵仗，與薛嵩、田承嗣、李正己、梁崇義等連結姻婭，互爲表裏，意在以土地傳子孫，不秉朝旨，自補官吏，不輸王賦。〔註35〕

《舊唐書‧李懷仙傳》：

> 李懷仙，柳城胡人也。……屬懷恩私欲樹黨以固兵權，乃保薦懷仙可用；代宗復授幽州大都督府長史、檢校侍中、幽州盧龍等軍節度使，與賊將薛嵩、田承嗣、張忠志等分河朔而帥之。繼而懷恩叛逆，

〔註33〕《新唐書》，卷210，〈藩鎮傳序〉，頁5921。
〔註34〕《舊唐書》，卷141，〈田承嗣傳〉，頁3838。
〔註35〕《舊唐書》，卷142，〈李寶臣傳〉，頁3866。

西蕃入寇，朝廷多故，懷仙等四將各招合遺孽，治兵繕邑，部下各
數萬勁兵，文武將吏，擅自署置，貢賦不入於朝廷，雖稱藩臣，實
非王臣也。朝廷初集，姑務懷安，以是不能制。〔註36〕

上引田承嗣、李寶臣及李懷仙等傳可以看到，他們被授予河北地區節度使之
職後，雖朝廷極力攏絡，他們卻是「治城邑、擁勁兵、擅署吏、不輸賦稅、
不著版籍」，儼然獨立於唐朝，「朝廷方面因大亂之後，力求安定，遂特別優
容，而藩鎮們一則蠻橫成性，二則看破朝廷弱點，愈益跋扈。」〔註37〕朝廷
姑息之外，似無他法。

河北藩鎮與唐廷關係的疏離，或可從幾個方面觀察其原因所在。《舊唐
書·德宗本紀》載：

（建中二年）（781）三月庚申（初一）朔，築汴州城。初大曆中，
李正己有淄、青、齊、海、登、萊、沂、密、德、棣、曹、濮、徐、
兗、鄆十五州之地。李寶臣有恆、定、易、趙、深、冀、滄七州之
地。田承嗣有魏、博、相、衛、洺、貝、澶七州之地。梁重義有襄、
鄧、均、房、復、郢六州之地。各據兵數萬。始因叛亂得位，雖朝
廷寵待加恩，心猶疑貳，皆連衡盤結以自固。朝廷增一城，浚一池
便飛語有辭，而諸盜完城繕甲，略無寧日。〔註38〕

河北諸鎮趁朝廷多事而得利，唯恐地位不穩，於是擁兵固城，彼此勾結以抗
中央，心理上的疑懼是其與唐廷疏離原因之一；其次，必須從民族與文化方
面切入了解原因所在。

考田、張與李三人之籍貫，田承嗣係平州盧龍人，張忠志（李寶臣）（幽
州）范陽奚族，李懷仙（營州）柳城胡人，都是原河北道北部邊州人士。河
北道各地風俗不一，如表 4-1 河北道各州風俗表。幽州風俗「敢于赴人之急
難，有燕丹之遺風。」平州、涿州、營州與幽州同。薛嵩「絳州萬泉人，祖，
仁貴，高宗朝名將，……父楚玉，為范陽、平盧節度使。……有膂力，善騎
射，不知書。」〔註39〕雖為漢人，久居河朔，漸染胡化，無異於胡人。四人
驍勇善戰，田，薛均為漢人，但田承嗣「不習教義」，薛嵩「不知書」，形同

〔註36〕《舊唐書》，卷143，〈李懷仙傳〉，頁3895～3896。
〔註37〕李樹桐，〈元和中興之研究〉，收入《唐史索隱》（臺北：台灣商務印書館，1988
年），頁145。
〔註38〕《舊唐書》，卷12，〈德宗本紀上〉，頁328。
〔註39〕《舊唐書》，卷124，〈薛嵩傳〉，頁3525。

蕃將，此點與河北地區的胡化有關。陳寅恪謂：

> 玄宗後半期以蕃將代府兵，爲其武力之中堅，而安史以蕃將之資格，根據河北之地，施行胡化政策。恢復軍隊部落制，即「外宅男」或義兒制。故唐代藩鎮如薛嵩、田承嗣之徒，雖是漢人，實同蕃將。其軍隊不論是何種族，實亦同胡人部落也。〔註40〕

表 4-1　河北道各州風俗表

州名	風　俗	資料來源	備註
孟州河陽郡	1.風俗與周地略同：巧僞趨利，貴財賤義，高富下貧，憙爲商賈，不好仕宦。 2.恃勢與險，崇侈貪冒。	1.《漢書》卷二八上〈地理志八上〉 2.《漢書》卷二八下〈地理志八下〉 3.《太平寰宇記》卷五二〈河北道一〉	
懷州河內郡	1.巧僞趨利，貴財賤義 2.高富下貧，憙爲商賈，不好仕宦。 3.恃勢與險，崇侈貪冒。 4.好氣任俠。	1.《漢書》卷二八上〈地理志八上〉 2.3.《漢書》卷二八下〈地理志八下〉 4.《太平寰宇記》卷五三〈河北道二〉	
魏州魏郡	1.魏地狹隘，其人機巧。 2.微重而矜節 3.邯鄲土廣俗雜，大率精急，高氣勢。	1.《毛詩正義》卷五 2.《史記》卷一二九〈貨殖列傳〉 3.《漢書》卷二八上〈地理志八上〉 4.《太平寰宇記》卷五四〈河北道三〉	
博州博平郡	同魏州	《漢書》卷二八上〈地理志八上〉 《太平寰宇記》卷五四〈河北道三〉	
相州鄴郡	自北齊之滅，衣冠士人多遷關內，惟伎巧商販及樂戶，以實郡郭，由是人情險詖，至今好爲訴訟。	《太平寰宇記》卷五五〈河北道四〉	
衛州汲郡	朝歌，紂都，其俗歌謠，男女淫縱，猶有紂之遺風存焉。	《太平寰宇記》卷五六〈河北道五〉	
洺州廣平郡	燕趙邯鄲風俗，丈夫悲歌慷慨，多弄物，爲倡優，女子多彈弦跕躧。	《漢書》卷二八上〈地理志八上〉 《太平寰宇記》卷五八〈河北道七〉	
澶州	衛多君子	《左傳・襄公二十九年》 《太平寰宇記》卷五七〈河北道六〉	
磁州滏陽郡	同洺州	《太平寰宇記》卷五六〈河北道五〉	

〔註40〕陳寅恪，〈論唐代之蕃將與府兵〉，收入《金明叢館初編》（臺北：里仁書局，1981年），頁276。

貝州 清河郡	同魏州	《太平寰宇記》卷五八〈河北道七〉	
趙州 趙郡	女子盛飾冶容，習絲竹長袖，傾絕諸侯。	《太平寰宇記》卷六十〈河北道九〉	
祁州	燕趙之人，敢于急難是也。冀部天下上國，聖賢之淵澤，其人剛狠無賓序之禮，丈夫相聚游戲，悲歌慷慨，起則椎剽掘冢，作姦巧，多弄物，爲倡優。女子彈弦跕躧，游媚富貴。 山東之人，性緩尙儒，仗氣任俠。	《太平寰宇記》卷六十〈河北道九〉	
鎮州 常山郡	燕趙之人，敢于急難是也。冀部天下上國，聖賢之淵澤，其人剛狠無賓序之禮，丈夫相聚游戲，悲歌慷慨，起則椎剽掘冢，作姦巧，多弄物，爲倡優。女子彈弦跕躧，游媚富貴。	《太平寰宇記》卷六一〈河北道十〉	
	山東之人，性緩尙儒，仗氣任俠。	《通典》卷一七九〈州郡九〉	
	邯鄲北通燕、涿，土廣俗雜，大率精急，高氣勢，輕爲姦。嫁娶送死奢靡，不事農商，患其剽悍，故冀州之部，盜賊常爲他郡劇。	《漢書》卷二十八下〈地理志八下〉 《太平寰宇記》卷六一〈河北道十〉	
	仕宦不偶值冀部，言人剽悍。	《太平寰宇記》卷六一〈河北道十·鎮州〉	
定州 博陵郡	同鎮州 燕趙之人，敢于急難是也。冀部天下上國，聖賢之淵澤，其人剛狠無賓序之禮，丈夫相聚游戲，悲歌慷慨，起則椎剽掘冢，作姦巧，多弄物，爲倡優。女子彈弦跕躧，游媚富貴。 山東之人，性緩尙儒，仗氣任俠。	《太平寰宇記》卷六二〈河北道十一〉	
邢州 鉅鹿郡	同趙、定州。	《太平寰宇記》卷五九〈河北道八〉	
冀州 信都郡	黃帝以前，未可備聞，唐虞以來，冀州乃聖賢之泉藪，帝王之舊地。	《太平寰宇記》卷六三〈河北道十二〉	
	前有唐虞之化，後有孔聖之風。	《太平寰宇記》卷六三〈河北道十二〉	
	「冀州之地，蓋古京也，人患剽悍，故語曰『仕宦不偶值冀部』其人剛狠，淺于恩義，無賓序之禮，懷居慳嗇。古語云『幽、冀之人鈍如椎』，亦履山之險，爲逋逃之藪。」	《太平寰宇記》卷六三〈河北道十二〉	
	冀州北部以八月朝作飲食爲，臘祭也。	《太平御覽》卷三十三〈時序部十八〉	

	山東之人，性緩尙儒，仗氣任俠。	《通典》卷一七九〈州郡九〉	
深州 饒陽郡	同冀州	《太平寰宇記》卷六三〈河北道十二〉	
德州 平原郡	同冀州	《太平寰宇記》卷六四〈河北道十三〉	
瀛州 河間郡	同冀州	《太平寰宇記》卷六六〈河北道十五〉	
滄州 景城郡	滄州，古河北之地，屬趙分居多。云：「渤海，趙之分野。趙地博人眾，丈夫相聚遊戲，悲歌慷慨，起則椎剽掘冢，作姦巧，多弄物，爲倡優。」	《太平寰宇記》卷六五〈河北道十四〉	
棣州 樂安郡	同滄州	《太平寰宇記》卷六四〈河北道十三〉	
	渤海風俗鷙戾，高尙氣力，輕爲奸兇。	《太平寰宇記》卷六五〈河北道十四〉	
幽州 范陽郡	箕星散爲幽州，分爲燕國。其氣躁急，南通齊、趙、渤、碣之間一都會也。	《太平寰宇記》卷六九〈河北道十八〉	
	愚悍少慮，輕薄無威儀，亦有所長，敢于赴人之急難，此燕丹之遺風。	《太平寰宇記》卷六九〈河北道十八〉	
	其氣內盛，燕俗貪，得陰性也。	《太平寰宇記》卷六九〈河北道十八〉	
	燕太子丹愛賓客，養勇士，不愛後宮美人，化爲風俗。賓客相過，以婦侍宿。	《太平寰宇記》卷六九〈河北道十八〉	
	幽冀之人鈍如錐。	《太平寰宇記》卷六九〈河北道十八〉	
莫州 文安郡	同幽州	《太平寰宇記》卷六六〈河北道十五〉	
易州 上谷郡	同幽州	《太平寰宇記》卷六七〈河北道十六〉	
涿州 涿郡	同幽州	《太平寰宇記》卷七十〈河北道十九〉	
薊州 漁陽郡		《太平寰宇記》卷七十〈河北道十九〉	
平州 北平郡	同幽州	《太平寰宇記》卷七十〈河北道十九〉	
嬀州 嬀川郡	同幽州	《太平寰宇記》卷七一〈河北道二十〉	
營州 柳城郡	同幽州	《太平寰宇記》卷七一〈河北道二十〉	

檀州 密雲郡	同幽州	《太平寰宇記》卷七一〈河北道二十〉	羈縻州
燕州 歸德郡	箕、尾為燕，陰氣生，俗貪利，地宜粟。	《太平寰宇記》卷七一〈河北道二十〉	羈縻州
威州			羈縻州
慎州			羈縻州
思順州			羈縻州
歸順州			羈縻州
玄州			羈縻州
崇州			羈縻州
夷賓州			羈縻州
師州			羈縻州
鮮州			羈縻州
帶州			羈縻州
黎州			羈縻州
沃州			羈縻州
昌州			羈縻州
歸義州			羈縻州
瑞州			羈縻州
信州			羈縻州
青山州			羈縻州
凜州			羈縻州

陳寅恪從文化與民族的觀點出發，將安史之亂後的唐朝分為兩個區域：

> 唐代中國疆土之內自安史亂後，除擁護李氏皇室之區域，即以東南
> 財富及漢化文化維持長安為中心之集團外，當別有一河北藩鎮獨立
> 之團體，其政治軍事財政等與長安中央政府實際上固無隸屬之關
> 係，其民間社會亦未深受漢族文化之影響，即不以長安洛陽之周孔
> 名教及科舉仕進為其安身立命之歸宿。〔註41〕

〔註41〕 陳寅恪，〈唐代政治史述論稿〉，收入《陳寅恪先生論集》（臺北：中央研究院
歷史語言研究所，1971 年），頁 124。

自東漢以至隋朝，河朔之地仍是文化甚高區域，漢化未見衰退，然自玄宗朝開始胡化，其原因與東突厥有關。

> 東突厥復興後之帝國其勢力實遠及中亞，此時必有中亞胡族向東北遷徙者，史言「默啜既老，部落漸多逃散。」然則中國河朔之地不獨當東突厥復興盛強之時遭其侵軼蹂躪，即在其殘敗衰微之後，亦仍吸收其逃亡離散之諸胡部落，故民族受其影響，風俗為之轉變，遂與往日之河朔迥然不同，而成為一混雜之胡化區域矣。〔註42〕

陳氏並舉〈故范陽盧秀才墓誌〉為例，據以推論「尚攻戰而不崇文教」、「漸染胡化深而漢化淺」已是河北社會的常態：「秀才盧生名需，字子中，自天寶後三代或仕燕，或仕趙，兩地皆多銀田畜馬。生年二十，未知古有人曰周公孔夫子者，擊毬飲酒，馬射走兔，語言習尚無非攻守戰鬬之事。」〔註43〕《新唐書‧史孝章傳》亦載史孝章諫其父史憲誠之言曰「天下指河朔若夷狄然」。〔註44〕

河北地區的胡化略分為孕育期、發展期及興盛期三個階段：

> 胡化的孕育期就是指隋代末亂之季少數民族乘機進入中原，此舉為河北地區的胡化注入了因子，是胡化的開端時期。發展期指從唐初至開元年間漫長的歷史時期，伴隨著唐王朝內部突厥的衰亡與復興而引起的大量的胡人進入河北地區，不斷擴充了胡族的隊伍，為安史之亂做好了民眾基礎；而胡化的興盛期則是指唐天寶年間開始的安史之亂及由此引起藩鎮割據的後唐時期，藩鎮割據是胡化的興盛期，也是胡化的結果。〔註45〕

陳寅恪提出的「胡化說」，解釋了安史亂後河北藩鎮與中央間所以疏離的因素，對後來的研究有廣大的影響。不過，原河北道因地理形勢可分為南北二區，南部諸州物產豐饒，人口眾多，為國家倉廩所在。北部沿邊諸州，人口稀少，民族複雜，乃邊防重鎮。各州風貌不同，民情不一，如表4-1。因此河北胡化說是否足以來解釋河北藩鎮對中央關係的疏離，猶有討論的空間。

陳氏所提出的高麗、東突厥、回紇、奚、契丹，甚至遠離河朔地區的中

〔註42〕 同註41，頁139。

〔註43〕 （宋）李昉等編，杜牧〈范陽盧秀才墓誌〉，重編《文苑英華》下（臺北：大化書局，1985年），頁2301。

〔註44〕 《新唐書》，卷148，〈史孝章傳〉，頁4790。

〔註45〕 李治濤，〈試析唐代河北地區的胡化〉，《黑龍江史志》24，2008年，頁15。

亞胡人不斷遷居河朔一帶。他們「尚攻戰而不崇文教」的風俗習尚，使那些家世或本身曾留居河朔的漢人深受影響，從而出現了河朔社會的胡化的說法，方積六持反對的意見，堅持河北仍爲漢文化地域，認爲唐廷與河北三鎮的疏離不在於漢化與胡化之爭，癥結還是統一與割據的鬥爭。

> 河朔三鎮反抗唐中央，內部軍將爭奪統治權力，抗擊北方各族，都
> 是以唐朝地方政權統治者面目出現的。他們作爲唐王朝的臣僚，實
> 行唐朝統一的軍事、經濟、政治制度，又要求在唐中央名義下佔據
> 割據，並世世代代傳及子孫。唐朝廷與河朔軍將的鬥爭，屬於唐朝
> 統治集團內部統一與割據的鬥爭，不具有漢民族與北方少數民族或
> 漢化與胡化與胡化相互對抗的性質。〔註46〕

盧建榮支持方積六的看法，即「河北所行文化基本上與唐帝國所控有的中原地區文化並無不同。」但盧氏進一步指出：

> 唐河雙方在官方倡導的、或菁英的主流文化品味上，並無不同，惟
> 在程度高下有別罷了。這是支持方說之處。但我認爲，河北階級上、
> 或地域上，與中原地區的文化類型上有著雅俗文化的分野。陳氏將
> 此分野遂稱作胡漢文化界線所在。這是不明白帝國廣大幅員之內本
> 就存在文化的的歧異性和混雜性。〔註47〕

盧氏將唐河之間定位爲一種恩庇——扈從的關係，唐河之間中央與地方的衝突是同一文化體系內部的內鬥性質，而不是陳寅恪所謂的漢人文化和胡人文化的對立是李唐中央和河北對立的本質。文化意義的主從關係則是支持河北集團從事政治抗爭行動的重要憑藉。〔註48〕

　　毛漢光的看法是，安史亂後河北地區並非全然胡化，「胡化」不是雙方疏離的理由。唐廷難以收復河北的原因，除了君臣對河北無知外，主要還是在於在河北地區失去了地方基礎。毛漢光云：

> 在安史亂後的河北地區，鎮州暨滹沱河是很重要的社會暨文化線。
> 在此以北，即河北之北部，其人武質極濃，儒學甚淡；在此以南，

〔註46〕 方積六，〈唐代河朔三鎮「胡化」說辨析〉，收入《紀念陳寅恪教授國際學術討論會文集》（廣州：中山大學出版社，1989 年），頁 449～450。

〔註47〕 盧建榮，〈唐後期河北特區化過程中的抗爭文化邏輯——兼論唐廷與河北爲庇從主義關係說〉，收入《中華民國史專題論文集第五屆論文研討會》第一冊（新店：國史館，2000），頁 400。

〔註48〕 盧建榮，前引文，頁 410～411。

其文化水準及文風以兩京即江東士人看來頗為低下，但仍有若干士人在各地教學或任職州郡。以社會勢力而言，河北中部與南部似乎尚有差別，許多河北中部漢士族南遷至河北南部及青齊一帶，鄴與青齊是一條重要界線。由於士族中央化已十餘代之久，各族精英份子長期任職並設籍於兩京，又自安史之亂以後，成德、魏博、幽州三鎮藩帥多為外族或本地人。河北地區之文化水準甚受影響，再加上在原籍之族人漸次南移，其在河北地區之社會勢力更形分散，安史亂後的河北諸藩鎮之職業軍人，遂填補了這個地區社會勢力的空檔。〔註49〕

顧乃武、尤娜研究河北地區的墓葬，反駁了陳氏的「胡化說」：

河北胡化說以尚攻戰不崇文教為胡化的基本標準。若以軍人階層的職業素養言節度使尚武胡化，移俠之疏於禮法的性格行為為胡化，只取尚武而棄尚儒談節度使的胡化，必然導致河北胡化的結論。這恰是河北胡化假說的一大疏漏。〔註50〕

其研究的結論為：

從河北三鎮儒家文化在唐代河北社會基礎及其統治階級意識形態、三鎮制度建置中的主導特點看，儒家文化應是河北三鎮進而是整個河北地區的主流文化。這就決定了河北社會尚儒漢化的基本社會文化特徵。然而，唐代藩鎮割據時期的河北地區是有大量的內徙胡族存在的，河北地區並非沒有一定程度的胡化、甚至存在胡化擴大的趨勢的可能性與現實性。唐代社會本身就是一個儒家文化佔主體地位、包括一定的胡族文化的多元文化社會，這一時期的河北也應是一個漢文化佔主流地位、包括一定的胡族文化在內的多元文化區，胡化則是河北地區主流文化制約下的一種非主流文化。〔註51〕

李愷彥針對安史亂後地河北地域文化進行研究，發現河北地區漢胡文化並存而各鎮情形不一：

唐後期河北地區的文化有兩個特點：一、河北藩鎮內既存在胡化的

〔註49〕 毛漢光，〈論安史亂後河北地區之社會與文化—舉在籍大士族為例〉，收入《晚唐的社會與文化》（臺北：臺灣學生書局印行，1990年），頁109～110。

〔註50〕 顧乃武、尤娜，〈唐代藩鎮割據時期的河北社會文化屬性再探〉，《河北大學成人教育學院學報》4，2009年，頁80。

〔註51〕 同註50，頁80～81。

情況，也存在漢化的情況：二、從胡漢人口在各鎮的分布來看，幽州之胡化程度高於成德、魏博兩鎮，漢化則相反，成德、魏博兩鎮高於幽州鎮。從唐後期河北地區的胡漢交融來看，成德、魏博等鎮主要是以內部少量之胡化人口與大量漢化人口的互動為主，幽州鎮繼續保持了內部大量胡化人口，而且與東北蕃族的交流繼續保持。〔註52〕

同時，藩鎮內部的胡化與漢化，左右著河北藩鎮與中央的關係：

胡化是藩鎮與中央的對抗的原因之一，但當中央朝廷承認蕃州體制的時候，胡化的河北藩鎮安於自身的地位而不再有其他的政治野心，能夠與中央相安無事，而且以唐朝臣民自居。……漢化在河朔地域的存在也起到了緩和甚至制止藩鎮與中央對抗和衝突的作用，同時也起著穩定藩鎮內部政治的作用。

胡化漢化的地區差異性，使安史之亂中南下到成德、魏博地域的胡化人口在經過長期的與原來居於本地的大量漢人的文化交融後，在唐末又走向了漢化，這種漢化表現在藩鎮政治當中就是成德、魏博兩鎮在唐末獨立性的消失，並重歸中央王朝。而在河北北部的幽州鎮，在唐後期一直保持了胡化的方向，並在政治上表現出藩鎮獨立性的保持。〔註53〕

小結：安史亂後，因僕固懷恩的建議與考量當時的情勢，原安史餘部的薛嵩、田承嗣、張忠志、李懷仙等在河北重建藩鎮，然薛嵩等人建鎮之後，不思朝廷之恩，戮力報國，反而「治城邑、擁勁兵、擅署吏、不輸賦稅、不著版籍」，儼然獨立於唐朝，朝廷大難之後，唯姑息遷就而已。

河北藩鎮與唐廷之間堪稱疏離，在諸藩鎮中類歸割據跋扈者。其與唐廷的疏離，心理上的疑懼外，文化與民族亦是因素之一。陳寅恪以「胡化說」區隔唐帝國為兩互不隸屬且性質的區域，解釋了雙方疏離的現象，影響深遠。近年來學者如毛漢光、方積六、盧建榮、顧乃武、尤娜與李愷彥等，或研究在籍河北士族，或利用墓誌，紛紛提出不同於陳寅恪的觀點，推翻陳氏河北全然胡化的論述，代之以安史亂後河北地區仍是胡化漢化並存的新見解。漢

〔註52〕李愷彥，《安史之亂後河北地域文化與藩鎮政治》，中央民族大學碩士論文未刊稿，2006年，頁44。

〔註53〕李愷彥，前引文，頁44。

人文化和胡人文化的對立是李唐中央和河北的對立的本質的主張，如盧建榮便改以恩庇——扈從來定位唐河北間的關係，唐河之間中央與地方的衝突不過是同一文化體系內部的內鬥而已。筆者認爲文化因素在唐廷與河北關係上確實不可忽視，也是造成雙方疏離的重要原因，但是，河北三鎮固然胡化極深，但漢人文化依然存在，胡化的節度使是否能以政治力掌控鎮內文化的內涵，殊値懷疑？且各鎮情形不同，不能一概而論。其次，鎮內與鎮外並非全然不相往來的兩個區域，依然有著文化的交流，如士子到河北鎮擔任幕職，自然帶給當地文化的衝擊，促成了文化的交流，成就與否就另當別論。因此，但陳寅恪「胡化說」已不盡然適用於解釋兩者間的關係。

第三節　安史亂後河北地區藩鎮與唐中央的對抗

　　本節的內容在討論安史亂後河北三鎮與唐中央的對抗，重心放在朝廷對河北藩鎮的政策上及其成敗。皇帝身爲一國之君，權力最大，皇帝對於藩鎮的態度甚至個性都關係著其藩鎮政策的內容與成敗，《新唐書・刑法志》中描述了各帝之性格，如肅宗喜刑名，器亦刻深；代宗性仁恕，德宗性猜忌少恩，憲宗英明果斷，穆宗童昏，武宗性嚴刻等，並舉例說明肅宗時河北兵連不解，乃因河北叛人畏誅不降的緣故。〔註 54〕因此，本節首先將討論歷朝皇帝對於河北藩鎮的態度與政策。其次則是分析河北三鎮對唐廷的回應與對策。

　　安史之亂後，與其他地區的藩鎮相比，河北藩鎮與中央的關係是疏離、對抗的，「其酋將雖然和安、史的關係有或密或淡的不同，但都是安史餘孽，他們的降附於唐，都是爲利害關係一時從權之計，絕無心悅誠服之意。名爲降服，實爲割據。」〔註 55〕肅代兩朝對於河北藩鎮採姑息政策，德宗時曾想改變此一政策而未能如願，憲宗時藩鎮歸服，穆宗時卻由於銷兵政策的不當，河北三鎮再度叛離，直到唐末未再改變。

　　河北三鎮「據要險，專方面，既有其土地，又有其甲兵，又有其財賦」〔註 56〕藩帥「阻命自固，父死子代」〔註 57〕，成爲河朔故事。魏博等河北三

〔註 54〕《新唐書》，卷 56，〈刑法志〉，頁 1416～1417。
〔註 55〕李樹桐，《隋唐史別裁》（臺北：台灣商務印書館，1995 年），頁 181。
〔註 56〕同註 28，頁 1328。
〔註 57〕《舊唐書》，卷 141，〈張孝忠附張茂昭傳〉，頁 3859。

鎮百餘年內不爲王土。

> 魏博傳五世，至田弘正入朝，十年復亂，更四姓，傳十世，有州七。
> 成德更二姓，傳五世，至王承元入朝，明年，王廷湊反，傳六世，
> 有州四。盧龍更三姓，傳五世，至劉總入朝，六月，朱克融反，傳
> 十二世，有州九。〔註58〕

如表 4-2 魏博鎮藩帥表、4-3 成德鎮藩帥表、4-4 幽州鎮藩帥表：〔註59〕

表 4-2　魏博鎮藩帥表

編號	姓　名	受鎮年月	去鎮年月	在鎮時間	任前官職	任後官職或情形	受鎮原因	去鎮原因	文武職	備　註
1	田承嗣	廣德1閏1	大曆13.9	16	史思明降將	卒	擁兵據位	卒	武	
2	田　悅	大曆13.9	興元1.4	6	魏博中軍兵馬使	卒	襲伯承嗣位	爲田緒所殺	武	
3	馬　燧	建中3.5			河東節度	河東節度	朝命			未至鎮時田悅拒代
4	田　緒	興元1.4	貞元12.1	12	魏博行軍司馬	卒	襲族兄悅位	卒	武	
5	田季安	貞元12.8	元和7.8	16	魏博節度副使	卒	襲父緒位	卒	武	
6	田弘正(田興)	元和7.8	元和15.10	8	魏博都知兵馬使	成德節度使	擁兵據位	朝命	武	
7	李　愬	元和15.10	長慶1	數月	昭義節度	太子少保	朝命	朝命	武	
8	田　布	長慶1.8	長慶2.1	六月	涇原節度	卒	朝命	兵亂自殺	武	
9	史憲誠	長慶2.1	大和3.6	8	魏博中軍先鋒兵馬使	河中節度	擁兵據位	自請	武	

〔註58〕《新唐書》，卷210，〈藩鎮傳序〉，頁5923。
〔註59〕4-2 魏博鎮藩帥表、4-3 成德鎮藩帥表、4-4 幽州鎮藩帥表係根據王壽南「唐代藩鎮總表」中魏博、成德與盧龍三鎮製成。見王壽南，前引書，頁703～723。

10	李聽	大和 3.6			義成節度	太子少師	朝命		武	未至鎮時河進滔據魏博拒命
11	河進滔	大和 3.7	開成 5.11	11	魏博衙內都知兵馬使	卒	擁兵據位	卒	武	
12	何弘敬 (何重順) (何重霸)	開成 5.12	咸通 7.6	26	魏博兵馬留後	卒	襲父進滔位	卒		
13	何全皞	咸通 7.7	咸通 11.8	5	魏博左司馬	卒	襲父弘敬位	兵亂被殺		
14	韓允中 (韓軍雄)	咸通 11.8	乾符 1.11	5	魏博大將	卒	擁兵據位	卒	武	
15	韓簡	乾符 1.11	中和 3.2	9	魏博節度副使	卒	襲父允中位	兵亂被殺	武	
16	樂彥禎 (樂行達)	中和 3.2	文德 1.2	5	澶州刺史	卒	擁兵據位	兵亂被殺	武	
17	羅弘信	文德 1.4	光化 1.9	11	魏博大將	卒	擁兵據位	卒	武	
18	羅紹威	光化 1.11	天祐 4	10	魏博節度副使	唐亡	襲父弘信位		文	附朱全忠

表 4-3　成德鎮藩帥表

編號	姓名	受鎮年月	去鎮年月	在鎮時間	任前官職	任後官職或情形	受鎮原因	去鎮原因	文武職	備註
1	李寶臣 (張忠志)	寶應 1.10	建中 2.1	19	史思明降將	卒	擁兵據位	卒	武	
2	張孝忠	建中 2.9	建中 3.2	六月	易州刺史	易定節度（義武）	朝命	朝命	武	
3	王武俊	建中 3.2	貞元 17.6	20	成德兵馬使	卒	擁兵據位	卒	武	
4	王士眞	貞元 17.7	元和 4.3	8	成德節度副使	卒	襲父武俊位	卒	武	
5	王承宗	元和 4.9	元和 15.10	12	成德都知兵馬使	卒	襲父士眞位	卒		

6	田弘正	元和 15.10	長慶 1.7	九月	魏博節度	卒	朝命	軍亂被殺	武	
7	牛元翼	長慶 1.8	長慶 2.2	七月	深州刺史	山南東道節度使	朝命	兵亂被逐	武	
8	王庭湊（王廷湊）	長慶 2.2	大和 8.11	13	成德衙將	卒	擁兵據位	卒	武	
9	王元逵	大和 8.11	大中 8.冬	20	成德都知兵馬使	卒	襲父庭湊位	卒	武	
10	王紹鼎	大中 9.1	大中 11.8	3	成德節度副使	卒	襲父元逵位	卒		
11	王紹懿	大中 11.8	咸通 7.3	10	成德節度留後	卒	襲兄紹鼎位	卒		
12	王景崇	咸通 7.6	中和 3.1	17	成德都知兵馬使	卒	襲叔紹懿位	卒		
13	王鎔	中和 3.2	天祐 4	25	成德節度副使	唐亡	襲父景崇位	唐亡		先附李克用後附朱全忠

表 4-4　幽州鎮藩帥表

編號	姓　名	受鎮年月	去鎮年月	在鎮時間	任前官職	任後官職或情形	受鎮原因	去鎮原因	文武職	備　註
1	甄亶（甄道一）	開元 1.2	開元 3	3	夏州都督	夏州都督	朝命	朝命	武	
2	張說	開元 6	開元 8	3	岳州刺史	天兵軍節度	朝命	朝命	文	
3	王晙	開元 8.9	開元 8	數月	兵部尚書	朔方節度	朝命	朝命	文	兵尚兼領
4	裴伷先	開元 9	開元		（朝官）		朝命	朝命	文	
5	李尚隱	開元 15.12	開元 17	3			朝命	朝命	文	
6	趙含章	開元 18.5	開元 20.6	3		流瀼州	朝命	朝命		
7	薛楚玉	開元 20	開元 21	2			朝命	朝命	武	

8	張守珪	開元21	開元27.6	7	隴右節度	栝州刺史	朝命	朝命	武	平盧兼領
9	李適之	開元27.12	開元29	2	御史大夫	刑部尚書	朝命	朝命	文	
10	王斛斯	開元29.7	天寶1	1	平盧節度		朝命		武	
11	裴寬	天寶1.10	天寶3.3	2	陳留太守	戶部尚書	朝命	朝命	文	
12	安祿山	天寶3.3	天寶14.11	12	平盧節度	削官爵	朝命	叛變	武	
13	封常清	天寶14.11			安西節度	卒	朝命	詔命誅斬	武	未至鎮時安祿山據鎮
14	李光弼	至德1.3	至德1.8		河東節度	宰相	朝命	朝命	武	未至鎮時安祿山據鎮
15	史思明	至德2.12	乾元1,4	五月	安祿山降將	削官爵	擁兵據位	叛變	武	
16	李光弼	乾元1	乾元2		河東節度	朔方節度	朝命	朝命	武	未至鎮時史思明據鎮再任
17	李懷仙	廣德1.1	大曆3.6	6	史思明降將	卒	擁兵據位	爲朱希彩所殺	武	
18	王縉	大曆3.6	大曆3.8	三月	宰相	宰相	朝命	朝命	文	
19	朱希彩	大曆3.11	大曆7	5	幽州兵馬使	卒	擁兵據位	軍亂被殺	武	
20	朱泚	大曆7.10	建中2.7	10	幽州節度留後	太尉	擁兵據位	自請	武	
21	朱滔	建中2.7	貞元1.6	4	幽州節度留後	卒	襲兄泚位	卒	武	
22	王武俊	興元1.2			成德節度	成德節度	朝命		武	未至鎮時朱滔據成德
23	劉怦	貞元1.7	貞元1.9	三月	涿刺	卒	擁兵據位	自請	武	
24	劉濟	貞元1.9	元和5.7	26	權知盧龍軍府事	卒	襲父怦位	爲子總毒死	文	

25	劉　總	元和 5.9	長慶 1.3	11	幽州行營都知兵馬使	天平節度	襲父濟位	自請	武	
26	張弘靖	長慶 1.3	長慶 1.7	五月	宣武節度	太子賓客分司	朝命	軍亂被逐	文	
27	盧士玫	長慶 1.3	長慶 1.8	六月	京兆尹	太子賓客分司	朝命	軍亂被囚	文	瀛莫觀察
28	劉　悟	長慶 1.7			昭義節度	昭義節度	朝命		武	未至鎮時朱克融據鎮
29	朱克融	長慶 1.12	寶曆 2.5	5	幽州都知兵馬使	卒	擁兵據位	軍亂被殺	武	
30	李載義	寶曆 2.10	大和 5.1	5	幽州衙前都知兵馬使	太保	擁兵據位	軍亂被逐	武	
31	楊志誠	大和 5.4	大和 8.11	4	幽州節度後院副兵馬使	流嶺外被誅	擁兵據位	兵亂被逐	武	
32	史元忠	大和 8.11	會昌 1.9	7	幽州兵馬使	卒	擁兵據位	兵亂被殺	武	
33	張仲武	會昌 1.10	大中 3	8	雄武軍使	卒	擁兵據位	卒	武	
34	張直方	大中 3.6	大中 3.閏 11	六月	幽州節度副使	金吾大將軍	襲父仲武位	兵亂被逐	武	
35	周　綝	大中 3.11	大中 4.9	十月	幽州牙將	卒	擁兵據位	卒	武	
36	張允伸	大中 4.11	咸通 13.1	22	幽州都知兵馬使	卒	擁兵據位	卒	武	
37	張公素	咸通 13.4	乾符 2.6	4	平州刺史	復州司戶參軍	擁兵據位	兵亂被逐	武	
38	李茂勳	乾符 2.8	乾符 3.3	八月	盧龍大將軍	左僕致仕	擁兵據位	自請	武	
39	李可舉	乾符 3.5	光啓 1.6	9	盧龍節度副使	卒	襲父茂勳位	兵亂被殺	武	

40	李全忠	光啓1.7	光啓2.8	2	盧龍大將軍	卒	擁兵據位	卒	武	
41	李匡威	光啓2.8	景福2.3	7	盧龍節度留後	奔成德	襲父全忠位	兵亂被逐	武	
42	李匡籌	景福2.3	乾寧1.12	2	幽州兵馬留後	奔滄州	擁兵據位	爲李克用敗棄鎮	武	
43	劉仁恭	乾寧2.1	天祐4	13	河東大將軍	唐亡	擁兵據位	唐亡	武	附李克用

憲宗元和十四年（819）淄青鎮節度使李師道爲部下劉悟所殺，淄青鎮重歸朝廷，《資治通鑑》稱：「自廣德以來，垂六十年，藩鎮跋扈河南、北三十餘州，自除官吏，不供貢賦，至是盡遵朝廷約束。」〔註60〕代、德二朝的姑息，以致藩鎮多跋扈。據王壽南分類統計唐代藩鎮對中央態度的結果爲：

> 代宗、德宗、順宗、憲宗四朝跋扈、叛逆之藩鎮較多，其中尤其德宗朝跋扈十八、叛逆一〇爲最多，顯示出德宗時代爲藩鎮不服從中央之一高潮時間，順宗、憲宗二朝藩鎮跋扈、叛逆之多，乃是德宗遺風的延續。〔註61〕

若單就地區而論，「僖宗朝以前、舊河北道之跋扈、叛逆藩鎮最多，代宗朝舊河北道藩鎮跋扈與恭順人數之比竟達六比一，實爲唐代控制力最弱的地區。在僖宗朝以前，……南方地區之藩鎮對中央最爲服從。」〔註62〕

德宗即位之初，勵精圖治，《舊唐書・德宗本紀下》末「史臣曰」：「德宗皇帝初總萬機，勵精治道。思政若渴，視民如傷。凝旒延納於讜言，側席思求於多士。」〔註63〕頗思立威藩鎮，重振中央權威。《新唐書・田悅傳》：「德宗立，不假借方鎮，諸將稍惕息。」〔註64〕《新唐書・田悅傳》另載：「且上英武獨斷，有秦皇、漢武風，將誅豪桀，掃除河朔，不使父子相襲。」〔註65〕《舊唐書・陽惠元傳》：

〔註60〕《資治通鑑》，卷241，「憲宗元和十四年（819）二月壬戌（十四）條」，頁7764。
〔註61〕王壽南，《唐代藩鎮與中央關係之研究》（臺北：大化書局，1978年），頁53。
〔註62〕王壽南，前引書，頁53～54。
〔註63〕《舊唐書》，卷13，〈德宗本紀上〉，頁400。
〔註64〕《新唐書》，卷135，〈田悅傳〉，頁5327。
〔註65〕《新唐書》，卷135，〈田悅傳〉，頁5929。

> 代宗性寬柔無怒，一切從之。凡河朔諸道健步奏計者，必獲賜賚。
> 及德宗即位，嚴察神斷，自誅劉文喜之後，知朝法不可犯，四盜俱
> 不自安。奏計者空還，無所賞賜，歸者多怨。或傳說飛語，云帝欲
> 東封，汴州奏以城隘狹，增築城郭。李正己聞之，移兵萬人屯于曹
> 州，田悅亦加兵河上，河南大擾，羽書警急。〔註66〕

是以建中二年（781）正月，成德節度使李寶臣卒，子李惟岳請繼襲，德宗欲
革前弊，不許，「賊本無資以爲亂，皆藉我土地，假我位號，以聚其眾耳。曏
日因其所欲而命之多矣，而亂日益滋。是爵命不足以已亂而適足以長亂也。然
則惟岳必爲亂，命與不命等耳。」〔註67〕田悅、李正己與李惟岳於是潛謀勒
兵拒命，準備以武力對抗中央。但歷經建中四年（783）涇原兵變與其後之李
懷光之亂，德宗英氣全消，惟務苟息；其令宦官再掌禁軍，則使宦官勢盛。據
《資治通鑑》卷二三七憲宗元和元年（806）春正月甲申（十九）條載：

> 上（憲宗）與杜黃裳論及藩鎮，黃裳曰：「德宗自經憂患，務爲姑息，
> 不生除節帥，有物故者，先遣中使察軍情所與則授之。中使或私受
> 大將賂，歸而譽之，即降旄鉞，未嘗有出朝廷之意者。陛下欲振舉
> 綱紀，宜稍以法度制裁藩鎮，則天下可得而理也。」〔註68〕

憲宗採杜黃裳之議，一改德宗的姑息，克復兩河，削平藩鎮，威令復振，開
創「元和中興」。

德宗初以強硬態度對付跋扈藩鎮，建中三年（782）十一月盧龍朱滔自稱
冀王、魏博田悅稱魏王、成德王武俊稱趙王、淄青李納稱齊王，以朱滔爲盟
主，聯合抗拒中央。建中三年（782）十二月朱滔等勸淮西節度使李希烈稱帝，
李希烈原本對中央怨望，遂自稱天下都元帥、太尉、建興王。

建中四年（783）時，河北、山南與河南之地盡成戰場，李希烈對中央威
脅最大，德宗因而詔令涇原節度使姚令言率兵救襄陽。建中四年（783）十月
丙午，涇原兵路率五千兵經京師，不滿一無所賜，犒賞僅糲食菜餚，因而嘩
變。德宗倉促出奔奉天，是爲涇原兵亂。亂兵擁前涇原節度使朱泚爲主，朱
泚長安稱帝，派兵圍攻奉天，賴朔方節度使李懷光解奉天之圍。然受宰相盧

〔註66〕《舊唐書》，卷144，〈陽惠元傳〉，頁3914～3915。
〔註67〕《資治通鑑》，卷226，「德宗建中二年（782）春正月戊辰（初九）條」，頁
　　　　7291。
〔註68〕《資治通鑑》，卷237，「憲宗元和元年（806）春正月甲申（十九）條」，頁
　　　　7627。

杞讒言所影響，李懷光疑懼而叛，德宗再奔梁州。《新唐書・李懷光傳》載李懷光之叛：

> 帝狩奉天，懷光率所部奔命，方雨潦，奮屬軍士倍道進，自蒲津絕河，敗泚軍於醴泉。將抵奉天，前遣裨將張韶以蠟韜表，隨賊攻城，叩壘呼曰：「我朔方使也！」縋而上，比登，身被數十矢。時帝被圍急，聞之喜，即持韶大號城上，人心乃安。又敗賊於魯店，泚解圍去。進加副元帥、中書令。……懷光為人疏而愎，誦言：「宰相謀議乖剌，度支賦斂重，京兆尹刻薄軍食，天下之亂皆由此。吾見上，且請誅之。」或以告王翃，翃等計：「懷光有大功，上且訪以得失，使其言入，豈不殆哉！」遂告盧杞，杞即說帝曰：「懷光兵威已振，逆賊破膽，若席勝，可一舉滅賊。今入朝，則必宴勞留連，賊得從容完備，卒難圖也！」帝不得其情，因然之。乃敕懷光屯便橋，督諸將進討。懷光自以徑千里赴難，為姦臣根隔不得朝，頗恚恨，去屯咸陽。〔註69〕

朔方軍是一支以胡人部落蕃將為主要成分的的勁旅，驍勇善戰，安史之亂靠其平定，有中興唐室之功。然唐朝君主對朔方軍頗有疑忌，李懷光之叛，與此有關。

李懷光是朔方軍的統帥，王吉林謂「唐代平亂依賴朔方軍，但對朔方軍的將領，常懷戒心，經常利用提拔下級，擠掉上級的方式，造成朔方軍將領間的不和與不安。」〔註70〕如對「再造王室，勳高一代」的郭子儀，肅、代兩位君主對其是既依賴復猜忌，十分矛盾。代宗且培養神策軍，企圖取代朔方軍。黃永年的看法則是

> 郭子儀、李光弼、僕固懷恩、李懷光都是朔方本鎮的軍將，……中央也絕不會把這個軍事集團的骨幹當自己人，任用他們充當本鎮節度使是事非得已，在任用他們的同時對們猜忌、打擊，力圖消除他們的影響。〔註71〕

總之，李懷光是在唐中央對其疑忌的情況下才叛變的。

〔註69〕《新唐書》，卷224上，〈李懷光傳〉，頁6376～6377。

〔註70〕王吉林，〈唐代的朔方軍與神策軍〉，收入《第一屆國際唐代學術會論文集》（臺北：第一屆國際唐代學術會論文集編輯委員會，1989年），頁914。

〔註71〕黃永年，〈涇師之變發微〉，收入《唐代史事考釋》（臺北：聯經出版公司，1998年），頁353。

其次，軍糧賜之不均亦是因素之一，陳寅恪云：

> 唐代朱泚之亂，李懷光以赴難之功臣，忽變爲通敵之叛將，自來論者多歸咎於盧杞阻懷光之入覲，遂啓其疑怨，有以致之，是固然矣。
>
> 而於神策軍與朔方軍糧賜之不均，則未甚注意。〔註72〕

綜合上述，朔方軍統帥李懷光由功臣變爲叛徒，除了神策軍及朔方軍之間的糾葛外，盧杞必須負最大的責任，正如王壽南所言「固然尚有神策軍與朔方軍賞賜不均之原因，而盧杞的離間實爲最主要原因，宰相的自保和皇帝的愚昧終使一個忠誠藩鎮變爲叛逆。」〔註73〕

在李懷光自殺、朱滔病死、李希烈爲部下所殺後，建中二年（781）正月起的戰亂，到了貞元二年（786）四月大致底定。德宗曾在興元元年（784）正月，採用陸贄之議下詔罪己，並赦免李希烈、田悅、王武俊、李納等人之罪，詔曰：「李希烈、田悅、王武俊、李納等，咸以勳舊，各守藩維，朕撫御乖方，致其疑懼；皆由上失其道而下罹其災，朕實不君，人則何罪！宜并所管將吏等一切待之如初。」〔註74〕赦下，四方人心大悅，原叛亂的田悅等人深受感動而取消王號，上表謝罪。

經歷大亂之後的德宗，英氣盡消，貞元年間，「上還自興元，雖一州一鎮有兵者，皆務姑息。」〔註75〕故范祖禹評德宗之失

> 唐歷世二十，歷年三百。德宗享國二十有六年，亦不爲不久。以其時考之，秕政尤多。而大弊有三：一曰姑息藩鎮，二曰委任宦者，三約聚斂貨財。……初欲削平僭叛，剗滅藩鎮。一有奉天之亂而心隕膽破，惴畏姑息，惟恐生事。既猜防臣下，則專任宦者；思其窮窘，則聚斂掊克益甚於初矣。自古治愈久而政愈弊，年彌進而德彌退，鮮有如德宗者，惟不知其過也。是以藩鎮彊而王室弱，宦者專而國命危，貪政多而民心離。唐室之亡，卒以是三者。其所從來者，漸矣。〔註76〕

〔註72〕陳寅恪，〈論李懷光之叛〉，收入《金明館叢稿二編》（臺北：里仁書局，1981年），頁279。

〔註73〕王壽南，前引書，頁372。

〔註74〕《資治通鑑》，卷229，「德宗興元元年（784）春正月條」，頁7391～7392。

〔註75〕《資治通鑑》，卷235，「德宗貞元十二年（796）冬十二月辛未（十四）條」，頁7585。

〔註76〕（宋）范祖禹，《唐鑑》上（臺北：台灣商務印書館，1977），卷16，〈德宗〉，頁470～472。

杜牧議姑息之患：

> 大曆、貞元之間，有城數十，千百卒夫，則朝廷貸以法，故於是闐
> 視大言，自樹一家，破制削法，角為尊奢。天子不問，有司不呵；
> 王侯通爵，越錄受之；覲聘不來，几杖扶之；逆息虜胤，皇子嬪
> 之。地益廣，兵益彊，僭擬益甚，侈心益昌。土田名器，分割大
> 盡，而賊夫貪心，未及畔岸，淫名越號，走兵四略，以飽其志。
> 趙、魏、燕、齊，同日而起，梁、蔡、吳、蜀，躡而和之，其餘混
> 澒軒囂，欲相效者，往往而是。運遭孝武，前英後傑，夕思朝議，
> 故能大者誅鉏，小者惠來。大抵生人油然多欲，欲而不得則怒，怒
> 則爭亂隨之。是以教笞於家，刑罰於國，征伐於天下，裁其欲而塞
> 其爭也。大曆、貞元之間反此，提區區之有，而塞無涯之爭，是以
> 首尾指支，幾不能相運掉也。凡今者不知非此，而反用以為經，將
> 見為盜者非止於河北而已。嗚呼！大曆、貞元守邦之術，永戒之
> 哉！〔註77〕

姑息政策使中央權威喪失，藩鎮勢力日漸增大，其結果自是藩鎮不聽朝命，
朝廷卻無力予以制裁。

德宗從強勢制裁而一味姑息，轉變極大，助長藩鎮跋扈的氣焰，對此，
史家多所批評，《新唐書・憲宗本紀》末「贊曰」：

> 德宗猜忌刻薄，以彊明自任，恥見屈於正論，而忘受欺於姦諛。故
> 其疑蕭復之輕己，謂姜公輔為賣直，而不能容；用盧杞、趙贊，則
> 至於敗亂，而終不悔。及奉天之難，深自懲艾，遂行姑息之政。由
> 是朝廷益弱，而方鎮愈彊，至於唐亡，其患以此。〔註78〕

甚或稱其為「昏君」。但德宗亦非一事無成，如解決財政問題一事「德宗清楚
地知道，只有解決好財政問題，才是打擊藩鎮的關鍵，於是他一生致力於
財政問題的解決，盼望財政收入的增加。……憲宗削平藩鎮，未嘗不得德
宗蓄積之力。」〔註79〕而涇原事變後，德宗提出新的戰略——建藩政策，積
極爭取在河朔建立親己勢力，如昭義鎮與義武鎮，力圖保留兩河戰爭爆發後
新建及擴建的軍鎮，作為制衡叛逆的武力基礎，為憲宗奠下平服藩鎮的基

〔註77〕 《新唐書》，卷210，〈藩鎮傳序〉，頁5922～5923。
〔註78〕 《新唐書》，卷7，〈憲宗皇帝本紀〉末「贊曰」，頁219。
〔註79〕 劉瑞清，〈從德、順、憲三朝看唐中央對藩鎮割據的態度〉，《陰山學刊》1，
　　　　 2008年，頁52。

礎。只是德宗在兩河的創置、重建兵鎮的軍力畢竟強弱懸殊，中央制衡兩河強藩的成效有高下之別，也是終唐一代無法將河朔三鎮重歸王土的重要原因。〔註80〕

至於是否爲「昏君」？黃永年認爲德宗在建中二年發動的討叛戰爭中還是有所成就：

> 在北戰場是打了個平手，南戰場則先後消滅了山南東道的梁崇義和淮西的李希烈，盡管淮西的問題並未完全解決以後有勞憲宗來收拾。對鞏固京畿來說，平定了朱泚的叛亂，消滅了涇原、鳳翔的隱患，還附帶解決了中央長期不放心的朔方軍問題，並把嫡系主力神策軍的兵權收歸比較可靠的皇帝家奴宦官來掌握。這些都只能說是成功而不能說是失敗。〔註81〕

黃永年不認爲德宗是昏君，爲其辯護，但德宗卻是「一個永遠不能從經驗成長的人」，理由在於

> 德宗即位之後，敢於用兵，不知兵財，徒欲改革前弊，不思緩進行之，以至兵戎相見。征伐既興，連年不息，財政支出，無法負擔，造成形同劫掠之借商、稅屋間架、除陌錢等暴政。繼至變生肘掖，逃亡奉天，危險萬狀，此時德宗暫收愎而自用之個性，納陸贄之言，下罪己之詔，承認河北藩鎮既有官爵，方有能力對付朱泚。……德宗個性，處患難之中，易聽良言，此在奉天之所以未覆亡者也。既復長安，又師心自用，此陸贄所以貶也。〔註82〕

德宗傳位順宗，順宗因病無法理政，於是傳位給太子李純，即唐憲宗。憲宗一改肅代以來的姑息政策，積極制裁跋扈藩鎮，成績斐然，中央威令復振，被譽爲中興之主。《舊唐書‧憲宗本紀下》末「史臣蔣係」曰：

> 自貞元十年已後，朝廷威福日削，方鎮權重。德宗不委政宰相，人間細務，多自臨決，姦佞之臣，如裴延齡輩數人，得以錢穀數術進，宰相備位而已。及上自藩邸監國，以至臨御，訖于元和，軍

〔註80〕伍伯常，〈唐德宗的建藩政策——論中唐以來制禦藩鎮戰略格局的形成〉，《東吳歷史學報》6，2000年，頁32。

〔註81〕黃永年，〈涇師之變發微〉，收入《唐代史事考釋》（臺北：聯經出版公司，1998年），頁371。

〔註82〕王吉林，〈唐德宗的危機處理〉，收入《唐代宰相與政治》（臺北：文津出版社，1999年），頁260。

國樞機，盡歸之於宰相。由是中外咸理，紀律再張，果能剪削亂
階，誅除羣盜。睿謀英斷，近古罕儔，唐室中興，章武（憲宗）而
已。〔註83〕

《舊唐書・憲宗本紀》後「贊曰」：「憲宗剛明果斷，自初即位，慨然發憤，
志平僭叛，能用忠謀，不惑羣議，卒收成功。自吳元濟誅，彊藩悍將皆欲悔
過而効順。當此之時，唐之威令，幾於復振。」〔註84〕

憲宗即位之初，外患方面，有吐蕃與回紇。國內藩鎮與所管州府縣的情
形，據《新唐書・憲宗本紀上》元和二年（807）十二月載：

己卯（初二），史官李吉甫撰元和國計簿，總計天下方鎮凡四十八，
管州府二百九十五，縣一千四百五十三，戶二百四十四萬二百五十
四，其鳳翔、鄜坊、邠寧、振武、涇原、銀夏、靈鹽、河東、易定、
魏博、鎮冀、范陽、滄景、淮西、淄青十五道，凡七十一州，不申
戶口。每歲賦入倚辦，止於浙江東西、宣歙、淮南、江西、鄂岳、
福建、湖南等八道，合四十九州，一百四十四萬戶。比量天寶供稅
之戶，則四分有一。天下兵戎仰給縣官者八十三萬餘人，比量天寶
士馬，則三分加一，率以兩戶資一兵。其他水旱所損，徵科發斂，
又在常役之外。〔註85〕

根據上述，有十五道，共七十一州不申戶口，不納賦稅。每歲賦入依賴較
少數的八道四十九州，對國家財政影響極大。在諸鎮中，不聽朝令的有魏
博田季安、成德（深趙）王士眞、范陽（幽州）劉繼、滄景（橫海）程誠
恭、淮西吳元濟以及淄青的李師古。地理位置上，淮西據今河南省南部，
除了淮西孤立之外，其餘各鎮都相毗連，以范陽、滄景、成德、魏博等河
北諸鎮爲核心，內外嚴峻的形勢對初掌大權的憲宗來說，是相當艱鉅的挑
戰。〔註86〕

「憲宗對付藩鎮的策略，一方面收回中央主動任免藩鎮之權力，一方面
對跋扈叛逆的藩鎮以武力制服之。」〔註87〕就前者而言，《新唐書・李逢吉傳》

〔註83〕《舊唐書》，卷15，〈憲宗本紀下〉，頁472。

〔註84〕《新唐書》，卷7，〈憲宗本紀〉，頁219。

〔註85〕《舊唐書》，卷14，〈憲宗本紀上〉，頁424。

〔註86〕李樹桐，〈元和中興之研究〉，收入《唐史索隱》（臺北：台灣商務印書館，1988
年），頁149～150。

〔註87〕王壽南，前引書，頁66。

稱：「德宗以來，姑息藩鎮，有終身不易地者，吉甫爲相，歲餘，凡易三十六
鎮。」〔註88〕就後者而言，憲宗克服萬難，逐漸削平跋扈藩鎮。按時間排
序，依次是（一）元和元年（806）三月，斬夏綏留後楊惠琳。（二）元和元
年（806）九月，斬西川節度副使劉闢。（三）元和二年（807）十月，斬鎮海
節度使李錡。（四）元和五年（810）執昭義節度使盧從史。（五）元和七年
（812）十月，魏博都知兵馬使田興奉貢請命，賜名弘正。（六）元和十二年
（817）十月，斬淮西鎮叛將吳元濟。（七）元和十三年（818）四月，成德王
承宗獻德棣二州。（八）元和十四年（819）二月，斬淄青李師道。把對抗中
央、動亂不安的地方勢力一一解決，使其他藩鎮「惕息，多求入朝」〔註89〕。
成德王承宗素來跋扈不遜，心無忌憚，甚至遣盜狙殺宰相武元衡，京師震恐，
天子爲之旰食。及憲宗平淮西，誅吳元濟，王承宗始懼，央田弘正表輸誠之
意，所以有元和十三年（818）獻德、棣二州之舉。元和十四年（819）平李
師道後，「承宗奉法逾謹，請當管四州，每州置錄事參軍一員、判司三員，每
縣令一員、主簿一員，吏捕授皆聽朝旨。」〔註90〕至於幽州，元和十三年（818）
幽州鎮劉總在魏博與成德之後，因謀自安，也決意歸朝。《資治通鑑》憲宗元
和十三年（818）正月載：

> 幽州大將譚忠說劉總曰：「自元和以來，劉闢、李錡、田季安、盧從
> 史、吳元濟，阻兵馮險，自以爲根深蒂固，天下莫能危也。然顧盼
> 之間，身死家覆，皆不自知，此非人力所能及，殆天誅也。況今天
> 子神聖威武，苦思焦思，縮衣節食，以養戰士，此制起須臾忘天下
> 哉！今國兵駸駸北來，趙人已獻城十二，忠深爲公憂之。」總泣且
> 拜曰：「聞先生言，吾心定矣。」遂專意歸朝廷。〔註91〕

連最不易對付的魏博、成德、幽州等河北三鎮都先後歸順朝廷。於是在元和
十四年（819）平李師道後，「自廣德以來，垂六十年，藩鎮跋扈河南、北三
十餘州，自除官吏，不供貢賦，至是盡遵朝廷約束。」〔註92〕

　　憲宗能平定藩鎮的叛亂，學界有不同的見解。韓國磐從經濟的觀點看憲

〔註88〕《新唐書》，卷146，〈李逢吉傳〉，頁4740。
〔註89〕《資治通鑑》，卷237，「憲宗元和二年（807）九月條」，頁7640。
〔註90〕《舊唐書》，卷142，〈王承宗傳〉，頁3882。
〔註91〕《資治通鑑》，卷241，「憲宗元和十三年（818）正月條」，頁7749。
〔註92〕《資治通鑑》，卷241，「憲宗元和十四年（819）二月壬戌（十四）條」，頁
　　　7765。

宗的勝利，歸功於兩稅法的施行，重新穩定了唐朝的財政。有了一定的經濟
力量，所以能夠進行對方鎮的戰爭，取得勝利，形成唐朝的所謂「中興」之
局。〔註93〕楊西雲則以爲「元和中興的出現既依賴於憲宗君臣扭轉積弊、整
頓財政的行動，又得力於歷史提供的機遇，二者缺一不可。」〔註94〕

　　劉瑞清認爲憲宗的勝利的原因是多方面的：

> 首先，德、順朝整頓財政的努力此時已見成效，特別是兩稅法到憲
> 宗時非常成熟，……財政收入也大爲增加。其次，憲宗本人延續了
> 這一政策，又先後任用杜佑、李巽、王播擔任鹽鐵轉運使，治理江
> 南，整頓漕運、海運，也啓到較大作用。……憲宗本人在政治軍事
> 上的突出才能及個人品質，也是平定藩鎮的重要條件。他相繼任用
> 杜黃裳、李吉甫、武元衡和裴度主張對藩鎮用兵的人執政，貫徹了
> 削平藩鎮的政策。他還汲取父輩的經驗教訓，對藩鎮用兵不用宦官
> 爲監軍侯，以免主帥受其掣肘。另外憲宗與藩鎮的對抗也是謹慎成
> 熟的。〔註95〕

李樹桐將元和中興的成功歸諸於憲宗本身的睿謀英斷、信任能才與廣納諫
諍、策略抉擇正確以及藩鎮本身的錯失等。〔註96〕

　　憲宗能讓河北三鎮的歸順，田興（弘正）居功厥偉。魏博田興（弘正）
的歸順朝廷，奠下了憲宗削平藩鎮的基礎。魏博地位重要，魏博鎮所領魏、
相、博、衛、貝、澶等州物產豐饒、人口眾多，水路交通上屬永濟渠魏段，
陸路交通爲通往河北之咽喉，且自田承嗣起，豢養了一支以牙軍爲核心的實
力強大的魏博軍，因此，魏博自安史之亂後一直是首抗中央的支柱。毛漢光
云：「當中央力圖中興，欲收復藩鎮之時，魏博是河北淄青的頭關；當中央無
力之時，魏博與諸藩長保邊境；當中央極爲衰微時，魏博強藩自然有擴張之
意。」〔註97〕至唐憲宗時，魏博已五十餘年不霑皇化，一旦歸朝，其效應如

〔註93〕韓國磐，〈唐憲宗平定方鎮之亂的經濟條件〉，《學術月刊》3，1957年，頁26
　　　　～27。
〔註94〕楊西雲，〈唐中後期中央對藩鎮的鬥爭政策——從元和用兵到長慶銷兵〉，《歷
　　　　史教學》7，1996年，頁9。
〔註95〕劉瑞清，前引文，頁52～53。
〔註96〕李樹桐，〈元和中興之研究〉，收入《唐史索隱》（臺北：台灣商務印書館，1988
　　　　年），頁167～182。
〔註97〕毛漢光，〈魏博兩百年史論〉，收入《中國中古政治史論》（臺北：聯經出版公
　　　　司，1990），頁343～344。

李絳所謂的「刳河朔之腹心，傾叛亂之巢穴」。〔註98〕李樹桐曰：

> 自代宗廣德元年（七六三）起，至憲宗元和七年（八一二）田興歸
> 命止，魏博脫離朝廷凡五十年，在這五十年當中，代宗時有田承嗣
> 之反，德宗時有田悅的稱魏王，朝廷雖都曾發兵征討，但均無奈魏
> 博何，足證其兵強勢盛。至田興歸命時，魏博鎮據地計有魏、博、
> 貝、衛、澶、相六州（據通鑑註），比較據有三州之地的淮西鎮，略
> 大一倍。而且在叛亂的盧龍、成德、魏博、淄青、淮西五藩鎮之中，
> 魏博恰居其中。諸鎮有了魏博，可以五鎮連接爲一，聲氣相通；失
> 了魏博，正如由腰斬斷，南北、東西間，相互的連絡爲之斷絕。在
> 朝廷方面，得了魏博，對於叛亂藩鎮的形勢，正如於巨木之中打進
> 了一個鍥石。由此開始瓦解叛亂的藩鎮，然後纔得個別加以擊潰或
> 收復，而竟中興之功。〔註99〕

又曰：

> 自從以後，在實力上，朝廷增加了魏博六州的兵力聲勢轉盛；而藩
> 鎮方面減少魏博的兵力，聲勢轉衰。朝廷對藩鎮轉爲優勢，因之德
> 宗時藩鎮連兵抗命的情形，一時不可復見。元和十年到十二年，朝
> 廷討伐淮西時，成德不能越魏博地以援淮西，淄青李師道雖欲出兵
> 援救淮西，但因恐怕魏博鎮搗其後而不敢動，就是很明顯的驗證。
> 又在魏博鎮歸順朝廷之後，諸鎮的首帥心理上發生惶恐、張懼、怯
> 懦、慌亂的現象，也是藩鎮轉衰的因素。但是這種心裡狀態，還是
> 根據把他們隔斷的情勢而產生的。這是憲宗所以能削平藩鎮中興唐
> 室的原因，而其基礎就在於魏博田弘正歸朝一事上。〔註100〕

田興之所以歸順朝廷，與魏博本身的問題有關。據《舊唐書·田弘正傳》載：

> 弘正，廷玠之第二子。少習儒書，頗通兵法，善騎射，勇而有禮，
> 伯父承嗣愛重之。當季安之世，爲衙內兵馬使。季安惟務侈靡，不
> 卹軍務，屢行殺罰，弘正每從容規諷，軍中甚賴之。季安以人情歸

〔註98〕《資治通鑑》，卷239，「憲宗元和七年（812）冬十月庚戌（二十五）條」，頁
　　　　7696。
〔註99〕李樹桐，〈元和中興之研究〉，收入《唐史索隱》（臺北：台灣商務印書館，1988
　　　　年），頁153～154。
〔註100〕李樹桐，〈論唐代的魏博鎮〉，收入《中國史新論》（臺北：台灣學生書局，1985
　　　　年），頁522。

附，乃出爲臨清鎮將，欲揳摭其過害之。弘正假以風痺請告，灸灼
滿身，季安謂其無能爲。及季安病篤，其子懷諫幼駿，乃召弘正署
其舊職。季安卒，懷諫委家僮蔣士則改易軍政，人情不悦，咸曰：
「都知兵馬使田興可爲吾帥也。」衘兵數千詣興私第陳請，興拒關
不出，眾呼噪不已。興出，眾環而拜，請入府署。興頓仆於地，久
之，度終不免，乃令於軍中曰：「三軍不以興不肖，令主軍務，欲與
諸軍前約，當聽命否？」咸曰：「惟命是從。」興曰：「吾欲守天子
法，以六州版籍請吏，勿犯副大使，可乎？」皆曰：「諾。」是日，
入府視事，殺蔣士則十數人而已。晚自府歸第，其兄融責興曰：「爾
卒不能自晦，取禍之道也。」翌日，具事上聞，憲宗嘉之，加興銀
青光祿大夫、檢校工部尚書、魏州大都督府長史、兼御史大夫、上
柱國、沂國公，充魏、博等州節度觀察處置支度營田等使，仍賜名
弘正。仍令中書舍人裴度使魏州宣慰，賜魏博三軍賞錢一百五十萬
貫。〔註101〕

據上所述，田興非田季安嗣子，藉田懷諫年幼，獲衘兵擁立，魏博鎮內自有
田季安的舊勢力反對，田興勢必借用外力對抗；鄰道李師道也反對田興掌
權，唯恐田興破壞河朔藩鎮互相勾結，聯手抗唐的傳統。《舊唐書·田弘正
傳》：「幽、恆、鄆、蔡有齒寒之懼，屢遣客間說，多方誘阻，而弘正始終不
移其操。」〔註102〕據《資治通鑑》卷二三九元和七年（813）十一月載：「李
師道使人魏宣武節度使韓弘曰：『我世與田氏約相保援，今興非田氏族，又首
變兩河事，亦公之所惡也！我將與成德合軍討之。』」〔註103〕因韓弘反對，此
事未成。

　　李絳觀察田興處境，以爲魏博不必用兵，當自歸朝廷。其所持理由爲「彼
自列將起代主帥，鄰道所惡，莫甚於此。」〔註104〕田興果如李絳所料，在內
外交逼下，以朝廷之援求自存。

　　第三是文化的因素。藩鎮本身文化的缺陷與朝廷文化的吸引力也使得田
弘正歸順朝廷。〔註105〕因爲如河北三鎮的藩帥的職務完全取決於兵力，其將

〔註101〕《舊唐書》，卷141，〈田弘正傳〉，頁3848～3849。
〔註102〕《舊唐書》，卷141，〈田弘正傳〉，頁3850。
〔註103〕《資治通鑑》，卷239，「元和七年（813）十一月條」，頁7697。
〔註104〕《資治通鑑》，卷238，「元和七年八月條」，頁7693。
〔註105〕李樹桐，〈元和中興之研究〉，收入《唐史索隱》（臺北：台灣商務印書館，

兵力強的，往往奪藩帥職務而代之。田興無取代懷諫之力，必歸順朝廷以借朝廷之力，此與魏博文化有關；田興本身亦受朝廷文化之吸引：「少習儒書，頗通兵法，善騎射，勇而有禮……樂聞前代忠孝立功之事，於府舍起書樓，聚書萬餘卷。……頗好儒書，尤通史氏，左傳、國史，知其大略。」〔註106〕

　　田興爲衙兵所擁立，衙兵在魏博勢力極強，足以影響大局。《新唐書・羅紹威傳》載：「魏牙軍，起田承嗣募軍中子弟爲之，父子世襲，姻黨盤互，悍驕不顧法令，……有不慊，輒害之無噍類。厚給稟，姑息不能制。時語曰：『長安天子，魏府牙軍』」〔註107〕，田興欲歸國，務需衙兵配合，因而李絳力主厚賞以安魏軍之心。據《資治通鑑》卷二三九「憲宗元和七年（813）條」所述：

> 李絳又言：「魏博五十餘年不霑皇化，一旦舉六州之地來歸，……不有重賞過其所望，則無以慰士卒之心，使四鄰勸慕。請發內庫百五十萬緡以賜之。」……絳曰：「田興不貪專地之利，不顧四鄰之患，歸命聖朝，陛下奈何愛小費而遺大計，不以收一道人心！錢用盡更來，機事一失不可復追。借使國家發十五萬兵以取六州，期年而克之，其費豈止百五十萬緡而已乎！」……十一月，辛酉，遣知制誥裴度至魏博宣慰，以錢百五十萬緡賞軍士，六州百姓給復一年。軍士受賜，歡聲如雷。成德、兗鄆使者數輩見之，相顧失色，歎曰：「倔強者果何益乎！」〔註108〕

但是田弘正歸順中央代價極大，連年奉命征戰，功績彪炳。元和十五年（820）十月，穆宗調田弘正爲成德節度使，卻命喪成德。《舊唐書・田弘正傳》：

> （元和）十五年（820）十月，鎮州王承宗卒，穆宗以弘正檢校司徒、兼中書令，充成德軍節度，鎮冀深趙觀察等使。弘正以新與鎮人戰伐，有父兄之怨，乃以魏兵二千爲衛從。十一月二十六日，至鎮州，時賜鎮州三軍賞錢一百萬貫，不時至，軍眾喧騰以爲言。弘正親自撫喻，人情稍安，乃表請留魏兵爲紀綱之僕，以持眾心，其糧賜請給有司。時度支使崔俊不知大體，固阻其請，凡四上表不報。明年七月，歸卒於魏州。是月二十八日軍亂，弘正并家屬、參

　　　1988年），頁181。

〔註106〕《舊唐書》，卷141，〈田弘正傳〉，頁3850。

〔註107〕《新唐書》，卷210，〈羅紹威傳〉，頁5942。

〔註108〕《資治通鑑》，卷239，「元和七年（812）十月、十一月條」，頁7696～7697。

佐、將吏等三百餘口並遇害。……弘正孝友慈惠，骨肉之恩甚厚。兄弟子姪在兩都者數十人，競爲崇飾，日費約二十萬，魏、鎮州之財，皆輦屬於道。河北將卒心不平之，故不能盡變其俗，竟以此致亂。〔註109〕

《舊唐書·王廷湊傳》：

廷湊沉勇寡言，雄猜有斷，爲王承元衙內兵馬使。初，承元上秉朝旨，田弘正帥成德軍，國家賞錢一百萬貫，度支輦運不時至，軍情不悅。廷湊每抉其細故，激怒眾心。會弘正以魏兵二千爲衙隊，左右有備不能間。長慶元年六月，魏軍還鎮。七月二十八日夜，廷湊乃結衙兵謀於府署，遲明，盡誅弘正與將吏家族三百餘人。廷湊自稱留後、知兵馬使。〔註110〕

田弘正之死實與穆宗錯誤的決策有關，因其新討成德，與其有隙，移鎮成德，如入虎穴，凶險異常，兼且度支使崔稜不知權變「稜固言魏、鎮各有鎮兵，朝廷無例之給，恐爲事例，不可聽從。弘正不獲已，遣魏卒還藩，不數日而鎮州亂，弘正遇害。」〔註111〕終究造成憾事。先前田弘正移鎮一事，左金吾大將軍楊元卿已提出警告「長慶初，易置鎮、魏守臣，元卿詣宰相深陳利害，并具表其事。」〔註112〕不獲採用，後楊元卿以言受穆宗賞賜，已無濟於事。

元和十五年（820）正月庚子（二十七），憲宗暴崩，《舊唐書·憲宗本紀》載：「時以暴崩，皆言內官陳弘志弒逆，史氏諱而不書。」〔註113〕子李恆繼位，是爲穆宗。穆宗在位期間，不能維繫憲宗成就，一方面由於中央財力匱竭「自憲宗征伐四方，國用已虛，上即位，賞賜左右及宿衛軍無節，及幽、鎮用兵久無功，府藏空竭。」〔註114〕，另一方面也因皇帝「荒縱不法，執政非其人，制御乖方，河朔復亂。」〔註115〕河北三鎮再叛，「元和中興」如曇花一現，天下復亂。

〔註109〕《舊唐書》，卷141，〈田弘正傳〉，頁3851～3852。
〔註110〕《舊唐書》，卷142，〈王廷湊傳〉，頁3885。
〔註111〕《舊唐書》，卷119，〈崔稜傳〉，頁3444。
〔註112〕《舊唐書》，卷111，〈楊元卿傳〉，頁4229。
〔註113〕《舊唐書》，卷15，〈憲宗本紀〉，頁472。
〔註114〕《資治通鑑》，卷242，「穆宗長慶元年十二月戊寅（二十四）條」，頁7804。
〔註115〕《舊唐書》，卷166，〈白居易傳〉，頁4353。

河北復失，原因之一與穆宗之「銷兵政策」有關。《舊唐書・穆宗本紀》：「長慶二年（822）二月，……先是，平定河南，及王承先去鎮州，宰臣蕭俛等不顧遠圖，乃獻銷兵之議，請密詔天下軍鎮，每年限百人內破八人逃死。」〔註116〕事實上，鑒於內地藩鎮擁兵既耗國家大量軍費，又有恃兵跋扈之慮，因而安史亂後朝臣時有銷兵罷鎮之議。早於代宗廣德二年（761），郭子儀即上言：「安、史昔聚洛陽，故諸道置節度使以制其要衝。今大道已平，而所在聚兵，耗蠹百姓，表請罷之，仍自河中爲始。」〔註117〕代宗永泰三年（768）獨孤及上疏請罷兵：

> 今天下惟朔方、隴西有吐蕃、僕固之虞，邠、涇、鳳翔之兵足以當之矣。自此而往，東洎海，南至番禺，西盡巴、蜀，無鼠竊之道而兵不爲解，傾天下之貨，竭天下之穀，以給不用之軍，臣不知其故。假令居安思危，自可阨要害之地，俾置屯禦，悉休其餘，以糧儲痒廩之資，充疲人貢賦，歲可減國資之半，陛下豈可遲疑於改作，使率土之患日甚一日乎！〔註118〕

代宗未採用郭子儀與獨孤及建言的原因，一是著眼於諸鎮間的平衡，如王夫之所論：「即令外寇果強，侵陵相逼，亦必內屯重旅，以時應敵。」〔註119〕也就是說：「邊疆之重兵既不可去，如果唯罷內地諸鎮、盡銷其兵的話，勢必又會使內外的軍事布局失去平衡，重演天寶末年的悲劇。相反，若中原諸鎮繼續保持足夠的兵力，即可維持住一種均勢，使內外互相牽制。」〔註120〕在唐後期的伐叛戰爭中，是唐廷主要的兵力來源即徵調自中原諸鎮，中原藩鎮發揮了重大的作用。

其二，高宗、武后以來，流民、逃戶成爲嚴重的社會問題。安史之亂又製造了一批流民。閭里凋敝和殘徵暴歛以及無休止的戰事便是兵士們不願和不能釋戈操耒的主要原因。一旦銷兵，集聚山澤的散兵游勇必定造成社會的不安定，這是代宗不能不有所顧慮的。〔註121〕

〔註116〕《舊唐書》，卷16，〈穆宗本紀〉，頁486。
〔註117〕《資治通鑑》，卷223，「代宗廣德二年（761）五月庚申（二十四）條」，頁7165。
〔註118〕《資治通鑑》，卷239，「代宗永泰元年（765）三月條」，頁7172。
〔註119〕（清）王夫之，《讀通鑑論》（宋論合刊）（臺北：里仁書局，1985年），卷22，〈玄宗十七〉，頁776。
〔註120〕張國剛，《唐代藩鎮研究》（長沙：湖南教育出版社，1987年），頁55。
〔註121〕張國剛，《唐代藩鎮研究》（長沙：湖南教育出版社，1987年），頁56～57。

　　穆宗初即位時，因憲宗用兵四方，軍費龐大，國用已虛，財政上出現危機，宰相蕭俛與段文昌遂建議「銷兵」，已解救此一危機，未料竟造成朝廷復失河北三鎮的嚴重後果。《舊唐書・蕭俛傳》云：

> 穆宗乘章武恢復之餘，即位之始，兩河廓定，四鄙無虞。而俛與段文昌屢獻太平之策，以爲兵以靜亂，時已治矣，不宜黷武，勸穆宗休兵偃武。又以兵不可頓去，請密詔天下軍鎮有兵處，每年百人之中，限八人逃死，謂之「消兵」。帝既荒縱，不能深料，遂詔天下，如其策而行之。而藩籍之卒，合而爲盜，伏於山林。明年，朱克融、王廷湊復亂河朔，一呼而遺卒皆至。朝廷方徵兵諸藩，籍既不充，尋行招募。烏合之徒，動爲賊敗，由是復失河朔，蓋「消兵」之失也。〔註122〕

《資治通鑑》卷二四二穆宗長慶二年（822）正月：

> 上之初即位也，兩河略定，蕭俛、段文昌以爲「天下已太平，漸宜消兵，請密詔天下，軍鎮有兵處，羨歲百人之中限八人逃、死」上方荒宴，不以國事爲意，遂可其奏。軍士落籍者眾，皆據山澤爲盜；及朱克融、王廷湊作亂，一呼而亡卒皆集。詔徵諸道兵討之，諸道兵既少，皆臨時召募，烏合之眾；又，諸節度既有監軍，其領偏軍者亦置中使監陳，主將不得專號令，戰小勝則飛驛奏捷，自以爲功，不勝則迫脅主將，以罪歸之；悉擇軍中驍勇以自衛，遣羸懦者就戰，故每戰多敗。又凡用兵，舉動皆自禁中授以方略，朝令夕改，不知所從；不度可否，惟督令速戰。中使道路如織，驛馬不足，掠行人馬以繼之，人不敢由驛路行。故雖以諸道十五萬之眾，裴度元臣宿望，烏重胤、李光顏皆當時名將，討幽、鎮萬餘之眾，屯守踰年，竟無成功，財竭力盡。崔植、杜元穎爲相，皆庸才，無遠慮。史憲誠既逼殺田布，朝廷不能討，遂并朱克融、王廷湊以節授之。由是再失河朔，迄于唐亡，不能復取。〔註123〕

由上所述，銷兵政策使致河北三鎮復叛，崔植與杜元穎的處置不當也脫離不了干係，《舊唐書・裴度傳》云「時驕主荒僻，輔相庸才，制置非宜，致其復亂。」〔註124〕餘如張弘靖的個人行事作風與河朔社會格格不入，以及河朔驕

〔註122〕《舊唐書》，卷172，〈蕭俛傳〉，頁4477～4478。
〔註123〕《資治通鑑》，卷242，「穆宗長慶二年（822）春正月條」，頁7808～7809。
〔註124〕《舊唐書》，卷170，〈裴度傳〉，頁4421。

兵悍民難以化育等因素使河北三鎮再度脫離朝廷的掌握。

　　銷兵政策的後遺症已如前述，以下分別敘述魏博、成德、幽州所以由恭順轉變爲叛逆的經過。

　　先論魏博。魏博政權由田布轉移至史憲誠一事，據《舊唐書·田布傳》述：

> 長慶元年春，移鎮涇原。其秋，鎮州軍亂，害弘正，都知兵馬使王廷湊爲留後。時魏博節度使李愬病不能軍，無以捍廷湊之亂，且以魏軍田氏舊旅，乃急詔布至，起復爲魏博節度使，仍遷檢校工部尚書，令布乘傳之鎮。布喪服居堊室，去旌節導從之飾；及入魏州，居喪御事，動皆得禮。其祿俸月入百萬，一無所取，又籍魏中舊產，無巨細計錢十餘萬貫，皆出之以頒軍士。牙將史憲誠出己麾下，謂必能輸誠報効，用爲先鋒兵馬使，精銳悉委之。時屢有急詔促令進軍。十月，布以魏軍三萬七千討之，結壘於南宮縣之南。十二月，進軍，下賊二柵。時朱克融囚張弘靖，據幽州，與廷湊掎角拒命。河朔三鎮，素相連衡，憲誠陰有異志。而魏軍驕侈，怯於格戰，又屬雪寒，糧餉不給，以此愈無鬪志，憲誠從而間之。俄有詔分布軍與李光顏合勢，東救深州，其眾自潰，多爲憲誠所有，布得其眾八千。是月十日，還魏州。十一日，會諸將復議興師，而將卒益倨，咸曰：「尚書能行河朔舊事，則死生以之；若使復戰，皆不能也。」布以憲誠離間，度眾終不爲用，嘆曰：「功無成矣！」即日密表陳軍情，且稱遺表，略曰：「臣觀眾意，終負國恩，臣既無功，不敢忘死。伏願陛下速救光顏、元翼，不然，則義士忠臣，皆爲河朔屠害。」奉表號哭，拜授其從事李石，乃入啓父靈，抽刀自刺，曰：「上以謝君父，下以示三軍。」言訖而絕。時議以布才雖不足，能以死謝家國，心志決烈，得燕、趙之古風焉。〔註125〕

《資治通鑑》卷二四二穆宗長慶二年（823）載：

> 初，田布從其父弘正在魏，善視牙將史憲誠，屢稱薦，至右職；及爲節度使，遂寄以腹心，以爲先鋒兵馬使，軍中精銳，悉以委之。憲誠之先，奚人也，世爲魏將；魏與幽、鎮本相表裏，及幽、鎮叛，魏人固搖心。布以魏兵討鎮，軍于南宮，上屢遣中使督戰，而將士

〔註125〕《舊唐書》，卷141，〈田布傳〉，頁3852～3853。

驕惰，無鬥志，又屬大雪，度支饋運不繼。布發六州租賦以供軍，將士不悅，曰「故事，軍出境，皆給朝廷。今尚書刮六州肌肉以奉軍，雖尚書癏己以肥國，六州之人何罪乎！」憲誠陰蓄異志，因眾心不悅，離間鼓扇之。會有詔分魏博軍與李光顏，使救深州，庚子，布軍大潰，多歸憲誠；布獨與中軍八千人還魏，壬寅，至魏州。癸卯，布復召諸將議出兵，諸將益偓寒，曰：「尚書能行河朔舊事，則死生以之；若使復戰，則不能也！」布無如之何，歎曰：「功不成矣！」即日，作遺表具其狀，略曰：「臣觀眾意，終負國恩；臣既無功，敢忘即死。伏願陛下速救光顏、元翼，不然者，忠臣義士皆為河朔屠害矣！」奉表號哭，拜授幕僚李石，乃入啓父靈，抽刀而言曰：「上以謝君父，下以示三軍。」遂刺心而死。憲誠聞布已死，乃諭其眾，遵河北故事。眾悅，擁憲誠還魏，奉為留後。戊申，魏州奏布自殺。已酉，以憲誠為魏博節度使。憲誠雖喜得旌鉞，外奉朝廷，然內實與幽、鎮連結。〔註126〕

田布為田弘正之子，卻自盡身亡，以悲劇收場。除史憲誠背棄田布，趁機奪權外，田氏父子失其根本，與魏博將校脫節也是原因之一。從上述兩段記載可以觀察到兩件事，其一，魏軍心動搖，田布威略不足以控馭魏軍，胡三省謂：「以田布所為，宜可以得魏卒之心，而卒不濟者，人心已搖，而布之威略不振也。」〔註127〕其二，魏軍長期為中央征戰，師老兵疲，國仇家恨或中央的賞賜均無法激發其鬥志，且不符魏軍將校之利益。毛漢光云：

> 其中最大的原因是田弘正父子（布）對唐中央過度忠勤，唐室常令其四出征戰，這與那羣職業將校的利益不合，田承嗣發展而來的職業軍人，其目的是保持河北現狀，軍旅是其安身立命發財致富的行業，並不是真正希望作戰立功，在沙場上為國家立功，為家族門望增光，故對離藩出征，意態闌珊，而田布啣君命出征鎮州，實非魏州軍士所喜。〔註128〕

當田布自殺，史憲誠奪得魏博節度使之職，田氏在魏博的政權亦告終結。

〔註126〕《資治通鑑》，卷242，「穆宗長慶二年（822）春正月條」，頁7806～7807。

〔註127〕《資治通鑑》，卷242，「穆宗長慶元年（821）八月乙亥（十二）條胡三省注」，頁7798。

〔註128〕毛漢光，〈魏博二百年史論〉，收入《中國中古政治史論》（臺北：聯經出版公司，1990年），頁340～341。

　　幽州鎮劉總在元和十三年（818）以專意歸朝廷，但未實行歸朝前，憲宗於元和十五年（820）正月突然駕崩於長安大明殿，因此之故，幽州歸朝已是穆宗即位之後。

　　長慶元年（821）正月，幽州劉總歸朝經緯，據《舊唐書・劉總傳》所記為：

> 初，總弒逆後，每見父兄為崇，甚慘懼，乃於官署後置數百僧，厚給衣食，令晝夜乞恩謝罪。每公退，則憩于道場，若入他室，則惝惕不敢寐。晚年恐悸尤甚，故請落髮為僧，冀以脫禍，乃以判官張皋為留後。總以落髮，上表歸朝，穆宗授天平軍節度使，既聞落髮，乃賜紫，號大覺師。總行至易州界，暴卒。〔註129〕

劉總歸朝前，為改變河朔舊風，曾做了一些安排，可惜穆宗耽於宴樂，不留意天下之務；宰相崔植、杜元穎無遠慮，不知安危大體；加上幽涿營節度使處張弘靖到鎮後處置不當，結果是幽州復叛，前功盡棄，枉費劉總一片苦心。如前引《舊唐書・劉總傳》載：

> 先是元和初，王承宗阻兵，總父濟備陳征伐之術，請身先之。及出軍，累拔城邑，旋屬被病，不克成功。總既繼父，願述先志，且欲盡更河朔舊風。長慶初，累疏求入覲，兼請分割所理之地，然後歸朝。其意欲以幽、涿、營州為一道，請弘靖理之；瀛州、漠州為一道，請盧士玫理之；平、薊、嬀、檀為一道，請薛平理之。仍籍軍中宿將盡薦於闕下，因望朝廷升獎，使幽薊之人皆有希羨爵祿之意。及疏上，穆宗且欲速得范陽，宰臣崔植、杜元穎又不為久大經略，但欲重弘靖所授，而未能省其時局，惟瀛、漠兩州許置觀察使，其他郡縣悉命弘靖統之。時總所薦將校，又俱在京師旅舍中，久而不問。如朱克融輩，僅至假衣丐食，日詣中書求官，不勝其困。及除弘靖，又命悉還本軍。克融輩雖得復歸，皆深懷觖望，其後果為叛亂。〔註130〕

劉總建請將所理之地分屬三道，但是「會穆宗沖逸，宰相崔植、杜元穎無遠慮，欲寵弘靖，重其權，故全付總地，唯分瀛、莫置觀察使。」〔註131〕使得

〔註129〕《舊唐書》，卷143，〈劉總傳〉，頁3902。

〔註130〕《舊唐書》，卷143，〈劉總傳〉，頁3904。

〔註131〕《新唐書》，卷212，〈劉總傳〉，頁5976。

張弘靖得掌控重權。又劉總慮軍中有變,選擇都知兵馬使朱克融等伉健難制者送至京師,希藉朝廷獎拔,使燕人有羨慕朝廷祿位之志。未料「宰相崔植、杜元穎不知兵,且無遠略,謂兩河無虞,遂奏勒歸鎮。」〔註132〕崔、李不知禮遇朱克融等,又將其遣回本鎮,猶如縱虎歸山,遂有長慶初,幽州軍亂,朱克融囚張弘靖、害賓佐,勾結王廷湊,國家復失河朔等情事發生。

幽州軍亂發生在穆宗長慶元年(821)七月,據《舊唐書‧穆宗本紀》載:

> 甲寅,幽州監軍使奏:「今月十日軍亂,囚節度使張弘靖別館,害判官韋雍、張宗元、崔仲卿、鄭塤。軍人取朱滔子洄爲留後。」丁巳,貶張弘靖爲太子賓客分司。己未,再貶弘靖爲吉州刺史。朱洄自以年老,令軍人立其子克融爲留後。……故克融爲亂,復失河北矣。〔註133〕

張弘靖爲張延賞次子,劉總薦張弘靖,「弘靖先在河東,以寬簡得眾,總與之鄰境,聞其風望,以燕人桀驁日久,故舉弘靖自代以安輯之。」〔註134〕然弘靖入主幽州,因處事不當導致軍亂,軍士囚張弘靖而迎朱克融爲留後,幽州再叛。《舊唐書‧張弘靖傳》:

> 弘靖之入幽州也,薊人無老幼男女,皆夾道而觀焉。河朔軍帥冒寒暑,多與士卒同,無張蓋安輿之別。弘靖久富貴,又不知風土,入燕之時,肩輿於三軍之中,薊人頗駭之。弘靖以祿山、思明之亂,始自幽州,欲於事初盡革其俗,乃發祿山墓,毀其棺柩,人尤失望。從事有韋雍、張宗厚數輩,復輕肆嗜酒,常夜飲醉歸,燭火滿街,前後呵叱,薊人所不習之事。又雍等詬責吏卒,多以反虜名之,謂軍士曰:「今天下無事,汝輩挽得兩石力弓,不如識一丁字。」軍中以意氣自負,深恨之。劉總歸朝,以錢一百萬貫賜軍士,弘靖留二十萬貫充軍府雜用。薊人不勝其憤,遂相率以叛,囚弘靖於薊門館,執韋雍、張宗厚輩數人,皆殺之。續有張徹者,自遠使迴,軍人以其無過,不欲加害,將引置館中。徹不知其心,遂索弘靖所在,大罵軍人,亦爲亂兵所殺。明日,吏卒稍稍自悔,悉

〔註132〕《舊唐書》,卷180,〈朱克融傳〉,頁4673。

〔註133〕《舊唐書》,卷16,〈穆宗本紀〉,頁484。

〔註134〕《資治通鑑》,卷242,「穆宗長慶元年(821)六月條」,頁7792。

詣館，請弘靖爲帥，願改心事之。凡三請，弘靖卒不對。軍人乃相
謂曰：「相公無言，是不赦吾曹必矣，軍中豈可一日無帥！」遂取朱
洄爲兵馬留後。朝廷既除洄子克融爲幽州節度使，乃貶弘靖爲撫州
刺史。〔註135〕

張弘靖的失敗，原因在於張弘靖與幽州文化的格格不入，如王壽南所云：

治理幽州的手段與方式違背幽州的習俗，……張弘靖入幽州後的行
爲，乃是中央統治地區之習俗，然而竟與河北地區大相迥異，違
反習俗的權力，必不能爲人民所忍受，於是，張弘靖所代表的中
央權力，便爲當地人所推翻。這是河北習俗與中央習俗相衝突的結
果。〔註136〕

原劉總所治理的瀛莫二州，也發生軍亂。《資治通鑑》卷二四二穆宗長慶元年
（821）八月：「丙子（十三），瀛州軍亂，執觀察使盧士玫及監軍僚佐送幽州，
囚於客館。」〔註137〕瀛莫二州復入幽州。

　　幽州再叛後，成德與魏博繼之而起，終唐之世，朝令不能達於河朔。

　　至於成德，長慶元年（821）王廷湊殺節度使田弘正，自稱留後之後，朝
廷屢次討伐不能勝，且因財力殫竭，不得已下於長慶二年（822）二月詔赦王
廷湊，以其爲成德軍節度使，而王廷湊叛服無常，故《舊唐書・王廷湊傳》
稱：「鎮冀自李寶臣已來，雖惟岳、承宗繼叛，而猶親鄰畏法，期自新之路；
而兇毒好亂，無君不仁，未如廷湊之甚也。」〔註138〕

　　穆宗改憲宗之攻伐而爲姑息，「初，上在東宮，聞天下厭苦憲宗用兵，故
即位，務優假將卒以求姑息。」〔註139〕憲宗苦心經營的成果，毀於穆宗之
手，河北三鎮的復失，又成割據之局，尤其可嘆，故《舊唐書・穆宗本紀》
末「史臣曰」：

昔章武皇帝痛國命之不行，惜朝綱之將墜，乃求賢俊，總攬英雄，
果能扼大盜之喉，制姦臣之命。五十載已終之土，復入提封；百萬
戶受弊之甿，重蘇景化。元和之政，幾致昇平。鷗梟方革於好音，
龍鼎俄傷於短祚。苟或時有平、勃之佐，繼以文、景之才，則廷湊、

〔註135〕《舊唐書》，卷129，〈張弘靖傳〉，頁3611～3612。
〔註136〕王壽南，前引書，頁338。
〔註137〕《資治通鑑》，卷242，「穆宗長慶元年（821）八月條」，頁7798。
〔註138〕《舊唐書》，卷142，〈王廷湊傳〉，頁3888。
〔註139〕《資治通鑑》，卷242，「穆宗長慶二年（822）二月條」，頁7811。

　　克融，自縮螳螂之臂；智興、李岕，敢萌狗鼠之謀？強盜寧窺孟賁之金，餓隸不拾嬰兒之餌。觀夫屛主，可謂痛心，不知創業之艱難，不恤黎元之疾苦。謂威權在手，可以力制萬方；謂疏昊在躬，可以坐馳九有。曾不知聚則萬乘，散則獨夫，朝作股肱，暮爲讎敵。仲長子所謂「至於運徙勢去，獨不覺悟者豈非富貴生不仁，沉溺致愚疾。存亡以之迭代，治亂從此周復」。誠哉是言也！〔註140〕

自文宗至禧宗乾符年間，河北三鎮持續割據，唐廷維持姑息政策。文宗太和五年（827）正月幽州軍亂，逐其帥李載義一事。據《舊唐書‧牛僧孺傳》載：

　　五年正月，幽州軍亂，逐其帥李正義。文宗以載義輸忠於國，遽聞失帥，駭然，急詔宰臣謂之曰：「范陽之變奈何？僧孺對曰：「此不足煩聖慮，且范陽得失，不繫國家休戚，自安、史已來，翻覆如此。前時劉總以土地歸國，朝廷耗費百萬，終不得范陽尺帛斗粟入于天府，尋復爲梗。至今志誠亦由前載義也，但因而撫之，俾扞奚、契丹不令入寇，朝廷所賴也。假以節旄，必自陳力，不足以逆順治之。」

　　帝曰：「吾初不詳思，卿言是也。」即日命中使宣慰。〔註141〕

武宗會昌三年（843）四月，澤潞節度使劉從諫卒，三軍擁其姪劉稹爲留後，請求旄鉞，宰相李德裕曰：「劉稹所恃者，河朔三鎮耳。……自艱難已來，列聖皆許三鎮嗣襲，已成故事。」〔註142〕元和時，牛李黨爭興起，牛僧孺與李德裕互斥相恨，文宗曾歎曰：「去河北賊易，去朝廷朋黨難。」〔註143〕雖然兩黨對藩鎮的態度不同，「對於父死子繼、以下叛上的藩帥，李黨歷來主張堅決打擊，無情鎮壓；牛黨則一貫姑息養奸、息事寧人的態度。」〔註144〕但從上述兩人的發言，牛李黨均承認唐中央無力控制河北三鎮的事實。

　　現勢若此，河北三鎮藩帥往往需藉朝廷詔命以安軍情。李德裕嘗曰：「河朔事勢，臣所熟諳。比來朝廷遣使賜詔常太速，故軍情遂固。若置之數月不問，必自生變。」〔註145〕另據《資治通鑑》卷二四八武宗會昌四年（844）載：

〔註140〕《舊唐書》，卷16，〈穆宗本紀〉末「史臣曰」，頁504。

〔註141〕《舊唐書》，卷172，〈牛僧孺傳〉，頁4471。

〔註142〕《舊唐書》，卷174，〈李德裕傳〉，頁4526。

〔註143〕《資治通鑑》，卷245，「文宗太和八年（834）條」，頁7899。

〔註144〕胡如雷，〈唐代牛李黨爭研究〉，收入氏著《隋唐政治史論集》（石家莊：河北教育出版社，1997年），頁332。

〔註145〕《資治通鑑》，卷245，「武宗會昌元年（841）條」，頁7955～7956。

自用兵以來，河北三鎮每遣使至京師，李德裕常面諭之曰：「河朔兵力雖強，不能自立，需藉朝廷官爵威命以安軍情。歸與汝使，與其使大將邀宣慰敕使以求官爵，何如自奮忠義，立功立事，結知明主，使恩出朝廷，不亦榮乎！且以耳目所及者言之，李載義至幽州，爲國家盡平滄景，即爲軍中所逐，不失作節度使，後鎮太原，位至宰相。楊志誠遣大將遮敕使馬求官，及爲軍中所逐，朝廷竟不赦其罪，此二人禍福足以觀矣。」德裕復以其言白上，上曰：「要當如此明告之。」由是三鎮不敢有異志。〔註146〕

由於「河北三鎮藩帥未能完全控制其屬下之軍隊，在得位之初，常需仰賴朝廷之詔命，以增加自己的威望，維持其地位。」〔註147〕遂有此現象。掌握了河朔藩帥的心態，武宗時對於河朔藩鎮節帥的更替已發展出一應對方式：「先是河朔諸鎮有自立者，朝廷必先有弔祭使，次冊贈使，宣慰使繼往商度軍情，必不可與節，則別除一官；俟軍中不聽出，然後始用兵。故常及半歲，軍中得繕完爲備。至是，宰相亦愈且遣使開諭，上即命下詔討之。」〔註148〕對付河北藩帥，此策略經常奏效，如《資治通鑑》卷二四七武宗會昌三年（843）七月載，「李回至河朔，何弘敬、王元逵、張仲武皆具橐鞬郊迎，立於道左，不敢令人控馬，讓制使先行，自兵興以來，未之有也。回明辯有膽氣，三鎮無不奉詔。」〔註149〕即爲明證。

武宗時，河北三鎮的跋扈態度較前緩和，君相同居首功。《舊唐書‧李德裕傳》云：

自開成五年回紇至天德，至會昌四年八月平澤潞，首尾五年，其籌度機宜，選用將帥，軍中書詔，奏請雲合，起草指蹤，皆獨決於德裕，諸相無預焉。……德裕特承武宗恩顧，委以樞衡。決策論兵，舉無疑悔，以身捍難，功流社稷。」〔註150〕

至於武宗，《舊唐書‧武宗本紀》：

史臣曰：開成中，王室寖卑，政由閹寺。及綴衣將變，儲位遽移。昭肅以孤立維城，副茲當璧。而能雄謀勇斷，振已去之威權；運策

〔註146〕《資治通鑑》，卷245，「武宗會昌三年（843）八月條」，頁8010。
〔註147〕王壽南，前引書，頁357。
〔註148〕《資治通鑑》，卷245，「武宗會昌三年（843）五月條」，頁7984。
〔註149〕《資治通鑑》，卷247，「武宗會昌三年（843）七月條」，頁7987～7988。
〔註150〕《舊唐書》，卷174，〈李德裕傳〉，頁4527。

　　勵精，拔非常之俊傑。屬天驕失國，潞孽阻兵，不惑盈庭之言，獨
　　納大臣之計。戎車既駕，亂略底寧，紀律再張，聲名復振，足以蹈
　　章武出師之迹，繼元和戡亂之功。〔註151〕

李德裕因黨爭之怨，宣宗時終貶爲崖州司戶。武宗信方士之說，服食修攝，
崩於會昌六年（846）三月，年方三十三歲。

　　唐末，自黃巢之亂後，中央政府已逐漸失去對藩鎮的控制，河北三鎮爲
圖救亡，淪爲河東李克用與宣武朱全忠兩強藩之附庸。魏博羅紹威引朱全忠
之兵力誅殺魏軍，《新唐書·羅紹威傳》：

　　魏牙軍，起田承嗣募軍中子弟爲之，父子世襲，姻黨盤互，悍驕不
　　顧法令，憲誠等皆所立，有不慊，輒害之無噍類。厚給稟，姑息不
　　能制。時語曰：「長安天子，魏府牙軍。」謂其勢彊也。紹威懲曩禍，
　　雖外示優假，而内不堪。俄而小校李公佺作亂，不克，奔滄州。紹
　　威乃決策屠翦，遣楊利言與全忠謀。全忠乃遣符道昭將兵合魏軍二
　　萬攻滄州，求公佺，又遣李思安助戰，魏軍不之疑。紹威子，全忠
　　婿也，會女卒，使馬嗣勳來助葬，選長直千人納盟器，實甲以入。
　　全忠自滑濟河，聲言督滄景行營。紹威欲出迎，假銳兵以入，軍中
　　勸毋出而止。紹威遣人潛入庫，斷絃解甲，注夜，將奴客數百與嗣
　　勳攻之，軍趨庫得兵，不可戰，因夷滅凡八千族，闔市爲空。平明，
　　全忠亦至，聞事定，馳入軍。魏兵在行者聞變，於是史仁遇保高唐，
　　李重霸屯宗縣，分據貝、澶、衛等六州。仁遇自稱魏博留後，全忠
　　解滄州兵以攻高唐，仁遇引眾走，爲游騎所獲，支解之，進拔博、
　　澶二州。李重霸走，俄斬其首，相、衛皆降。紹威雖除其偪，然勢
　　弱，爲全忠牽制，比州刺史矣，内悒悒悔恨。〔註152〕

然雖除内患，強大兵力亦失，只有依附於朱全忠，朱全忠藉魏博之助，得以
在河北順利發展。

　　成德節度使王鎔亦夾處於李克用與朱全忠之間，最後投身依附朱全忠。
幽州劉仁恭先後爲李克用與朱全忠之附庸。

　　綜上所述，自安史亂後，河北三鎮大部分時間叛逆割據，猶如半獨立狀
態，唐廷方面，如張國剛所言，囿於軍事力量、財政力量與朝廷内部的矛盾

〔註151〕《舊唐書》，卷18上，〈武宗本紀上〉，頁610。
〔註152〕《新唐書》，卷210，〈羅紹威傳〉，頁5942。

鬥爭等三個因素，傾全國之力終無法削滅河北藩鎮。〔註153〕對其政策擺盪於「姑息」與「用兵」兩端，憲宗「元和中興」究如曇花一現，故「姑息」為多。反觀河北三鎮所以能夠長期與唐廷周旋，其中一個理由就是所謂的「唇亡齒寒」，藩鎮必須捐棄私見對付朝廷；一旦某藩有歸順朝廷之舉時，如《舊唐書・田弘正傳》載：「自弘正歸國，幽、恆、鄆、蔡有齒寒之懼，屢遣客間說，多方誘阻。」〔註154〕以打消其意。此外，河北藩鎮在合從連橫之間常有聯姻之舉，如《資治通鑑》卷三九代宗永泰元年七月（765）條載：

> 時成德節度使李寶臣、魏博節度使田承嗣、相衛節度使薛嵩、盧龍節度使李懷仙，收安、史餘黨，各擁勁卒數萬，治兵完城，自署文武將吏，不供貢賦，與山南東道節度使梁崇義及李正己皆結為婚姻，互相表裏。〔註155〕

另如大曆中，成德鎮李寶臣弟李寶正為魏博田承嗣的女婿；〔註156〕藩鎮間的聯姻「是建立在強藩武裝對抗中央的基礎上，強藩處於政局、戰略要地等各種因素的考量，彼此通過聯姻，建立更大的、鬆散的軍事聯盟，以對抗其他各方。」〔註157〕魏博鎮也因位於與中央接壤的位置，利用與周邊藩鎮的聯姻來維護其安全，如《資治通鑑》卷二三八元和七年（812）條記：「初，（田季安）娶洺州刺史元誼女，生子懷諫，為節度副使。」〔註158〕藉以鞏固對抗中央的聯盟。

　　唐廷雖亦以公主下嫁河北藩鎮子弟以為攏絡安撫的手段之一，如代宗時永泰公主下嫁魏博節度使田承嗣之子田華、嘉誠公主下嫁魏博節度使田緒等，但大部分藩鎮即使在公主下降後，仍與中央政府貌合神離，〔註159〕未能發揮安撫攏絡的效果。

〔註153〕張國剛，前引書，頁130～134。

〔註154〕《舊唐書》，卷141，〈田弘正傳〉，頁3850。

〔註155〕《資治通鑑》，卷223，代宗永泰元年（765）七月條，頁7175。

〔註156〕《新唐書》，卷211，〈藩鎮鎮冀・李寶臣傳〉，頁5946。

〔註157〕金瑩坤，〈論中晚唐河朔藩鎮割據與聯姻的關係——以義武軍節度使陳君賞墓誌銘為中心〉，《學術月刊》12，2006年，頁130。

〔註158〕《資治通鑑》，卷238，憲宗元和七年（812）八月條，頁7692。

〔註159〕王劍，〈另一種和親——也談中唐以後公主下嫁藩鎮問題〉，《山西大學學報・哲社版》3，2006年，頁84。

第五章 安史亂後河北三鎮的財政、軍事與政治

　　安史之亂初平，肅宗任命田承嗣等安史降將爲河北地區節度使，開始了河北三鎮長期割據的歷史。河北三鎮係藩鎮跋扈割據支始作俑者，揆其歷史，除憲宗時曾短暫歸順朝廷外，其餘大部分的時間都處於半獨立狀態。所謂的「父死子代、不稟朝命、不貢賦稅、官吏自署」已是河朔常態，朝廷外有回紇、吐蕃的相繼侵擾，內部則問題重重，因此，歷來皇帝大多「姑息」以對。

　　安史亂後至唐朝覆亡這段期間，河北三鎮割據跋扈，彼此聲氣相通，聯手對抗中央；但河北三鎮每在藩帥變動之際，亟需朝廷正式任命以安軍心，有時也聽從朝廷的調遣，顯示出河唐之間存在著看似對立其實又無法分割的關係。

　　代宗大曆時，河北三鎮中魏博有魏、博、相、衛、洺、貝、澶七州，成德有恆、易、深、趙、滄、冀、定七州，幽州有幽、涿、營、瀛、莫、平、薊、媯、檀九州。憲宗元和時，魏博節度使管魏、博、相、衛、貝、澶六州，恆冀節度使管恆、冀、深、趙、德、棣六州，幽州盧龍節度使管幽、涿、營、瀛、莫、檀、媯、平、薊九州。唐廷難以取獲這區區幾州，原因如前所述；另一方面，河北三鎮長期割據，「在政治上，節度使不由中央派遣，由本鎮擁立。在財政上，賦稅截留本鎮，而拒不上供中央。在軍事上，違背中央意志畜養重兵，專恣一方，並倚之作爲與中央政府分庭抗禮的憑藉」〔註1〕成了三

〔註1〕張國剛，《唐代藩鎮研究》（長沙：湖南教育出版社，1987年），頁83。

鎮之特徵。本章擬從財政、軍事與政治等點切入，探析三鎮內部的情形，藉此了解其得以長期對抗唐廷的原因，以及捨對抗之外與唐廷間之關係。

第一節　安史亂後河北三鎮的財政

戰爭是勞民傷財之事，戰爭勝利與否的先決條件是有著充裕的財力。在唐朝與河北三鎮間的戰爭中，財政是影響成敗的重要因素。例如，德宗建中三年（782）四月行借商暴政，肇因與魏博、成德、幽州戰爭導致的財用困窘。據《舊唐書·德宗本紀上》載：

> 朱滔、王武俊與田悅合從而叛。太常博士韋都賓、陳京以軍興庸調不給，借請京城富商錢，大率每商留萬貫，餘並入官，不一二十大商，則國用濟矣。判度支杜佑曰：「今諸道用兵，月費度支錢一百餘萬貫，若獲五百萬貫，才可支給數月。」甲子，詔京兆尹、長安、萬年令大索京畿富商，刑法嚴峻，長安令薛苹荷校乘車，於坊市收索，人不勝鞭笞，乃至自縊。京師囂然，如被盜賊。搜刮既畢，計其所得纔八十萬貫，少尹韋禎又取僦櫃質庫法考索之，纔及兩百萬。〔註2〕

德宗借商形同搶劫，所得也才兩百萬貫，雖可支兩月，但是「對朝廷聲威，人心的喪失，恐不能以數量計。」〔註3〕此事固顯示了德宗的不智，財政與軍事息息相關亦由此可見。

憲宗得以使許多跋扈藩鎮轉為恭順，在於平叛戰爭的勝利，而平叛戰爭得以順利進行，端靠足夠的財力支持。《資治通鑑》卷二三八元和五年（810）十二月己丑（二十三日）條：「以（李）絳為中書舍人，學士如故。絳嘗從容諫上聚財。上曰：『今兩河數十州，皆國家政令所不及，河湟數千里，淪於左衽。朕日夜思雪祖宗之恥，而財力不贍，故不得不蓄積耳。』」〔註4〕而憲宗朝正是唐廷控制力最強的時期。其餘各朝，若同時用兵於外患及藩鎮，財政不免窘困，當是控制力薄弱之際。故王壽南云：

> 唐代中央政府經濟力量之強弱常與對藩鎮控制力之大小成正比，中

〔註2〕《舊唐書》，卷12，《德宗本紀上》，頁332。
〔註3〕王吉林，〈唐德宗的危機處理〉，收入《唐代宰相與政治》（臺北：文津出版社，1999年），頁255。
〔註4〕《資治通鑑》，卷238，「憲宗元和五年（810）十二月己丑（二十三）條」，頁7682。

央政府經濟力量愈強則對藩鎮（尤其是不恭順之藩鎮）之控制力愈
大。屢次藩鎮跋扈氣燄的高張，都當中央政府經濟力量衰竭之時，
及中央經濟力量雄厚，藩鎮跋扈氣燄即被抑制。〔註5〕

比之唐廷的困境，河朔三鎮的財政相對寬裕。據《新唐書‧史孝章傳》載：

> 憲誠得魏，遷士曹參軍。孝章見父數奸命，内非之，乘間諫曰：「大
> 河之北號富彊，然而挺亂取地，天下指河朔若夷狄然。今大人身封
> 侯，家富不貲，非痛洗澱，竭節事上，恐吾踵不旋禍且至。」因涕
> 下沾衿。父粗武，不盡聽。〔註6〕

前述引文說明了兩件事，一是河北的富強，二是史憲誠的河朔藩帥特質。從
地理位置上來看，魏博鎮與成德鎮在原河北道南部，幽州鎮橫跨原河北道南
北部。魏博最南，成德居中，幽州在北。三鎮之富庶並不自安史亂後始，自
古以來，三鎮所在的河北地區，因地位衝要、人口眾多、物產豐饒向為兵家
必爭之地。

　　安史之亂破壞了唐朝的繁榮，河北地區淪為戰場而滿目瘡痍，一如郭子
儀所奏：「東至鄭、汴，達于徐方，北自覃懷，經于相土，人煙斷絕，千里蕭
條。」〔註7〕儘管如此，河北地區自然條件原本優越，杜牧謂：

> 夫河北者，俗儉風渾，淫巧不生，樸毅堅強，果於戰耕。名城堅壘，
> 嶺壁相貫；高山大河，盤互交鎖。加以土息健馬，便於馳馬，是以
> 出則勝，處則饒，不窺天下之產，自可封殖，亦猶大農之家，不待
> 珠璣然後以為富也。〔註8〕

戰後的河北經濟仍有相當發展，〔註9〕在節度使與士卒同甘苦，招撫百姓，勸
之耕桑下，遂使戶口滋殖，倉廩充盈，「轉荒殘為富貴」。〔註10〕歸納河北各
鎮節度使發展經濟的措施，大致有 1.招撫流亡，墾荒種田。2.勸課農桑，輕徭
薄賦。3.興利除害，施惠於民等。〔註11〕招撫流亡，墾荒種田上，如成德李寶

〔註5〕　王壽南，《唐代藩鎮與中央關係之研究》（臺北：大化書局，1978年），頁283。

〔註6〕　《新唐書》，卷148，〈史孝章傳〉，頁4790。

〔註7〕　《舊唐書》，卷120，〈郭子儀傳〉，頁3457。

〔註8〕　（唐）杜牧，〈戰論并序〉，《樊川文集》（樹林：漢京文化公司，1983年），頁91。

〔註9〕　金寶祥，〈安史亂後唐代封建經濟的特色〉，收入《唐史論文集》（蘭州：甘肅
人民出版社，1982年），頁254～302。

〔註10〕　《資治通鑑》，卷244，「文宗太和三年（829）八月條」，頁7866。

〔註11〕　賈艷紅，〈唐後期河北道區域性經濟的發展〉，《齊魯學刊》4，1996年，頁67
～68。

臣獲致顯著的效果：「南自相、衛、邢、貝，東至滄、德、瀛、鄚，匹夫匹婦，蕩在草莽，越踐公境，宣服公威。」〔註12〕成德因此「財用豐衍……雄冠山東。」〔註13〕勸課農桑，輕徭薄賦方面，如代宗時，相州刺史薛嵩「建節於鄴時，兵不滿百，馬惟數駟，府微棲糧，家僅餘堵。公乃掃除粃政，濟活人命。一年而墻宇興，二年而耕稼盛，日就月將，遂臻夫小康。」〔註14〕至於興利除害，施惠於民，憲宗元和八年（813）十二月，「以河溢浸滑州羊馬城之半，滑州薛平、魏博田弘正徵役萬人，於黎陽界開古黃河道，……決舊河水勢，滑人遂無水患。」〔註15〕活人無數，造福蒼生。上述諸項措施的奏效，農業恢復發展，手工業得到進一步發展，商業繁榮興盛，甚至超過前期，在全國居於領先地位。〔註16〕

河北三鎮藩帥均係安史降將，陽奉朝旨，實則自主，在境內發展生產，蓄積力量，招兵買馬，以抗朝廷。若要做到前述，必得有足夠人口作基礎。安史之亂後的河北道人口數，據表 2-16 所示，元和戶數僅有 1514057，比較天寶十二載（753）的戶數 1161030 戶，相差懸殊，雖然大亂之後人數減少為必然現象，但元和數如此之少，實不可信，以下分採相關史料略論安史亂後河北三鎮之人口。

以魏博鎮而言，《舊唐書・田承嗣傳》載：

> 承嗣不習教義，沉猜好勇，雖外受朝旨，而陰圖自固，重加稅率，修繕兵甲，計戶口之眾寡，而老弱事耕稼，丁壯從征役，故數年之間，其眾十萬。仍選其魁偉強力者萬人以自衛，謂之衙兵，郡邑官吏，皆自署置，戶版不籍於天府，稅賦不入於朝廷，雖曰藩臣，實無臣節。〔註17〕

同傳又載「建中初，黜陟使洪經綸至河北，方聞悅軍七萬。」〔註18〕據上述兩條史料，魏博軍額約有七萬至十萬。

〔註12〕《全唐文》（臺北：大化書局，1987 年），卷 440，王佑〈成德軍節度使開府儀同三司檢校尚書右僕射兼御史大夫恒州刺史充管內度支營田使清河郡王李公記功載政頌并序〉，頁 2013。

〔註13〕《新唐書》，卷 211，〈李寶臣傳〉，頁 5946。

〔註14〕《全唐文》，卷 443，程浩〈相州公宴堂記〉，頁 2027。

〔註15〕《舊唐書》，卷 15，〈憲宗本記下〉，頁 448。

〔註16〕賈艷紅，前引文，頁 68～70。

〔註17〕《舊唐書》，卷 141，〈田承嗣傳〉，頁 3838。

〔註18〕《舊唐書》，卷 141，〈田悅傳〉，頁 3841。

成德鎮的軍額，《舊唐書‧李寶臣傳》：

> 時寶臣有恆、定、易、趙、深、冀六州之地，後又得滄州步卒五萬，馬五千匹，當時勇冠河朔諸帥。寶臣以七州自給，軍用殷積，招集亡命之徒，繕閱兵仗，與薛嵩、田承嗣、李正己、梁崇義等連結姻姻，互爲表裏，意在以土地傳子孫，不秉朝旨，自補官吏，不輸王賦。〔註19〕

《資治通鑑》卷二二五代宗大曆十二年（777）十二月：「是時田承嗣據魏、博、相、衛、洺、貝、澶七州，李寶臣據恆、易、趙、定、深、冀、滄七州，各擁眾五萬。」〔註20〕成德軍額在大曆後至少在五萬以上。

幽州鎮大曆軍額不明，但位處東北前緣，負責抵禦奚與契丹，兵力當不遜於其他兩鎮。《新唐書‧朱滔傳》有「滔兵五萬，車千乘，騎二萬，士私屬萬餘，虜兵三千，馬橐它倍之。」〔註21〕代宗、德宗時幽州軍額爲五萬，元和時劉濟討王承宗有兵七萬〔註22〕，有所增長。

宣宗時孫樵云：「今天下常兵不下百萬，皆衣食於平民，歲度其費，率中戶五僅能活一兵。如此則編戶不足五百萬，不足以給之。」〔註23〕若以五戶供養一兵的原則來推估，不計邢洺磁三州，元和時河北藩鎮下轄民戶最低應有一百一十五萬。河北三鎮仍有一定數量的人口規模，接近或相當於天寶戶。由於1.安史亂後戶籍的申報、登記不如租庸調時嚴格。2.藩鎮厚自奉養，向中央申報戶數並非實際徵稅戶數。3.隱匿人口眾多等原因遂使得《元和郡縣志》所載戶數如此之少。〔註24〕

在原河北道的自然基礎上，三鎮以眾多的人口，發展出不錯的經濟實力，「士馬彊而蓄積厚」〔註25〕。魏博位居黃河下游，生產力高，素以兵精糧足著稱，史稱「自河而北，地闊兵賦之大，實在鄴中。」〔註26〕建中二年，魏

〔註19〕《舊唐書》，卷142，〈李寶臣傳〉，頁3866。

〔註20〕《資治通鑑》，卷225，「代宗大曆十二年（777）十二月條」，頁7250。

〔註21〕《新唐書》，卷212，〈朱滔傳〉，頁5972。

〔註22〕《新唐書》，卷212，〈劉濟傳〉，頁5975。

〔註23〕《全唐文》，卷794，孫樵〈復佛寺奏〉，頁3735。

〔註24〕王義康，〈唐河北藩鎮時期人口問題試探〉，《河南社會科學》1，2005年，頁120。

〔註25〕《新五代史》，卷39，〈王鎔傳〉，頁411。

〔註26〕《全唐文》，卷832，錢翊〈授魏博節度副使守左司馬知府事長沙縣開國子羅紹威檢校司徒進封開國侯制〉，頁3938。

博田悅戰敗，成德判官畢華勸阻李惟岳歸順朝廷的理由為「大夫與魏盟未久，魏雖被圍，彼多積蓄，未可下。」〔註27〕田悅靠魏博所積儲的糧食得以堅守魏州。

羅紹威曾接濟哀帝「百官絹千疋，綿三千兩。」〔註28〕天祐二年（905），羅紹威與朱全忠合謀誅殺魏博牙兵8000家後，朱全忠留魏半歲「羅紹威供億，所殺牛羊豕近七十萬，資糧稱是，所賂遺又近百萬。」〔註29〕羅紹威之蓄積為之一空。

王士眞任成德鎮節度使時，「歲貢貨財，名爲進奉者，亦數十萬。」〔註30〕王元逵「頗輸誠款，歲時貢奉，結轍於途」〔註31〕僖宗時，成德節度使王鎔受盧龍、河東、宣武三鎮威脅，曾餉李匡威二十萬金；送李克用縑二十萬疋、幣五十萬、糧二十萬石；送朱全忠幣二十萬，以錢貨換取和平。〔註32〕成德財富可見一斑，不遜於魏博。

幽州情形大致相同。憲宗時，劉總獻馬萬五千匹。〔註33〕唐末龐勛反於徐州，節度使張允伸「上米五十萬斛、鹽二萬斛佐用度」〔註34〕。

由上舉數例可以看出河北三鎮財政狀況相當不錯，據馬華春的研究，河北三鎮的財政收入主要來自兩稅、農業稅、專賣收入（榷鹽、榷酒、榷茶）、商業收入等，魏博鎮年收入的總額為1771372.05貫，成德鎮年收入的總額為1530738.04貫，盧龍鎮為1117177.04貫；軍需是三鎮主要支出，扣除正常供軍外，魏博餘錢421669.09貫至949669.09貫之間，成德餘錢在90997.86貫至684997.86貫之間，盧龍以五萬軍隊來算，餘錢在37374.21至499374.21貫，七萬軍隊則無盈餘。三鎮收支狀況較好，有足夠的財力與朝廷爭奪士兵的忠誠。反觀朝廷，朝廷的收入種類比河北三鎮多得多，但支出更多，支出與收入基本相抵，甚至入不敷出。唐朝根本沒有經濟能力收回，更不用說長期佔有河朔三鎮。〔註35〕

〔註27〕《新唐書》，卷211，〈李惟岳傳〉，頁5949。

〔註28〕《冊府元龜》，卷485，〈邦計部・輸財〉，頁2555。

〔註29〕《資治通鑑》，卷265，「昭帝天祐三年（906）條」，頁8660。

〔註30〕《舊唐書》，卷142，〈王士眞傳〉，頁3877。

〔註31〕《舊唐書》，卷142，〈王元逵傳〉，頁3888。

〔註32〕《新唐書》，卷211，〈王鎔傳〉，頁5693～5695。

〔註33〕《新唐書》，卷212，〈劉總傳〉，頁5976。

〔註34〕《新唐書》，卷212，〈張允伸傳〉，頁5982。

〔註35〕馬春華，〈淺論唐代河朔三鎮長期割據的財政原因〉，《民族史研究》10，2005

河北三鎮既佔了地利，有著堅強的經濟實力；藩帥在自己轄區「重加稅率」；加上地方財權由藩帥掌握，不向朝廷上繳賦稅；得以蓄積不少財富，以此為割據基礎，與唐廷長期對抗。

第二節　安史亂後河北三鎮的軍事

前節已說明了河北藩鎮的經濟實力是其所以能長期割據的基礎，那麼，擁有一支強悍善戰的軍隊便是對抗中央的支柱，而且這根支柱同時影響著唐廷與河北藩鎮。《新唐書・兵志》稱：

> 大盜既滅，而武夫戰卒以功起行陣，列為王侯者，皆除節度使。由是方鎮相望於內地，大者連州十餘，小者尤兼三四。故兵驕則逐帥，帥彊則叛上。或父死子握其兵而不肯代；或取捨由於士卒，往往自擇將吏，號為「留後」，以邀命於朝。天子顧力不能制，則忍恥含垢，因而撫之，謂之姑息之政，蓋姑息起於兵驕，兵驕由於方鎮，姑息愈甚，而兵將愈驕。由是號令自出，以相侵擊，虜其將帥，并其土地，天子熟視不知所為，反為和解之，莫肯聽命。〔註36〕

唐廷因藩鎮擁驕兵而行姑息之政，藩鎮藩帥的更替亦掌握於驕兵手上，軍隊在河北三鎮的對內與對外上都扮演著重要的角色。故清趙翼嘗言：

> 秦漢六朝以來，有叛將無叛兵。至唐中葉以後，則方鎮兵變，比比而是，蓋藩帥既不守臣節，毋怪乎其下從而效之，逐帥殺帥，視為常事。為之帥者，既慮其變而為肘腋之患，又欲結其心以為爪牙之助，遂不敢制以威令，而徒恃厚其恩賞，此驕兵之所以益橫也。〔註37〕

唐代藩鎮的軍事體制內容十分複雜，據張國剛的研究，藩鎮內部的軍事體制大體可分三個層次：一是方鎮治所州的牙兵（衙軍），二是方鎮屬下各個支州（支郡）的駐兵，三是州下各縣軍鎮，一些領州較多的藩鎮，又按軍事需要或地理形勢的便利劃分若干小的軍區。如下圖。衙軍分布在藩鎮內部的牙城內外、羅城內外，使府治所境內、管下各州縣及險要之地皆有牙兵鎮守；外

年，頁178～199。

〔註36〕《新唐書》，卷50，〈兵志〉，頁1330。

〔註37〕（清）趙翼，《廿二史箚記》（臺北：華世出版社，1977年），卷20，〈方鎮驕兵〉，頁429。

軍鎮，大多置於支郡州縣；支郡兵爲藩鎮屬下各州的軍隊；藩鎮於管內諸縣置鎮兵，謂之縣鎮。〔註38〕

圖 5-1　唐代藩鎮軍事體制圖

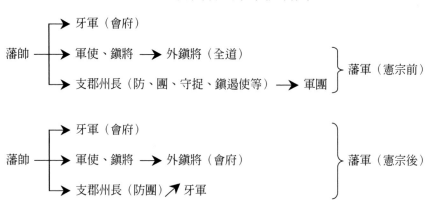

資料出處：毛漢光，《魏博兩百年史論》，收入《中國中古政治史論》（臺北：聯經出版公司，1990年），頁339。

　　藩鎮軍隊中以牙軍最稱精銳，以魏博爲例，魏博牙軍起自田承嗣時「丁壯從征役，故數年之間，其眾十萬。仍選其魁偉強力者萬人以自衛，謂之衙兵。」〔註39〕日野開三郎云：

　　　　藩鎮軍構成的核心是牙（衙）軍，牙軍是藩鎮幕下旗本軍住在會府的軍隊。……牙軍中特別親近藩帥且被信賴的精壯部隊是牙內（內牙）軍，……牙內軍的要職多由藩帥的族黨緣故者或私從者擔任。

　　　　各藩並以種種名目增添牙軍，組成親衛軍或強力的部隊。〔註40〕

牙軍可以說是藩鎮之中央軍，而鎮將等乃是藩鎮之地方軍。因爲牙兵時常嘩變，故而藩帥另置親兵，以與牙兵對抗。《資治通鑑》卷二五七僖宗文德元年（888）二月條：「魏博節度使樂彥禎，驕泰不法，發六州民，人苦其役；其子從訓，尤凶險；既殺王鐸，魏人皆惡之。從訓聚亡命五百餘人爲親兵，

〔註38〕張國剛，〈唐代藩鎮的軍事體制〉，收入《唐代政治制度研究論集》（臺北：文津出版社，1994年），頁197～203。
〔註39〕《舊唐書》，卷141，〈田承嗣傳〉，頁3838。
〔註40〕日野開三郎，《東洋史學論集》（東京：三一書房，1980年）第一卷，〈唐代藩鎮の支配體制〉，頁51～53。

謂之子將，牙兵疑之，籍籍不安。」〔註41〕此條胡三省注曰：「魏博牙兵始於
田承嗣，廢置主帥率由之。今樂從訓復置親兵，牙兵疑其見圖，故不安。」
〔註42〕可見親兵是與牙兵相對抗的。

　　牙軍是藩鎮軍的核心，可是牙軍驕縱難馴，如何統治牙軍成爲藩帥所關
心的事。毛漢光分析魏博牙軍這批職業軍人的性格：

> 這羣職業軍人並非具有至於爲國獻身之士，而僅是亂世中的產物，
> 視軍旅爲寄身之處，發財之所，戰爭以利爲主，所以與其他各藩鎮
> 中的職業軍人具有同等性格，亦具有同樣的利害觀念，他們之間祇
> 希望互不侵犯，故所以主帥或唐中央等任何政策有違他們的利益，
> 他們便廢立藩帥，反抗中央。〔註43〕

故藩帥即使有心唐室，亦不能不顧及這羣職業軍人。

　　魏博牙軍在田承嗣招募組成後，很快地變成特權，呈現「驕兵」狀態，
牙軍的動向關係著藩帥的廢立。據《舊唐書・羅紹威傳》：

> 魏之牙中軍者，自至德中，田承嗣盜據相、魏、澶、博、衛、貝等
> 六州，召募軍中子弟置之部下，遂以爲號。皆豐給厚賜，不勝驕
> 寵。年代寖遠，父子相襲，親黨膠固。其兇戾者，強買豪奪，踰法
> 犯令，長吏不能禁。變易主帥，有同兒戲，如史憲誠、何進滔、韓
> 君雄、樂彥禎，皆爲其所立，優獎小不如意，則舉族被害。威懲其
> 往弊，雖已貨賂姑息，而心銜之。〔註44〕

《新唐書・羅紹威傳》亦載：

> 魏牙軍，起田承嗣募軍中子弟爲之，父子世襲，姻黨盤互，悍驕不
> 顧法令，憲誠等皆所立，有不慊，輒害之無瞧類。厚給廩，姑息不
> 能制。時語云：「長安天子，魏府牙軍。」謂其勢彊也。紹威懲囊禍，
> 雖外示優假，而内不堪。……因夷滅八千族，闤市爲空。〔註45〕

羅紹威患於魏博牙軍的跋扈，曾採收買策略，最後外聯朱全忠屠戮部下。引
狼入室的結果是自此受制於朱全忠，羅紹威地位不比州刺史，而魏博精銳盡
去。王夫之評曰：「唐之亂，藩鎮強爲之也。藩鎮之強，始於河北，而魏博爲

〔註41〕《資治通鑑》，卷257，「僖宗文德元年（888）二月條」，頁8374。
〔註42〕同註39。
〔註43〕毛漢光，前引書，頁344～345。
〔註44〕《舊唐書》，卷181，〈羅紹威傳〉，頁4692。
〔註45〕《新唐書》，卷210，〈羅紹威傳〉，頁5942。

尤，魏博者，天下強悍之區也。……羅紹威以狂駭豎子聽朱溫之蠱，一夕而坑殺牙兵八千家，於是而魏博為天下弱，天下蔑不弱也。」〔註46〕

　　藩鎮動亂是唐代中後期一個常見但嚴重的問題，不只出現在河朔藩鎮。據張國剛統計，廣德乾符間，河朔型藩鎮動亂共 65 起，與中央發生武裝衝突或帶擴張性的僅 13 起，佔 20%。其餘 80%的動亂都發生在藩鎮內部，以「以下替上」的兵亂為其主要特徵。〔註47〕史稱河朔地區「志深狡蠹，忠義之談，罔經耳目，以暴亂為事業，以專殺為雄豪，或父子弟兄，或將帥卒伍，迭相屠滅，以成風俗。」〔註48〕王壽南歸納軍亂的原因為 1.中央對藩鎮任命權的放鬆。2.軍士久任一地，自相締黨，以植勢力。3.軍士勇於爭奪經濟上的利益。〔註49〕張國剛將動亂分為以下四種情形：1.軍士嘩變，多為廣大士兵因反抗暴虐或謀求賞賜而發生變亂；2.將校做亂，其表現為少數將校覬覦帥位的將校謀為而以利誘其眾；3.反叛中央，其表現為與中央武裝對抗；4.藩帥殺其部下，主要表現為藩帥為除去威脅自己的驕兵悍將而發生動亂。〔註50〕王賽時分軍亂為三種類型，第一類是因主帥統御失所而引起的軍亂，第二類出於將士本身各種原因而發生的軍亂，第三類則事務爭奪軍權而發動的兵變。〔註51〕單就河北三鎮論，從開始割據到唐亡這段時間內，幽州鎮有 19 起軍亂，有 14 起由驕兵發動，節度使或被殺或被逐；魏博 10 起軍亂中，亦有 7 起屬於驕兵兵變；成德僅 3 起兵亂，遠少於幽州與魏博，其原因與成德鎮採「家鎮」管理模式有關。家鎮模式表現在節度使世襲繼任及各州刺史多是節帥親屬兩方面，增加了凝聚力，所以軍亂較少，割據最久。〔註52〕

　　可是成德鎮的內部管理模式並不適用於魏博與幽州兩鎮，據方積六的分析，唐代後期魏博節度使多由當地軍將擅自擁立，任期較長。屬於當地豪強、封建軍閥，與職業軍人團體沆瀣一氣，依靠武裝割據攫取政治經濟特權。〔註53〕依張天弘的研究，魏博與幽州雖普遍存在著父子相襲的情況，但

〔註46〕（清）王夫之，《讀通鑑論》，卷 26，〈昭宣帝〉，頁 1006。

〔註47〕張國剛，《唐代藩鎮研究》（長沙，湖南教育出版社，1987 年），頁 105。

〔註48〕《舊唐書》，卷 143，〈李懷仙等傳〉末「史臣曰」，頁 3908。

〔註49〕王壽南，前引書，頁 201～231。

〔註50〕張國剛，〈唐代藩鎮類型及其動亂特點〉，《歷史研究》4，1983，頁 106。

〔註51〕王賽時，〈唐代中後期的軍亂〉，《中國史研究》3，1989，頁 93～94。

〔註52〕姜密，〈唐代成德鎮的割據特點〉，《河北師範大學學報‧社會科學版》3，2003，頁 104～106。

〔註53〕方積六，〈唐及五代的魏博鎮〉，收入《魏晉南北朝史資料——唐長孺教授八

每個家族不超過三代就被異姓取代。即使兩鎮的節度使的父祖輩及其本人都曾擔任本鎮種職要職，對藩鎮軍的控制力大為加強，能否處理好與朝廷和鄰鎮的關係，同時在內部處理好與下級軍佐和衙兵的關係，左右著其地位的穩固與否，後者尤其重要。換句話說，家世因素所佔的比重實際上是減弱的，節度使的選拔更主要取決於能否得到身邊的軍人集團的認可和擁戴，取決於節帥高超的政治手腕和縝密的考慮，其中最重要的一個方面是能否靈活地處理好內外關係。〔註54〕

　　軍亂威脅藩帥自身的安全，藩帥因應方法如在軍亂未發生之前，先採用各種安撫和拉攏的手段，如「以錢買健兒取旌節」〔註55〕。其次是另設親兵與牙兵對抗，利用心腹保護自身的安全。第三，嚴加防範軍將的活動。最後是直接誅殺。〔註56〕或者是採取嚴加戒備、分將校之權、清理內部、移鎮攜帶親兵等，〔註57〕而因軍亂而得位的藩帥，往往必須仰賴朝廷之詔命，以增加自己的威望，維持其地位，如李德裕所言：「河朔兵力雖強，不能自立，需藉朝廷官爵威命以安軍情。」〔註58〕

　　最後再討論河北三鎮軍隊的特色，魏博軍與成德軍的差異，據渡邊孝的分析，當田承嗣被封於魏博時，幾乎沒有自己的將兵，只有從當地強迫性地徵兵，並選拔「魁偉強力者」成立魏博牙軍。李寶臣從安史之亂時就長任於成德軍駐守地，兵力是從安史時代就繼承下來成為藩軍，不須從當地大規模徵兵，且成德軍有很多安史以來的舊將。魏博的「將」與「兵」是一體的，牙軍集團是可以左右藩鎮政治動向的主體；成德的「將」與「兵」之間有地位的隔閡，主導藩鎮軍、政的是「將」。魏博後期是藩帥地位不安定化，成德後期反因藩帥是襲支配而安定化。魏博主體是牙軍時團結力更強，成德則是將主體勢力的諸將漸次淘汰弱體化。〔註59〕

　　　　十大壽紀念專輯》（武昌：武漢大學出版社，1991年），頁222。
〔註54〕張天弘，〈「河朔故事」再認識：社會流動視野下的考察〉，收入嚴耀中主編《唐代國家與地域社會研究——中國唐史學會第十屆年會論文集》（上海：上海古籍出版社，2008年），頁215～220。
〔註55〕《舊唐書》，卷145，〈陸長源傳〉，頁3938。
〔註56〕陳長征，〈論唐代中後期藩鎮內部的軍事集權〉，《臨沂師範學院學報》1，2004年，頁99～102。
〔註57〕王賽時，〈唐代中後期的軍亂〉，《中國史研究》3，1989年，頁99～100。
〔註58〕《資治通鑑》，卷246，「武宗會昌元年（841）八月戊申條」，頁8010。
〔註59〕渡邊孝，〈魏博與成德——關於河朔三鎮權力構造再檢討〉，《東洋史研究》2，

　　不同於魏博與成德，幽州鎮的軍隊組織奠基於舊有的基礎上，約七萬人，軍分三級。牙軍由藩帥親自統領，鎮軍多由節帥之親屬兼領，沿邊軍鎮由當地土人組成之團結兵守禦。幽州軍多兵農合一，具有戰鬥力極強，保守性強，不願出境作戰等特性。至於幽州節帥均出身軍職，以帥府、衙軍為主的兵馬使最多；軍使級以上之官職多與節帥有血緣關係，故變動很大。〔註60〕

第三節　安史亂後河北三鎮的政治

　　唐代藩鎮權力強大，職責廣泛，是管轄區內最高權力者。安史亂後，河北三鎮長期割據，人事、財政、軍事均不受中央管制，形如半獨立狀態。藩帥不自中央，州縣由其控制，朝廷無可置喙。唐代藩鎮職官分為兩個系統，一為州縣官系統，州縣官員由中央派任。一為使府幕職系統，使府幕職官則由府主自行辟署。朝廷職缺有限，藩鎮幕職成為士人仕宦一大出路，也多受藩鎮禮遇。本節重點在於探討河北三鎮下的地方行政與使府幕職辟署及遷轉，從而明瞭割據的河北三鎮與朝廷間之關係。

　　唐代地方行政為州縣二級制，玄宗以後成為道州縣三級制，道的長官有節度使、觀察使、都防禦使及經略使等名號，常一人兼帶數種名號，《文獻通考》曰：「唐制，一道兵制屬之節度使，民事屬之觀察使，然節度使多兼觀察使。又各道雖有度支營田招討經略等使，然亦多以節度使兼之，蓋使名雖多，而主其事者，每道一人而已。」〔註61〕節度使權力極大，「兵甲、財賦、民俗之事，無所不領，謂之都府，權勢不勝其重。」〔註62〕後演變成藩鎮跋扈叛逆之局面。趙翼論節度使之禍：

> 景雲二年，以賀拔延嗣為涼州都督、河西節度使，節度使之官由此始，然猶第統兵。而州郡自有按察等使，司其殿最。至開元中，朔方、隴右、河東、河西諸鎮，皆置節度使。每以數州為一鎮，節度使即統此數州，刺史盡為其所屬，故節度使多有兼按察使、安撫使、度支使者。既有其土地，又有其人民，又有其甲兵，又有其財賦，

　　　　1995 年，頁 249～264。

〔註60〕吳光華，〈唐代盧龍鎮之研究〉，台灣大學歷史研究所碩士論文，1981，頁 73～89。

〔註61〕《文獻通考》，卷61，〈職官考十五・採訪處置使〉，頁 555。

〔註62〕同註 59。

> 於是方鎮之勢日強。安祿山以節度使起兵，幾覆天下。及安、史既
> 平，武夫戰將，以功起行陣爲侯王者，皆除節度使。大者連州十數，
> 小者猶兼三四。所屬文武官悉自置屬，未嘗請命於朝。力大勢盛，
> 遂成尾大不掉之勢。或父死子握其兵而不肯代，或取舍由於士卒。
> 往往自擇將吏，號爲留後，以邀命於朝。天子力不能制，則含羞忍
> 恥，因而撫之。姑息愈甚，方鎮愈驕，其始爲朝廷患者，祇河朔三
> 鎮，其後淄青、淮蔡、無不據地倔強，甚至同華逼近京邑，而周智
> 光以之反，澤潞亦連畿甸，而盧從史、劉稹等以之叛，迨至末年，
> 天下盡分裂於方鎮，而朱全忠遂以梁兵移唐祚矣。推原禍始，皆由
> 於節度使掌兵民之權故也。〔註63〕

河北三鎮節度使亦因擁有軍政、民政、財政各方面的權力，成爲其跋扈割據
的憑藉。

　　刺史爲州之長官，在州縣二級制時，其爲地方最高行政首長，其職權如
下：

> 京兆河南太原牧及都督刺史掌肅清邦畿，考覈官吏，宣布德化，撫
> 和齊人，勸課農桑，敦諭五教。每歲一巡屬縣，觀風俗，問百姓，錄
> 囚徒，恤鰥寡，閱丁口，務知百姓之疾苦。部内有篤學異能聞於鄉閭
> 者，舉而進之；有不孝悌，悖禮亂常，不率法令者，糺而繩之。其力
> 在官公廉正己清直守節者，必察之；其貪穢諂諛求名徇私者，亦謹
> 而察之，皆附于考課，以爲褒貶。若善惡殊尤者，隨即奏聞。若獄
> 訟之枉疑，兵甲之徵遣，興造之便宜，福瑞之尤異，亦以上聞。其
> 常則申於尚書省而已。若孝子順孫，義夫節婦，志行聞於鄉閭者，亦
> 隨實申奏，表其門閭；若精誠感通，則加優賞。其孝悌力田者，考其
> 集日，具以名聞。其所部有須改更，得以便宜從事。若親王典州及
> 邊州都督、刺史不可離州者，應巡屬縣，皆委上佐行焉。〔註64〕

最後成爲節度觀察使的部屬，原因在於節度觀察使職權極大以及州權過小，
無法抗拒節度觀察使之控制。日野開三郎曰：

> 觀察使權限伸張，因此支郡權限縮水。雖是直屬中央，但事實上是
> 陪臣化。……觀察使同時是一道的軍司令官而握有軍政權，並以該

〔註63〕　（清）趙翼，《廿二史箚記》（臺北：華世出版社，1977年），頁426～427。
〔註64〕　《唐六典》，卷30，〈三府都護州縣官吏〉，頁747。

> 權發動兵權，藉著防衛管區而將鎮兵配置於支郡以抑制州縣官。因
> 此州縣政在鎮軍的威脅下照著藩帥的希望曲意順從，不然就會失去
> 政治力。〔註65〕

河北三鎮與其他藩鎮的差異在於「自署置官吏」，州縣官員不自中央派任，而由藩帥布置。

《舊唐書‧烏重胤傳》載：

> 元和十三年，代鄭權為橫海軍節度使。既至鎮，上言曰：「臣以河朔
> 能拒朝命者，其大略可見。蓋刺史失其職，又有鎮兵，則節將雖有
> 祿山、思明之姦，豈能據一州為叛哉？所以河朔六十年能拒朝命者，
> 只以奪刺史、縣令之職，自作威福故也。臣所管德、棣、景三州，
> 以舉公牒，各還刺史職事訖，應在州兵，並令刺史收管。」詔並從
> 之。由是法制修立，各歸名分。〔註66〕

憲宗於是命令將軍權分屬所管諸郡：

> 十四年二月詔：「諸道節度使、團練、都防禦、經略等使，所管支
> 郡，除本軍州外，別置鎮過、守捉兵馬者，並合刺史等。如刺史帶
> 本州團練、防禦、鎮過等使，其兵馬額便隸此使，如無別使，即屬
> 軍事。其有邊于溪洞，皆連蕃蠻之處，特建城鎮，不關州郡者，即
> 不在此限。」〔註67〕

此一命令的目的在於抑制藩鎮，藩鎮缺少州縣兵力的支持，自不敢對中央稱霸倔強，所以自憲宗末至僖宗初五十餘年間，藩鎮跋扈叛逆者甚少，此次改革發揮了作用。〔註68〕「元和改革取消了外鎮軍，割屬於支郡，方鎮對支郡的控制就失去了武力的支持。……元和改革的意義就在於極大地消除了方鎮形成割據的可能性。」〔註69〕對於河北三鎮而言，卻起不了作用，並未將軍權下放給刺史。

州縣官的任用，是藩鎮控制州縣的手段之一，河北三鎮州縣官均由節度使差人假攝。《舊唐書‧李懷仙傳》：「文武將吏，擅自屬置」〔註70〕，《舊唐

〔註65〕日野開三郎，前引書，頁72。

〔註66〕《舊唐書》，卷161，〈烏重胤傳〉，頁4223。

〔註67〕《唐會要》，卷78，〈諸使中〉，頁1705。

〔註68〕王壽南，前引書，頁127。

〔註69〕陳志堅，《唐代州郡制度研究》（上海：上海古籍出版社，2005年），頁173。

〔註70〕《舊唐書》，卷143，〈李懷仙傳〉，頁3895。

書・李寶臣傳》：「不稟朝旨，自補官吏」〔註71〕，且多以武人擔任「河北之俗，刺史闕，其帥動輒以寮屬將校自爲之。」〔註72〕

　　自安史之亂至唐末，河北三鎮的刺史如附表三安史亂後魏博鎮、成德鎮、幽州鎮刺史表，表列刺史共計有 258 人次，經分析後可發現以下事實：

　　第一，258 人次中，除掉籍貫不詳者 85 人次外，屬於原河北道者有 108 人次，佔總數的 42%，足見河北三鎮支郡刺史主要爲河北籍人士。而各鎮支郡刺史雖以河北籍爲主，但仍有所差異，如魏博鎮以平州人最多、魏州人其次；成德鎮以安東人爲最多，薊人居次；幽州鎮則是范陽人最多，第二則是昌平人。原因與藩鎮節度使除任命家人爲刺史外，也信用與其籍貫相同者。

　　第二，少數由朝廷任命的刺史不論，河北三鎮的支郡刺史不是節度使的親屬，就是節度使的部下，且大多具有武職身分。

　　第三，河北三鎮支郡刺史絕大多數由節度使自行任命，藉以控制支郡。

　　安史亂後河北三鎮的縣令部分，以下表所列縣令進行討論：

表 5-1　唐代河北道縣令表（安史亂後）（755～）〔註73〕

姓 名	籍貫	出 身	官　　歷	年　代（生卒）	出　　處	婚配	任官時代
崔夷甫	博陵安平	門蔭太廟齋郎	調補（河東道）澤州參軍事－左千牛錄事參軍－（河北道）滄州東光令－（安祿山奏君）攝（河北道）魏郡魏縣令	（704～756）53	《隋唐五代墓誌匯編》洛陽（12），頁 81	隴西李氏	玄宗
王希宴	太原祁人	弱冠入幕軍功出身	（河北道）深州涇陽縣尉－……朝散大夫試鄂州司馬（賜紫金魚袋上柱國－（河北道）衛州新鄉縣令	（731～777）47	《隋唐五代墓誌匯編》遼寧（1），頁 211		肅宗代宗
李　丕	隴西	徵辟	（河北道）幽州潞縣丞－（河北道）莫州司法參軍－（河北道）莫州長豐縣令	（725～787）63	《唐墓誌銘匯編》貞元 015，頁 1847		肅宗代宗德宗

〔註71〕《舊唐書》，卷 142，〈李寶臣傳〉，頁 3866。
〔註72〕《文苑英華》，卷 976，李翱〈徐申行狀〉，頁 2336。
〔註73〕本表引自綦中明碩士論文《唐代縣令論考——以河南河北道爲中心》（西安：陝西師範大學，2007 年）未刊稿，「唐代後期河南河北道縣令一覽表」。

宋 邈	鉅鹿		試恒王府長史－守（河北道）瀛州司馬－行（河北道）德州安陵縣令	（725～787）63	《唐墓誌銘匯編》貞元088，頁1899		肅宗代宗德宗
王 郇	太原祁人		（河南道）棣州勛次尉－（河北道）定州功曹掾－（河北道）定州陘邑縣令－（河北道）深州安平縣令－（河北道）涿郡（幽州）范陽縣令……（河北道）瀛州司馬帶侍御史兼管內郵驛使	（737～789）53	《隋唐五代墓誌匯編》遼寧（2），頁11		代宗德宗
劉 談	易州易城	元戎特薦	充驅使官……臨津縣丞－（河北道）滄州魯城縣令－充經略副使兼都知兵馬使押牙	→805	《唐墓誌銘匯編》貞元140，頁1940	河東柳氏	順宗前
王惟誠	太原	魏連率司徒公任	（河北道）貝州漳南縣丞－（河北道）貝州歷亭縣令	（724～806）83	《隋唐五代墓誌匯編》河北（1），頁88		肅宗代宗德宗
崔 澳	河東武城		（河東道）絳州龍門縣尉……河中府河東縣尉－補（河北道）邢州南和縣令	（736～808）73	《隋唐五代墓誌匯編》洛陽（10），頁152	范陽盧氏	肅宗代宗德宗
何 載	德州安德	橫海軍節度使程公用賢	奏授（河北道）景州參軍入作爪牙－行（河北道）滄州景城縣尉－行（河北道）樂陵縣尉－行（河北道）樂陵縣丞－攝（河北道）滄州樂陵縣令	（743～809）67	《隋唐五代墓誌匯編》山西（1），頁148	任氏	代宗德宗
張 曛	范陽方城	門蔭	補太常寺奉禮郎……右神武軍錄事參軍－（河北道）相州谷城縣令	（747～813）67	《隋唐五代墓誌匯編》遼寧（2），頁46		代宗德宗
田廷玠	平州盧龍		平舒丞－（河北道）瀛州樂壽令－（河北道）滄州清池令－（河北道）深州束城令－（河北道）瀛州河間令－滄州刺史－相州刺史	→782前	《舊唐書》，卷141，頁3848。《新唐書》，卷148，頁4781		肅宗代宗德宗
盧 倡	范陽涿縣	鄉舉秀才	奏授試光祿寺丞攝（河北道）衛州別駕－（加朝散大夫）（河北道）磁州（惠州）別駕－（河北道）魏州貴鄉縣令－（河北道）魏州攝莘縣令	→814前	《隋唐五代墓誌匯編》洛陽（10），頁14		憲宗前

趙全泰			（承務郎）前試左武衛兵曹參軍－攝（河北道）易州溝城縣令	（780～825）46	《隋唐五代墓誌匯編》河北（1），頁98	常山武氏	德宗順宗憲宗
辛弁文			（河北道）趙州臨城縣令－（河南道）淄州長山縣令		《白居易集》，頁1093		
顧　謙	吳郡	舉明經三禮二科	魏帥何公請宰劇郡－（河北道）貝州宗城縣令	（806～872）67	《唐墓誌銘匯編》，咸通109，頁2462～63	弘農楊氏	穆宗～僖宗

加以分類後如下表：

表5-2　唐代河北道縣令分類表（安史亂後）（755～）

姓　名	籍貫	出　身	節鎮名	官　　歷	任官方式	時代	備　註
崔夷甫	博陵安平	門蔭	范陽節度使	澤州參軍事－左千牛錄事參軍－滄州東光令－攝魏郡魏縣令	辟署	玄宗	縣令前任官爲左千牛衛僚佐
王希宴	太原祁人	弱冠入幕，軍功出身	魏博鎮	深州涇陽縣衛朝散大夫試鄂州司馬－魏州新鄉縣令	辟署	肅宗代宗	縣令前任官爲方鎮使府文職僚佐
王惟誠	太原	衛連率司徒公任	魏博鎮	貝州漳南縣丞－貝州歷亭縣令	辟署	肅宗代宗德宗	縣令前任官爲縣僚佐
張　曛	范陽方城	門蔭	魏博鎮	補太常寺奉禮郎……右神武軍錄事參軍－相州谷城縣令		代宗德宗	縣令前任官爲禁軍僚佐
盧　倡	范陽涿縣	鄉舉秀才	魏博鎮	奏授試光祿寺丞攝魏州別駕－加朝散大夫磁州別駕－魏州貴鄉縣令－魏州攝莘縣令	辟署	憲宗前	縣令前任官爲州僚佐
顧　謙	吳郡	舉明經三禮二科	魏博鎮	魏帥河公請宰劇郡－貝州宗城縣令	辟署	穆宗～僖宗	
李　丕	隴西	徵辟	幽州鎮	幽州潞縣丞－莫州司法參軍－莫州長豐縣令	辟署	肅宗代宗德宗	縣令前任官爲縣僚佐
王　邽	太原祁人		幽州鎮	棣州勛次衛－定州功曹－定州陘邑縣令－深州安平縣令－涿郡范陽縣令……瀛州司馬帶侍御史兼管內郵驛使		代宗德宗	前任官爲縣令

劉　談	易州	元戎特薦	幽州鎮	充驅使官……臨津縣丞－滄州魯城縣令－充經略副使兼都知兵馬押牙	辟署		縣令前任官為縣僚佐
田廷玠	平州盧龍		幽州鎮	平舒丞－瀛州樂壽令－滄州清池令－深州束城令－瀛州河間令－滄州刺史－相州刺史		肅宗代宗德宗	縣令前任官為縣令
趙全泰			幽州鎮	（承務郎）前試左武衛兵曹參軍－攝易州溝城縣令		德宗順宗憲宗	縣令前任官為左武衛僚佐
宋　邈	鉅鹿		成德鎮	試恆王府長史－守河北道瀛州司馬－行德州安陵縣令		肅宗代宗德宗	縣令前任官為州僚佐
何　載	德州安德		成德鎮	景州參軍－行滄州景城縣尉－行樂陵縣尉－行樂陵縣丞－攝滄州樂陵縣令		代宗德宗	縣令前任官為縣令
辛汴文			成德鎮	（河北道）趙州臨城縣令－（河南道）淄州長山縣令			
崔　澳	河東武城	橫海軍節度使程公用賢	昭義鎮	絳州龍門縣尉……河中府河東縣尉－補邢州南和縣尉	辟署	肅宗代宗德宗	縣令前任官為縣僚佐

上表中共 15 人，扣掉玄宗時的崔夷甫與昭義鎮的崔澳外，其餘均屬河北三鎮。人數不多，仍可以觀察到以下幾點：

第一，13 人中有 6 人以辟署任官。

第二，任現職縣令（最後一任）前的官職，13 人中有 4 人屬縣僚佐，3 人屬禁軍僚佐，縣令 2 人，州僚佐 1 人，方鎮使府僚佐 1 人。

第三，13 人中有 5 人為河朔本地籍，其餘為非本地籍。

第四，攝試官極多。唐後期攝試官的大量出現顯示中央集權的下降和地方權勢的上升的現象，三鎮的節度使利用任命攝試官以掌控地方。

綜合上述對安史亂後河北三鎮刺史與縣令的討論，唐代在安史亂前原為州縣二級制，安史亂後道的長官節度使等成為地方行政最高行政長官。節度使擁有軍政、民政與財政等權力，職權廣泛；州因為地小權少，無法與節度觀察使抗衡，州刺史附於節度觀持使下，成為其屬下。

河北三鎮之所以能夠長期割據，財政的充裕是原因之一，其二就是擁有強大的軍隊，並且利用軍隊控制地方州縣，州縣官的失勢，與刺史無法掌握

州兵有關。元和十四年（819）憲宗下詔將州兵兵權回歸刺史掌握，收到極佳的效果。藩鎮失去州兵作為依靠，無法叛逆作亂，自憲宗末至僖宗期間，藩鎮跋扈叛逆者少，與此次改革有關。而河北三鎮並未因此下放兵權給支郡刺史，仍然嚴密控制州縣，州縣官由其「擅自屬置，不由中央任命」，軍將僚屬擔任州縣官成為普遍的現象，唐後期地方出現許多攝試官，代表中央集權下降，地方權勢上升，河北三鎮縣令出現眾多攝試官，意謂節度使利用任命地方官以掌控州縣，朝命不及此地，中央對其也無可奈何，不能干涉。同時河北三鎮的州縣官大多為河北籍者，節度使家族擔任支郡刺史者為數不少，顯露了三鎮節度使信用本地籍與家人的心態。

本節第二個重點要討論河北三鎮使府辟署的問題。

安史之亂後，士人競相任職於方鎮使府，蔚為風潮。符載〈送崔副使歸洪州幕府序〉云：「今四方諸侯裂封王土，荷天爵，開蓮花之府者凡五十餘鎮焉。以禮義相推，以賓佐相高，長城巨防，懸在一士。苟人非茂彥，延納失所，雖地方千里，財賦百倍，有識君子，咸舉手而指之。」〔註74〕《新唐書·趙憬傳》：「諸使辟吏，各自精求，務於得人，將重府望。……大凡才能之士，名位未達，多在方鎮。」〔註75〕「中央考選之不公與入仕之途太多，使士人欲在朝廷爭取官職之願望，實現極為困難，幸而唐代藩鎮對士人十分重視，於是藩鎮幕職遂成為世人仕宦之一大出路。」〔註76〕唐代士人前往藩鎮尋求政治的出路與經濟的利益，藩鎮則禮遇士人，藉以增強勢力。

唐代藩鎮方鎮使府之組織有文武兩大系統，據嚴耕望考證，其僚佐如下：

（上）文職僚佐：1副使2行軍司馬3判官4掌書記5支使6推官7巡官與館驛巡官8衙推9參謀10孔目官11府院法直官12要籍13逐要14驅使官15隨軍、隨使、隨身16傔人與別奏（下）軍將：1都知兵馬使2左右廂後院等兵馬使3虞侯、督虞侯4押衙、都押衙5教練使、都教練使。〔註77〕士人如不得志，往往投靠藩鎮擔任上述職位，即使割據的河北三鎮也不乏士人任職，藩鎮節度使也樂於聘用。如魏博節度使樂彥貞：「樂彥貞鎮魏博時甚有軍

〔註74〕　《全唐文》，卷690，符載〈送崔副使歸洪州幕府序〉，頁3174。
〔註75〕　《舊唐書》，卷138，〈趙憬傳〉，頁3778。
〔註76〕　王壽南，前引書，頁406。
〔註77〕　嚴耕望，〈唐代方鎮使府僚佐考〉，收入《唐史研究叢稿》（香港：新亞研究所，1969年），頁177。

政，好延儒學之士，有公乘億、李山甫者，當時之英彥也，皆置於幕下。」
〔註78〕李益「久之不調，而流輩皆居顯位。益不得意，北遊河朔，幽州劉濟
辟爲從事，常與濟詩而有『不上望京樓』之句。」〔註79〕《南部新書》壬載：
「貞元中，仕進道塞，奏請難行，東省數月閉門，南臺唯一御史。令狐楚爲
桂府白身判官，七八年奏官不下。由是兩河競辟才雋，抱器之士往往歸之，
用爲謀主，日以恣橫。」〔註80〕《新唐書‧李石傳》：「故兩河競引英豪，士
之喜利者多趨之，用爲謀主，故藩鎮日橫，天子爲旰食。」〔註81〕

　　士人重視藩府辟署的原因在於「在唐後期的仕途中，幕職是地位崇高、
俸祿豐厚、職權重大並最有政治前途的『要津』」〔註82〕幕職是地方實際政務
的掌權者，如藩帥「委錢穀支計於判官」〔註83〕，擔任幕職者升遷極快，白
居易曰：「今之俊乂，先辟於征鎮，次升於朝廷，故幕府之選，下臺閣一等，
異日入而爲大夫公卿者十八九焉。」〔註84〕吳宗國研究文宗、武宗與宣宗朝
的宰相時發現，文宗時宰相中進士出身的十八人中，有十一人經過藩府辟
舉；武宗時進士出身的宰相有十二人，至少有十人是經過辟舉的；宣宗時進士出
身的宰相二十人中，經過辟舉的有十三人，大臣更多，辟舉成爲進士及第者
青雲直上的一條捷徑。〔註85〕

　　河北三鎮長時間處於半獨立狀態，朝命不及三鎮所在州縣，管內官吏由
藩帥自定，在僚佐的辟署上有更大的自由，不受中央的約束，情形較爲特
殊。擔任幕職的士子的政治傾向是頗堪玩味的，石雲濤云：

> 　　在唐代藩鎮中，存在著節帥、監軍、文職僚佐、武將幾種力量，他
> 們的政治立場不同，主要表現對朝廷的向背有異。當節帥擁兵自重，
> 甚至對朝廷離心離德時，總有一部分僚佐爲之心腹和羽翼，他們將
> 藩鎮視爲恩主，爲之籌謀劃策，附逆作亂。〔註86〕

〔註78〕《冊府元龜》，卷416，〈將帥部〉，頁2186。
〔註79〕《舊唐書》，卷137，〈李益傳〉，頁3771。
〔註80〕《南部新書》（北京：中華書局，2006年），頁145。
〔註81〕《新唐書》，卷131，〈李石傳〉，頁4515。
〔註82〕張國剛，《唐代藩鎮研究》（長沙：湖南教育出版社，1987年），頁186。
〔註83〕《舊唐書》，卷145，〈董晉傳〉，頁3937。
〔註84〕《文苑英華》，卷412，白居易〈授溫堯卿等賜緋充滄景、江陵判官制〉，頁951。
〔註85〕吳宗國，《唐代科舉制度研究》（北京：北京大學出版社，2010年），頁236～
　　　　237。
〔註86〕石雲濤，《唐代幕府制度》（北京：中國社會科學出版社，2003年），頁434。

不附從跋扈藩鎮與朝廷對抗的文職僚佐，以脫離藩鎮表其態度。

河北三鎮的文化自成一格，府主與賓僚間的關係有異於其他藩鎮。《北夢瑣言》卷一三載：「魏博節度使韓簡，性麤質，每對文士，不曉其說，心常恥之。乃召一孝廉，令講《論語》。及講至〈爲政篇〉，明日謂諸從事曰：『僕近知古人純樸，年至三十，方能行立。』外有聞者，無不絕倒。」〔註87〕韓簡武人出身，恥於缺乏文才，遂有此言，反遭人訕笑。河北尚武，重戰功，對待士人的態度如杜佑〈省官議〉中所言：

> 議者以爲尚有跋扈不廷，一省官吏，被罷者皆往托焉。此常情之說，類非至論。且材者薦用，不才者何患其亡，又況顧姻親家產哉！建武時公孫述、隗囂未滅，太和、正始、太元時吳蜀鼎立，開皇時陳尚割據，皆眾取俊乂，獨不慮失人以資敵。今田悅輩繁刑暴賦，惟軍是恤，遇士人如奴，固無范睢業秦、賈季強狄之患。〔註88〕

《舊唐書・田季安傳》亦載魏博田季安不重文士的事例，「季安性忍酷，無所畏懼。有進士丘絳者，嘗爲田緒從事。及季安爲帥，絳與同職侯臧不協，相持爭權。季安怒，斥絳爲下縣尉，使人召還，先掘坎於路左，繼至坎所，活排而瘞之，其凶暴如此。」〔註89〕

杜佑提〈省官議〉的時間是在德宗建中初年，建議省官以濟財用，引發人才流入河朔，助長其氣焰的爭論。沈既濟與杜佑持相同的意見：

> 或曰：「今四方諸侯，或有未朝覲者。若天下士人既無常調，久不得祿，人皆怨嗟，必相率去我，入於他境，則如之何？」答曰：「善哉問乎！夫辟舉法行，則搜羅畢盡，自中人以上，皆有位矣。此祿之不及者，皆下劣無任之人，復何足惜！當今天下之凋弊之本，實爲士人太多。……今有才者既爲我用，愚劣者盡歸他人……我收其賢，彼得其愚；我減浮食之口二十萬，彼加浮食之人二十萬：則我弊益減，而彼人益困。自古興邦制敵之術，莫出於是。唯懼去我之不速也，夫何患哉！〔註90〕

〔註87〕（五代）孫光憲撰，賈二強點校，《北夢瑣言》（北京：中華書局，2006年），頁271。

〔註88〕《全唐文》，卷477，杜佑〈省官議〉，頁2158。

〔註89〕《舊唐書》，卷141，〈田季安傳〉，頁3847。

〔註90〕《通典》，卷18，〈選舉六・雜議論下〉，頁449～450。

杜、沈兩人自恃朝廷優於河朔，不擔心人才的流失，但是安史亂後內輕外重的情勢已經形成，士人基於仕途與經濟的考量，投身藩鎮求取幕職，這也是難以忽視的現實，至於文化的差異倒在其次。

杜佑對於河朔藩帥的指摘，牽涉到文化上的差異，也代表長安朝廷與河北三鎮的隔閡。其實，韓簡與田季安並非特例，田弘正才是，河朔地區「志深狡蠹，忠義之談，罔經耳目，以暴亂爲事業，或父子弟兄，或將帥卒伍，迭相屠滅，以成風俗。」〔註91〕田弘正的被殺與不符河朔習慣有密切關係。

田弘正歸朝後，本人外，朝廷也厚賞其僚佐：「敕：去年冬，命侍中宏正建大將軍旗鼓，移鎮於成德軍，而晃以下四十有一人，實從魏來，或驅或殿，披堅執銳，可謂有勞。宜以宮坊之寮，憲府之職，隨其名秩，序而寵之。」〔註92〕

有關河北三鎮文職僚佐的辟用及其職務，附表四魏博鎮、成德鎮、幽州鎮文職僚佐表內載 209 人次（魏博鎮 52、成德鎮 51、幽州鎮 106），經分析後可得下列結論：

第一、三鎮文職幕僚的地域分布，除去來源不詳者 96 人次，分別是原隴右道（8 人次）、關內道（6 人次）、山南道（2 人次）、河東道（10 人次）、河北道（60 人次）、河南道（22 人次）、淮南道（1 人次）、江南道（3 人次）、嶺南道（1 人次），河北道人數最多，佔總數的 28.7%；其次是河南道，佔 10%，可見三鎮文職幕僚的主要來源還是河北地區人士。

第二、表中所見幕僚職務有節度副使、營田副使、討擊副使、行軍司馬、游擊將軍、士曹參軍、節度參謀、節度隨軍、判官、巡官、推官、孔目官、驅使官、都虞侯、掌書記、要籍、從事等，其中以擔任判官者達 69 人次之多，其次才是掌書記的 26 人次，再其次則是節度副使 21 人次，顯示判官與掌書記是最多人擔任的職務。

第三、表中不乏屢試不第而到藩鎮擔任幕職者，如李山甫、司空頲等；但是進士出身者李益、邱絳等，明經出身者徐浩等，以及制舉出身者樊衡、李史魚等，也到河北三鎮任職以求出路。李益回朝任職後官至禮部尚書，徐浩歷任工部、吏部侍郎，李史魚則爲戶部尚書，在仕途上都有不錯的發展。

〔註91〕《舊唐書》，卷 143，〈李懷仙等傳〉末「史臣曰」，頁 3908。
〔註92〕《全唐文》，卷 661，白居易，〈魏博軍將呂晃等從宏正到鎮州各加御史大夫賓客等制〉，頁 3019。

附表五魏博鎮、成德鎮、幽州鎮武職僚佐表（780～907）內記三鎮武職
僚佐 29 人次，分析後的結論如下：

第一、武職僚佐的地域分布分別為原河北道 18 人、河南道 1 人、河東道
3 人、隴右道 1 人、關內道 4 人、江南道 1 人、不詳者 1 人，河北道佔多數。
如同文職僚佐般，三鎮的武職幕僚還是以河北人士為主。

第二、武職幕僚的父祖輩大多也是軍將出身。

第三、表中職務以擔任節度押衙者最多（12 人），其次是都知兵馬使（4
人）與衙前兵馬使（4 人）。

第四、押衙者為親要之職，都知兵馬使「實掌兵權，位尊勢隆」〔註93〕，
成德鎮居儲帥者多兼充都知兵馬使之職。

至於河朔地區武職僚佐入朝後的遷轉流動情形，如表 5-3 河朔藩鎮武職僚
佐遷轉表：

表 5-3　河朔藩鎮武職僚佐遷轉表〔註94〕

武職僚佐	鎮別	入朝時間	入朝後的仕途情況	材料出處	備註
李全略	成德	元和十五年（820）	授代州刺史、橫海節度使等	《舊》卷一四三	
康日知	成德	興元元年（784）	奉成軍節度、晉絳節度	《新》卷一四八	
史憲忠	魏博	大和三年（829）	隴州刺史、涇元朔方、振武等節度	《新》卷一四八	節度使史憲誠之弟
康志達	幽州	長慶元年（821）	被遣回原鎮	《續集》長慶 002	
朱克融	幽州	長慶元年（821）	被遣回原鎮	《舊》卷一八〇	
張　漸	幽州	長慶初（821～）	入朝二紀、無正秩之授	《續集》會昌 024	張漸因善音樂被張弘靖舉送入京
閻好問	幽州	大中三年（849）	宿州司馬，後又回幽州	《匯編》咸通 106	隨張直方入朝

〔註93〕嚴耕望，前引文，頁 213。

〔註94〕本表引自馮金忠，〈唐代河朔藩鎮武職僚佐的遷轉流動──以中央朝官間的流
動為中心〉，收入嚴耀中主編《唐代國家與地域社會研究──中國唐史學會第
十屆年會論文集》（上海：上海古籍出版社，2008 年）附表，頁 188～190。

董重質	淮西	元和十五年（821）	左神武軍將軍、夏綏銀宥節度使等	《舊》卷一六一	
李　佑	淮西	元和十二年（817）後	神武將、夏綏銀宥節度使、涇原節度使等	《舊》卷一六一	
李惟簡	成德	建中元年（780）	太子諭德、左金吾衛大將軍、鳳翔節度使	《新》卷二一一	因兄李惟岳叛，而逃奔京師，《舊唐書》云爲王武俊械送京師
王士則	成德	元和四年（809）後	神策大將軍、邢州刺史兼團練使	《舊》卷一四二	不爲王承宗所容，逃奔京師
田　緒	魏博	貞元十五年（799）	左驍衛將軍、夏綏銀節度使、左衛大將軍	《新》卷二一○	田緒爲田緒之弟
劉　澭	幽州	不詳	入朝後特授秦州刺史、保義軍節度使	《舊》卷一四三	
劉　源	幽州	不詳	左武衛將軍	《舊》卷一四三	
陳　楚	義武	元和四年（809）	諸衛大將軍、易定節度使、河陽節度使等	《新》卷一四一	張茂昭之甥
牛元翼	成德	長慶元年（821）	山南東道節度使	《新》卷一四八	
傅良弼	成德	長慶元年（821）	左神策將軍、夏綏銀節度使、橫海節度使	《新》卷一四八	
李　寰	成德	長慶元年（821）	保義軍節度使、橫海節度使、夏綏節度使	《新》卷一四八	
趙萬敵	成德	王士眞時	龍武將軍、神策先鋒將	《舊》卷一五上	

從表中可以看到：

安史之亂後，由於河朔地區陷入割據，河朔藩鎮武職僚佐通過正常渠道進入中央朝廷爲官的機會較少。同時，唐廷派朝官入河朔藩鎮任職也是很困難的。因此，除特殊時期外，河朔藩鎮武職僚佐同順地藩鎮相比，在進入朝廷爲官的方式上有很大區別。順地藩鎮主要有朝廷徵召、隨節度使入朝以及由於入衛等原因而被留在朝中爲官等方式。河朔武職僚佐進入朝廷爲官則多是一種非正常的途徑，主要有棄帥來投和因軍亂而入朝等。唐朝朝野內外對河朔社會的歧視政策並沒有影響到河朔入朝武職僚佐的仕途發展。他們依靠過硬的軍事才能和強大的政治影響力爲朝廷所重視，並位居高位，在唐後

期政治舞台上發揮了十分重要的作用。〔註95〕

安史亂後，河北三鎮長期與朝廷對抗，朝廷無法以武力收復河朔地區，河北三鎮維持在半獨立的狀態，「節度使不由中央派任，賦稅不上貢中央，管內官吏擅自屬置」，可也沒有脫離唐朝另立一國，河唐雙方存在著若即若離的關係。

　　魏博等三鎮能持續與唐廷對抗，唐廷方面，在外有回紇、吐蕃等外族接續侵擾，內則宦官、朋黨、軍隊等問題糾葛難解，實無力使其俯首稱臣。河北三鎮方面，財政上，收入多於支出，遠較唐廷充裕；軍事上，三鎮各擁強兵勁卒數萬，聯手禦唐；政治上，藩帥利用綿密的軍網控制州縣，辟署文士入幕助長實力。唐弱河強，君主緊抱「姑息」也就成為常態，不足為奇了。

〔註95〕馮金忠，〈唐代河朔藩鎮武職僚佐的遷轉流動——以中央朝官間的流動為中心〉，收入嚴耀中主編《唐代國家與地域社會研究——中國唐史學會第十屆年會論文集》（上海：上海古籍出版社，2008年），頁187～193。

第六章　結　論

　　「河北」地區自古以來就是重要的區域，曹魏、後趙、冉魏、前燕、東魏、北齊時期，河北被視爲政治核心區。楊堅建立隋朝後，河北褪去了政治重心的外貌，但基於本身條件的優異，仍是重要的區域。到了唐朝，河北地區被劃爲河北道，河北道因地形的關係，既具有防守邊疆的戰略地位，又是物產豐饒、人口眾多、交通便利、經濟發達之處。以人口方面來說，隋初到唐末，全國戶數的變化情形是少（唐初）→多（開天）→少（安史亂後）→多（長慶至黃巢亂起），我們可以發現，在安史亂前，河北道的人口與河南道一直位居全國前茅，開元至唐末，江南道才取代兩河成爲全國戶數最多的地區；到了安史亂後，原河北道的人口仍應遠超過《元和郡縣圖志》所載，理由是有充足的人口才能夠組成強大的軍隊，而強大的軍隊正是河北三鎮得以長期對抗唐朝的依據。

　　其次在物產方面，河北道是主糧之粟、麥及水稻的產區之一，尤其是粟，安史之亂前或後，河北道均是主要產區；河北道的紡織業自古名聞全國，博陵、魏郡、清河等地的紡織業最爲發達，許多州縣的進貢物非綾即絹；金、銀、銅、鐵、錫、鉛、鹽、水銀、硃砂等礦產上，雖遠不及江南道與嶺南道的類多與豐富，可是定州的銅、滄州的鹽是主要產地之一；此外，河北道是唐代製瓷業的主要產地，河北道的製瓷業又集中在邢州。邢州白瓷、河南府白瓷與越窯青瓷並稱天下精品，爲定期進貢皇室的貢品，但邢瓷進貢的時間最長，數量最多。餘如易州的製墨及河間、景城、清河、博平四郡的製筆在全國都具有一席之地。

　　交通一項，太行山東路南北走廊驛道是古今中原通向東北的最主要大

道，還有數條聯繫境外的道路。永濟渠是河北內河航運的主要水道，是聯繫河北與京師的樞紐；河北道的平州、幽州、薊州、滄州等瀕臨渤海，在交通運輸上具有重要地位，隋末唐初對高麗長期用兵，海運擔負著交通及供應軍用物資的任務，角色極為吃重。

唐朝建立之後，唐太宗對外經略採取積極政策，對東北的經營頗為用力，貞觀十九年（645）、貞觀二十一年（647）及貞觀二十二年（648）三度進伐高麗均未使高麗降服，直到高宗總章元年（668）唐軍攻下平壤，高麗才終於平定。唐朝於其地設都督府、州、縣外，同時設置安東都護府，以薛仁貴為安東都護，坐鎮平壤。咸亨元年（670）吐蕃入寇，身為邏娑道行軍大總管的薛仁貴大敗於大非川，之後，唐軍已無法兩線作戰。安東都護府幾度內撤，高宗儀鳳二年（677）由平壤移至遼東，玄宗開元二年（714）更撤至營州，唐朝已失去對遼水以東的控制。吐蕃的崛起是唐朝邊防重心轉移的重點，唐朝不得不在東北方面轉採消極的政策。

幾次進攻高麗之役中，河北道因其戰略位置而受到唐廷的重視，供應糧食及人員外，營州都督府更率領奚、契丹等東北諸蕃對高麗進行突襲。然而，就唐初河北道與中央的政治關係來看，來自關中的李唐政權對河北道始終懷有疑慮，甚至有所歧視，這使得河北道得不到與關內道及河東道同等的重視。究其原因大致如下，第一，隋末群雄中之竇建德、劉黑闥等出身河北，兵敗被殺後仍有其影響力。第二，建成曾經營河北，黨羽潛伏民間，不得不防。第三，河北民風強悍壯勇。第四，唐代實行關中本位政策，重心不在河北。最後一點也是最重要的一點，河北曾先後是東魏、北齊的根據地，出身關隴集團的李唐政權自是對其猜忌與提防。

可是，來自關中的李唐政權已不能全憑關隴集團少數人物治理全國，必須海納百川，訪賢舉才以為國用，此從唐高祖與唐太宗的用人政策上可以看出。唐高祖用人上主為昔日同僚、太原舊屬與河東從龍之士，武德一朝之政治人物出身官僚世家外，本身亦多隋朝舊臣。太宗用人則較為寬廣，並不偏用關隴集團，也吸收了關中和關東世族及江南儒生，涵括了關隴、山東與江左三大集團的人士。

高祖與太宗在中央的用人政策到了河北地方是否有所差異？經分析了唐初武德至貞觀年間（618～649）河北道刺史與縣令的的人選後，得到了下列結論：第一，唐高祖與唐太宗在河北道刺史與縣令的任用上，涵括了關隴、

山東與江左三大集團，其中關隴集團占大多數，山東集團居次，顯示高祖
與太宗除重用關隴集團外，也啓用了不同地區及不同文化性質的人士爲唐
效命。

　　第二，唐高祖武德至唐太宗貞觀期間（618～649），刺史與縣令的來源分
別是隋朝舊吏、在野投靠與割據勢力等三類。隋朝舊吏擔任唐朝刺史與縣令
者爲數不少，表示唐朝並不排斥對於曾經在隋朝任職且願與新王朝合作者，
且安排其擔任官職以爲攏絡，甚至可擔任河北道北部諸州的刺史，負擔起防
禦外族的重責大任。

　　第三，河北道刺史中有出身河北崔、李兩大士族者，其用意在運用其對
地方的影響力，協助河北區的治理。

　　從上述河北道刺史與縣令的選任上來看，唐高祖與唐太宗的用人範圍寬
闊，不因個人意見而有所偏廢，與中央官相同，涵括了關隴、江左及山東三
大集團的人士。隋朝舊吏、割據勢力及河北士族則是刺史與縣令的來源。與
胡族接壤的河北道北部諸州，則援用隋朝舊例，選用軍人作爲刺史，擔任備
邊的重任。

　　河北道北部有所謂的羈縻府州，係太宗貞觀年間爲安置外族所設。周萬
歲通天元年（696）五月發生了營州契丹人李盡忠與孫萬榮的叛亂，叛亂時間
不長，但影響極大：第一，營州失陷，幽州岌岌可危，周軍大敗，靠突厥才
勉強獲勝。第二，周朝失去了對遼河區的控制權，被迫固守燕山山脈一帶。
第三，唐廷意識到原本邊防軍事組織已不敷使用，於是在睿宗至玄宗這段期
間內，自西北至東北先後設置了九個節度使及嶺南五府經略使，形成了節度
使體制。鑒於東北邊防的緊張，爲了控馭奚與契丹兩蕃，唐廷在東北設置了
范陽節度使，河北道的地位因而較前受到重視。

　　節度使原本設於邊境，係由軍鎮演變而來，著重在軍事機能，不對內統
治；天寶年間兼領採訪處置使後，權力因而大增。安祿山發動叛變之前，即
身兼范陽節度使與河北採訪使，成爲河北道最高行政長官，握有大權。天寶
十四載（755）安祿山叛變前，身兼范陽、平盧與河東三道節度使，兵力達
22.14 萬之盛，佔十節度使總兵力（47 萬）的 47%，無怪乎起兵後震動唐朝，
改變了唐朝的國運，唐朝從此由盛而衰。

　　安史之亂後唐朝進入藩鎮體制中，由中央集權演變成爲地方分權。節度
使既設於邊疆，何以形成內地藩鎮林立的局面？這與肅代兩位皇帝的決策有

關。肅宗為了防禦安史叛賊，於是在中原普設節度使以扼軍事要衝，其中隱含著小型節鎮間彼此牽制，不欲再出一個如安祿山般權力過大的節度使的用意。代宗除了延續肅宗的政策，廣建節度使外，為了縮短戰爭，採僕固懷恩之議，封李懷仙、田承嗣、張忠志與薛嵩等安史舊部為河北地區的節度使，埋下日後河北三鎮尾大不掉的根源。

史書言肅宗「喜刑名，器亦刻深」、代宗「性仁恕」但對藩鎮都採姑息遷就政策，主要的理由還是考量到回紇騷擾與局勢不穩。代宗讓河北藩鎮重建，但河北藩鎮與唐廷關係疏離，原因不外乎以下數點：其一，李懷仙等原是胡人或胡化極深的漢人，又是安史舊將，驍勇善戰但不習禮義，不知書，與唐中央文化有所脫節。其次，河北諸鎮趁朝廷多事而得利，唯恐地位不穩，於是擁兵固城，彼此勾結以對抗中央。河北藩鎮中的魏博、成德與幽州三鎮被歸類為跋扈、割據型藩鎮，特點是「據要險、專方面，藩帥父死子代，賦稅不上貢朝廷，官吏自署」，此稱為「河朔故事」，當朝廷無力制服時，當只有採「姑息政策」以應之。

德宗即位之初，勵精圖治，頗想立威藩鎮，重振中央權威。但自建中四年（783）涇原兵變與李懷光之亂後，英氣全消，對藩鎮唯務姑息；貞元十二年（796）德宗令宦官竇文場、霍仙鳴擔任左、右神策軍護軍中尉之舉，宦官因典禁軍所以權勢再盛，此後一直影響著唐朝的發展，而宦官、朋黨與藩鎮正是唐亡的三大主因。

順宗繼德宗之後，但在位時間極短。憲宗即位後，平叛成功，威服藩鎮，號稱「中興」，河北三鎮也於此時歸服，聽命中央。穆宗時由於君相措施不當，復失河朔，憲宗中興之績，形如曇花一現。武宗時河北三鎮較前恭順，朝廷亦無力收復河朔。唐末黃巢之亂後，朝廷已無力控制藩鎮，魏博等鎮依附於朱全忠、李克用兩強藩，直到唐朝覆滅。

從代宗開始，除憲宗朝外，對於河北三鎮多採姑息政策，穆宗長慶二年（822）後甚至已放棄收復河北三鎮的企圖，轉而著重於其禦邊的功能。若分析河北三鎮所以能夠長期對抗中央的原因，從財政上來看，唐廷財政上不如河北三鎮充裕；軍事上，河北三鎮擁有強大的軍隊，而中央必須依賴由宦官控制的神策軍及藩鎮的兵力；政治上，河北三鎮長期割據，藩帥不自中央，州縣由其控制，朝廷無可置喙。此外，三鎮彼此間基於「唇亡齒寒」的理由，互相勾結以抗中央。根據上述，河北三鎮得以長期維持著半獨立的狀態。

　　陳寅恪論安史之亂後的唐朝與河北猶如兩個國家，河北的胡化是關鍵所在。陳氏的論點影響深遠，事實上河北不盡然全面胡化，猶如兩個國家也言過其實。因為，跋扈割據型藩鎮之始作俑者河北三鎮，雖長期處於半獨立狀態，但如同周代之諸侯，並未脫離唐朝另立新國；唐廷囿於內外因素，固無法以武力收回河北三鎮，不過，河北藩帥也需唐廷的濟助以求地位的鞏固；最後，河唐雙方長期處於對立的狀態，但唐朝士人為仕途與錢財計，紛紛流轉於河唐之間而無所顧忌；凡此種種都足以說明雙方的關係並不是截然切割，斷裂分明的。

　　綜而言之，唐代河北地區與中央的政治關係以安史之亂為分界線，安史亂前中央強力的控制著河北道。大致來說，唐初河北道是不受重視的，直至武后時因契丹叛亂，才加強在東北的邊防，設置了范陽節度使，結果使得安祿山集龐大的軍力叛變，翻覆了唐朝的盛世。安史亂後原河北道分置藩鎮，魏博等河北三鎮為田承嗣等安史降將所統領，叛逆不朝。肅代之後，只有憲宗時能迫其短暫歸朝，其餘時間割據地方，中央採姑息政策應付之，直到唐朝滅亡。

附表一 安史亂後河北大事年表
（755～907）[註1]

時 間	大 事 記
唐玄宗天寶十四載（755）	十一月，安祿山叛變，發所部兵及同羅、奚、契丹、室韋凡十五萬餘眾，號稱二十萬，起兵范陽。安祿山以奉密詔討楊國忠爲名，河北又皆在其統屬之內，因此，所過州縣，望風瓦解，守令或開城出迎，或爲所擒獲，無敢拒之者。 十二月，安祿山領兵渡黃河，攻佔東都洛陽。常山太守顏杲卿、長史袁履謙、平原太守顏眞卿起兵反抗安祿山。河北諸郡紛紛響應，有十七郡歸附朝廷，爲安祿山叛軍所佔有者唯范陽、盧龍、漁陽、汲、鄴等郡。
唐玄宗天寶十五載肅宗至德元載（756）	正月，顏杲卿起兵反抗才八天，守備未完，史思明、蔡希德引叛軍至城下。顏杲卿晝夜抗戰。糧盡矢竭，常山城陷。史、蔡縱兵殺萬餘人，擒顏杲卿、袁履謙等送往洛陽。顏杲卿至洛陽，大義凜然，英勇不屈，顏氏一門死於刀鋸之下三十餘人，袁履謙亦同時殉難。 史思明、蔡希德等既破常山，引兵擊河北諸郡之不從者，所過殘滅。於是，廣平、鉅鹿、趙郡、上谷、博陵、文安、魏郡、信都等郡復爲叛軍所佔有。 二月，唐玄宗加李光弼爲魏郡太守、河北道採訪使。李光弼將漢、蕃步騎萬餘人、太原弩手三千人出井陘，直驅常山。 三月，唐玄宗以李光弼爲范陽長史、河北節度使，加顏眞卿河北採訪使。 四月，郭子儀引兵自井陘出，至常山與李光弼合兵，大敗史思明於九門。河朔之民，苦於叛軍殘暴，所在屯結，多至二萬人，少者萬人，各自爲營，以拒叛軍，及李、郭、大軍至，爭出相效。 五月，李郭聯軍大敗史思明於嘉山，官軍聲勢大漲，河北十餘郡皆殺叛軍守令而附唐軍。

〔註 1〕 本表依據杜榮泉著，《河北通史‧隋唐五代卷》（石家莊：河北人民出版社，2000 年）後附大事年表製成。

	六月，潼關失守，唐玄宗倉皇西逃。郭子儀、李光弼兵入井陘，從河北撤兵。 七月，太子李亨接位於靈武，改元至德，是為唐肅宗，以顏真卿為工部尚書兼御史大夫，領河北招討、採訪、處置使。 八月，史思明再度佔領河北。
唐肅宗至德二載 （757）	正月，安祿山為其子安慶緒所殺，史思明歸守范陽。 十月，郭子儀等大敗叛軍於陝州，安慶緒倉皇逃離洛陽，渡河而北，走保鄴郡。 十二月，史思明以所部河北十三郡降唐，被封為歸義王，命其將兵討安慶緒。
唐肅宗至德三載 乾元元年（758）	六月，史思明復叛。 十月，郭子儀、李光弼等九節度之師連破安慶緒軍，進圍鄴。史思明從范陽發兵十三萬救鄴。 十一月，史思明攻下魏州。 十二月，平盧節度使王玄志卒，裨將李懷玉推侯希逸為平盧軍使。唐肅宗因以侯希逸為節度副使，節度使由軍士廢立自此始。
唐肅宗乾元二年 （759）	正月，史思明築壇於魏州城北，稱大聖燕王。 二月，郭子儀等九節度之師攻鄴城不下。城中食盡，人皆以為克城在朝夕之間，但九節度之師無統帥，進退無所稟，坐失良機。 三月，九節度之師為史思明所敗，損失慘重。史思明誘殺安慶緒，留其子史朝義守相州，自引兵還范陽。 四月，史思明自稱大燕皇帝，改元順天，改范陽為燕京。 九月，史思明使其子史朝清守范陽，命諸郡太守各將三千人隨從南下，欲會兵於汴洲。
唐肅宗上元二年 （761）	三月，史思明為其子史朝義派副將所殺。史朝義即大燕皇帝位，改元顯聖，密派人至范陽，殺史朝清等數十人。范陽城內混戰數日，死者數千人。史朝義以其將柳城李懷仙為范陽尹、燕京留守。 五月，平盧節度使侯希逸與范陽攻戰連年，救援既絕，又為奚所侵，乃悉舉其軍二萬人襲破李懷仙，引兵而南。
唐代宗寶應元年 （762）	正月，唐廷以平盧節度使侯希逸為平盧、淄青等六州節度使，由是青州節度使始有平盧之號。 十一月，史朝義兵敗，其鄴郡節度使薛嵩以相、衛、邢、洺四州降唐；恆冀節度使張忠志以趙、恆、深、定、易五州降唐。代宗下詔。東京及河南、河北受偽官者，一切不問。以張忠志為成德軍節度使，統恆、趙、深、定、易五州，賜姓李寶臣。唐軍渡河北進，史朝義敗走貝州，唐兵追至臨清，史朝義敗走莫州，唐軍統帥僕固懷恩命諸將會兵圍莫州。
唐代宗寶應二年 廣德元年（763）	正月，史朝義自莫州北門逃奔，欲往幽州搬兵，其部將田承嗣以莫州降唐。范陽節度使李懷仙降唐。史朝義欲投奔奚、契丹，至溫泉柵為李懷仙追兵所及，死於林中。安史之亂，於此告終。河北藩鎮割據，亦從此開始。 閏正月，唐代宗以薛嵩為相、衛、邢、洺、貝、磁六州節度使；田承嗣為魏、博、德、滄、瀛五州防禦使；李懷仙仍為幽州、盧龍節度使。 六月，唐代宗以魏博都防禦使田承嗣為節度使。

唐代宗大曆元年（766）	滹沱河水爲患，成德節度使李寶臣拓建恆州城。唐代宗爲其立碑紀功。
唐代宗大曆三年（768）	六月，幽州兵馬使朱希彩、經略副使諸沘及其弟朱滔發起兵變，殺節度使李懷仙，朱希彩自稱留後。
唐代宗大曆七年（772）	七月，幽州節度使朱希彩爲部將所殺。朱沘將牙內兵擁朱沘權知留後。逾三月，唐代宗以朱沘爲檢校左常侍、幽州盧龍節度使。
唐代宗大曆九年（774）	十月，魏博節度使田承嗣誘使昭義將士作亂，欲乘勢奪取昭義屬地。
唐代宗大曆十年（775）	二月，田承嗣佔據相、衛、磁、洺四州之地，自置長吏，掠其精兵良馬，悉歸魏州。 四月，唐代宗貶田承嗣爲永州刺史，命河東、成德、幽州等道發兵進討。
唐代宗大曆十一年（776）	二月，唐代宗下詔，赦田承嗣罪，復其官爵，聽與其家屬入朝，所部拒朝命者，一切不問。
唐德宗建中元年（780）	正月，唐德宗實行兩稅法。 二月，唐德宗派黜陟使十一人分巡天下，河北黜陟使洪經綸聞魏博鎮有兵七萬，罷其四萬令歸農。田悅陽奉陰違，出家財賜應罷之軍，使各還部伍。於是軍士皆擁田悅而怨恨朝廷。
唐德宗建中二年（781）	正月，成德節度使李寶臣卒，其子李惟岳欲求繼襲，朝廷不准，李惟岳自爲留後。 五月，魏博田悅、淄青李正己與成德李惟岳連兵抗拒朝命。 八月，范陽節度使朱滔奉詔討李惟岳，軍於莫州。成德大將張孝忠將精兵八千守易州。朱滔遣使說張孝忠舉易州以歸朝廷。 九月，唐德宗以張孝忠爲成德節度使，命李惟岳護喪歸朝，李惟岳不從。
唐德宗建中三年（782）	正月，成德兵馬使王武俊、步兵使衛常寧自趙州引兵還擊恆州李惟岳，王士眞起城門內應，李惟岳被殺，傳首京師。 五月，置義武軍節度使於定州，以易、定、滄三州隸屬，張孝忠爲節度使。 十一月，朱滔等結盟稱王。朱滔稱冀王、田悅稱魏王，王武俊稱趙王，李納稱齊王。
唐德宗興元元年（784）	正月，唐德宗下詔「罪己」。除朱沘外，李希烈、田悅、王武俊、李納等，皆赦其罪，所管將吏等一切待之如初。朱滔如能效順，亦與惟新。王武俊、田悅、李納見詔書皆去王號。 三月，魏博兵馬使田緒殺田悅及大將數十人，權知軍府。逾月，唐德宗以田緒爲魏博節度使。
唐德宗貞元元年（785）	六月，朱滔病死，幽州將士奉前涿州刺史劉怦知軍事。逾月，唐德宗以劉怦爲幽州、盧龍節度使。
唐德宗貞元二年（786）	四月，唐德宗升橫海軍使程日華爲節度使，從此，滄州始別爲節鎮。

唐德宗貞元五年（789）	二月，唐德宗以程懷直爲滄州觀察使。程懷直請分弓高、景城爲景州，請朝廷任命刺史。唐德宗大喜，以爲近三十年無此事，乃以員外郎徐伸爲景州刺史。
唐德宗貞元九年（793）	二月，唐德宗以張升雲爲易定節度使，逾年，賜洺茂昭。
唐德宗貞元十年（794）	正月，瀛州刺史劉澭爲其兄劉濟所逼，請西捍隴坻，遂將所部兵一千五百人，男女萬餘口至京師。號令嚴整，在道無一人敢取人雞犬者。唐德宗以劉澭爲秦州刺史、隴右經略軍使。
唐德宗貞元十二年（796）	正月，元誼等帥洺州兵五千人及家人萬餘口奔魏州，唐德宗釋而不問，命田緒安撫。
唐憲宗元和四年（809）	四月，唐憲宗欲革除河北藩鎮節度使世襲之弊，趁成德節度使王士眞死，改由朝廷任命節度使，如不順從則興師討伐。朝廷諸大臣皆竭力勸阻。 九月，唐憲宗以王承宗爲成德節度使。王承宗獻出德、棣二州。唐憲宗於德、棣二州置保信軍，以薛昌朝爲節度使。王承宗遣數百騎馳入德州，執薛昌朝至眞定囚禁。唐憲宗遣中使諭王承宗，放薛昌朝還德州，王承宗不奉詔。 十月，唐憲宗剝奪王承宗官爵，命左神策中尉吐突承璀領兵進討，又命恆州四面藩鎮各出兵進討。
唐憲宗元和五年（810）	七月，諸軍征討王承宗久而無功，赦王承宗，仍爲成德節度使。
唐憲宗元和七年（812）	九月，魏博軍亂，兵士擁立田興爲留後。田興不從，兵士不散。田興乃與眾相約：勿犯副大使，守朝廷法令，申版籍，請官吏，然後可。士兵皆從命。 十月，唐憲宗賜魏博節度使田興名弘正。
唐憲宗元和十年（815）	三月，魏博田弘正遣其子田布將兵三千人助嚴綬討懷西吳元濟。 六月，宰相武元衡在京師遇刺身亡，御史中丞裴度亦遇刺受傷。時疑王承宗指使成德進奏院所爲。 七月，唐憲宗詔數王承宗罪惡，絕其朝貢，然許其改過，令束身歸朝。 十二月，王承宗縱兵四掠，幽、滄、定三鎮皆受害，爭相上表請討王承宗。
唐憲宗元和十一年（816）	正月，唐憲宗制削王承宗官爵，命河東、幽州、義武、橫海、魏博、昭義六鎮興兵進討。
唐憲宗元和十二年（817）	五月，六鎮出兵討王承宗，發兵十餘萬，回還數千里，既無統帥，又相去遠，期約難一，由是勞而無功。宰相及朝廷諸大再三奏請，並力克取淮西，待淮西平，乘其勝勢，回取恆冀。唐憲宗猶豫良久，方決定罷兵河北行營，各使還鎮。
唐憲宗元和十三年（818）	二月，淮西既平，王承宗畏懼。求情於田弘正，請歸朝，以二子爲質，獻德、棣二州，輸租稅，請官吏。田弘正爲之奏請，唐憲宗初不准，田弘正上表相繼，乃准許。

唐憲宗元和十四年（819）	二月，李師道爲部將劉悟所殺。劉悟將李師道父子首級送田弘正軍營。田弘正露布以聞，捷報朝廷，淄、青等十二州皆平。自唐代宗廣德以來，垂六十年，藩鎮跋扈。河南、河北三十餘州，自除官吏，不申戶口，不供貢賦，至是盡遵朝廷約束。
唐憲宗元和十五年（820）	九月，改河北鹽稅使爲榷鹽使。 十月，成德節度使王承宗卒，二子皆在朝爲質，諸將欲取帥於數內諸州，乃立其弟王承元，王承元不受。唐穆宗調魏博節度使田弘正爲成德節度使，李愬爲魏博節度使。
唐穆宗長慶元年（821）	正月，河北諸道各令均定兩稅。盧龍節度使劉總奏乞棄官爲僧，球賜百萬貫以賞將士，請分所屬爲三道：以幽、涿、營爲一道，請除張弘靖爲節度使；平、冀、媯、檀爲一道，請除薛平爲節度使；瀛、莫爲一道，請除盧士玫爲節度使。又盡擇部下傗健難制者都知兵馬使朱克榮等送至京師，乞加獎拔，並獻征馬一萬五千匹。 三月，唐穆宗以劉總兼侍中，充天平軍節度使；以宣武節度使張弘靖爲盧龍節度使；以盧士玫爲瀛、莫觀察使。劉總兄弟子侄皆除官，大將僚佐皆超擢，百姓給復一年，軍士賜錢一百萬。劉總未得詔書，以削髮爲僧，不久，卒於定州之境。 七月，盧龍兵變，囚張弘靖於薊門館。同月，成德兵變，都知兵馬使王廷湊結牙兵噪於府署，殺節度使田弘正及僚佐、元從將吏并家屬三百餘人。王廷湊自稱留後，逼監軍宋惟澄求旌節。 八月，唐穆宗起復前涇原節度使田布爲魏博節度使。詔魏博、橫海、昭義、河東、義武諸軍各出兵臨成德之境，進討王廷湊。 十二月，唐穆宗赦朱克融，任命爲盧龍節度使。欲專討王廷湊。
唐穆宗長慶元年（822）	正月，魏博兵變，田布自殺，史憲誠爲節度使。 二月，唐穆宗興兵討伐王廷湊，久無成效，只得任王廷湊爲成德節度使。至此，河北三鎮，又復割據一方，迄於唐亡。
唐敬宗寶曆元年（825）	十二月，滄景節度使楊元卿兼當道營田使，計營田收粟二十萬斛，交付度支，以充軍糧。
唐文宗大和元年（827）	八月，唐文宗詔削橫海李同捷官爵，發兵征討。
唐文宗大和三年（829）	二月，李同捷請降被殺，滄景亂平。 八月，唐文宗以衛尉卿殷侑爲齊、德、滄、景節度使。滄州承喪亂之後，骸骨蔽地，城空野曠，戶口存者十無三四。殷侑上任，與民共甘苦，招撫百姓，勸之耕桑。支絹綾五匹易一頭耕牛，共支綾絹三萬匹，流散者稍稍歸里復業。
唐文宗大和五年（831）	正月，唐文宗以滄、齊、德節度號義昌軍。
唐文宗大和八年（834）	二月，蔚州飛狐縣置鑄錢院。
唐文宗開成元年（836）	四月，昭義節度使劉從諫開夷儀山路以通太原、晉州。

唐武宗會昌二年 （842）	四月，昭義節度使劉從諫卒。其姪牙內都知兵馬使劉稹祕不發喪，逼監軍請爲留後。宰相李德裕力主平亂，不使劉稹效法河北三鎮。
唐武宗會昌四年 （844）	閏七月，昭義所屬邢、洺、磁三州降唐。 八月，昭義將士郭誼殺劉稹，降唐。唐武宗以盧鈞爲昭義節度使，下詔昭義所屬邢、洺、磁、潞、澤五州給復一年，軍行所過州、縣免當年租稅。
唐懿宗咸通九年 （868）	十二月，魏博節度使何全皞遣其將薛尤領兵一萬三千人爲唐王朝鎮壓龐勛起義軍。幽州向朝廷進助軍米五十萬石，鹽二萬石。
唐僖宗乾符二年 （875）	正月，王仙芝起義。 六月，黃巢起義。
唐僖宗乾符五年 （878）	十月，唐僖宗詔發昭義、幽州兩鎮兵及吐谷渾等部兵討李國昌父子於蔚州。
唐僖宗廣明元年 （880）	正月，唐王朝徵發東方諸道兵鎮壓農民起義軍。時昭義、義武等軍皆調至淮南。
唐僖宗中和二年 （882）	二月，李克用興兵攻蔚州。 八月，黃巢部將同州防禦使朱溫背叛農民起義軍，舉州降唐。 十一月，李克用歸附唐王朝，率沙陀一萬七千人南下，遂成爲鎮壓農民起義軍的主力。 十二月，孟方立遷昭義軍於邢州，自稱留後，割據邢、洺、磁三州。
唐僖宗中和三年 （883）	八月，孟方立既遷昭義軍治所於邢州，又遷大將家屬及富室至邢、洺、磁三州。監軍祁審海遣使乞師李克用，請復軍府於潞州。
唐僖宗中和四年 （884）	六月，黃巢兵敗。 八月，朝義分爲兩鎮：澤、潞爲一鎮，李克修爲節度使；邢、洺、磁爲一鎮，孟方立爲節度使。
唐僖宗光啓元年 （885）	二月，幽州節度使李可舉、成德節度使王鎔聯兵攻義武軍節度使王處存，欲瓜分易、定。王處存求救於李克用，李克用遣其將康君立領兵救援。
唐昭宗龍紀元年 （889）	六月，李克用發兵攻孟方立，拔洺、磁二州，進圍邢州。孟方立自殺，眾推其弟洺州刺史孟遷爲留後，孟遷求救於朱全忠。
唐昭宗大順元年 （890）	正月，李克用急攻邢州，孟遷食盡力竭而降。
唐昭宗大順二年 （891）	正月，朱全忠擊魏博羅弘信，五戰皆捷，斬首萬餘級。羅弘信懼怕，遣使厚幣請和。魏博從此屈服於朱全忠。 十月，李克用舉兵攻成德王鎔，大破成德兵於龍尾崗，斬獲萬計。李匡威引幽州兵援救，李克用縱兵大掠而還，軍於邢州。
唐昭宗景福二年 （893）	三月，李匡威自鎮州還，至博野，其弟李匡籌等在幽州發動兵變，佔據軍府。李匡威所部大亂，眾潰歸。李匡威僅與親信停留深州，進退無所從。王鎔迎李匡威回鎮州，爲築第，代之如父。 四月，李匡威在鎮州爲王鎔完城塹，繕甲兵，訓士卒。以王鎔年少，且樂眞定風土，欲潛謀王鎔，奪取鎮州。行事之日，王鎔爲屠者莫君和所救，李匡威爲鎮兵所殺。

唐昭宗乾寧二年 （895）	正月，李克用進據幽州，命李存審、劉仁恭將兵略定巡屬。 二月，李克用表奏仁恭爲幽州留後，自還晉陽。 十一月，唐昭宗封李克用爲晉王。
唐昭宗乾寧三年 （896）	四月，李克用發兵攻魏博羅弘信，大敗魏兵。 十月，朱全忠發兵救魏州，李克用退兵。
唐昭宗乾寧四年 （897）	八月，幽州劉仁恭叛李克用。。李克用親自將兵擊劉仁恭。 九月，李克用遭受幽州伏擊，大敗。
唐昭宗光化元年 （898）	三月，義昌節度使盧彥威與劉仁恭爭鹽利，劉仁恭遣其子劉守文將兵擊滄州。盧彥威逃奔汴洲，投靠朱全忠。劉仁恭遂取滄、景、德三州，以劉守文爲義昌留後。劉仁恭兵勢益盛，自謂得天助，遂有併吞河朔之意。朱全忠趁機與劉仁恭修好，會魏博兵攻李克用。
唐昭宗光化二年 （899）	正月，劉仁恭欲兼併河北，發幽涿、瀛、莫、平、營、冀、媯、檀、滄、景、德等十二州兵共十萬人南下攻佔貝州，城中萬餘戶遭屠殺。進而圍攻魏州，營於城北。魏博節度使羅威求救於朱全忠。 三月，朱全忠發兵救魏博，鎮州王容亦出兵相助，劉仁恭兵大敗，自魏至滄五百里間，殭屍相枕，傷亡慘重。劉仁恭自是不振，而朱全忠在河北兵勢益強。
唐昭宗天祐元年 （904）	八月，朱全忠派人殺唐昭宗，立輝王李祚爲皇太子，更名李柷，尋即位，是爲昭宣帝。魏博羅紹威進救濟百官絹千匹，綿三千兩。
唐昭宗天祐三年 （906）	正月，朱全忠派兵助魏博節度使羅紹威屠殺牙兵凡八千家，嬰孺無遺 八月，朱全忠以幽、滄首尾連爲魏患，引兵攻取滄州。劉仁恭爲救滄州，戰屢敗。 十月，劉仁恭求救於李克用，前後十餘次，李克用惡其反覆無常，竟不發兵。其子李存勗陳利害關係，乃許出兵攻潞州以解滄州之圍。
後梁太祖開平元 年（907）	朱全忠奪取皇位，建立梁朝（史稱後梁），建都汴州城，建元開平。

附表二　魏博、成德、幽州三鎮轄境變遷表[註1]

一、魏博鎮

時　　間	節度使	大　　事　　記	備　註
廣德元年（763）	田承嗣	《舊紀》閏正月戊申，以田承嗣檢校戶部尚書、魏州刺史、鴈門郡王、魏博等州都防禦使。《新方鎮表》置魏博等州防禦使，領魏、博、貝、瀛、滄五州，治魏州。是年升爲節度使，增領德州。以瀛、滄二州隸淄青平盧節度，貝州隸洺相節度。未幾，復領瀛、滄二州。	
大曆七年（772）	田承嗣	《新方鎮表》魏博節度增領澶州。	
大曆十一年（776）	田承嗣	《新方鎮表》魏博節度增領相、衛、洺、貝四州。	
太和三年（829）	史憲誠	《新方鎮表》置相、衛、澶三州節度使，治相州，尋罷，三州復隸魏博。	

〔註1〕　本表依（清）吳廷燮，《唐方鎮年表》（北京：中華書局，1980年）卷4幽州、成德、魏博三鎮製成。

二、成德鎮

時　　　間	節度使	大　　事　　記	備　　註
寶應元年（762）	張忠志	《舊紀》：冬十月丁酉，僞恒州節度使張忠志以趙、定、深、恒、易五州歸順，以忠志檢校禮部尚書、恒州刺史，充成德軍節度使，賜姓名曰李寶臣。於是河北州郡悉平。《新方鎮表》：置成德軍節度使，領恒、定、易、趙、深五州，治恒州。	
廣德元年（763）	李寶臣	成德軍節度增領冀州	
大曆十年（775）	李寶臣	成德軍節度增領滄州	
建中三年（782）	王武俊	罷成德軍節度，置恒冀都團練觀察使，置恒州；深趙都團練觀察使，治趙州。	
興元元年（784）	王武俊	廢恒冀、深趙二觀察，復置成德軍節度使，領恒、冀、深、趙四州，治恒州。	
貞元元年（758）	王武俊	成德軍節度增領德、棣二州。	
元和四年（809）	王承宗	《新方鎮表》德、棣二州隸保信軍節度。	
元和五年（810）	王承宗	《新方鎮表》成德軍節度復領德、棣二州。	
元和十三年（818）	王承宗	《新方鎮表》以德、棣二州隸屬橫海節度。《新紀》：四月甲寅，王承宗獻德、棣二州。	
長慶元年（821）	牛元翼	《新方鎮表》置深冀節度，治深州，尋罷，復以深冀隸成德軍節度。	

三、幽州鎮

時　　　間	節度使	大　　事　　記	備　　註
開元元年（713）	甄道一	幽州置防禦大使	
開元二年（714）	甄道一	置幽州節度、諸州軍管內經略鎮守大使，領幽、易、平、檀、嬀、燕六州，治幽州。	
開元八年（720）	張　說	幽州節度兼本軍州經略大使，并節度河北諸軍大使。	
開元十五年（727）	李尙隱	幽州節度大使兼河北支度營田使。	
開元十八年（730）	趙含章	幽州節度增領薊、滄二州。	領幽、易、平、檀、嬀、燕、薊、滄

開元二十年（732）	薛楚玉	幽州節度使兼領河北採訪處置使，增領衛、相、洺、貝、冀、魏、深、趙、恆、定、邢、德、棣、營、鄚十六州及安東都護府。	
開元二十七年（739）	李適之	幽州節度增領河北海運使。	
天寶元年（742）	裴　寬	更幽州節度使爲范陽節度使，增領歸順、歸德二郡。天寶源年十月，除裴寬爲范陽節度經略、河北支度營田，河北海運使，遂爲定額。	
天寶九載（750）	安祿山	八月丁巳，以祿山兼河北道採訪處置使。	
上元二年（761）		滄、德、棣三州隸淄沂節度，衛、相、貝、魏、博五州隸滑衛節度。	
寶應元年（762）		范陽節度使復爲幽州節度使，及平盧陷，又兼盧龍節度使。以恒、定、易、趙、深五州隸成德軍節度，邢州隸澤潞節度，置平盧防禦本軍營田使。	
廣德元年（763）	李懷仙	冀州隸成德軍節度，罷領順、易、歸順三州。	
建中三年（782）	朱　滔	幽州節度復領德、棣二州，後以二州復隸成德軍節度。	
長慶元年（822）		幽州節度罷領瀛、莫二州，置瀛莫都團練觀察使，置瀛州，尋升爲節度使。	
長慶二年（823）	朱克融	幽州節度復領瀛莫二州。廢瀛莫節度使。	

附表三　安史亂後魏博鎮、成德鎮、幽州鎮刺史表 [註1]

藩鎮名	州名	刺史名	時　間	籍　貫	仕　　歷	資料來源
魏博	魏州	司馬垂（錘）	天寶十四載（755）	（河北道）河內溫縣	魏州刺史、戶部員外郎、度支郎中、祠部員外郎、侍御史兼殿中	《通鑑・至德元載》三月條、《舊唐書・顏眞卿傳》、《元和姓纂》，卷2「司馬氏」
魏博	魏州	袁知泰	天寶十四載（755）	不詳	魏州刺史	《通鑑・至德元載》三月條
魏博	魏州	能元皓	天寶十五載（755）	（京畿道）京兆	安祿山部將－魏州刺史－僞淄青節度－河北招討使－貝州刺史－齊州刺史、齊兗鄆等州防禦使－兗州刺史－兗鄆節度使	《舊唐書・肅宗本紀》乾元二年、《舊唐書・崔光遠傳》、《舊唐書・李自良傳》《元和姓纂》，卷9「能氏」
魏博	魏州	李光弼	至德元載（756）	（河北道）營州柳城	起家左衛郎－左清道率兼安北都護府、朔方都虞侯－河西節度兵馬使，充赤水軍使－河西節度副使－朔方節度副使、知留後事－雲中太守，攝御史大夫，充河東節度副使、知節度事－魏郡太守、河北道採訪使－兼范陽長史、河北節度使－戶部尚	《舊唐書・李光弼傳》

〔註 1〕 本表主依據郁賢皓《唐刺史考》（香港九龍：中華書局香港分局，1987 年）河北道部分增補製成。

					書，兼太原尹、北京留守、同中書門下平章事－銀青光祿大夫、檢校司徒、兼戶部尚書、同中書門下平章事、兼御史大夫、鴻臚卿、太原尹、北京留守、河東節度副大使－司空、兼兵部尚書、中書門下平章事、魏國公－侍中、鄭國公－天下兵馬副元帥，知節度行營事－兼幽州大都督府長史、河北節度支度營田經略等使－加太尉、兼中書令、朔方節度使、兵馬副元帥－臨淮郡王－開府儀同三司、侍中、河南尹、行營節度使－侍中、太尉，充河南、淮南、山南東道、荊南等副元帥，出鎮臨淮－進封臨淮王－東都留守	
魏博	魏州	蕭　華	至德元載（756）～乾元元年（758）	（京畿道）長安	安祿山署魏州刺史－魏州刺史－右丞－河中尹、兼御史中丞，充同、晉、絳等州節度、觀察處置使－中書侍郎、同平章事、集賢殿崇文館大學士－禮部尚書－陝州司馬	《舊唐書‧肅宗本紀》乾元元年、《舊唐書‧肅宗本紀》二年、《舊唐書‧肅宗本紀》三年、《舊唐書‧肅宗本紀》上元二年、《舊唐書‧代宗本紀》寶應元年、《舊唐書‧蕭華傳》
魏博	魏州	崔光遠	乾元元年（758）	（河南道）滑州靈昌	蜀州唐安令－左贊善大夫－長安令－京兆少尹－京兆尹、兼御史中丞，充西京留守採訪使－祿山僞敕復本官－御史大夫，兼京兆尹－持節京畿採訪、計會、招召、宣慰、處置等使－禮部尚書－兼御史大夫－河南節度使－汴州刺史，兼本州防禦使－魏州刺史，充魏州節度使－太子少保－兼御史大夫，持節荊襄招討，仍充山南東道處置兵馬都使－鳳翔尹，充本府及秦隴觀察使－兼成都尹，充劍南節度營田觀察處置使，仍兼御史大夫	《舊唐書‧崔光遠傳》

魏博	魏州	田承嗣	乾元二年（759）～寶應元年（762）	（河北道）平州	世事盧龍軍爲裨校，安祿山前鋒兵馬使－左淸道府率－武衛將軍－安祿山構逆，爲前鋒，陷河洛－史朝義魏州刺史－代宗以爲檢校戶部尙書、鄭州刺史－魏州刺史、貝博滄瀛等州防禦使－魏博節度使－累加檢校尙書僕射、太尉、同中書門下平章事、鴈門郡王－魏州大都督府長史－永州刺史－魏博七州節度使	《舊唐書·田承嗣傳》
魏博	魏州	田承嗣	寶應二年（763）～大曆十三年（778）	（河北道）平州	世事盧龍軍爲裨校，安祿山前鋒兵馬使－左淸道府率－武衛將軍－安祿山構逆，爲前鋒，陷河洛－史朝義魏州刺史－代宗以爲檢校戶部尙書、鄭州刺史－魏州刺史、貝博滄瀛等州防禦使－魏博節度使－累加檢校尙書僕射、太尉、同中書門下平章事、鴈門郡王－魏州大都督府長史－永州刺史－魏博七州節度使	《舊唐書·田承嗣傳》
魏博	魏州	田　維	大曆十三年（778）	（河北道）平州	魏州刺史	《舊唐書·田承嗣傳》
魏博	魏州	田　悅	大曆十四年（779）～興元元年（784）	（河北道）平州	魏博中軍兵馬使、檢校右散騎常侍、魏府左司馬－魏博節度留後－檢校工部尙書、御史大夫，充魏博七州節度使－稱魏王－去王號，遣使歸國－加檢校尙書右僕射、濟陽王，使並如故	《舊唐書·田悅傳》
魏博	魏州	馬　燧（未之任）	建中三年（782）	（河南道）汝州郟城	澤潞節度使李抱玉署奏趙城尉－薛嵩署奏左武衛兵曹－太子通事舍人－遷著作郎、營田判官－秘書少監、兼殿中侍御史－節度判官、承務郎－鄭州刺史－懷州刺史－李抱玉移鎮鳳翔，署奏隴州刺史、兼御史中丞－商州刺史、兼御史中丞、防禦水陸運使－檢校左散騎常侍、御史大夫、河陽三城使－檢校工部尙書、太原尹、北都留	《舊唐書·馬燧傳》

					守、河東節度留後－河東節度使－檢校兵部尚書、河東節度使－加右僕射－加魏博招討使－加同中書門下平章事－魏州大都督府長史，兼魏博貝四州節度、觀察、招討等使－兼保寧軍節度使－加檢校司徒，封北平郡王－奉誠軍及晉絳慈隰節度并管內諸軍行營副元帥－遷光祿大夫，兼侍中－綏銀麟勝招討使－守司徒，兼侍中、北平王	
魏博	魏州	田　緒	興元元年（784）～貞元十二年（796）	（河北道）平州	京兆府參軍－魏博節度留後－銀青光祿大夫、魏州大都督府長史、兼御史大夫、魏博節度使－檢校工部尚書－加駙馬都尉－檢校左僕射、常山郡王－雁門郡王－同平章事	《舊唐書·田緒傳》
魏博	魏州	田季安	貞元十二年（796）～元和七年（812）	（河北道）平州	魏博節度副大使－魏州大都督府長史、魏博節度營田觀察處置等使	《冊府元龜·將帥部·繼襲》、《舊唐書·田季安傳》
魏博	魏州	田弘正（興）	元和七年（812）～元和十五年（820）	（河北道）平州	田季安衙內兵馬使－臨清鎮將－田懷諫衙內兵馬使－銀青光祿大夫、檢校工部尚書、魏州大都督府長史、兼御史大夫、上柱國、沂國公，充魏、博等州節度觀察處置支度營田等使－檢校司徒、兼中書令、鎮州大都督府長史，充成德軍節度、鎮冀深趙觀察等使	《舊唐書·田弘正傳》
魏博	魏州	李　愬	元和十五年（820）～長慶元年（821）	（隴右道）隴右臨洮	以父蔭起家，授太常寺協律郎－衛尉少卿－授右庶子－轉少府監，左庶子－坊、晉二州刺史－累遷至太子詹事，宮苑閑廄使－檢校左散騎常侍，兼鄧州刺史、御史大夫，充隨唐鄧節度使－檢校尚書左僕射，兼襄州刺史、山南東道節度、襄鄧隨唐復郢均房等州觀察等使－	《舊唐書·李愬傳》

					鳳翔隴右節度使－檢校左僕射、同中書門下平章事、潞州大都督府長史、昭義節度使－魏州大都督府長史、魏博節度使－太子少保	
魏博	魏州	田　布	長慶元年（821）	（河北道）平州	掌魏博親兵－檢校秘書監、兼殿中侍御史－擢授御史中丞－左金吾衛將軍、兼御史大夫－河陽三城懷節度使－移鎮涇原－魏博節度使、檢校工部尙書	《舊唐書·田布傳》
魏博	魏州	史憲誠	長慶二年（822）～大和三年（829）	（關內道）靈武建康人	隨父歷軍中右職－田布中軍都知兵馬使－魏博節度使－魏博節度使充河中晉絳節度使	《舊唐書·史憲誠傳》
魏博	魏州	李　聽	大和三年（829）(未之任)	（隴右道）隴右臨洮	蔭授太常寺協律郎－羽林將軍－神策行營兵馬使－轉左驍衛將軍、兼御史中丞－安州刺史－楚州刺史－檢校左散騎常侍、夏州刺史、夏綏銀宥節度使－靈州大都督府長史、靈鹽節度使－加檢校工部尙書－檢校兵部尙書、太原尹、北京留守、河東節度使－滑州刺史、義成軍節度使－詔聽兼領魏博節度使，魏人不納聽－太子少師－檢校司徒、邠寧節度使－武寧軍節度使－出守鳳翔－太子太保分司－河中尹、河中晉慈隰節度使－除太子太保	《舊唐書·李聽傳》
魏博	魏州	何進滔	大和三年（829）～開成五年（840）	（關內道）靈武人	寄客於魏，事節度使田弘正－衙內都知兵馬使，兼侍御史－左散騎常侍、魏博等州節度觀察處置等使	《舊唐書·何進滔傳》
魏博	魏州	李　縚	開成五年（840）	（隴右道）隴西成紀	光祿卿，封河東郡王－行魏州大都督，充魏博等州節度、觀察、處置等使－司空	《唐會要·諸使中》、《舊唐書·福王李縚傳》
魏博	魏州	何弘敬（重霸、重順）	開成五年（840）～咸通七年（866）	（關內道）靈武	魏博節度使－魏博節度副大使－加東面招討使－檢校尙書左僕射－加同中書門下平章事－兼中書令、楚國公	《新唐書·何進滔傳》

魏博	魏州	何全皞	咸通七年（866）～咸通十一年（870）	（關內道）靈武	魏博節度使－檢校司空、同中書門下平章事	《新唐書·何進滔傳》
魏博	魏州	韓允忠（君雄）	咸通十一年（870）～乾符元年（874）	（河北道）魏州	何弘敬裨校－左散騎常侍、兼御史中丞，充節度觀察留後－檢校工部尚書、魏州大都督府長史、充魏博節度觀察等使－累加至檢校司空、同平章事	《舊唐書·韓允忠傳》
魏博	魏州	韓簡	乾符元年（874）～中和三年（883）	（河北道）魏州	魏博節度副使－檢校工部尚書－節度觀察留後－加檢校右僕射－魏博節度使－進累檢校太尉、同中書門下平章事、魏郡王	《冊府元龜·將帥部·繼襲》、《舊唐書·韓簡傳》、《新唐書·韓簡傳》
魏博	魏州	樂彥禎（行達）	中和三年（883）～文德元年（888）	（河北道）魏州	本州軍校－韓簡以為馬步軍都虞候－博州刺史－澶州刺史－戶部尚書，充魏博節度觀察處置等使	《舊唐書·樂彥禎傳》
魏博	魏州	羅弘信	文德元年（888）～光化元年（898）	（河北道）魏州貴鄉	少從戎役，歷事節度使韓簡、樂彥禎－工部尚書，權知節度留後－加金紫光祿大夫、檢校尚書右僕射，充魏博觀察處置等使－加檢校司空、同平章事、豫章郡公－累官至檢校太師、守侍中、臨清王	《舊唐書·羅弘信傳》
魏博	魏州	羅紹威	光化元年（898）～天祐四年（907）	（河北道）魏州貴鄉	左散騎常侍，充天雄軍節度副使－魏博節度使－檢校太傅、兼侍中、長沙王－檢校太尉、守侍中、鄴王	《全唐文》，卷832，錢珝〈授魏博節度副使守左司馬知府事長沙縣開國子羅紹威檢校司徒進封開國侯制〉、《舊唐書·羅威傳》
魏博	博州	張獻直	天寶十四載（755）	不詳	博平太守	《舊唐書·顏真卿傳》
魏博	博州	馬冀	天寶十四載（755）	不詳	博平太守	《通鑑·天寶十四載》
魏博	博州	令狐彰	至德二載（757）～上元二年（761）	（京畿道）京兆富平	左衛員外郎將－偽署城內左街使－偽署博州刺史及滑州刺史－御史中丞，兼滑州刺史、滑亳魏博等六州節度－	《舊唐書·令狐彰傳》

					御史大夫－檢校工部尚書－檢校右僕射	
魏博	博州	李再春	建中三年（762）	不詳	博州刺史	《舊唐書・馬燧傳》
魏博	博州	田　融	元和七年（812）	（河北道）平州	博州刺史－相州刺史	《通鑑・元和八年》春正月
魏博	博州	樂少寂	約大中時	（河北道）魏州	澶、博、貝三州刺史	《舊唐書・樂彥禎傳》
魏博	博州	樂彥禎	約乾符二年（約875）～中和三年（882）	（河北道）魏州	本州軍校－韓簡以爲馬步軍都虞候－博州刺史－澶州刺史－戶部尚書，充魏博節度觀察處置等使	《舊唐書・樂彥禎傳》
魏博	相州	王　燾	天寶十一載（752）～十四載（755）	（河東道）太原祁	華原尉－判官－長安縣尉，充勸農判官－徐州司馬－鄴郡太守－河間太守－殿中侍御史－監察御史－給事中－戶部員外郎－吏部郎中	《舊唐書・韋安石傳》、《舊唐書・顏眞卿傳》、《新唐書・王燾傳》、《全唐文》，卷 394，令狐峘〈光祿大夫太子少師上柱國魯郡開國公顏眞卿墓誌銘〉
魏博	相州	薛　嵩	約至德中（約757）～大曆八年（773）	（河東道）絳州萬泉	史朝義相州刺史－代宗以嵩爲相州刺史，充相、衛、洺、邢等州節度觀察使－累遷檢校右僕射	《舊唐書・薛嵩傳》
魏博	相州	薛　崿	大曆八年（773）～大曆十年（775）	（河東道）絳州萬泉	相州刺史	《舊唐書・薛嵩傳》
魏博	相州	薛　擇	大曆十年（775）	（河東道）絳州萬泉	相州刺史	《舊唐書・代宗本紀》
魏博	相州	李承昭	大曆十年（775）～大曆十一年（776）	不詳	山南採訪使－福建觀察使－禮部尚書－華州刺史－相州刺史，知昭義兵馬留後－昭義節度使	《舊唐書・代宗本紀》大曆四年、《舊唐書・代宗本紀》大曆七年《舊唐書・代宗本紀》大曆十年、《舊唐書・代宗本紀》大曆十一年

魏博	相州	房穎叔	大曆中	不詳	相州刺史	《冊府元龜·牧守部·褒寵二》
魏博	相州	田廷玠 (田庭玠)	大曆末 (?)～ 建中三年 (782)	(河北道) 平州	平舒丞－遷樂壽、清池、束城、河間四縣令－滄州別駕－遷滄州刺史充橫海軍使－洺州刺史－相州刺史魏博節度副使	《通鑑·德宗建中二年》、《舊唐書·田弘正傳》
魏博	相州	昊子晃	貞元中	不詳	別駕－相州刺史	《唐語林》,卷6
魏博	相州	薛揖	貞元中	(河東道) 絳州萬泉	相州刺史	《新表三下》「薛氏」
魏博	相州	田融	元和八年 (813)～ 元和十四年(819)	(河北道) 平州	博州刺史－相州刺史－檢校刑部尚書,兼太子賓客,東都留守	《通鑑·元和八年》、《舊唐書·田弘正傳》
魏博	相州	崔弘禮	元和十四年(819)～元和十五年(820)	(河北道) (定州)博陵	解褐河南府文學－靈州觀察判官－呂元膺辟為東都留守推官－東都防禦判官－義成軍節度判官－東都留守判官－沂州刺史－義武軍節度副使、權知汾州－棣州刺史－魏州刺史充魏博節度副使－相州刺史充相州防禦使－鄭州刺史－絳州刺史－河南尹、兼御史大夫、東都畿汝都防禦副使－河陽三城懷州節度使－華州刺史、充潼關防禦鎮國軍使－天平軍節度使－東都留守、畿汝州都防禦使、判東都省事	《舊唐書·崔弘禮傳》、《唐代墓誌彙編》,大和039〈崔弘禮幕誌〉
魏博	相州	邢澭 (楚)	長慶元年 (821)	不詳	相州刺史	《舊唐書·穆宗本紀》
魏博	相州	王承林	約長慶元年（約821）～二年（822）	不詳	相州刺史－安州刺史	《白居易集》,卷52,〈王承林可安州刺史制〉
魏博	相州	韓某	寶曆、大和間	不詳	相州刺史	《全唐文》,卷813,紇干潀〈贈太尉韓允忠神道盃〉
魏博	相州	蔡某	約文宗時	不詳	相州刺史	《全唐詩》,卷573,賈島〈蔣亭和蔡湘州〉

魏博	相州	樂從訓	文德元年（888）	（河北道）魏州	六州都指揮使－相州刺史	《舊唐書・樂彥禎傳》
魏博	衛州	薛　雄	約大曆初（？）～大曆十年（775）	（河東道）絳州萬泉	薛嵩屬吏，知衛州事－詔授衛州刺史	《舊唐書・代宗本紀》大曆十年、《舊唐書・薛雄傳》
魏博	衛州	李進超	大曆十三年前（778前）	（河北道）趙郡	鄭州刺史－衛州刺史－開府儀同三司行左金吾衛大將軍	〈贈秘書少監趙郡李府君（休）墓誌銘并序〉
魏博	衛州	任履虛	建中三年（782）	不詳	衛州刺史	《通鑑・建中三年》
魏博	衛州	李　憲	元和八年（813）	（隴右道）隴右臨洮	太原府參軍、醴泉縣尉－山南東道節度使于頔從事－魏博節度使田弘正從事、衛州刺史－絳州刺史－入爲宗正少卿－光祿卿－太府卿－洪州刺史、江西觀察使－轉嶺南節度使。	《舊唐書・李憲傳》
魏博	衛州	崔弘禮	約元和十三年（約818）～十四年（819）	（河北道）（定州）博陵	解褐河南府文學－靈州觀察判官－呂元膺辟爲東都留守推官－東都防禦判官－義成軍節度判官－東都留守判官－沂州刺史－義武軍節度副使、權知汾州－棣州刺史－衛州刺史充魏博節度副使－相州刺史充相州防禦使－鄭州刺史－絳州刺史－河南尹、兼御史大夫、東都畿汝都防禦副使－河陽三城懷州節度使－華州刺史、充潼關防禦鎮國軍使－天平軍節度使－東都留守、畿汝州都防禦使、判東都省事	《舊唐書・崔弘禮傳》、《唐代墓誌彙編》，大和039〈崔弘禮墓誌〉
魏博	衛州	邵　同	長慶初	不詳	守衛州刺史兼御史中丞－連州司馬	《白居易集》，卷52，〈邵同貶連州司馬制〉
魏博	衛州	杜庭堅	咸通末？	（京畿道）京兆	衛州刺史	《新表二上》「京兆杜氏」
魏博	衛州	薛　瑠	乾符二年（875）	不詳	殿中少監－衛州刺史	《舊唐書・僖宗本紀》
魏博	衛州	李　瓚	乾符中	（隴右道）隴西成紀	昭州司戶－衛州刺史	《唐語林》，卷6

魏博	貝州	崔審交	天寶十四載（755）	不詳	貝州刺史	《全唐文》，卷341，顏眞卿〈攝常山郡太守衛尉卿兼御史中丞顏公神道碑銘〉
魏博	貝州	王懷忠	天寶末	不詳	清河長史－貝州刺史	《舊唐書・史思明傳》
魏博	貝州	宇文寬	至德、乾元間	（河南道）洛陽	貝州刺史－戶部員外郎	《舊唐書・安祿山傳》、《元和姓纂》，卷6「宇文氏」、《新表一下》「宇文氏」
魏博	貝州	能元皓	乾元元年（758）	（京畿道）京兆	安祿山部將－魏州刺史－僞淄青節度－河北招討使－貝州刺史－齊州刺史、齊兗鄆等州防禦使－兗州刺史－兗鄆節度使	《舊唐書・肅宗本紀》
魏博	貝州	徐璹玉	乾元二年（759）	不詳	貝州刺史	《通鑑・乾元二年》
魏博	貝州	田廷琳	大曆中？	（河北道）平州	貝州刺史	《全唐文》，卷440，封演〈魏州開元寺新建三門樓碑〉
魏博	貝州	邢曹俊	建中二年（781）～興元元年（784）	不詳	貝州刺史	《通鑑・建中二年》
魏博	貝州	陽惠元	興元元年（784）	（河北道）平州	以材力從軍，隸平盧節度劉正臣－神策京西兵馬使－檢校工部尚書，攝貝州刺史	《舊唐書・陽惠元傳》
魏博	貝州	崔鴻	約元和末	不詳	貝州刺史	《白居易集》，卷53，〈前貝州刺史崔鴻可重授貝州刺史制〉
魏博	貝州	裴弘泰	元和末～長慶初（～821）	（河東道）解縣	薛平僚佐－河北榷鹽使、檢校刑部尚書－貝州刺史－太府少卿知左藏庫出納－太府卿－黔中經略使、觀察使－桂管經略使－饒州刺史－毫州刺史－義成、邠寧、鳳翔節度使－太子少傅	《白居易集》，卷51，〈河北榷鹽使、檢校刑部尚書郎中裴弘泰可權知貝州刺史依前榷鹽使制〉、《白居易集》，卷53，〈裴弘泰可太

						府少卿知左藏庫出納制〉、《舊唐書・文宗本紀》《新表一上》「裴氏」
魏博	貝州	崔　鴻	長慶初	不詳	貝州刺史	《白居易集》，卷53，〈前貝州刺史崔鴻可重授貝州刺史制〉
魏博	貝州	史憲忠	約長慶中（？）～大和三年（～829）	（關內道）靈武建康	貝州刺史－檢校右散騎常侍、隴州刺史	《新唐書・史憲誠傳》
魏博	貝州	孫復禮	大和中？	（河北道）冀州武邑	貝州刺史	《新表三下》「孫氏」
魏博	貝州	韓國昌	會昌中	（河北道）魏州	貝州刺史	《舊唐書・韓允中傳》
魏博	貝州	樂少寂	約大中間	（河北道）魏州	貝州刺史	《舊唐書・樂彥禎傳》
魏博	貝州	李承約	約唐末	（河北道）薊州	幽州牙門校－山後八軍巡檢使－匡霸都指揮使、檢校右僕射兼領貝州刺史－洺、汾二州刺史－（後唐）檢校司空、慈州刺史－潁州團練使－涇州節度副使－（後唐明宗）檢校太保、黔南節度使－左衛上將軍－左龍武統軍加特進、檢校太傅，充昭義軍節度使－左龍武統軍－（後晉高祖）左驍衛上將軍	《舊五代史・李承約傳》
魏博	趙州	馬道貞	天寶十四載（755）	不詳	趙州刺史	《全唐文》，卷341，顏真卿〈攝常山郡太守衛尉卿兼御史中丞顏公神道碑銘〉
成德	趙州	郭獻璆	天寶十五載（756）	不詳	趙州刺史	《舊唐書・郭子儀傳》
成德	趙州	陸　濟	至德二載（757）	不詳	趙州刺史	《新唐書・史思明傳》
成德	趙州	盧　俶（淑）	約乾元中～永泰中	（河北道）范陽涿縣	趙州刺史	《舊唐書・史朝義傳》

成德	趙州	段慶珝	永泰二年（766）	不詳	趙州刺史	《常山貞石志》，卷10，〈李寶臣碑〉
成德	趙州	何　某	大曆六年（771）～九　年（774）	不詳	趙州刺史	《全唐文》，卷443，齊論〈趙州刺史何公德政碑〉
成德	趙州	張彭老	約大曆末	不詳	趙州刺史	《舊唐書·李寶臣傳》
成德	趙州	康日知	約建中二年（約781）～興元元年（784）	（關內道）靈州	少事李惟岳，擢累趙州刺史－惟岳叛，固州自歸－深趙觀察使－奉誠軍節度使－晉絳節度使，加累檢校尚書左僕射、會稽郡王	《新唐書·康日知傳》
成德	趙州	王　怡	元和中	（河北道）薊	深州刺史－冀州刺史－趙州刺史	《冊府元龜·帝王部·旌表四》
成德	趙州	王紹烈	大中八年	（河北道）世隸安東都護府	趙州刺史	《全唐文補遺》第四輯，〈唐故成德軍節度王元逵墓誌銘并序〉
成德	趙州	李守宏	咸通前	不詳	趙州刺史	光緒《畿輔通志》卷144引《金石分域編》有王成則撰《趙州防禦使李守鴻太原王氏墓誌》
成德	恆州	顏杲卿	天寶十四載（755）	（河南道）琅邪臨沂	以蔭受官遂州司法參軍－魏州錄事參軍－范陽戶曹參軍－營田判官－攝常山太守－加衛尉卿、兼御史大夫	《舊唐書·忠義下·顏杲卿傳》、《新唐書·忠義中·顏杲卿傳》
成德	恆州	袁履謙	天寶十四載（755）～十五載（756）	不詳	長史－常山太守	《舊唐書·忠義下·顏杲卿傳》
成德	恆州	王　侔	天寶十五載（756）	（關內道）雍州咸陽	莫州參軍－辟范陽節度使張守珪幕府－博陵、常山太守，副河北招討使	《新唐書·逆臣上·史思明傳》、《新唐書·王侔傳》、《新表二中》「王氏」
成德	恆州	李寶臣（張忠志）	至德二載（756）	（河北道）范陽	范陽節度使射生官－安慶緒署恆州刺史－肅宗授恆州刺	《舊唐書·李寶臣傳》

					史－史思明授工部尚書、恆州刺史、恆趙節度使－代宗授開府儀同三司、檢校禮部尚書、恆州刺史、成德節度使－遷左僕射，封隴西郡王、檢校司空、同中書門下平章事－司空，兼太子太傅	
成德	恆州	薛　嵩	至德二載（756）	（河東道）絳州萬泉	攝恆州刺史	《新唐書·逆臣上·史思明傳》
成德	恆州	李寶臣（張忠志）	上元元年（760）～建中二年（781）	（河北道）范陽	范陽節度使射生官－安慶緒署恆州刺史－肅宗授恆州刺史－史思明授工部尚書、恆州刺史、恆趙節度使－代宗授開府儀同三司、檢校禮部尚書、恆州刺史、成德節度使－遷左僕射，封隴西郡王、檢校司空、同中書門下平章事－司空，兼太子太傅	《舊唐書·李寶臣傳》
成德	恆州	李惟岳	建中二年（781）	（河北道）范陽	成德行軍司馬、恆州刺史	《舊唐書·李惟岳傳》
成德	恆州	張孝忠	建中二年（781）～建中三年（782）	奚種	內供奉－安祿山偏將，以功授果毅折衝－史朝義敗，入李寶臣帳下－奏授左領軍郎將－累加左金吾衛將軍同正、試殿中監－飛狐、高陽二軍使－易州刺史－奏授太子賓客、兼御史中丞，封范陽郡王－檢校工部尚書、恆州刺史、兼御史大夫、充成德軍節度使－檢校兵部尚書，義武軍節度、易定滄等州觀察等使－檢校左僕射－以本官同平章事－加檢校司空－削檢校司空	《舊唐書·張孝忠傳》
成德	恆州	王武俊	建中三年（782）～貞元十七年（801）	（河北道）薊	史思明恆州刺史李寶臣裨將－李寶臣歸國，奏授御史中丞，充本軍先鋒兵馬使－檢校秘書少監、兼御史大夫、恆州刺史、恆冀都團練觀察使－僭建國，稱趙王－削偽國號，授檢校兵部尚書，成德軍節度使－加司空、同中書門下平章事，兼幽州、盧龍兩道節度使、琅邪郡王－表讓幽州盧龍節度使－恆州	《舊唐書·王武俊傳》

					大都督府長史，加檢校司徒－加左金吾上將軍同正－加開府儀同三司－加檢校太尉，兼中書令	
成德	恆州	王士眞	貞元十七年（801）～元和四年（809）	（河北道）薊	李寶臣帳中親將－成德節度副使－德州刺史、德棣觀察使－左金吾衞大將軍同正、恆州大都督府長史，檢校兵部尙書，充成德軍節度、恆冀深趙德棣等州觀察等使	《冊府元龜‧將帥部‧繼襲》《舊唐書‧王士眞傳》
成德	恆州	王承宗	元和四年（809）～十五年（820）	（河北道）薊	鎭州大都督府右司馬、知州事、御史大夫，充知兵馬使、副大使－雲麾將軍、左金吾衞大將軍同正、檢校工部尙書、鎭州大都督府長史、御史大夫、成德軍節度、鎭冀深趙等州觀察等使	《舊唐書‧王承宗傳》
成德	恆州	田弘正	元和十五年（820）～長慶元年（821）	（河北道）平州	田季安衙內兵馬使－臨清鎭將－田懷諫衙內兵馬使－銀青光祿大夫、檢校工部尙書、魏州大都督府長史、兼御史大夫、上柱國、沂國公，充魏、博等州節度觀察處置支度營田等使－檢校司徒、兼中書令、鎭州大都督府長史，充成德軍節度、鎭冀深趙觀察等使	《舊唐書‧田弘正傳》
成德	恆州	牛元翼	長慶元年（821）～二年（822）	（河北道）趙州	王承宗部將－深州刺史－深冀節度使－成德軍節度使－山南東道節度使－加檢校工部尙書	《新唐書‧牛元翼傳》
成德	恆州	王廷湊（庭湊）	長慶二年（822）～大和八年（834）	（河北道）世隸安東都護府	王承元衙內兵馬使－檢校右散騎常侍、鎭州大都督府長史、成德軍節度、鎭冀深趙等州觀察等使，檢校司徒、成德軍節度使	《舊唐書‧王廷湊傳》
成德	恆州	王元逵	大和八年（834）～大中八年（854）	（河北道）世隸安東都護府	鎭州右司馬，兼都知兵馬使－檢校工部尙書、鎭州大都督府長史、成德軍節度使	《舊唐書‧王元逵傳》
成德	恆州	李澤	大中九年（855）	（隴右道）隴西成紀	成德軍節度使	《全唐文》，卷79，宣宗〈授濮王擇成德軍節度使制〉

成德	恆州	王紹鼎	大中九年（855）～大中十一年（857）	（河北道）世隸安東都護府	鎮州大都督府左司馬、知府事、節度副使、都知兵馬使－檢校工部尚書、鎮府長史、成德軍節度、鎮深冀趙觀察等使	《舊唐書・王紹鼎傳》
成德	恆州	李汭	大中十一年（857）	（隴右道）隴西成紀	成德軍節度使	《唐大詔令集》，卷36，〈昭王汭成德軍節度制〉
成德	恆州	王紹懿	大中十一年（857）～咸通七年（866）	（河北道）世隸安東都護府	深州刺史、成德軍節度判官－成德軍節度副使、都知兵馬使、檢校右散騎常侍、鎮府左司馬、知府事、兼御史中丞－節度使、檢校工部尚書	《舊唐書・王紹懿傳》
成德	恆州	王景崇	咸通七年（866）～中和三年（883）	（河北道）世隸安東都護府	鎮州大都督府左司馬、知府事、都知兵馬使－忠武將軍、守左金吾衛將軍同正、檢校右散騎常侍，充成德軍觀察留後，仍賜上柱國，賜紫金魚袋－正授節度使、檢校工部尚書－檢校右僕射，封太原縣男－左金吾衛上將軍同正，進位檢校司空－同中書門下平章事，累加檢校太尉、趙國公－進封常山王－丁母憂，起復本官－拜太尉	《舊唐書・王景崇傳》
成德	恆州	王鎔	中和三年（883）～天祐四年（907）	（河北道）世隸安東都護府	成德節度留後－成德節度使，檢校工部尚書－開府儀同三司，守太師、中書令	《舊唐書・王鎔傳》、《舊五代史・王鎔傳》
成德	冀州	烏承恩	至德元載（756）～至德二載（757）	（隴右道）張掖	平盧先鋒－北平軍使－冀州刺史－范陽節度副使	《新唐書・肅宗本紀》乾元元年四月、《通鑑・至德元載》、《新唐書・烏承玼傳》
成德	冀州	史朝義	至德二載（757）～乾元元年（758）	（河北道）營州	史思明冀州刺史	《通鑑・至德二載》
成德	冀州	柳良器	肅宗時	（河東道）河東解縣	冀州刺史	《姓纂》，卷7「河東解縣柳氏」

成德	冀州	源　恆	永泰中～約建中初	不詳	使持節冀州諸軍事兼冀州刺史充冀州團練使守捉使同成德軍節度副使	《常山貞石志》，卷10，〈李寶臣碑〉
成德	冀州	鄭　詵	建中二年（781）	不詳	冀州刺史	《通鑑·建中三年》
成德	冀州	王士清	元和元年（806）	（河北道）薊	冀州刺史	《舊唐書·王士清傳》
成德	冀州	王　怡	元和中	（河北道）薊	深州刺史－冀州刺史－趙州刺史	
成德	冀州	楊孝直	元和十四年（819）	（京畿道）弘農	王武俊將校－權深州刺史－攝冀州刺史－滑州長史－鄧州長史	《唐代墓誌彙編》，大和 090〈唐故山南東道節度押衙光祿大夫檢校太子賓客前行鄧州長史兼侍御史楊公（孝直）墓誌銘并序〉
成德	冀州	王進岌	元和十五年（820）～長慶元年（821）	不詳	行羽林大將軍－冀州刺史	《全唐文》，卷649，〈授王進岌冀州刺史制〉
成德	冀州	吳暐潛	長慶元年（821）	不詳	冀州刺史	《舊唐書·穆宗本紀》
成德	冀州	王景儒	約乾符中	（河北道）世隸安東都護府	冀州刺史	《闕史》，卷下，〈盧相國指揮鎮州事〉
成德	冀州	梁公儒	唐末	不詳	王鎔牙將（成德軍主事）－冀州刺史	歐陽修，《集古錄跋尾·唐梁公儒碑》、《舊唐書·昭宗本紀上》光化三年九月
成德	深州	盧全誠	天寶十四載（755）～至德元載（756）	（河北道）范陽涿縣	深州刺史	《新表三上》「盧氏」
成德	深州	李　系	至德元載（756）	不詳	深州刺史	《通鑑·至德元載》
成德	深州	李獻誠	永泰二年（766）～建中二年前（781前）	不詳	深州刺史	《常山貞石志》，卷10，〈李寶臣碑〉

成德	深州	楊榮國	建中三年（782）	不詳	深州刺史	《通鑑‧建中三年》
成德	深州	王巨源	建中三年（782）	不詳	成德判官－深州刺史	《通鑑‧建中三年》、《舊唐書‧田悅傳》
成德	深州	王　怡	元和中	（河北道）薊	深州刺史－冀州刺史－趙州刺史	《冊府元龜‧帝王部‧旌表四》
成德	深州	楊孝直	元和十二年（817）～十四年（819）	（京畿道）弘農	王武俊將校－權深州刺史－攝冀州刺史－滑州長史－鄧州長史	《唐代墓誌彙編》，大和 090〈唐故山南東道節度押衙光祿大夫檢校太子賓客前行鄭州長史兼侍御史楊公（孝直）墓誌銘并序〉
成德	深州	薛常翹	元和十五年（820）	不詳	深州刺史	《白居易集》，卷53,〈薛常翹可邢州刺史本州團練使制〉
成德	深州	牛元翼	長慶元年（821）	（河北道）趙州	王承宗部將－深州刺史－深冀節度使－成德軍節度使－山南東道節度使－加檢校工部尚書	《新唐書‧牛元翼傳》
成德	深州	王紹懿	大中八年（854）	（河北道）世隸安東都護府	深州刺史、成德軍節度判官－成德軍節度副使、都知兵馬使、檢校右散騎常侍、鎮府左司馬、知府事、兼御史中丞－節度使、檢校工部尚書	《舊唐書‧王紹懿傳》
成德	深州	王景胤	大中十一年（857）	（河北道）世隸安東都護府	成德軍中軍兵馬使、銀青光祿大夫、檢校太子賓客、監察御史－深州刺史、兼殿中侍御史，充本州團練守捉使	《新表五下》「安東王氏」、《舊唐書‧王景胤傳》
成德	德州	顏眞卿	天寶十二載（753）～至德元載（756）	（河南道）琅邪臨沂	監察御史－充河西隴右軍試覆屯交兵使－充河東朔方試覆屯交兵使－殿中侍御史、東都畿採訪判官－侍御史、武部員外郎－平原太守－平原太守，詔加戶部侍郎－工部尚書、兼御史大夫、河北採訪招討使－授憲部尚書－加御史大夫－同州刺史－蒲	《舊唐書‧顏眞卿傳》

					州刺史－饒州刺史－昇州刺史、浙江西道節度使－刑部尚書－蓬州長史－利州刺史－戶部侍郎－尚書左丞－檢校刑部尚書知省事、魯郡公－硤州別駕、撫州湖州刺史－刑部尚書－禮儀使－太子少傅、禮儀使－太子太師	
成德	德州	李忠臣（董秦）	至德二載（757）	（河北道）平盧	折衝郎將、將軍同正、平盧軍先鋒使－兵馬使－德州刺史－光祿卿同正－濮州刺史、緣河守捉使－陝西神策兩軍節度兵馬使－太常卿同正、兼御史中丞、淮西十一州節度－加安州刺史－加蔡州刺史－右僕射、知省事－加檢校司空平章事、汴州刺史－檢校司空、平章事，留京師奉朝請－王傅－朱泚偽司空、兼侍中	《舊唐書·李忠臣傳》
成德	德州	王 暕	乾元元年（758）	不詳	德州刺史	《舊唐書·安慶緒傳》
成德	德州	蔡希德	乾元元年（758）	不詳	德州刺史	《新唐書·安慶緒傳》
成德	德州	李西華	建中二年（781）	不詳	德州刺史－商州刺史	《通鑑·建中三年》三月、《新唐書·地理志一·商州》
成德	德州	李士眞	建中三年（782）	不詳	德州刺史	《通鑑·建中三年》三月
成德	德州	李濟時	建中三年（782）	不詳	德州刺史	《通鑑·建中三年》四月
成德	德州	王士眞	興元元年（784）～貞元十七年（801）	（河北道）薊	李寶臣帳中親將－成德節度副使－德州刺史、德棣觀察使－左金吾衞大將軍同正、恆州大都督府長史，檢校兵部尚書，充成德軍節度、恆冀深趙德棣等州觀察等使	《冊府元龜·將帥部·繼襲》、《舊唐書·王士眞傳》
成德	德州	薛昌朝	元和四年（809）	（河東道）絳州萬泉	德州刺史檢校左常侍，充保信軍節度、德棣等州觀察等使－右武衞將軍	《舊唐書·憲宗本紀下》元和四年、五年、《新表三下》「薛氏」

成德	德州	鄭　權	元和十三年（818）	（河南道）汴州開封	佐涇原節度劉昌府－試參軍－行軍司馬－河南尹－襄州刺史，充山南東道節度使－華州刺史－德州刺史、橫海軍節度、德棣滄景等州觀察使－滄州節度使－邠寧節度使－原王傅－右金吾衛大將軍，充右街使－左散騎常侍持－工部侍郎－工部尚書－嶺南節度使	《舊唐書・憲宗本紀下》、《新唐書・鄭權傳》
成德	德州	李全略（王日簡）	長慶元年（821）～二　年（822）	不詳	鎮州小將，事王武俊－代州刺史－德州刺史、德棣等州節度－橫海軍節度使－滄州長史、知州事，兼主中軍兵馬	《舊唐書・李全略傳》
成德	德州	李全略（王日簡）	長慶二年（822）	不詳	鎮州小將，事王武俊－代州刺史－德州刺史、德棣等州節度－橫海軍節度使－滄州長史、知州事，兼主中軍兵馬	《舊唐書・李全略傳》
成德	德州	王　稷	長慶二年（822）	（河東道）太原	鴻臚少卿－司馬－棣州刺史－德州刺史	《舊唐書・王稷傳》
成德	德州	李　岵（有裕）	大和三年（829）～四　年（830）	（隴右道）隴西成紀	潁州刺史－晉州刺史－豐州刺史，充天德軍豐州東西受降城都防禦使－涇原節度使－齊、德等州節度使	《舊唐書・代宗本紀》、《舊唐書・穆宗本紀》、《舊唐書・文宗本紀上》
成德	德州	劉　約	開成三年（888）	（河北道）幽州昌平	德州刺史、滄景節度副使－義昌軍節度使－天平軍節度使－宣武節度使	《舊唐書・文宗本紀上》
成德	德州	竇　潏	約廣明前後	不詳	德州刺史－京兆尹－宣歙觀察使	《全唐文》，卷829，竇潏〈池州重建大廳壁記〉、《新唐書・高仁厚傳》、《新唐書・高駢傳》
成德	德州	吳昌嗣	中和時（未之任）	不詳	楊全枚變吏－德州刺史	《冊府元龜・將帥部・豪橫》
成德	德州	盧彥威	光啓元年（885）～大順元年（890）	不詳	楊全攻衙將－德州刺史－德州刺史兼滄州刺史、御史大夫，充義昌軍節度、滄德觀察處置等使－左金吾上將軍－左威衞上將軍	《通鑑・光啓元年》七月、《舊唐書・哀帝本紀》

成德	德州	傅公和	光化三年（900）	不詳	德州刺史	《舊五代史·梁太祖本紀二》
成德	德州	周知裕	天祐中	（河北道）幽州	劉仁恭騎將－嬀州刺史－德州刺史－（後梁）歸化軍指揮使－（後唐）房州刺史－（後唐）絳州刺史－（後唐）淄州刺史、宿州團練使－（後唐）安州留後－（後唐）右神武統軍	《舊五代史·周知裕傳》
成德	棣州	鄭毓	天寶末	不詳	吳郡司士－棣州刺史	《全唐文》，卷336，顏真卿〈讓憲部尚書表〉
成德	棣州	臧瑜	至德中	（嶺南道）東莞	棣州刺史	《全唐文》，卷339，顏真卿〈東莞臧氏糺宗碑銘〉
成德	棣州	李長卿	建中三年（782）	不詳	棣州刺史	《通鑑·建中三年》
成德	棣州	趙鎬	興元元年（784）～貞元六年（790）	不詳	棣州刺史	《通鑑·貞元六年》
成德	棣州	崔漸	貞元中？	（河北道）博陵	棣州刺史兼御史中丞	《唐代墓誌彙編》，大和049〈唐故冀州阜城縣令兼□□□賜緋魚袋榮陽鄭府君夫人博陵崔氏合祔墓誌銘并序〉
成德	棣州	田澳	元和四年（809）	不詳	棣州刺史	《舊唐書·王承宗傳》
成德	棣州	崔弘禮	元和十三年（818）	（河北道）（定州）博陵	解褐河南府文學－靈州觀察判官－呂元膺辟為東都留守推官－東都防禦判官、義成軍節度判官－東都留守判官－沂州刺史－義武軍節度副使、權知汾州－棣州刺史－衛州刺史充魏博節度副使－相州刺史充相州防禦使－鄭州刺史－絳州刺史－河南尹、兼御史大夫、東都畿汝都防禦副使－河陽三城懷州	《舊唐書·崔弘禮傳》、《唐代墓誌彙編》，大和039〈崔弘禮墓誌〉

					節度使－華州刺史、充潼關防禦鎮國軍使－天平軍節度使－東都留守、畿汝州都防禦使、判東都省事	
成德	棣州	曹華	元和十三年（818）～元和十四年（819）	（河南道）宋州楚丘	宣武軍牙校－襄城戍將－寧州刺史（未行）－懷汝節度行營副使－河陽都知兵馬使－棣州刺史－沂州刺史，充沂海兗密等州都團練觀察使－兗州刺史－滑州刺史、義成軍節度使、鄭滑潁等州觀察等使	《通鑑·元和十三年》、《舊唐書·曹華傳》
成德	棣州	劉約	長慶元年（821）	（河北道）幽州昌平	齊州刺史－棣州刺史－德州刺史、滄景節度副使－義昌軍節度使－天平軍節度使－宣武節度使	《白居易集》，卷50，〈劉約授棣州刺史制〉、《舊唐書·劉總傳》
成德	棣州	王稷	長慶元年（821）	（河東道）太原	鴻臚少卿－司馬－棣州刺史－德州刺史	《舊唐書·王稷傳》
成德	棣州	欒濛	大和初	不詳	棣州刺史	《新唐書·李同捷傳》
成德	棣州	唐弘實	大和二年（828）	不詳	棣州刺史－莒王傅－左驍衛將軍、皇城留守－右金吾衛將軍－宋州刺史－邕管經略使	《冊府元龜·外臣部·通好》
成德	棣州	韓威	大和八年（834）	不詳	棣州刺史－安南都護－蔡州刺史－定州刺史、義武軍節度、北平軍等使	《舊唐書·文宗本紀下》
成德	棣州	田曑（早）	大和九年（835）	不詳	棣州刺史－安南都護	《舊唐書·文宗本紀下》
成德	棣州	張蟾	龍紀元年（889）～大順二年（891）	不詳	棣州刺史	《通鑑·龍紀元年》
成德	棣州	邵播	天復三年（903）	不詳	棣州刺史	《新唐書·昭宗本紀》
成德	棣州	史太	天祐元年（904）	不詳	龍武衛官－棣州刺史	《新唐書·哀帝本紀》
成德	棣州	劉仁遇	天祐二年（905）	不詳	棣州刺史－兼兗州刺史、御史大夫，充泰寧軍節度使	《舊唐書·哀帝本紀》
成德	棣州	獨孤損	天祐二年（905）	（河南道）河南	禮部尚書－兵部侍郎、同平章事－判度支，中書侍郎－	《舊唐書·哀帝本紀》

					門下侍郎、戶部尙書、同平章事、監修國史－檢校尙書左僕射、同平章事，兼安南都護，充靜海軍節度、安南管內觀察處置等使－朝散大夫、棣州刺史－瓊州司戶	
幽州	幽州	賈循	天寶十四載（755）	（京畿道）京兆華原	蘇頲列將－靜塞軍營田使－游擊將軍、楡關守捉使－安東副大都護－平盧副節度－博陵太守－河東節度副使、兼雁門郡太守、光祿卿－范陽節度副使－幽州刺史	《新唐書・忠義中・賈循傳》
幽州	幽州	李光弼	至德元載（756）	（河北道）營州柳城	起家左衛郎－左清道率兼安北都護府、朔方都虞侯－河西節度兵馬使，充赤水軍使－河西節度副使－朔方節度副使、知留後事－雲中太守，攝御史大夫，充河東節度副使、知節度事－魏郡太守、河北道採訪使－兼范陽長史、河北節度使－戶部尙書，兼太原尹、北京留守、同中書門下平章事－銀青光祿大夫、檢校司徒、兼戶部尙書、同中書門下平章事、兼御史大夫、鴻臚卿、太原尹、北京留守、河東節度副大使－司空、兼兵部尙書、中書門下平章事、魏國公－侍中、鄭國公－天下兵馬副元帥，知節度行營事－兼幽州大都督府長史、河北節度支度營田經略等使－加太尉、兼中書令、朔方節度使、兵馬副元帥－臨淮郡王－開府儀同三司、侍中、河南尹、行營節度使－侍中、太尉，充河南、淮南、山南東道、荊南等副元帥，出鎭臨淮－進封臨淮王－東都留守	《舊唐書・李光弼傳》
幽州	幽州	史思明	至德元載（756）	（河北道）營州	初事特進烏知義－互市郎－幽州節度張守珪奏爲折衝－將軍，知平盧軍－大將軍、北平太守－安祿山奏授平盧節度都知兵馬使－安祿山反，以史思明爲范陽留後－	《舊唐書・史思明傳》

					降後封歸義王、范陽長史、御史大夫、河北節度使－僭稱大聖燕王	
幽州	幽州	向潤客	至德元載（756）	不詳	幽州刺史	《舊唐書·史思明傳》
幽州	幽州	史思明	至德二載（757）～乾元二年（759）	（河北道）營州	初事特進烏知義－互市郎－幽州節度張守珪奏爲折衝將軍，知平盧軍－大將軍、北平太守－安祿山奏授平盧節度都知兵馬使－安祿山反，以史思明爲范陽留後－降後封歸義王、范陽長史、御史大夫、河北節度使－僭稱大聖燕王	《舊唐書·史思明傳》
幽州	幽州	李光弼	乾元二年（759）	（河北道）營州柳城	起家左衛郎－左清道率兼安北都護府、朔方都虞侯－河西節度兵馬使，充赤水軍使－河西節度副使－朔方節度副使、知留後事－雲中太守，攝御史大夫，充河東節度副使、知節度事－魏郡太守、河北道採訪使－兼范陽長史、河北節度使－戶部尚書，兼太原尹、北京留守、同中書門下平章事－銀青光祿大夫、檢校司徒、兼戶部尚書、同中書門下平章事、兼御史大夫、鴻臚卿、太原尹、北京留守、河東節度副大使－司空、兼兵部尚書、中書門下平章事、魏國公－侍中、鄭國公－天下兵馬副元帥，知節度行營事－兼幽州大都督府長史、河北節度支度營田經略等使－加太尉、兼中書令、朔方節度使、兵馬副元帥－臨淮郡王－開府儀同三司、侍中、河南尹、行營節度使－侍中、太尉，充河南、淮南、山南東道、荊南等副元帥，出鎮臨淮－進封臨淮王－東都留守	《舊唐書·李光弼傳》
幽州	幽州	張通儒	約上元元年（約760）～二年（761）	（京畿道）馮翊	幽州刺史	《舊唐書·史朝義傳》、《新表二下》「張氏」

幽州	幽州	李懷仙	上元二年（761）～大曆三年（768）	（河北道）柳城	安祿山禆將－史朝義授燕京留守、范陽尹－代宗復授幽州大都督府長史、檢校侍中、幽州盧龍等軍節度使	《舊唐書‧李懷仙傳》
幽州	幽州	王縉	大曆三年（768）	（河東道）河中	侍御史－武部員外－太原少尹－加憲部侍郎，兼本官－國子祭酒－鳳翔尹、秦隴州防禦使－工部侍郎－左散騎常侍－兵部侍郎－黃門侍郎、同平章事、太微宮使、弘文崇賢館大學士－侍中、持節都統河南、淮西、山南東道諸節度行營事－加上柱國，兼東都留守－河南副元帥－幽州、盧龍節度－兼太原尹、北都留守、河東節度營田觀察等使－門下侍郎、中書門下平章事－括州刺史－處州刺史－太子賓客，留司東都	《舊唐書‧王縉傳》
幽州	幽州	朱希彩	大曆三年（768）～七年（772）	不詳	幽州節度兵馬使－幽州節度副使－幽州節度使	《舊唐書‧朱希彩傳
幽州	幽州	朱泚	大曆七年（772）～九年（774）	（河北道）幽州昌平	李懷仙部將－幽州經略副使－幽州盧龍節度使	《通鑑‧大曆七年》、《舊唐書‧朱泚傳
幽州	幽州	朱泚	大曆九年（774）～建中三年（782）	（河北道）幽州昌平	李懷仙部將－幽州經略副使－幽州盧龍節度使	《通鑑‧大曆七年》、《舊唐書‧朱泚傳》
幽州	幽州	朱滔	大曆九年（774）～貞元元元年（785）	（河北道）幽州昌平	幽州節度朱希彩部將－試殿中監，權知幽州盧龍節度留後、兼御史大夫－加檢校司徒，幽州盧龍節度使－僭稱大冀王－朱泚立為皇太弟－朱泚死，上章待罪，卒於位	《舊唐書‧朱滔傳》
幽州	幽州	劉怦	建中三年（782）	（河北道）幽州昌平	雄武軍使－涿州刺史－幽州行軍司馬－幽州節度使	《全唐文》，卷630，呂溫〈劉濟神道碑銘〉、《舊唐書‧劉怦傳》
幽州	幽州	劉濟	貞元元年（785）～	（河北道）幽州昌平	幽州州縣牧宰－御史中丞，充行軍司馬－幽州節度使	《舊唐書‧劉濟傳》

			元和五年（810）			
幽州	幽州	劉　總	元和五年（810）～長慶元年（8210	（河北道）幽州昌平	營州刺史－劉濟署爲行營都兵馬使－幽州節度使，累遷至檢校司空－加同中書門下平章事－上表歸朝，授天平軍節度使	《舊唐書・劉總傳》
幽州	幽州	張弘靖	長慶元年（821）	（河東道）蒲州猗氏	以門蔭授河南府參軍－藍田尉－東都留守杜亞辟爲從事，奏改監察御史裏行－殿中侍御史、內供奉－擢授監察御史－殿中侍御史、禮部員外郎－兵部郎中、知制誥、知東都選事－工部侍郎－戶部侍郎、陝州觀察、河中節度使－刑部尙書、同中書門下平章事－加中書侍郎平章事－檢校吏部尙書、同中書門下平章事，充太原節度使－吏部尙書－檢校右僕射、宣武軍節度使－加檢校司空平章事，充幽州、盧龍等軍節度使－撫州刺史－太子賓客、少保、少師	《舊唐書・張弘靖傳》
幽州	幽州	劉　悟	長慶元年（821）末之任	（河北道）范陽	李師古累署衙門右職－奏授淄青節度都知兵馬使、兼監察御史－擢拜檢校工部尙書、兼御史大夫、義成軍節度使，封彭城郡王－檢校尙書右僕射－移鎮澤潞－以本官兼平章事－加檢校司空、平章事，充盧龍軍節度使－澤潞節度、檢校司徒、兼太子太傅、平章事	《舊唐書・劉悟傳》
幽州	幽州	朱克融	長慶元年（821）～寶曆二年（826）	（河北道）幽州昌平	幽州軍校，事節度使劉總－檢校左散騎常侍、幽州節度使－檢校司空、吳興郡王、幽州節度使	《舊唐書・朱克融傳》
幽州	幽州	朱延嗣	寶曆二年（826）	（河北道）幽州昌平	幽州刺史	《舊唐書・敬宗本紀》
幽州	幽州	李載義（再義）	寶曆二年（826）～大和五年（831）	（河北道）幽州	幽州屬郡守－衙前都知兵馬使，檢校光祿大夫、兼監察御史－拜檢校戶部尙書、兼御史大夫，封武威郡王，充	《舊唐書・李載義傳》

					幽州盧龍等軍節度副大使， 知節度事－山南西道節度、 觀察等使，兼興元尹－北都 留守，兼太原尹，充河東節 度觀察處置等使	
幽州	幽州	李　運	大和五年 （831）	（隴右道） 隴西成紀	嘉王運遙領幽州節度	《舊唐書・楊志 誠傳》
幽州	幽州	楊志誠	大和五年 （831）～ 八　　年 （834）	不詳	李載義幽州後院副兵馬使－ 幽州馬步都知兵馬使－節度 觀察留後，檢校左散騎常 侍，兼幽州左司馬－檢校工 部尙書、節度副大使，知節 度事－檢校吏部尙書－加尙 書右僕射	《舊唐書・楊志 誠傳》
幽州	幽州	李　淳	大和八年 （834）	（隴右道） 隴西成紀	通王純爲幽州盧龍節度使	《舊唐書・文宗 本紀下》
幽州	幽州	史元忠	大和八年 （834）～ 會昌元年 （841）	不詳	幽州兵馬使－左散騎常侍、 幽州大都督府左司馬、知府 事，充節度留後－校工部尙 書、節度副大使，知節度事	《舊唐書・文宗 本紀下》
幽州	幽州	陳行泰	會昌元年 （841）	不詳	史元忠牙將－幽州節度留後	《舊唐書・武宗 本紀》
幽州	幽州	張　絳	會昌元年 （841）	不詳	幽州盧龍軍將－幽州盧龍節 度	《舊唐書・張仲 武傳》
幽州	幽州	李　紘	會昌二年 （842）	（隴右道） 隴西成紀	撫王紘開府儀同三司、幽州 大都督府長史，充幽州盧龍 節度大使	《舊唐書・武宗 本紀》
幽州	幽州	張仲武	會昌元年 （841）～ 大中三年 （849）	（河北道） 范陽	薊北雄武軍使－幽州兵馬留 後－幽州節度副大使、知節 度事，檢校工部尙書、幽州 大都督府長史、兼御史大 夫、蘭陵郡王－加檢校兵部 尙書，兼東面招撫迴鶻使－ 司徒、中書門下平章事	《舊唐書・張仲 武傳》
幽州	幽州	張直方	大中三年 （849）	（河北道） 范陽	幽州節度副使－幽州節度留 後－金吾將軍－柳州司馬－ 右驍衛將軍，分司東都－羽 林統軍	《舊唐書・張直 方傳》
幽州	幽州	周　琳	大中三年 （849）～ 四　　年 （850）	不詳	幽州節度使張直方衙將－幽 州節度使	《舊唐書・宣宗 本紀》

幽州	幽州	張允伸	大中四年（850）～咸通十三年（872）	（河北道）范陽	世仕幽州軍，累職押衙，兼馬步都知兵馬使－留後、右散騎常侍－幽州節度使、檢校工部尚書	《舊唐書·張允伸傳》
幽州	幽州	張簡會	咸通十三年（872）	（河北道）范陽	檢校工部尚書，充節度副大使－幽州節度留後－右金吾衞將軍－左金吾大將軍，充右街使	《通鑑·咸通十三年》
幽州	幽州	張公素	咸通十三年（872）～乾符二年（875）	（河北道）范陽	幽州軍校，事張允伸－平州刺史－幽州節度使－中書門下平章事－復州司戶參軍	《通鑑·咸通十三年》、《舊唐書·張公素傳》
幽州	幽州	李茂勳	乾符二年（875）～三年（876）	迴鶻阿部思之族	幽州節度使張仲武部將－以功封郡王－幽州節度使－右僕射致仕	《舊唐書·李茂勳傳》
幽州	幽州	李曄（傑）	乾符三年（876）	（隴右道）隴西成紀	壽王曄領幽州盧龍軍節度使	《新唐書·昭宗本紀
幽州	幽州	李可舉	乾符三年（876）～光啓元年（885）	迴鶻阿部思之族	幽州節度副使、幽州左司馬加右散騎常侍－節度留後－幽州節度使－累官至檢校太尉	《舊唐書·李可舉傳》
幽州	幽州	李全忠	光啓元年（885）～二年（886）	（河北道）范陽	棣州司馬－幽州節度使李可舉牙將－幽州節度使留後－幽州節度使	《通鑑·光啓元年》、《舊唐書·李全忠傳》
幽州	幽州	李匡威	光啓二年（886）～景福二年（893）	（河北道）范陽	幽州節度使	《舊唐書·李匡威傳》
幽州	幽州	李匡籌	景福二年（893）～乾寧元年（894）	（河北道）范陽	幽州兵馬留後、檢校司徒－幽州節度使	《新唐書·李匡籌傳》
幽州	幽州	劉仁恭	乾寧元年（894）～天祐四年（907）	（河北道）深州	李全忠裨校－景城令－李克用以爲幽州兵馬留後－李克用表爲檢校司空、盧龍軍節度使－朱全忠表同中書門下平章事	《舊唐書·昭宗本紀》、《新唐書·劉仁恭傳》
幽州	幽州	劉守光	天祐四年（907）	（河北道）深州	自爲幽州節度－朱全忠冊爲河北道採訪使－僭號大燕皇帝	《舊五代史·劉守光傳》

幽州	瀛州	王 燾	天寶十四載（755）	（河東道）太原祁	華原尉－判官－長安縣尉，充勸農判官－徐州司馬－鄴郡太守－河間太守－殿中侍御史－監察御史－給事中－戶部員外郎－吏部郎中	《舊唐書‧韋安石傳》、《舊唐書‧顏眞卿傳》、《新唐書‧王燾傳》、《全唐文》，卷 394，令狐峘〈光祿大夫太子少師上柱國魯郡開國公顏眞卿墓誌銘〉
幽州	瀛州	李 奐	至德元載（756）	不詳	瀛州刺史	《通鑑‧至德元載》
幽州	瀛州	楊思齊	肅宗時	（京畿道）弘農華陰	瀛州刺史	《新表一下》「楊氏越公房」
幽州	瀛州	張 嶠	大曆中	（河南道）洛陽	瀛州刺史	《新表二下》「張氏」
幽州	瀛州	吳希光	大曆十年（775）	不詳	瀛州刺史（田承嗣所署）－以右羽林大將軍檢校右散騎常侍、兼御史中丞，充渭北鄜坊丹延都團練觀察使	《舊唐書‧代宗本紀》
幽州	瀛州	張 懿	大曆中	不詳	瀛州刺史	《白居易集》，卷51，〈劉總外祖、故瀛州刺史、盧龍軍兵馬使張懿贈工部尚書制〉
幽州	瀛州	劉 澭	約貞元三年（約787）～十年（794）	（河北道）幽州昌平	涿州刺史－瀛州刺史－兼御史中丞，充本道節度瀛州兵馬留後－兼御史大夫、行軍司馬－秦州刺史兼御史大夫，充隴西經略使－加檢校工部尚書	《舊唐書‧劉澭傳》、《全唐文》，卷630，呂溫〈使持節都督秦州諸軍事兼秦州刺史劉公（澭）神道碑銘〉
幽州	瀛州	劉 總	元和五年（810）	（河北道）幽州昌平	營州刺史－劉濟署爲行營都兵馬使－幽州節度使，累遷至檢校司空－加同中書門下平章事－上表歸朝，授天平軍節度使	《舊唐書‧劉總傳》
幽州	瀛州	東武公	元和六年（811）	不詳	瀛州刺史	《全唐文》，卷713，尹悅〈瀛州使府公宴記〉
幽州	瀛州	劉令璆	約元和末	不詳	幽州押衙、瀛州刺史－工部尚書	《白居易集》，卷52，〈前幽州押衙、瀛州刺史劉

						令璆除工部尚書致仕制〉
幽州	瀛州	盧士玫	長慶元年（821）	（河北道）范陽涿	吏部員外郎－吏部郎中－京兆少尹－權知京兆尹－檢校右常侍，充瀛、莫兩州都防禦觀察使－檢校工部尚書，充瀛莫節度使－太子賓客分司東都－虢州刺史－太子賓客	《舊唐書・盧士玫傳》
幽州	瀛州	閭好問	咸通中	（河南道）河南	嬀、瀛、莫三州刺史，幽州司馬	《唐代墓誌彙編》，咸通 106〈閭好問墓誌銘〉
幽州	瀛州	王敬柔	唐末？	（河北道）幽州	瀛州刺史	《舊五代史・王思同傳》
幽州	莫州	田承嗣	寶應元年（762）～廣德元年（763）	（河北道）平州	世事盧龍軍爲裨校，安祿山前鋒兵馬使－左清道府率－武衛將軍－安祿山構逆，爲前鋒，陷河洛－史朝義魏州刺史－代宗以爲檢校戶部尚書、鄭州刺史－魏州刺史、貝博滄瀛等州防禦使－魏博節度使－累加檢校尚書僕射、太尉、同中書門下平章事、鴈門郡王－魏州大都督府長史－魏博七州節度使	《舊唐書・田承嗣傳》
幽州	莫州	馬　實	約大曆末	（河北道）幽州	范陽軍要籍－千夫長－萬夫長－三軍兵馬使－御史中丞、莫州刺史－攝薊州刺史－左驍衛將軍	《全唐文》，卷 598，歐陽詹〈大唐故輔國大將軍兼左驍衛將軍御史中丞馬公（實）墓誌銘〉
幽州	莫州	劉　濟	興元元年（784）～貞元元年（785）	（河北道）幽州昌平	幽州州縣牧宰－御史中丞，充行軍司馬－幽州節度使	《舊唐書・劉濟傳》
幽州	莫州	吳　暉	長慶元年（821）	不詳	莫州刺史	《通鑑・長慶元年》
幽州	莫州	張慶初	大和四年（830）	不詳	莫州刺史	《新唐書・文宗本紀》
幽州	莫州	張惟汎	大和八年（834）	不詳	莫州刺史	《新唐書・文宗本紀》

幽州	莫州	閻好問	咸通中	（河南道）河南	嬀、瀛、莫三州刺史，幽州司馬	《唐代墓誌彙編》，咸通 106〈閻好問墓誌銘〉
幽州	嬀州	馬行琰（行炎）	約肅代間	（京畿道）扶風平陵	嬀州刺史	《全唐文》，卷 729，楊憬〈唐故銀青光祿大夫使持節蔚州諸軍事行蔚州刺史兼御史中丞馬公(紓)墓誌銘并序〉
幽州	嬀州	高霞寓	約大和初	（河東道）代	步軍副將－薊州馬步都虞侯－□左廂馬軍都虞侯－節度押衙－攝嬀州刺史－移防練使兼知儒等州事－攝廣邊軍使兼營田等使	《唐代墓誌彙編》，大和 066〈唐故幽州節度押衙金紫光祿大夫檢校太子賓客攝嬀檀義州刺史□□□□等使兼御史中丞東海郡高公（霞寓）玄堂銘并序〉
幽州	嬀州	閻好問	咸通中	（河南道）河南	嬀、瀛、莫三州刺史，幽州司馬	《唐代墓誌彙編》，咸通 106〈閻好問墓誌銘〉
幽州	嬀州	高　某	乾寧中	（河北道）幽州	先鋒都將、嬀州刺史	《舊五代史·高行周傳》
幽州	嬀州	周知裕	約天復中	（河北道）幽州	劉仁恭騎將－嬀州刺史－德州刺史－（後梁）歸化軍指揮使－（後唐）房州刺史－（後唐）絳州刺史－（後唐）淄州刺史、宿州團練使－（後唐）安州留後－（後唐）右神武統軍	舊五代史·周知裕傳》
幽州	檀州	李承悅	大曆中？	（河北道）幽州良鄉	檀州刺史、密雲軍使	《舊唐書·李景略傳》
幽州	檀州	張　秀	貞元中？	（河北道）范陽	檀州刺史	《舊唐書·張允伸傳》
幽州	檀州	高霞寓	約寶曆、大和間	（河東道）代	步軍副將－薊州馬步都虞侯－□左廂馬軍都虞侯－節度押衙－攝嬀州刺史－移防練使兼知儒等州事－攝廣邊軍使兼營田等使	《唐代墓誌彙編》，大和 066〈唐故幽州節度押衙金紫光祿大夫檢校太子賓客

						攝嫣檀義州刺史□□□□□等使兼御史中丞東海郡高公（霞寓）玄堂銘并序〉
幽州	檀州	李安仁	約咸通中	（河北道）薊州	檀州刺史	《舊五代史・李承約傳》
幽州	檀州	王敬柔	唐末？	（河北道）幽州	瀛、平、儒、檀、營五州刺史	《舊五代史・王思同傳》
幽州	薊州	朱懷珪	寶應元年（762）～大曆元年（766）	（河北道）幽州昌平	薊州刺史、平盧軍留後、柳城軍使	《舊唐書・朱泚傳》
幽州	薊州	馬　實	建中時	（河北道）幽州	范陽軍要籍－千夫長－萬夫長－三軍兵馬使－御史中丞、莫州刺史－攝薊州刺史－左驍衛將軍	《全唐文》，卷598，歐陽詹〈大唐故輔國大將軍兼左驍衛將軍御史中丞馬公(實)墓誌銘〉
幽州	薊州	李休祥	元和中？	（河北道）范陽	薊州刺史	《新表・五下》「范陽李氏」
幽州	薊州	張仲斌	會昌末（？）～大中二年（848）	（河北道）范陽	薊州刺史	《全唐文》，卷33，鄭貽〈銀青光祿大夫太子中允清河張公（仁憲）神道碑〉
幽州	薊州	唐彥謙	約中和時	（河東道）并州	乾寧二年進士，以文章入仕－王重榮辟為從事－薊州刺史－慈州刺史－絳州刺史－澧州刺史	《唐文拾遺》，卷33，鄭貽〈鹿門詩集敘〉、《唐詩紀事》，卷68
幽州	平州	朱希彩	約代宗初	不詳	幽州節度兵馬使－幽州節度副使－幽州節度使	《舊唐書・朱希彩傳》
幽州	平州	馬於龍（千龍）	貞元中？	（京畿道）扶風平陵	平州刺史	《全唐文》，卷729，楊憑〈唐故銀青光祿大夫使持節蔚州諸軍事行蔚州刺史兼御史中丞馬公（紓）墓誌銘并序〉
幽州	平州	張公素	咸通中	（河北道）范陽	幽州軍校，事張允伸－平州刺史－幽州節度使－中書門下平章事－復州司戶參軍	《舊唐書・張公素傳》

幽州	平州	李君操	約僖宗、昭宗間	（河北道）薊州	平州刺史	《舊五代史・李承約傳》
幽州	平州	王敬柔	唐末？	（河北道）幽州	瀛、平、儒、檀、營五州刺史	《舊五代史・王思同傳》
幽州	營州	安祿山	開元二十九年（745）～	（河北道）營州柳城	互市牙郎－幽州節度張守珪偏將、養子－平盧兵馬使－特進、幽州節度副使－營州都督、平盧軍使、順化州刺史－平盧節度使，兼柳城太守，押兩蕃、渤海、黑水四府經略使－驃騎大將軍－范陽節度、河北採訪、平盧軍使－加御史大夫－柳城郡公－東平郡王－兼河北道採訪處置使－雲中太守、河東節度使－尚書左僕射－閑廄、隴右羣牧等使－反于范陽，號燕國	《舊唐書・安祿山傳》、《新唐書・安祿山傳》
幽州	營州	呂知誨	天寶十四載（755）～至德元載（756）	不詳	平盧節度副使－平盧節度使	《舊唐書・劉全諒傳》
幽州	營州	劉正臣（客奴）	至德元載（756）	（河北道）幽州昌平	少有武藝，從平盧軍－自白身授左驍衛將軍，充遊奕使－柳城郡太守、攝御史大夫、平盧節度支度營田陸運、押兩蕃渤海黑水四府、經略及平盧軍使	《舊唐書・劉全諒傳》
幽州	營州	徐歸道	至德元載（756）～二載（757）	（河北道）范陽	安祿山署平盧節度	《舊唐書・劉全諒傳》、《元和姓纂》，卷2「諸郡徐氏」
幽州	營州	王玄志	乾元元年（758）	不詳	安東副大都護－營州刺史，充平盧節度使	《通鑑・乾元元年》
幽州	營州	侯希逸	乾元元年（758）～寶應元年（762）	（河北道）平盧	平盧裨將－平盧節度使－平盧、淄青節度使－加檢校工部尚書－起復檢校尚書右僕射、上柱國、淮陽郡王－檢校右僕射－加知省事，遷司空	《舊唐書・侯希逸傳》
幽州	營州	王敬柔	唐末？	（河北道）幽州	瀛、平、儒、檀、營五州刺史	《舊五代史・王思同傳》

附表四　魏博鎮、成德鎮、幽州鎮文職僚佐表[註1]

僚佐名	所屬方鎮	所屬節度使名。節度使在任時間	職稱	出身地域（籍貫）	父祖情況	出身	仕　歷	史料來源
裴伉（裴抗）	魏博鎮	田承嗣。廣德元年（763）～大曆十四年（779）	營田副使	（河北道）平州	父希莊，陳州刺史，祖之爽。	不詳	官京掾	《寶刻叢編》，卷6，裴伉〈唐魏博節度使田承嗣德政碑〉、《全唐文》，卷444，裴抗小傳。《新唐書·田悅傳》、《新唐書·宰相世系表一上》「東眷裴」
張	魏博鎮	田承嗣。廣德元年（763）～大曆十四年（779）	御史中丞	不詳	不詳	不詳	御史中丞	《全唐文》，卷427，于邵〈送張中丞歸魏博序〉
王侑	魏博鎮	田悅。大曆十四年（779）～興元元年（784）	判官	（河南道沂州琅邪郡轄）臨沂	父王晙（光庭）明威將軍，祖王琳（方慶），相武后。	不詳	魏博判官－臨汾尉	《舊唐書·田悅傳》、《新唐書·宰相世系表二中》「琅邪王氏」
扈萼（扈崿）	魏博鎮	田悅。大曆十四年（779）～興元元年（784）	行軍司馬	不詳	不詳	不詳	魏博行軍司馬	《舊唐書·田悅傳》

〔註1〕本表依戴偉華，《唐方鎮文職僚佐考》修訂本（桂林：廣西師範大學出版社，2007年）製成。

許士則	魏博鎮	田悅。大曆十四年（779）～興元元年（784）	判官	不詳	不詳	不詳	魏博判官	《舊唐書·田悅傳》
王 郅	魏博鎮	田悅。大曆十四年（779）～興元元年（784）	判官	不詳	不詳	不詳	魏博判官	《資治通鑑》，卷227，「建中三年二月」
田 緒	魏博鎮	田悅。大曆十四年（779）～興元元年（784）	行軍司馬	（河北道）平州盧龍	祖守義，安東副都護，父承嗣，魏博節度使。		魏博行軍司馬－魏州大都督府長史、魏博節度使	《舊唐書·德宗本紀上》、《舊唐書·田緒傳》
田庭玠（廷玠）	魏博鎮	田悅。大曆十四年（779）～興元元年（784）	節度副使	（河北道）平州	祖景，鄭州司馬，田延惲，位終安東都護府司馬。		平舒丞－遷樂壽、清池、束城、河間四縣令－滄州別駕－遷滄州刺史充橫海軍使－洺州刺史－相州刺史魏博節度副使	《資治通鑑》，卷226，「德宗建中二年」、《舊唐書·田弘正傳》
張	魏博鎮	田緒。興元元年（784）～貞元十二年（796）	御史中丞	不詳	不詳	不詳	御史中丞	《全唐文》卷，427，于邵〈送張中丞歸魏博序〉
劉 瞻	魏博鎮	田緒。興元元年（784）～貞元十二年（796）	節度隨軍	不詳	不詳	不詳	魏博節度隨軍	《全唐文》，卷475，陸贄〈請選田緒所寄撰碑文與絹狀〉
裴 伉（裴抗）	魏博鎮	田緒。興元元年（784）～貞元十二年（796）	營田副使	（河北道）（東眷裴）平州	祖之爽，父希莊，陳州刺史。	不詳	官京掾	《寶刻叢編》，卷6，裴伉〈唐魏博節度使田承嗣德政碑〉、《全唐文》，卷444，裴抗小傳、《新唐書·田悅傳》、《新唐書·宰相世系表一上》「東眷裴」
李 沛	魏博鎮	田緒。興元元年（784）～貞元十二年（796）	判官	不詳	不詳	不詳	汴宋節度使劉元佐（玄佐）判官－魏博節度使判官相州司戶參軍	《金石萃編》，卷102，李沛〈大懷山銘并序〉、《全唐文》，卷516，李沛小傳
丘（邱）絳	魏博鎮	田緒。興元元年（784）～貞元十二年（796）	節度判官（田緒）從事（田季安）	（河北道）貝州（河南？）	父馮（鴻）漸，少尹、檢校司勳員外郎、兼侍御史。左司	進士	魏博節度判官（田緒）－從事（田季安）	《全唐文》，卷615，丘絳小傳、《舊唐書·田季安傳》、《登科記考》，卷13，「德

					郎中。			宗貞元九年進士邱絳」、《元和姓纂》，卷5「邱姓」
曾穆	魏博鎮	田緒。興元元年（784）～貞元十二年（796）		不詳	不詳	不詳	田緒幕僚	《資治通鑑》，卷230，「德宗興元元年」
盧南史	魏博鎮	田緒。興元元年（784）～貞元十二年（796）		不詳	不詳	不詳	田緒幕僚	《資治通鑑》卷230，「德宗興元元年」
楊	魏博鎮	田緒。興元元年（784）～貞元十二年（796）	掌書記	不詳	不詳	不詳	魏博掌書記	《全唐文》，卷554，韓愈〈答魏博田僕射書〉
田季安	魏博鎮	田緒。興元元年（784）～貞元十二年（796）	節度副使	（河北道）平州	祖承嗣，魏博節度使；父緒，魏博節度使。		魏博節度副大使－魏州大都督府長史、魏博節度營田觀察處置等使	《冊府元龜》，卷436，〈將帥部·繼襲〉，《舊唐書·田季安傳》
邱（丘）絳	魏博鎮	田季安。貞元十二年（796）～元和七年（812）	從事	（河北道）貝州（河南？）	父邱馮（鴻）漸，少尹、檢校司勳員外郎、兼侍御史。左司郎中。	進士	魏博節度判官（田緒）、從事（田季安）。	《全唐文》，卷615，丘絳小傳、《舊唐書·田季安傳》、《登科記考》，卷13，「德宗貞元九年進士邱絳」、《元和姓纂》，卷5「邱姓」
田懷諫（田季安子）	魏博鎮	田季安。貞元十二年（796）～元和七年（812）	節度副使	（河北道）平州盧龍	祖田緒，魏博節度使；父田季安，魏博節度使。		魏博節度副使、右監門衛將軍	《冊府元龜》，卷177，〈帝王部·姑息三〉
侯臧	魏博鎮	田季安。貞元十二年（796）～元和七年（812）	從事	不詳	不詳	不詳	魏博從事	舊唐書·田季安傳》
裴伉	魏博鎮	田季安。貞元十二年（796）～元和七年（812）	營田副使	（河北道）平州	父希莊，陳州刺史，祖，之爽。		官京掾	《寶刻叢編》，卷6，裴伉〈唐魏博節度使田承嗣德政碑〉，頁3。《全唐文》，卷444，裴抗小傳、《新唐書·田悅傳》、《新唐書·宰相世系表一上》「東眷裴」

崔懂	魏博鎮	田弘正（興）。元和七年（812）～元和十五年（820）	攝節度參謀	不詳	不詳	不詳	魏博攝節度參謀	《冊府元龜》，卷374，〈將相部·忠五〉
李憲	魏博鎮	田弘正（興）。元和七年（812）～元和十五年（820）	從事	（隴右道）洮州臨洮	祖李欽，父李晟，相德宗。		太原府參軍、禮泉縣尉－山南東道節度使于頔從事－魏博節度使田弘正從事、衛州刺史－絳州刺史－入爲宗正少卿－光祿卿－太府卿－洪州刺史、江西觀察使－轉嶺南節度使。	《舊唐書·李憲傳》
胡証	魏博鎮	田弘正（興）。元和七年（812）～元和十五年（820）	御史中丞充節度副使	（河東道）河東	父瑱	貞元五年進士	咸寧王渾瑊辟爲河中從事－殿中侍御史－太子舍人－襄陽節度使于頔辟爲掌書記－侍御史－左司員外郎－長安縣令－戶部郎中－兼御史中丞，充魏博節度（田弘正）副使，仍兼左庶子－入遷左諫議大夫－單于都護、御史大夫、振武軍節度使－金吾大將軍兼御史大夫－充京西、京北巡邊使－工部侍郎－守京兆尹－戶部尚書、判度支－廣州刺史，充嶺南節度使	《舊唐書·胡証傳》
崔弘禮	魏博鎮	田弘正（興）。元和七年（812）～元和十五年（820）	魏州刺史充魏博節度副使	（河北道）（定州）博陵	祖育，常州江陰令。父孚，湖州長城令。	進士	解褐河南府文學－靈州觀察判官－呂元膺辟爲東都留守推官－東都防禦判官－義成軍節度判官－東都留守判官－沂州刺史－義武軍節度副使、權知汾州－棣州刺史－衛州刺史充魏博節度副使－相州刺史充相州	《舊唐書·崔弘禮傳》、《唐代墓誌彙編》大和039〈崔弘禮幕誌〉

							防禦使－鄭州刺史－絳州刺史－河南尹、兼御史大夫、東都畿汝都防禦副使－河陽三城懷州節度使－華州刺史、充潼關防禦鎮國軍使－天平軍節度使－東都留守、畿汝州都防禦使、判東都省事	
羅立言	魏博鎮	田弘正（興）。元和七年（812）～元和十五年（820）		（江南道）宣州	父歡	貞元末，登進士第	魏博田弘正表佐其府－陽武令－鹽鐵河陰院官－度支河陰留後－廬州刺史－司農少卿－京兆少尹	《舊唐書・羅立言傳》、《新唐書・羅立言傳》
姚　合	魏博鎮	田弘正（興）。元和七年（812）～元和十五年（820）	魏州從事	（河南道）陝郡（陝州硤石）	祖算，鄢陵令、汝州司馬；父閒，臨河令	進士	魏州從事－武功尉－富平尉－萬年尉－監察御史－戶部員外郎－金州刺史－杭州刺史－刑部郎中－戶部郎中－諫議大夫－給事中－陝虢觀察使－秘書監	《舊唐書・姚崇附姚合傳》、《新唐書・姚崇附姚合傳》、《新唐書・宰相世系表四下》「陝郡姚氏」、《全唐詩》，卷497，姚合〈寄狄拾遺時爲魏州從事〉、《唐才子傳校箋》，卷6「姚合」
王　建	魏博鎮	田弘正（興）。元和七年（812）～元和十五年（820）		（河南道）潁川	不詳	進士	釋褐授渭南尉－幽州劉濟幕中－嶺南幕府從事－魏博節度使田弘正之賓佐－－昭應縣丞－太府寺丞－太常丞－秘書丞－侍御史－陝州司馬	《唐才子傳校箋》，卷4「王建」
庾承宣	魏博鎮	田布。長慶元年（821）～長慶二年（822）	從事	（山南道）新野	祖，承歡，大理評事；父侶，左補闕。	進士	魏博從事－尚書左丞－陝虢觀察使－吏部侍郎－京兆尹、兼御史大夫－太常卿－攝太尉－天平軍節度使	《舊唐書・穆宗本紀》、《舊唐書・文宗本紀上》、《舊唐書・文宗本紀下》、《全唐文》，卷615，庾承宣小傳
李　石	魏博鎮	田布。長慶元年（821）～長慶二年（822	從事	不詳	不詳	不詳	田布從事	《舊唐書》，卷141，〈田布傳〉

史孝章	魏博鎮	史憲誠。長慶二年（822）～大和三年（829）	士曹參軍	（關內道）靈武建康	祖周洛,為魏博軍校,事田季安,至兵馬大使、銀青光祿大夫、檢校太子賓客、兼御史中丞、柱國、北海郡王。父憲誠魏博節度使		試魏州大都督府參軍－魏博士曹參軍－魏博節度副史－相衛節度使－右金吾衞將軍－鄜坊節度使－義成節度使－右領軍大將軍－右金吾大將軍－邠寧節度使	《舊唐書·史孝章傳》、《新唐書·史孝章傳》
李輔	魏博鎮	何進滔。大和三年（829）～開成五年（840）	從事	不詳	不詳	不詳	魏博從事	《全唐文》,卷745,李輔小傳
李押	魏博鎮	何弘敬（重順）。會昌元年（841）～咸通七年（866）	侍御	不詳	不詳	不詳	侍御	《全唐文》,卷776,李商隱〈為滎陽公與魏博何相公啓〉
盧告	魏博鎮	何弘敬（重順）。會昌元年（841）～咸通七年（866）	從事	（河北道）范陽涿人	祖士珏,父弘宣,太子少傅	進士	魏博從事－行京兆府長安縣尉、直史館－左拾遺－右補闕（《新唐書·宰相世系三上》為左補闕）－給事中	《隋唐五代墓志彙編》河北卷,〈何弘敬墓志〉、《舊唐書·宣宗本紀》大中八年三月、《新唐書·盧弘宣傳》、《新唐書·宰相世系表三上》、《全唐文》,卷748,杜牧〈盧告除左拾遺制〉
吳藩	魏博鎮	何弘敬（重順）。會昌元年（841）～咸通七年（866）	節度推官,觀察支使	不詳	不詳	不詳	魏博節度推官－魏博觀察支使	《隋唐五代墓志彙編》河北卷,〈何弘敬墓誌〉、《全唐文補遺》第8輯,〈李謨墓志〉
謝觀	魏博鎮	何弘敬（重順）。會昌元年（841）～咸通七年（866）	殿中侍御史充魏博節度判官	（淮南道）壽春	祖景宣,光州定城縣令;父登,試太常寺協律郎,充涇原節度掌書記	進士	釋褐曹州冤句縣尉－神武兵曹參軍－黔中招討判官－雒陽縣丞－魏博節度判官－駕部郎中－慈州刺史	《千唐志齋藏志》,卷1170,〈唐故朝請大夫慈州刺史柱國賜緋魚袋謝觀墓志銘并序〉
閻肇	魏博鎮	何全皞。咸通七年（866）～咸通十一年（870）	節度隨軍,奏授魏州昌樂縣丞,勾當南院孔目事	（河南道）河南	父恬	不詳	魏博節度隨軍－魏州昌樂縣丞	《隋唐五代墓誌彙編》河南卷,〈閻肇墓誌〉

宗文度	魏博鎮	何全皞。咸通七年（866）～咸通十一年（870）	節度要籍兼支計押司	（山南道）南陽	祖希嶠	不詳	魏博節度要籍兼支計押司	《唐代墓誌匯編續集》咸通050〈司馬南陽郡宗公墓誌〉
紇干潚	魏博鎮	韓君雄。咸通十一年（870）～咸通十四年（873）	魏博節度掌書記朝請郎檢校工部員外郎	（河南道）河南洛陽	祖著，僕寺丞；父息，河陽節度使，封雁門公，贈吏部尚書。	不詳	魏博節度掌書記	《唐代墓誌彙編》下咸通096〈唐故李氏夫人河南紇干氏墓誌并序〉《全唐文》，卷813，紇干潚〈韓允中神道碑〉
紇干潚	魏博鎮	韓允中。乾符元年（874）	從事	（河南道）河南洛陽	祖著，僕寺丞；父息，河陽節度使，封雁門公，贈吏部尚書。		魏博節度掌書記	《唐代墓誌彙編》下咸通096〈唐故李氏夫人河南紇干氏墓誌并序〉、《全唐文》，卷813，紇干潚〈韓允中神道碑〉
韓　簡	魏博鎮	韓允中。乾符元年（874）	節度副使	（河北道）魏州	父君雄，魏博節度使		魏博節度副使－魏博節度使	《冊府元龜》，卷436，〈將帥部・繼襲〉
紇干潚	魏博鎮	韓簡。乾符元年（874）～中和三年（883）	從事	（河南道）河南洛陽	祖著，僕寺丞；父息，河陽節度使，封雁門公，贈吏部尚書。		魏博節度掌書記	《唐代墓誌彙編》下咸通096〈唐故李氏夫人河南紇干氏墓誌并序〉、《全唐文》，卷813，紇干潚〈韓允中神道碑〉
李山甫	魏博鎮	樂彥禎（行達）。中和三年（883）～文德元年（888）	判官	不詳	不詳	數舉進士被黜，依魏幕府。	魏博判官	《新唐書・王鐸傳》、《新唐書・樂彥禎傳》、《全唐文》，卷812樂彥禎〈致太原汴州兩鎮書〉
公乘億	魏博鎮	樂彥禎（行達）。中和三年（883）～文德元年（888）		（河北道）魏人	不詳	咸通末進士	魏博節度使樂彥禎幕客	《唐詩紀事》，卷68公乘億小傳、《全唐文》，卷813公乘億小傳
薛繡		樂彥禎（行達）。中和三年（883）～文德元年（888）	檢校國子博士侍御史判官	不詳	不詳	不詳	天雄軍判官	《唐代墓誌彙編》，廣明004〈唐宣武軍節度押衙兼侍御史河東柳府公墓誌銘并序〉

公乘億	魏博鎮	羅弘信。文德元年（888）～光化元年（898）		（河北道）魏人	不詳	咸通十二年進士	魏博節度使羅弘信幕客	《冊府元龜》，卷900，〈總錄部・干謁〉
司空頲	魏博鎮	羅弘信。文德元年（888）～光化元年（898）	巡官、掌書記	（河北道）貝州清陽人		僖宗時舉進士不第	魏博節度使羅弘信巡官－魏博節度使羅紹威掌書記－後梁太府少卿－後唐天雄判官，權軍府事	《冊府元龜》，卷729，〈幕府部・辟署四〉、《全唐文》，卷843，司空頲小傳
羅紹威	魏博鎮	羅弘信。文德元年（888）～光化元年（898）	節度副使	（河北道）魏州貴鄉	父羅弘信，魏博節度使。		節度副使－魏博節度使	《全唐文》，卷832，錢珝〈授魏博節度副使守左司馬知府事長沙縣開國子羅紹威檢校司徒進封開國侯制〉
司空頲	魏博鎮	羅紹威。光化元年（898）～天祐四年（907）	掌書記	（河北道）貝州清陽人	不詳	僖宗時舉進士不第	魏博節度使羅弘信巡官－魏博節度使羅紹威掌書記－後梁太府少卿－後唐天雄判官，權軍府事	《冊府元龜》，卷729，〈幕府部・辟署四〉《全唐文》，卷843，司空頲小傳
孫騭	魏博鎮	羅紹威。光化元年（898）～天祐四年（907）	支使、掌書記、判官	（河南道）滑州滑台人	不詳	不詳	支使－掌書記－節度判官－後梁右諫議大夫－左散騎常侍	《冊府元龜》，卷729，〈幕府部・辟署四〉、《舊五代史・梁書・孫騭傳》
孔邈	魏博鎮	羅紹威。光化元年（898）～天祐四年（907）	判官	（河南道）兗州曲阜	不詳	唐昭宗乾寧五年進士	校書郎－魏博節度使羅紹威判官－後唐諫議大夫	《冊府元龜》，卷729，〈幕府部・辟署四〉、《舊五代史・唐書・孔邈傳》
劉贊	魏博鎮	羅紹威。光化元年（898）～天祐四年（907）	判官	（河北道）魏州	父劉玭，為令錄。	天祐二年進士	魏州節度使羅紹威巡官－依後梁開封尹劉鄩－租庸使趙巖巡官－後唐租鹽鐵判官－知制誥－中書舍人－御史中丞－刑部侍郎	《全唐文》，卷849，劉贊小傳、《舊五代史・唐書・劉贊傳》
王佑	成德鎮	李寶臣。廣德元年（763）～建中二年（781）	支度判官	不詳	不詳	不詳	成德支度判官	《金石萃編》，卷93，〈李寶臣碑〉
王士則	成德鎮	李寶臣。廣德元年（763）～建中二年（781）	推勾官（推官）	（河北道）薊	祖王路俱，父王武俊，成德軍節度使。		成德推勾官－神策大將軍－邢州刺史，兼本州團練－使	《金石萃編》，卷93，〈李寶臣碑〉、《舊唐書・王士則傳》

尹　鈗	成德鎮	李寶臣。廣德元年（763）～建中二年（781）	營田副使	（河北道）（瀛州）河間	祖尹正義，度支郎中許相宋刺史，司農少卿，澤州都督；父尹本古，常州武進尉。	天寶初舉進士不第	盧龍府別將－瀛州高陽縣令－恆州司法參軍－藁城縣令－太子中允兼恆州長史－易、趙二州別駕－成德軍營田副使	《全唐文》，卷498，權德輿〈尹鈗神道碑銘并序〉
邵　眞	成德鎮	李寶臣。廣德元年（763）～建中二年（781）	掌書記、節度判官	不詳	不詳	不詳	成德掌書記、節度判官	《舊唐書‧忠義下‧邵眞傳》《冊府元龜》，卷139，〈帝王部‧旌表三〉
胡　震	成德鎮	李寶臣。廣德元年（763）～建中二年（781）	孔目官	不詳	不詳	不詳	成德孔目官	《冊府元龜》，卷139，〈帝王部‧旌表三〉
畢　華	成德鎮	李寶臣。廣德元年（763）～建中二年（781）	判官	不詳	不詳	不詳	成德判官－恆冀團練副使	《資治通鑑》，卷227，「建中三年」
謝　遵	成德鎮	李寶臣。廣德元年（763）～建中二年（781）	要籍	不詳	不詳	不詳	成德要籍	《資治通鑑》，卷227，「建中三年」
李惟岳	成德鎮	李寶臣。廣德元年（763）～建中二年（781）	行軍司馬	（河北道）范陽	父李寶臣，成德節度使		成德行軍司馬、恆州刺史	《舊唐書‧李惟岳傳》、《新唐書‧李惟岳傳》
許　琳（許彬）	成德鎮	張孝忠。建中二年（781）～建中三年（782）	節度判官兼掌書記	（江南道）睦州	不詳	舉進士不第	成德節度判官兼掌書記	《唐文續拾》，卷4，許琳小傳、《全唐詩》，卷678「彬」又作「郴」、《唐詩紀事》，卷71作「許彬」
王士林	成德鎮	張孝忠。建中二年（781）～建中三年（782）	節度參謀	（河東道）太原	祖儼，朔州石井府左果毅都尉；父業		成德節度參謀－定州恆陽縣尉－唐縣尉	《唐代墓誌彙編》建中014〈王士林墓誌〉
王巨源	成德鎮	王武俊。建中三年（782）～貞元十七年（801）	判官	不詳	不詳	不詳	成德判官－深州刺史	《舊唐書‧田悅傳》、《通鑑‧建中三年》
鄭　儒（鄭濡）	成德鎮	王武俊。建中三年（782）～貞元十七年（801）	判官、行軍司馬	（河南道）滎陽	不詳	不詳	成德判官、行軍司馬。	《舊唐書‧田悅傳》、《全唐文補遺》第一輯，〈大唐故袁州宜春縣

								尉隴西李府軍墓誌銘并序〉
王 洽	成德鎮	王武俊。建中三年（782）～貞元十七年（801）	觀察判官	不詳	不詳	不詳	恆冀觀察判官	《寶刻叢編》，卷6，〈唐僧道源發願文〉
王承規	成德鎮	王武俊。建中三年（782）～貞元十七年（801）	王武俊文職僚佐	不詳	不詳	不詳	王武俊文職僚佐	《寶刻叢編》，卷6，〈唐僧道源發願文〉
孟 華	成德鎮	王武俊。建中三年（782）～貞元十七年（801）	判官、恆冀團練副使	不詳	不詳	不詳	成德判官－恆冀團練副使	《資治通鑑》，卷227，「建中三年」、《新唐書·忠義下·孟華傳》
李 濟	成德鎮	王武俊。建中三年（782）～貞元十七年（801）	成德軍節度巡官、推官、判官	（隴右道）隴西成紀人	祖李承旺，漢州刺史；父李望之，大理評事		試太祝－金吾倉曹－成德軍節度判官－轉殿中為推官－侍御史仍帶舊職－戶部員外郎－判官－宗正少卿	《唐代墓誌彙編續集》寶曆004，〈李濟墓誌〉
王士眞	成德鎮	王武俊。建中三年（782）～貞元十七年（801）	節度副使	（河北道）薊	祖路俱，父王武俊，成德節度使		李寶臣帳中親將－成德節度副使－德州刺史、德棣觀察使－左金吾衛大將軍同正、恆州大都督府長史，檢校兵部尚書，充成德軍節度、恆冀深趙德棣等州觀察等使	《冊府元龜》，卷436〈將帥部·繼襲〉、《舊唐書·王士眞傳》
李 序	成德鎮	王士眞。貞元十七年（801）～元和四年（809）	掌書記	（河北道）定州安平人	李百藥五代孫	進士	成德掌書記	《冊府元龜》，卷140，〈帝王部·旌表四〉
劉栖楚	成德鎮	王士眞。貞元十七年（801）～元和四年（809）	從事	（河北道）河間	祖瑜，德州司馬；父博，尚書司勳郎		成德節度從事、鎮州小吏－鄧州司倉參軍－宮門丞－左拾遺（《新唐書·劉栖楚傳》為右拾遺）－起居郎－諫議大夫－刑部侍郎－京兆尹－桂管都防禦觀察使、桂州刺史、兼御史大夫	《舊唐書·劉栖楚傳》、《新唐書·劉栖楚傳》、《冊府元龜》，卷759，〈總錄部·忠二〉、（全唐文補遺）第4輯，〈劉栖楚墓誌〉

李季陽	成德鎮	王承宗。元和四年（809）～元和十五年（820）	成德軍節度作坊判官	（河北道）冀州阜城縣	祖李現，雲麾將軍、試太常卿；父李岸。		成德軍節度作坊判官	《唐代墓誌彙編》，元和095〈大唐故李府君（岸）夫人徐氏合葬墓誌銘并敍〉
崔遂	成德鎮	王承宗。元和四年（809）～元和十五年（820）	判官、巡官、參謀	不詳	不詳	不詳	成德判官、巡官、參謀	《舊唐書・王承宗傳》
王承元	成德鎮	王承宗。元和四年（809）～元和十五年（820）	成德軍觀察支使	（河北道）薊縣	祖武俊，成德軍節度使；父士眞，成德軍節度使		成德軍觀察支使－兼滑州刺史、義成軍節度、鄭滑觀察等使－鄜坊丹延節度使－鳳翔節度使－平盧軍節度、淄青登萊觀察等使。	《舊唐書・王承元傳》
李序	成德鎮	王承宗。元和四年（809）～元和十五年（820）	判官	（河北道）定州安平人	李百藥五代孫	進士	成德節度掌書記、判官	《冊府元龜》卷140〈帝王部・旌表四〉
張逵	成德鎮	王承宗。元和四年（809）～元和十五年（820）	節度隨軍	不詳	不詳	不詳	成德節度隨軍攝槀城縣令	《八瓊室金石補正》，卷42，〈開元寺三門樓題刻二十九段〉
程羣	成德鎮	王承宗。元和四年（809）～元和十五年（820）	從事	不詳	不詳	不詳	鎮冀從事－坊州司馬。	《全唐文》，卷662，白居易〈程羣授坊州司馬制〉
盧捷	成德鎮	田弘正。元和十五年（820）～長慶元年（821）	節度巡官	不詳	不詳	不詳	成德節度巡官兼深州長史	《全唐文》，卷5，元稹〈授盧捷深州長史制〉
獨孤弦	成德鎮	田弘正。元和十五年（820）～長慶元年（821）	鎮州從事	不詳	不詳	不詳	鎮州從事－硤州司戶	《冊府元龜》，卷756，〈總錄部・孝六〉
劉茂復	成德鎮	田弘正。元和十五年（820）～長慶元年（821）	判官	（河南道）彭城	不詳		廷尉評佐－判官－濠城刺史－金部郎中。	《全唐文》，卷746，盧子駿〈彭程公寫經畫西方像記〉、《新唐書・田弘正傳》、《郎考》，卷15，〈金部郎中〉
黃建	成德鎮	王元逵。大和八年（834）～大中九年（855）	掌書記	不詳	不詳	不詳	成德掌書記	《唐代墓誌彙編》下，大中096〈王元逵墓誌

眭詧	成德鎮	王元逵。大和八年（834）～大中九年（855）	節度推官	不詳	不詳	不詳	成德節度推官	《唐代墓誌彙編》下，大中096〈王元逵墓誌
鄭公輿	成德鎮	王元逵。大和八年（834）～大中九年（855）	鎮州副使	不詳	不詳	不詳	鎮州副使－給事中	《全唐文》，卷726 崔嘏〈授鄭公輿鎮州副使制〉、《新唐書·白敏中傳》
高迪	成德鎮	王元逵。大和八年（834）～大中九年（855）	從事	不詳	不詳	不詳	鎮州從事	《資治通鑑》，卷248，「會昌四年閏月」
王紹鼎	成德鎮	王元逵。大和八年（834）～大中九年（855）	節度副使	（河北道）世隸安東都護府。	祖廷湊，成德軍節度使。父元逵，成德軍節度使		鎮州大都督府左司馬、知府事、節度副使、都知兵馬使－鎮府長史、成德軍節度、鎮深冀趙觀察等使	《資治通鑑》，卷249，「大中九年正月」、《舊唐書·王紹鼎傳》
王可立	成德鎮	王元逵。大和八年（834）～大中九年（855）	鎮州節度推官	不詳	不詳	不詳	鎮州節度推官	《全唐文補遺》第3輯，〈李公夫人王氏墓誌銘〉
王紹懿	成德鎮	王紹鼎。大中九年（855）～大中十一年（857）	節度判官、節度副使	（河北道）世隸安東都護府。	祖廷湊，成德軍節度使。父元逵，成德軍節度使		深州刺史、成德軍節度判官－鎮府左司馬、知府事，充成德軍節度副使，兼充都知兵馬使－節度使	《舊唐書·宣宗本紀》大中十一年三月、《舊唐書·王紹鼎傳》
程恭己	成德鎮	王紹懿。大中十一年（857）～咸通七年（866）	隨軍勾當書記	不詳	不詳	不詳	成德軍隨軍勾當書記	《唐代墓誌彙編》下，會昌007〈王方徹墓誌〉
韓義賓	成德鎮	王景崇。咸通七年（866）～中和三年（883）	節度判官	（河北道）深州	不詳	不詳	成德節度判官	《唐文拾遺》，卷33，韓義賓小傳
竇權夷	成德鎮	王景崇。咸通七年（866）～中和三年（883）	行軍司馬	不詳	不詳	不詳	成德行軍司馬	《冊府元龜》，卷436，〈將帥部·繼襲〉
楊洽	成德鎮	王鎔。中和三年（883）～天祐四年（907）		不詳	不詳	不詳	王鎔辟佐幕	《全唐文》，卷843，楊洽小傳

李 鏻	成德鎮	王鎔。中和三年（883）～天祐四年（907）	從事	（隴右道）隴西成紀	祖宗冉，父洎，韶州刺史	舉進士，累舉不第	王鎔辟爲從事－後唐宗正卿兼工部侍郎－司農少卿－河府副使－兵部、戶部侍郎－工部、戶部尚書－兗州行軍司馬－戶部尚書－兵部尚書－後晉－守太子少保－太子太保－後漢守司徒	《舊五代史・李鏻傳》
周 式	成德鎮	王鎔。中和三年（883）～天祐四年（907）	判官	不詳	不詳	不詳	成德判官	《舊唐書・王鎔傳》
王昭祚	成德鎮	王鎔。中和三年（883）～天祐四年（907）	副大使	（河北道）安東都護府	祖景崇，成德軍節度使；父鎔，成德軍節度使		成德副大使	《舊唐書・昭宗本紀上》光化三年九月
梁公儒	成德鎮	王鎔。中和三年（883）～天祐四年（907）	主事	不詳	不詳		成德主事	《舊唐書・昭宗本紀上》光化三年九月
賈 馥	成德鎮	王鎔。中和三年（883）～天祐四年（907）	判官	不詳	不詳	不詳	成德判官－鎮、冀屬邑令－後唐鴻臚少卿－鴻臚卿	《冊府元龜》，卷811〈總錄部・聚書〉、《舊五代史・賈馥傳》
張 澤	成德鎮	王鎔。中和三年（883）～天祐四年（907）	判官	不詳	不詳	不詳	成德判官	《資治通鑑》，卷262，「光化三年」
韓定辭	成德鎮	王鎔。中和三年（883）～天祐四年（907）	掌書記、觀察判官	（河北道）深州	不詳	不詳	成德掌書記、觀察判官	《唐詩紀事》，卷71、《全唐詩》，卷757
李 夐	成德鎮	王鎔。中和三年（883）～天祐四年（907）		不詳	不詳	不詳		《太平廣記》，卷203
蕭 珣	成德鎮	王鎔。中和三年（883）～天祐四年（907）	王鎔幕僚	不詳	不詳	不詳	王鎔幕僚（秘書）	《太平廣記》，卷203
莫又玄	成德鎮	王鎔。中和三年（883）～天祐四年（907）	王鎔幕僚	不詳	不詳	不詳	王鎔幕僚（郎中）	《太平廣記》，卷203
張道古	成德鎮	王鎔。中和三年（883）～天祐四年（907）	王鎔幕僚	（河南道）臨淄	不詳	景福中進士	王鎔幕僚（員外）－著作郎－右拾遺－施州司戶參軍－前蜀武部郎中	《太平廣記》，卷203、《唐詩紀事》，卷71

路　宴	成德鎮	王鎔。中和三年（883）～天祐四年（907）	行軍司馬	不詳	不詳	不詳	成德行軍司馬	《太平廣記》，卷217
劉待授	幽州鎮	張說。開元六年（718）～開元八年（720）	節度參謀	（關內道）京兆	不詳	不詳	幽州節度參謀	《全唐文》，卷223，張說〈舉陳寡尤等表〉
王尙一	幽州鎮	張說。開元六年（718）～開元八年（720）		不詳	不詳	不詳	不詳	《全唐詩》，卷87，張說〈送王尙一嚴嶷二侍御史赴司馬都督軍〉
嚴　嶷	幽州鎮	張說。開元六年（718）～開元八年（720）		不詳	不詳	不詳	不詳	《全唐詩》，卷87，張說〈送王尙一嚴嶷二侍御史赴司馬都督軍〉
高欽德	幽州鎮	裴迪先。開元九年（721）～開元十二年（724）	節度副使	（河北道）渤海	祖懷，父千唐左玉鈐衛中郎	門蔭	解褐拜陶城府果毅－折衝－郎將－中郎－二率（太子左右監門率府）－幽州副節度知平盧軍事－右武衛將軍	《唐代墓誌彙編》下，開元376〈高欽德墓誌銘〉
杜　孚	幽州鎮	趙含章。開元十八年（730）～開元二十年（732）	攝漁陽兼知判營田	（關內道）京兆杜陵人	祖正謙，慶州司馬；父元安，本郡涇陽尉	門蔭	皇廟寢郎中參吏曹－仙州西平尉－幽州節度趙含章引攝漁陽兼知判營田－靜塞軍司馬	《唐代墓誌彙編》，開元360〈杜孚墓誌銘〉
王審禮	幽州鎮	薛楚玉。開元二十年（732）～開元二十一年（733）	侍御史	不詳	不詳	不詳	侍御史－溫州刺史	《全唐文》，卷352，樊衡〈爲幽州長史薛楚玉破契丹露布〉、《唐御史臺精舍題名考》，卷1
烏知義	幽州鎮	薛楚玉。開元二十年（732）～開元二十一年（733）	節度副使	不詳	不詳	不詳	幽州節度副使－平盧節度使	《全唐文》，卷352，樊衡〈爲幽州長史薛楚玉破契丹露布〉、《唐方鎮年表》，卷8，平盧節度使
樊　衡	幽州鎮	薛楚玉。開元二十年（732）～開元二十一年（733）		（河北道）相州安陽人	不詳	武足安邊科	疑爲薛楚玉幕僚－監察御史	《全唐文》，卷352，樊衡〈爲幽州長史薛楚玉破契丹露布〉、《全唐文》，卷330，〈薦樊衡書〉、《姓纂》，卷4「樊姓」監察御史樊

								衡、《唐會要》，卷76，〈貢舉中·制科舉〉
王　侮	幽州鎮	張守珪。開元二十一年（733）～開元二十七年（739）	掌書記	不詳	不詳	不詳	幽州掌書記	《舊唐書·北狄傳》
翟　銑	幽州鎮	張守珪。開元二十一年（733）～開元二十七年（739）	經略軍節度副使	（河北道）遼西柳城	祖奴子，左玉鈐衛將軍		解褐授右衛中侯－冠軍大將軍、行左屯尉翊府中郎將－左威衛軍－幽州經略軍節度副使－左威衛中郎將	《全唐文補遺》第二輯，〈唐故冠軍行左屯尉翊府中郎將幽州經略軍節度副使翟公（銑）墓誌銘〉
徐　浩	幽州鎮	張守珪。開元二十一年（733）～開元二十七年（739）		（江南道）越州人。東海郯人	祖師道，兗州九龍縣尉；父嶠（之），官至洛（洺）州刺史	明經	魯山主簿－太子校書集賢殿待詔－麗正殿校理－鄠縣尉－右拾遺－幽州節度使張守珪奏在幕府－京兆司錄，以母憂去職－河南司錄－河陽令－拜太子司議郎－金部員外郎－都官郎中－憲部郎中－襄陽太守、本郡防禦使－中書舍人，加兼尚書右丞－國子祭酒－廬州長史－中書舍人、集賢殿學士－工部侍郎、嶺南節度觀察使、兼御史大夫－吏部侍郎、集賢殿學士－明州別駕－彭王傅	《舊唐書·徐浩傳》、《全唐文》，卷445，張式〈大唐故銀青光祿大夫彭王傅徐公（浩）神道碑銘〉、《元和姓纂》，卷2，「徐姓」
王　俌（靈龜）	幽州鎮	張守珪。開元二十一年（733）～開元二十七年（739）		（關內道）雍州咸陽	祖方慶，相武后；父晞，鄆州刺史	明經	莫州參軍－辟范陽節度使張守珪幕府－博陵、常山二太守，副河北招討	《新唐書·王俌傳》、《新唐書·宰相世系表二中》
士如珪	幽州鎮	張守珪。開元二十一年（733）～開元二十七年（739）		（河北道）河內郡	祖巍，皇朝散大夫、守大理正、上柱國、潁州司馬；陳，皇朝議父		解褐授幽州臨渠府別將－潞州潞川府別將范陽郡節度使張如珪授平盧軍司馬	《唐代墓誌彙編》下，天寶047〈士如珪及妻郭氏合葬墓誌〉

					大夫，史持節伊州諸軍事伊州刺史、上柱國		
白慶先	幽州鎮	張守珪。開元二十一年（733）～開元二十七年（739）	判官	（河東道）太原祁人	祖大威，歷滄綿，梓三州刺史。父羨言，太中大夫、上柱國，歷太子內直郎		初任太廟齋郎－解褐拜通直郎、徐州沛縣尉－調補定州無極縣丞－御史中丞兼幽府長史張守珪判官	《唐代墓誌彙編》，開元 417，〈白慶先墓誌銘〉
安祿山	幽州鎮	李適之。開元二十七年（739）～開元二十九年（741）	節度副使	（河北道幽州）營州柳城	不詳		互市牙郎－守珪拔爲偏將。－平盧兵馬使－營州都督、平盧軍使－范陽節度，河北採訪、平盧軍等使－加大夫－范陽節度，河北採訪、平盧軍等使河東節度。	《資治通鑑》，卷 214，「開元二十九年八月」、《舊唐書‧玄宗本紀》
權 皋	幽州鎮	安祿山。天寶三載（744）～天寶十四載（755）	掌書記	（隴右道）秦州略陽	祖無待，成都尉；父倕，羽林軍參軍	天寶七載進士	貝州臨清尉－安祿山表爲薊尉，署從事－高適表試大理評事、淮南採訪判官－玄宗拜監察御史－遷起居舍人、著作郎	《舊唐書‧權德輿傳》、《新唐書‧卓行‧權皋傳》、《封氏聞見記》，卷 9、《全唐文》，卷 320，李華〈著作郎贈秘書少監權君墓表〉
梁令植	幽州鎮	安祿山。天寶三載（744）～天寶十四載（755）	判官	（關內道）安定	祖詵，唐朝散大夫、行汲郡新鄉縣令；父知微，唐朝請大夫、行氾水縣令		以蔭爲太廟齋郎－解褐授汲郡參軍－范陽郡開福府別將－上谷郡新安府右果毅都尉－河北海運判官，兼充馬家城守捉史－樓煩郡嵐山府右果毅－岢嵐軍副使－漁陽郡臨渠府折衝－靜塞軍納諸郡兵糧，兼知屯田－漁陽郡別駕，仍充靜塞軍營田副使－柳郡長史－幽州節度、支度、陸運、營田四蕃兩府等判官－□安郡司馬－龍溪郡太守	《千唐誌齋藏誌》九〇一，〈唐故朝散大夫使池節溪郡諸軍事守龍溪郡太守上柱國梁府君（令直）墓誌銘并序〉

張　曉	幽州鎮	安祿山。天寶三載(744)～天寶十四載(755)	節度判官	不詳	不詳	不詳	幽州節度判官	《全唐文》，卷289，張九齡〈賀依聖料赤山北無賊及突厥要重人死請宣付史館狀〉
張　休	幽州鎮	安祿山。天寶三載(744)～天寶十四載(755)	判官	(河北道)幽州范陽縣	祖選，幽州固安縣丞；父價		起家石亭別將－縣令、司馬、州長史各一范陽節度安祿山判官－牧濠、舒、潤三州－洪州(豫章郡)刺史－御史中丞、廣州刺史、嶺南節度經略觀察等使	《全唐文》，卷409，崔祐甫〈衛尉卿洪州都督張公遺愛碑頌并序〉、《唐刺史考・淮南道濠州》
李史魚	幽州鎮	安祿山。天寶三載(744)～天寶十四載(755)	殿中侍御史	(河北道)趙郡平棘	祖藻之，漣水丞；父萬總，青州司法參軍	開元二十一年多才科	解褐授祕書省正字－河南參軍、長安尉、監察御史－殿中侍御史，參安祿山范陽軍事－侍御史充封常清幽州行軍司馬－侍御史攝御史中丞、充河南節度參謀	《全唐文》，卷520，梁肅〈侍御史攝御史中丞贈尚書戶部侍郎李公墓誌銘〉
暢　璀	幽州鎮	安祿山。天寶三載(744)～天寶十四載(755)	判官	(河東道)河東		進士	安祿山奏爲河北海運判官－三遷大理評事－郭子儀辟爲從事－肅宗拜諫議大夫－累轉吏部侍郎－散騎常侍、河中尹，兼御史大夫－左常侍、集賢院待制－兼判太常卿－遷戶部尙書	《舊唐書・暢璀傳》
賈　循	幽州鎮	安祿山。天寶三載(744)～天寶十四載(755)	節度副使	(關內道)京兆華原人	父會		蘇頲牧益州，表署列將－三遷靜塞軍營田使－張守珪擢游擊將軍、榆關守捉使－范陽節度使李適之薦爲安東副大都護－安祿山兼平盧節度，表爲副－遷博陵太守	《新唐書・賈循傳》、《資治通鑑》卷，217，「天寶十四載」

高　尙	幽州鎮	安祿山。天寶三載（744）～天寶十四載（755）	掌書記	（河北道）幽州雍奴	不詳		左領軍倉曹參軍同正員－安祿山奏爲平盧掌書記－安祿山表爲屯田員外郎－安祿山僞授中書侍郎－安慶緒僞授侍中	《舊唐書‧高尙傳》、《新唐書‧高尙傳》
何昌浩	幽州鎮	安祿山。天寶三載（744）～天寶十四載（755）	判官	不詳	不詳	不詳	幽州節度使判官	《李白全集編年注釋》有〈贈何七判官昌浩〉
甄　濟	幽州鎮	安祿山。天寶三載（744）～天寶十四載（755）	試大理評事掌書記	（河北道）中山無極人	叔父甄道一幽、涼二州都督		安祿山表薦之，授試大理評事，充范陽郡節度掌書記－祕書郎－轉太子舍人－來瑱辟爲陝西襄陽參謀，拜禮部員外郎－刑部員外郎－魏少遊奏授著作郎、兼侍御史	《舊唐書‧忠義下‧甄濟傳》、《新唐書‧甄濟傳》
顏杲卿	幽州鎮	安祿山。天寶三載（744）～天寶十四載（755）	營田判官、度支判官	（河南道）琅邪臨沂人	祖昭甫，高宗晉邸侍讀曹王屬；父元孫，濠州刺史	門蔭	江州司法－遂州司法－鄭州司兵－從調吏部－魏郡錄事參軍－范陽郡戶曹－安祿山奏爲營田判官，光祿、太常二寺丞－度支判官，兼攝常山郡太守	《全唐文》，卷341，顏杲卿〈攝常山郡太守衛尉卿兼御史中丞贈太子太保諡忠節京兆顏公神道碑銘〉、《舊唐書‧顏杲卿傳》
顏　莊	幽州鎮	安祿山。天寶三載（744）～天寶十四載（755）	孔目官	不詳	不詳	不詳	安祿山孔目官	《資治通鑑》，卷216，「天寶十載」
安慶緒	幽州鎮	安祿山。天寶三載（744）～天寶十四載（755）	節度副使	（河北道）營州柳城	父安祿山		范陽節度副使	《安祿山事迹》卷上
李　休	幽州鎮	安祿山。天寶三載（744）～天寶十四載（755）	充范陽節度經略副使兼節度都虞侯	（河北道）密雲	祖沂，安樂郡太守；父龍，兵部常選		范陽節度經略副使兼節度都虞侯－平盧節度副使都虞侯	《唐代墓誌彙編》，大曆067〈李休幕誌〉
李史魚	幽州鎮	封常清。天寶十四載（755）	行軍司馬	（河北道）趙郡平棘	祖藻之，漣水丞；父萬總，青州司法參軍	開元廿一年多才科	解褐授祕書省正字－河南參軍、長安尉、監察御史－殿中侍御	《全唐文》，卷520，梁肅〈李史魚墓誌銘〉

							史，參安祿山范陽軍事－侍御史充封常清幽州行軍司馬－侍御史攝御史中丞、充河南節度參謀	
邵　說	幽州鎮	史思明。至德二年(757)～乾元元年(758)	判官	(河北道)相州安陽人	祖貞一，父瓊之，殿中侍御史	天寶進士	史思明判官－郭子儀幕下－長安令－秘書少監－吏部侍郎－太子詹事－歸州刺史	《舊唐書·邵說傳》、《新唐書·邵說傳》、《全唐文》卷452邵說小傳
張不矜	幽州鎮	史思明。至德二年(757)～乾元元年(758)	掌書記	不詳	不詳	不詳	范陽府功曹參軍兼節度掌書記	《資治通鑑》，卷220，乾元元年六月、《金石萃編》，卷91，〈憫忠寺寶塔銘〉
耿仁智	幽州鎮	史思明。至德二年(757)～乾元元年(758)	判官	不詳	不詳	不詳	幽州判官	《資治通鑑》，卷220，「乾元元年六月」
烏承恩	幽州鎮	史思明。至德二年(757)～乾元元年(758)	節度副使	(隴右道)張掖	祖令望，左領軍大將軍；父蒙，左武衛中郎將	不詳	平盧先鋒－北平軍使－冀州刺史－范陽節度副使	《新唐書·肅宗本紀》乾元元年四月、《新唐書·宰相世系表五下》、《新唐書·烏承玼傳》
阿史那承慶	幽州鎮	史思明。至德二年(757)～乾元元年(758)	節度副使	不詳	不詳	不詳	幽州節度副使	《冊府元龜》卷164〈帝王部·招懷二〉
胡　詹	幽州鎮	李懷仙。廣德元年(763)～大曆三年(768)	節度判官兼掌書記	不詳	不詳	不詳	節度判官兼掌書記	《唐文拾遺》，卷22，胡詹小傳
鄭希潮	幽州鎮	李懷仙。廣德元年(763)～大曆三年(768)	判官	(河南道)榮陽	祖承，陪戎護衛上護軍；父忠，東光縣丞、奉義郎左武衛兵曹參軍上護軍	不詳	文安郡別駕－幽州判官	《唐文拾遺》，卷22，胡詹〈大唐故高士榮陽鄭府君之碣〉
朱希彩	幽州鎮	王緒。大曆三年(768)	御史中丞節度副使	不詳	不詳		幽州節度兵馬使－幽州節度副使－幽州節度使	《舊唐書·朱希彩傳》
李　瑗	幽州鎮	朱希彩。大曆三年(768)～大曆七年(772)	孔目官	不詳	不詳	不詳	幽州孔目官	《舊唐書·朱希彩傳》

朱泚	幽州鎮	朱希彩。大曆三年（768）～大曆七年（772）	經略副使	（河北道）幽州昌平人	祖思明，太子洗馬；父懷珪，天寶初范陽節度使裴寬衙前將。安祿山、史思明叛，累爲管兵將。李懷仙歸順，奏爲薊州刺史、平盧軍留後、柳城軍使		李懷仙部將－幽州經略副使－幽州盧龍節度使	《資治通鑑》，卷224，「大曆七年」
鄭雲逵	幽州鎮	朱泚。大曆七年（772）～大曆九年（774）	掌書記、判官	（河南道）滎陽人	父昕，滁州刺史	大曆進士	朱泚掌書記貶莫州參軍－朱滔判官－李晟之行軍司馬－秘書少監－給事中－大理卿－遷刑部、兵部二侍郎－遷御史中丞，充順宗山陵橋道置頓使－右金吾衞大將軍－京兆尹。	《舊唐書‧鄭雲逵傳》、《冊府元龜》，卷729，〈幕府部‧辟署四〉
蔡廷玉	幽州鎮	朱泚。大曆七年（772）～大曆九年（774）	判官、行軍司馬	（河北道）幽州昌平人	不詳		事安祿山－朱泚奏署幕府－司馬－柳州司戶參軍	《新唐書‧蔡廷玉傳》
朱體微	幽州鎮	朱泚。大曆七年（772）～大曆九年（774）	判官（要籍）	不詳	不詳		幽州判官－幽州要籍	《舊唐書‧鄭雲逵傳》、《新唐書‧蔡廷玉傳》
鄭雲逵	幽州鎮	朱滔。大曆九年（774）～貞元元年（785）	判官（掌書記）	（河南道）滎陽人	父昕，滁州刺史		判官－盧龍掌書記	《新唐書‧鄭雲逵傳》、《冊府元龜》，卷165，〈帝王部‧招懷三〉
任希	幽州鎮	朱滔。大曆九年（774）～貞元元年（785）	團練副使	（河南道）樂安郡	祖暉，游擊左金吾大將軍，父曾，易州脩政府左果毅都尉		衙前討擊、兼團練副使	《隋唐五代墓誌匯編》北京卷第2冊，〈任希墓誌〉
王仲堪	幽州鎮	朱滔。大曆九年（774）～貞元元年（785）	節度參謀	（河東道）太原人	父令仙，大理評事	大曆七年進士	解褐授太原府參軍事－幽州大都督府戶曹參軍－兵曹參軍事－節度參謀	《金石續編》，卷9，〈王仲堪墓誌〉
蔡雄	幽州鎮	朱滔。大曆九年（774）～貞元元年（785）	判官	（河北道）信都	祖建，滄州樂陵令；父濟，澤州司戶		貝州清河尉－朱滔署幽州盧龍節度押牙－莫州刺史	《舊唐書‧張孝忠傳》

王　郢	幽州鎮	朱滔。大曆九年（774）～貞元元年（785）	判官	不詳	不詳	不詳	幽州判官	《舊唐書・田承嗣傳》
李子车	幽州鎮	朱滔。大曆九年（774）～貞元元年（785）	判官	不詳	不詳	不詳	幽州判官	《舊唐書・田承嗣傳》
田景仙	幽州鎮	朱滔。大曆九年（774）～貞元元年（785）	節度參謀	不詳	不詳	不詳	幽州節度參謀	《資治通鑑》，卷227，「建中三年五月」
劉　怦	幽州鎮	朱滔。大曆九年（774）～貞元元年（785）	行軍司馬	（河北道）幽州昌平人	祖宏遠，父貢，特進檢校右金吾衛大將軍太常大斗軍使		雄武軍使－涿州刺史－幽州行軍司馬－幽州節度使	《全唐文》，卷630，呂溫〈劉瀾神道碑銘〉
劉　濟	幽州鎮	劉怦。貞元元年（785）	御史中丞行軍司馬	（河北道）幽州昌平人	祖貢，廣邊大斗軍使；父怦，幽州盧龍節度使		幽州州縣牧宰－御史中丞，充行軍司馬－幽州節度使	《舊唐書・劉濟傳》
王仲堪	幽州鎮	劉濟。貞元元年（785）～元和五年（810）	監察御史裏行	（河東道）太原人	父令仙，大理評事。	大曆七年進士擢第	解褐授太原府參軍事－幽州大都督府戶曹參軍－兵曹參軍事－節度參謀	《金石續編》，卷9，〈唐故監察御史裏行太原王公墓誌銘〉
王叔平	幽州鎮	劉濟。貞元元年（785）～元和五年（810）	監察御史掌書記	不詳	不詳	不詳	監察御史裏行盧龍掌書記	《金石續編》，卷9，〈唐故監察御史裏行太原王公墓誌銘〉
李　益	幽州鎮	劉濟。貞元元年（785）～元和五年（810）	侍御史營田副使	（隴右道）隴西姑臧人	祖成裕，秘書監；父虬	大曆四年進士	鄭縣主簿－幽州節度劉濟辟爲從事－佐邠寧幕府－都官郎中－祕書少監－集賢殿學士－禮部尚書	《舊唐書・李益傳》、《新唐書・李益傳》、《新唐書・宰相世系表二上》「姑臧大房」
韋　稔	幽州鎮	劉濟。貞元元年（785）～元和五年（810）	檢校尚書主客員外郎判官	不詳	不詳	不詳	檢校尚書主客員外郎判官	《唐文續拾》，□稔小傳
王　永	幽州鎮	劉濟。貞元元年（785）～元和五年（810）	監察御史	（河東道）太原祁人	祖忠嗣，御史大夫河東河西隴右節度使；父震，衛尉寺卿		授左清道率□□曹－常婺二州司戶參軍事－畿丞－范陽節度使辟佐盧龍幕，拜監察御史	《隋唐五代墓誌匯編》洛陽卷第12冊，〈王永墓誌〉
張　玘	幽州鎮	劉濟。貞元元年（785）～元和五年（810）	判官	不詳	不詳	不詳	幽州判官	《舊唐書・劉總傳》

成國寶	幽州鎮	劉濟。貞元元年（785）～元和五年（810）	孔目官	不詳	不詳	不詳	幽州孔目官	《舊唐書·劉總傳》
劉 緄	幽州鎮	劉濟。貞元元年（785）～元和五年（810）	節度副使	（河北道）幽州昌平	祖怦，幽州節度使；父濟，幽州節度使		節度副使	《舊唐書·劉總傳》
任公叔	幽州鎮	劉濟。貞元元年（785）～元和五年（810）		（河南道）樂安人	不詳	大曆二十年登進士第	劉濟幕客	《全唐文》，卷505，〈劉濟墓誌銘〉、《全唐文》，卷459，任公淑小傳
王 建	幽州鎮	劉濟。貞元元年（785）～元和五年（810）		（河南道）許州潁川	不詳	大曆十年進士	釋褐渭南尉－幽州劉濟幕中－嶺南幕府從事－昭應縣丞－太府寺丞（太常丞）－秘書丞－陝州司馬	《唐才子傳校箋》，卷4，「王建」
張 皋	幽州鎮	劉總。元和五年（810）～長慶元年（821）	判官	不詳	不詳	不詳	判官	《舊唐書·劉總傳》
張 玘	幽州鎮	劉總。元和五年（810）～長慶元年（821）	判官	不詳	不詳	不詳	盧龍軍判官－盧州刺史	《舊唐書·劉總傳》、《白居易集》，卷51，〈張玘授盧州刺史兼御史中丞制〉
盧 眾	幽州鎮	劉總。元和五年（810）～長慶元年（821）	判官	不詳	不詳	不詳	幽州判官	《白居易集》，卷52，〈盧眾等除御史評事制〉
梁 瑝	幽州鎮	劉總。元和五年（810）～長慶元年（821）	節度要籍	不詳	不詳	不詳	判官	《白居易集》，卷52，〈梁瑝等六人除范陽管內州縣判司縣尉制〉
崔弘禮	幽州鎮	張弘靖。長慶元年（821）	節度副使	（河北道）博陵	祖育，常州江陰令。父孚，湖州長城令	進士	解褐河南府文學－靈州觀察判官－呂元膺辟為東都留守推官－東都防禦判官－義成軍節度判官－東都留守判官－沂州刺史－義武軍節度副使、權知汾州－棣州刺史－衛州刺史充魏博節度副使－相州刺史充相州防禦使－鄭州刺	《冊府元龜》，卷716，〈幕府部·選任〉、《新唐書·崔弘禮》傳〉、《千唐志齋藏志》1043〈崔弘禮墓誌銘并序〉

							史－絳州刺史－河南尹、兼御史大夫、東都畿汝都防禦副使－河陽三城懷州節度使－華州刺史、充潼關防禦鎮國軍使－天平軍節度使－東都留守、畿汝州都防禦使、判東都省事	
張　徹	幽州鎮	張弘靖。長慶元年（821）	節度判官	不詳	不詳	進士	幽州節度判官	《韓昌黎文集校注》，卷7，〈故幽州節度判官給事中清河張君墓誌〉
韋　雍	幽州鎮	張弘靖。長慶元年（821）	攝監察御史判官	不詳	不詳	進士	觀察判官攝監察御史	《舊唐書·列女傳·蕭氏》卷193，《新唐書·列女傳·蕭氏》
張宗厚	幽州鎮	張弘靖。長慶元年（821）	判官	不詳	不詳	不詳	判官	《舊唐書·張弘靖傳》
崔仲卿	幽州鎮	張弘靖。長慶元年（821）	判官	不詳	不詳	不詳	判官	《舊唐書·穆宗本紀》
鄭　塤	幽州鎮	張弘靖。長慶元年（821）	判官	不詳	不詳	不詳	判官	《舊唐書·穆宗本紀》
寇公嗣	幽州鎮	史元忠。大和九年（835）～會昌元年（841）	節度判官兼掌書記	不詳	不詳	不詳	盧龍節度判官兼掌書記殿中侍御史	《全唐文補編》，卷71，寇公嗣〈僕射四月八日於西山上佛經銘〉
周　瞳	幽州鎮	史元忠。大和九年（835）～會昌元年（841）	節度巡官	不詳	不詳	不詳	署盧龍節度巡官宣德郎試太常卿協律郎	《全唐文補編》，卷71，周瞳〈司徒四月八日於西山上佛經銘并序〉
王公淑	幽州鎮	史元忠。大和九年（835）～會昌元年（841）	節度判官	（河東道）太原	祖連，盧龍節度要籍；父戩		解褐幽州節度要籍－盧龍節度巡官－幽州節度判官兼殿中侍御史－盧龍節度留後營府都督柳城軍使平州諸軍事平州刺史	《全唐文補編·再補》，卷3，〈大唐故幽州節度判官兼殿中侍御史銀青光錄大夫檢校太子賓客盧龍留後營府都督柳城軍使平州諸軍使平嬌等州刺史上柱國太原王府君墓誌〉

周 瞳	幽州鎮	張仲武。會昌元年（841）～大中三年（849）	從事	不詳	不詳	不詳	從事	《全唐文》，卷711，李德裕〈幽州紀聖功碑銘并序〉
華封輿	幽州鎮	張仲武。會昌元年（841）～大中三年（849）	判官	不詳	不詳	不詳	判官	《全唐文》，卷704，李德裕〈讓張仲武寄信物狀〉
李 儉	幽州鎮	張仲武。會昌元年（841）～大中三年（849）	掌書記	（隴右道）隴西成紀	隴西成紀姑臧大房。祖佐公，河中少尹；父，元贊，太僕卿	不詳	幽州節度掌書記	《八瓊室金石補正》，卷74，〈贈工部尚書張仁憲碑〉、《新唐書·宰相世系二上》
蔡 陵	幽州鎮	張仲武。會昌元年（841）～大中三年（849）	節度參謀	不詳	不詳	不詳	節度參謀	《八瓊室金石補正》，卷74，〈贈工部尚書張仁憲碑〉
張建章	幽州鎮	張仲武。會昌元年（841）～大中三年（849）	隨軍、巡官、掌書記	（河北道）中山北平	祖詵，儒林郎守定州北平縣丞知縣事，父嶤，通議大夫檢校太子右諭德州、涿州別駕		節度隨軍－節度判官、監察御史裏行－幽州節度掌書記－觀察判官－幽州節度判官－幽州行軍司馬－奏升押奚契丹兩蕃副使－攝荊州刺史諸軍事	《冊府元龜》，卷798，〈總錄部·勤學〉、《隋唐五代墓誌匯編》北京卷第2冊，張珪撰〈張建章墓誌〉、《冊府元龜》，卷798，〈總錄部·勤學〉
王公淑	幽州鎮	張仲武。會昌元年（841）～大中三年（849）	節度判官	（河東道）太原	祖連，盧龍節度要籍；父戩		解褐幽州節度要籍－盧龍節度巡官－遷幽州節度判官兼殿中侍御史	《全唐文補編·再補》，卷3，〈大唐故幽州節度判官兼殿中侍御史銀青光錄大夫檢校太子賓客盧龍留後營府都督柳城軍使平州諸軍使平嫣等州刺史上柱國太原王府君墓誌〉
張建章	幽州鎮	張直方。大中三年（849）	觀察判官	（河北道）中山北平	祖詵，儒林郎守定州北平縣丞知縣事，父嶤，通議大夫檢校太子右諭德州、涿州別駕		節度隨軍－節度判官、監察御史裏行－幽州節度掌書記－觀察判官－幽州節度判官－幽州行軍司馬－奏升押奚契丹兩蕃副使－攝荊州刺史諸軍事	《冊府元龜》，卷798，〈總錄部·勤學〉、《隋唐五代墓誌匯編》北京卷第2冊，張珪撰〈張建章墓誌〉、《冊府元龜》卷，798，〈總錄部·勤學〉
張建章	幽州鎮	周琳。大中三年（849）～大中四年（850）	觀察判官	（河北道）中山北平	祖詵，儒林郎守定州北平縣丞知縣		節度隨軍－節度判官、監察御史裏行－幽州節度	《冊府元龜》，卷798，〈總錄部·勤學〉、《隋唐五

					事，父幪，通議大夫檢校太子右諭德州、涿州別駕		掌書記－觀察判官－幽州節度判官－幽州行軍司馬－奏升押奚契丹兩蕃副使－攝莿州刺史諸軍事	代墓誌匯編》北京卷第 2 冊，張珪撰〈張建章墓誌〉《冊府元龜》卷，798，〈總錄部・勤學〉
張建章	幽州鎮	張允伸。大中四年（850）～咸通十三年（872）	節度判官	（河北道）中山北平	祖詵，儒林郎守定州北平縣丞知縣事，父幪，通議大夫檢校太子右諭德州、涿州別駕		節度隨軍－節度判官、監察御史裏行－幽州節度掌書記－觀察判官－幽州節度判官－幽州行軍司馬－奏升押奚契丹兩蕃副使－攝莿州刺史諸軍事	《冊府元龜》，卷798，〈總錄部・勤學〉、《隋唐五代墓誌匯編》北京卷第 2 冊，張珪撰〈張建章墓誌〉《冊府元龜》，卷 798，〈總錄部・勤學〉
李　儉	幽州鎮	張允伸。大中四年（850）～咸通十三年（872）	押奚契丹兩蕃副使	（隴右道）隴西成紀	隴西成紀姑臧大房。祖佐公，河中少尹；父，元贄，太僕卿		掌書記（張仲武）、（張允伸）押奚契丹兩蕃副使	《八瓊室金石補正》，卷 75，〈故幽州大都督府兵曹參軍陳君墓誌銘并序〉、《新唐書・宰相世系二上》
于全益	幽州鎮	張允伸。大中四年（850）～咸通十三年（872）	節度要籍	不詳	不詳	不詳	節度要籍	《八瓊室金石補正》，卷 75，〈故幽州大都督府兵曹參軍陳君墓誌銘并序〉
梁知至	幽州鎮	張允伸。大中四年（850）～咸通十三年（872）	節度判官	不詳	不詳	不詳	節度判官	《全唐文》，卷920，知宗〈盤山上方道宗大師遺行碑〉
張　冉	幽州鎮	張允伸。大中四年（850）～咸通十三年（872）	掌書記	不詳	不詳	不詳	掌書記	《全唐文補編》，卷 77，張冉〈大唐再修歸義寺碑〉
許　勝	幽州鎮	張允伸。大中四年（850）～咸通十三年（872）	節度要籍	不詳	不詳	不詳	攝幽州良相尉、盧龍節度要籍	《全唐文補編》，卷 77，張冉〈唐故盧龍節度衙前兵馬使兼知船坊事銀青光祿大夫檢校太子賓客兼監察御史上柱國隴西董府君墓誌銘〉
賈景實	幽州鎮	張允伸。大中四年（850）～咸通十三年（872）	節度驅使官	不詳	不詳	不詳	節度驅使官	《全唐文補編》，卷 77，張冉〈唐故盧龍節度衙前兵馬使兼知

							船坊事銀青光祿大夫檢校太子賓客兼監察御史上柱國隴西董府君墓誌銘
周彥恭	幽州鎮	張公素。咸通十三年（872）～乾符二年（875）	宣德郎試太常寺奉禮郎節度要籍	不詳	不詳	不詳	節度要籍	《八瓊室金石補正》，卷77，〈御史中丞閻好問墓誌〉
張從嗣	幽州鎮	張公素。咸通十三年（872）～乾符二年（875）	討擊副使	不詳	不詳	不詳	討擊副使	《唐代墓誌彙編》下，咸通106〈閻好問墓誌銘〉
閻處暲	幽州鎮	張公素。咸通十三年（872）～乾符二年（875）	討擊副使	（河南道）河南	祖晉，父好問，嬀、瀛、莫三州刺史，幽州司馬	不詳	討擊副使	《唐代墓誌彙編》下，咸通106〈閻好問墓誌銘〉
閻處實	幽州鎮	張公素。咸通十三年（872）～乾符二年（875）	討擊副使	（河南道）河南	祖晉，父好問，嬀、瀛、莫三州刺史，幽州司馬。	不詳	討擊副使	《唐代墓誌彙編》下，咸通106〈閻好問墓誌銘〉，頁2460
張珪	幽州鎮	李可舉。乾符三年（876）～光啓元年（885）	掌書記	不詳	不詳	唐末鄉貢進士	掌書記	《隋唐五代墓誌匯編》北京卷第2冊，〈張建章墓誌〉、《唐文拾遺》，卷33，張珪小傳
張賓	幽州鎮	李可舉。乾符三年（876）～光啓元年（885）	從事	不詳	不詳	不詳	從事	《唐文拾遺》，卷32，張賓小傳
韓玄紹	幽州鎮	李可舉。乾符三年（876）～光啓元年（885）	行軍司馬	不詳	不詳	不詳	行軍司馬	《資治通鑑》，卷253，「僖宗廣明元年七月」
李抱貞	幽州鎮	李匡威。光啓二年（886）～景福二年（893）	判官	不詳	不詳	不詳	判官	《舊唐書‧李匡威傳》
鄭隼	幽州鎮	李匡威。光啓二年（886）～景福二年（893）	判官兼掌書記	不詳	不詳	不詳	判官兼掌書記	《隋唐五代墓誌匯編》北京卷第2冊，〈劉咸賓及妻李氏合葬墓誌〉

王緘	幽州鎮	劉仁恭。乾寧二年（895）～天祐四年（907）		（河北道）燕人	不詳		幽州劉仁恭故吏－李克用留署爲推官－掌書記－後唐魏博節度副使	《冊府元龜》，卷172，〈帝王部・求舊二〉、《舊五代史・王緘傳》
馬郁	幽州鎮	劉仁恭。乾寧二年（895）～天祐四年（907）	掌書記	（河北道）幽州	不詳	不詳	掌書記	《冊府元龜》，卷729，〈幕府部・辟署四〉
馮道	幽州鎮	劉守光。天祐四年（907）	節度巡官	（河北道）瀛州景城人			幽州節度巡官－河東節度巡官－掌書記，－翰林學士。	《全唐文》，卷857，馮道小傳
溫璉	幽州鎮		從事	（河北道）燕人	不詳	不詳	幽州從事	《太平廣記》，卷165
袁仁爽	幽州鎮			（河南道）陳郡汝南人。	祖遠，皇冠將軍；皇考文喜，高尚不仕	進士	左羽衛長上－寧州麟寶府右果毅－庸州輔德府右果毅－京兆府周城府左果毅－陝郡忠孝府折衝都尉，仍充幽州經略軍副使	《唐代墓誌彙編》下，天寶020〈袁仁爽墓誌銘〉
臧敬之	幽州鎮	不詳	游擊將軍	（嶺南道）東（南？）海東莞	祖善德，銀川郡太守；父懷亮，冠軍將軍左羽林大將軍	不詳	游擊將軍	《全唐文補編・全唐文再補》，卷三，《大唐故冠軍將軍左羽林大將軍東莞郡開國公上柱國臧府君墓誌銘》
王連	幽州鎮	不詳	節度要籍	（河東道）太原	不詳	不詳	盧龍節度要籍	《全唐文補編・再補》，卷3，〈大唐故幽州節度判官兼殿中侍御史銀清光祿大夫檢校太子賓客盧龍節度留後營府都督柳城軍使平州諸軍使平媯等州刺史上柱國太原王府君墓銘〉

附表五　魏博鎮、成德鎮、幽州鎮武職僚佐表（780～907）〔註1〕

姓名	所屬方鎮	所屬節度使名。節度使在任時間	出身地域	父祖情況	武職僚佐名稱	仕　歷	史料出處
張懷實	成德	張孝忠。建中二年（781）～建中三年（782）	（河北道鎮州）眞定	父奉忠，唐雲麾將軍試鴻臚卿	朝散大夫試太常卿充成德軍大將監知兵馬	加朝散大夫、試太常卿，充成德軍大將監知兵馬	《唐代墓誌彙編》，建中013〈唐故成德軍大將試太常卿張公（懷實）墓誌銘并序〉，頁1829。
程日華	成德	張孝忠。建中二年（781）～建中三年（782）	（河北道）定州（博陵郡）安喜	父元皓，安祿山帳下將、定州刺史	成德軍節度押衙	張孝忠牙將－知滄州事－御史中丞、滄州刺史－橫海軍使、工部尚書、御史大夫	《舊唐書》卷143，〈程日華傳〉，頁3903～3904。《唐方鎮年表》，卷4，義昌節度、滄德觀察處置等使。
王承宗	成德	王士眞。建中十七年（801）～元和四年（809）	（河北道）薊	祖武俊、父士眞，皆成德軍節度使。	河朔都知兵馬使	鎮州大都督府右司馬、知州事、御史大夫，充都知兵馬使、副大使－雲麾將軍、左金吾衛大將軍同正、檢校工部尚書、鎮州大都督府長史、御史大夫、成德軍節	《舊唐書》卷142，〈王承宗傳〉，頁3878～3883。

〔註1〕 本表引自劉琴雨，《唐代武官選任制度初探》（北京：社會科學文獻出版社，2006年）附表4，頁250～274。

						度、鎮冀深趙等州觀察等使	
王廷湊	成德	王承宗。永貞四年（809）～元和十五年（820）田弘正。元和十五年（820）～長慶元年（821）	不詳，世隸安東都護府（河北道）	曾祖五哥之，左武衛將軍同知；祖末怛活，父升朝，世爲王氏騎將，累遷右職。	成德衙內兵馬使	王承元衙內兵馬使－檢校右散騎常侍、鎮州大都督府長史、成德軍節度、鎮冀深趙等州觀察等使，檢校司徒、成德軍節度使	《舊唐書》卷142，〈王廷湊傳〉，頁3884～3885、3888；參《新唐書》卷211，〈王廷湊傳〉，頁5959～5961。
張君平	成德	王士眞。貞元十七年（801）～元和四年（809）	（河北道）深州饒陽縣人	曾祖頲，絳州長史；祖徽、父承泰，不仕。	成德軍節度十將	成德軍節度十將兼充樂壽鎮遏兵馬使苑公押衙	《唐代墓誌彙編》，大中081〈唐故清河郡張府君（君平）夫人安定郡胡氏合祔墓誌銘并序〉，頁2310～2311。
王元逵	成德	王廷湊。長慶二年（822）～太和八年（834）	世隸安東都護府（河北道）	父廷湊，成德節度使	成德都知兵馬使	鎮州右司馬，兼都知兵馬使－檢校工部尙書、鎮州大都督府長史、成德軍節度使	《舊唐書》卷142，〈王元逵傳〉，頁3888～3889。
王紹鼎	成德	王元逵。太和八年（834）～大中九年（855）	世隸安東都護府（河北道）	父元逵，成德節度使	成德都知兵馬使	鎮州大都督府左司馬、知府事、節度副使、都知兵馬使－檢校工部尙書、鎮府長史、成德軍節度、鎮深冀趙觀察等使	《舊唐書》卷142，〈王紹鼎傳〉，頁3889。
王紹懿	成德	王元逵。太和八年（834）～大中九年（855）	世隸安東都護府（河北道）	父元逵，成德節度使	成德都知兵馬使	成德軍節度副使、都知兵馬使、檢校右散騎常侍、鎮府左司馬、知府事、兼御史中丞－節度使、檢校工部尙書	《舊唐書》卷142，〈王紹懿傳〉，頁3889。
李英信	成德	不詳	（隴右道）隴西人	祖□□，使持節滄州諸軍事滄州刺史、御中丞；父忠義，成德軍馬步兵馬使、□□□□□馬步兵馬使、雲麾將軍、試太常卿兼侍御史	成德軍節度押衙□□御史	成德軍節度押衙□□御史	《唐代墓誌彙編》，咸通070〈唐故□州防禦使太中大夫檢校國子祭酒御史大夫上柱國李府君（守□）夫人太原王氏墓誌銘〉，頁2433。

田弘正	魏博	田季安。貞元十二年（796）～元和七年（812）	（河北道平州北平郡）平州人	祖延惲，安東都護府司馬；父廷玠，滄州刺史、兼御史中丞充橫海軍使	魏博衙內兵馬使	田季安衙內兵馬使－臨清鎮將－田懷諫衙內兵馬使－銀青光祿大夫、檢校工部尚書、魏州大都督府長史、兼御史大夫、上柱國、沂國公，充魏、博等州節度觀察處置支度營田等使－檢校司徒、兼中書令、鎮州大都督府長史，充成德軍節度、鎮冀深趙觀察等使	《舊唐書》卷141，〈田弘正傳〉，頁3848～3852；參《新唐書》卷148，〈田弘正傳〉，頁4781。
史憲誠	魏博	田布。長慶元年（821）～長慶二年（822）	（關內道）靈武建康人	祖道德，開府儀同三司、試太常卿；父周洛，官至魏博兵馬大使、檢校太子賓客兼御史中丞	魏博中軍都知兵馬使	隨父歷軍中右職－田布中軍都知兵馬使－魏博節度使－魏博節度使充河中晉絳節度使	《舊唐書》卷181，〈史憲誠傳〉，頁4685～4686；參《新唐書》卷210，〈史憲誠傳〉，頁5935～5936。
何進滔	魏博	田弘正。元和九年（814）～元和十五年（820）	（關內道）靈武人	曾祖孝物、祖俊，并本州軍校；父默，夏州衙前兵馬使、檢校太子賓客試太常卿	魏博衙內都知兵馬使	寄客於魏，事節度使田弘正－衙內都知兵馬使，兼侍御史－左散騎常侍、魏博等州節度觀察處置等使	《舊唐書》卷181，〈何進滔傳〉，頁4687。
樂彥禎	魏博	韓簡。乾符元年（874）～中和三年（883）	（河北道）魏州人	父少寂，澶、博、貝三州刺史	魏博節度都虞侯	本州軍校－韓簡以爲馬步軍都虞候－博州刺史－澶州刺史－戶部尚書，充魏博節度觀察處置等使	《舊唐書》卷181，〈樂彥禎傳〉，頁4689。
王　郅	幽州	不詳	（河東道）太原祁人	父祖不詳	瀛州司馬陞邑安平范陽三縣令幽州節度押衙兼侍御史	瀛州司馬－陞邑安平范陽三縣令－幽州節度押衙兼侍御史	《唐代墓誌彙編》元和077，頁2002。
康志達	幽州	劉濟。貞元元年（785）～元和五年（810）	本（江南道）會稽人，今爲（關內道）京兆長安人	曾祖延慶，唐左威衛大將軍；祖孝義，萬安府折衝；父日知，兵部尚書、左威衛上將軍	幽州盧龍軍節度衙前兵馬使朝散大夫檢校光祿卿兼監察御史	幽州盧龍軍節度衙前兵馬使、朝散大夫、檢校光祿卿、兼監察御史	《唐代墓誌彙編續集》，長慶002〈唐故幽州盧龍節度衙前兵馬使朝散大夫檢校光祿卿兼監察御史贈莫州刺史會稽康公墓誌銘并序〉，頁859。

高霞寓	幽州	劉濟。貞元元年（785）～元和五年（810）	（河北道）代居	曾祖永興，唐左衛翊府中郎將；祖行仙，京兆府折衝、充靜邊軍使；父栖嚴，寧武軍使輔國大將軍，行左金吾衛大將軍員外置同正員，試太常卿，上柱國，兼殿中監	幽州節度步軍副將、幽州節度押衙	步軍副將－薊州馬步都虞侯－□左廂馬軍都虞侯－節度押衙－攝嬀州刺史－移防練使兼知儒等州事－攝廣邊軍使兼營田等使	《唐代墓誌彙編》大和066〈唐故幽州節度押衙金紫光祿大夫檢校太子賓客攝檀義州刺史□□□□等使兼御史中丞東海郡高公（霞寓）玄堂銘并序〉，頁2144。
楊志誠	幽州	李載義。寶曆二年（826）～太和五年（831）	不詳	不詳	幽州後院副兵馬使	李載義幽州後院副兵馬使－幽州馬步都知兵馬使－檢校工部尚書、節度副大使，知節度事	《舊唐書》卷180，〈楊志誠傳〉，頁4675～4677。
李載義	幽州	劉濟。貞元元年（785）～元和五年（810）	（河北道）幽州	代以武力稱，繼爲幽州屬郡守（刺史）	幽州衙前都知兵馬使	幽州屬郡守－衙前都知兵馬使，檢校光祿大夫、兼監察御史－拜檢校戶部尚書、兼御史大夫，封武威郡王，充幽州盧龍等軍節度副大使，知節度事－山南西道節度、觀察等使，兼興元尹－北都留守，兼太原尹，充河東節度觀察處置等使	《舊唐書》卷180，〈李載義傳〉，頁4674～4675；參《新唐書》卷212，〈李載義傳〉，頁5978。
周元長	幽州	劉濟。貞元元年（785）～元和五年（810）盧士玫。長慶元年（821）朱克融。長慶二年（822）～寶曆元年（825）史元忠（835）～會昌元年（841）	（河南道蔡州）汝南人	曾祖釗，大同軍使、平州刺史、盧龍軍節度留後；祖贊，邢、洺二州刺史；父平，幽府參軍、濟州錄事參軍使。	團練衙前虞侯、盧龍節度押衙等	團練衙官－劉濟辟爲衙前虞侯－盧士玫署爲衙將，兼永寧軍副－盧龍節度押衙－攝薊州司馬－盧龍節度押衙、正議大夫、檢校太子少允、兼御史中丞，權知薊州軍事－史憲誠署兩節度押衙－銀青光祿大夫、檢校太子賓客、使持節檀州諸軍事、檀州刺史、兼殿中侍御史、充威武軍團練等使	《唐代墓誌彙編續集》，開成014〈故幽州節度押衙銀青光祿大夫檢校太子賓客使持節檀州諸軍事檀州刺史兼殿中侍御史充威武軍團練等使汝南周府君（元長）墓誌銘〉，頁933。

陸　昂	幽州	不詳	（江南道）吳郡人	父峴，幽州節度押衙、使持節諸軍事守薊州刺史，靜塞軍營田使等、銀青光祿大夫檢校國子祭酒兼侍御史上柱國。	幽州節度押衙	幽州良鄉縣令、幽州節度押衙、銀青光祿大夫、檢校太子賓客、兼監察御史、上柱國	《唐代墓誌彙編》，大中141〈唐故朝議大夫前行幽州大都督府錄事參軍幽州節度押衙使持節薊州諸軍事守薊州刺史靜塞軍營田等使銀青光祿大夫檢校國子祭酒兼侍御史上柱國吳郡陸府君（峴）故夫人王氏墓誌銘并序〉，頁2361。
王時邕	幽州	不詳	（河東道）太原人，現（河北道）燕居	曾祖洪，瀛州錄事參軍；祖解公，涿州范陽縣丞；父杲，瀛州河間縣主簿、幽府功曹參軍。	幽州節度押衙	幽州節度押衙、銀青光祿大夫、檢校太子賓客、兼監察御史	《唐代墓誌彙編續集》，會昌030〈唐故幽州節度押衙銀青光祿大夫檢校太子賓客兼監察御史太原王公（時邕）墓誌銘并序〉，頁966。
宋再初	幽州	劉濟。貞元元年（785）～元和五年（810）	（河北道）幽州廣平人	祖皛，守景州刺史；父迪，守德州刺史	幽州節度押衙	劉寄授銜前散職－薊州刺史、幽州節度押衙、銀青光祿大夫、檢校太子賓客、兼侍御史、上柱國	《唐代墓誌彙編續集》，大中070〈唐故前薊州刺史幽州節度押衙銀青光祿大夫檢校太子賓客兼侍御史上柱國宋府君（再初）夫人蔡氏合祔墓誌銘并序〉，頁1021；《全唐文補遺》，第4輯，〈唐故前薊州刺史幽州節度押衙銀青光祿大夫檢校太子賓客兼侍御史上柱國宋府君（再初）夫人蔡氏合祔墓誌銘并序〉，頁217。
宋可嗣	幽州	張允伸。大中元年（847）～大中十三年（859）	（河北道）幽州廣平人	祖迪，德州刺史；父再初，薊州刺史、幽州節度押衙。	盧龍節度衙前兵馬使	盧龍節度衙前兵馬使	《唐代墓誌彙編續集》，大中070〈唐故前薊州刺史幽州節度押衙銀青光祿大夫檢校太子賓客兼侍御史上柱國宋府君（再初）夫人

						蔡氏合祔墓誌銘并序〉，頁1021。
董唐之	幽州	張允伸。大中元年（847）～大中十三年（859）	（河北道）檀州人	曾祖傑，定州節度衙前將、試雲麾將軍；祖彥□，檀州營田將、試武騎尉；父汭，不仕。	盧龍軍節度衙前兵馬使	盧龍節度衙前兵馬使、兼知船舫事、銀青光祿大夫、檢校太子賓客、兼監察御史、上柱國	《唐代墓誌彙編續集》，大中071〈唐故盧龍節度衙前兵馬使兼知船舫事銀青光祿大夫檢校太子賓客兼監察御史上柱國隴西董（唐之）府君墓誌銘并序〉，頁1022。
論博言	幽州	李載義。寶曆二年（825）～太和五年（831）	其先吐蕃人，高宗朝拔部落七千餘帳歸國。……子孫因家。自（關內道）銀州至於（關內道）京兆。	先祖論欽陵，吐蕃尚書令；曾祖布支，左衛大將軍等；祖惟貞，英武軍使、穎州刺史；父儵，寧州防禦使、寧州刺史等。	幽州節度散兵馬使、衙前兵馬使等	李載義署幽州節度散兵馬使、銀青光祿大夫、檢校太子賓客、兼監察御史－衙前兵馬使－自盧龍節度押衙遷幽州節度押衙、兼侍御史、檢校國子祭酒－右都衙－左都衙－添攝檀州刺史、充威武軍史、兼御史中丞、上柱國	《全唐文補遺》，第7輯，〈有唐幽州盧龍節度左都衙銀青光祿大夫檢校國子祭酒攝檀州刺史充威武軍史兼御史中丞上柱國晉昌論公（博言）墓誌銘并序〉，第141～142。《元和姓纂》，卷9，「論姓」，頁1280～1282。《全唐文》，卷479，呂元膺〈驃騎大將軍論公神道碑銘并序〉，頁2196～2197。《新唐書》卷111，〈諸夷蕃將·論弓仁傳〉，頁4126。
王公晟	幽州	不詳	（河東道）太原	曾祖清，攝貝州錄事參軍；祖選，攝瀛州河間縣尉；父盈，檢校鴻臚卿	幽州隨使節度押衙	幽州隨使節度押衙、正議大夫、檢校國子祭酒、兼侍御史、上柱國	《唐代墓誌彙編》，咸通083〈唐故幽州隨使節度押衙正議大夫檢校國子祭酒兼侍御史上柱國太原王府君（公晟）夫人清河張氏合祔墓誌銘并序〉，頁2443。
張允伸	幽州	周綝。大中三年（849）～大中四年（850）	（河北道）范陽	曾祖秀，檀州刺史；祖岩，納降軍使；父朝㧑，贈太尉	幽州押衙兼兵馬步都知兵馬使	世仕幽州軍，累職押衙，兼馬步都知兵馬使－留後、右散騎常侍－幽州節度使、檢校工部尚書	《舊唐書》，卷180，〈張允伸傳〉，頁4679～4680；參《新唐書》，卷212，〈張允伸傳〉，頁5982。

| 耿宗倚 | 幽州 | 李可舉。乾符三年（876）～光啓元年（885） | （河北道）邢州鉅鹿 | 曾祖俊，永清高陽縣丞；祖造，不仕；父君用，幽州節度押衙、知雄武軍營田等事 | 盧龍鎮將虞侯、隨使兵馬使、節度押衙等 | 起家盧龍鎮將虞侯－充副將軍頭等－監城大將－隨使兵馬使－隨使押衙並管器仗官將、御史中丞－節度押衙，充檀州、涿州團練使－節度押衙遙攝檀州刺史、知雄武軍事 | 《唐代墓誌彙編續集》，中和004〈唐故幽州節度押衙遙攝談州刺史知雄武軍營田等事兼御史中丞耿公墓志銘并序〉，頁1148。 |
| 敬延祚 | 幽州 | 李可舉。乾符三年（876）～光啓元年（885） | （河東道）晉州平陽郡人 | 曾祖包，攝幽都縣令；祖輝，守宣州右丞相；父全紀，充北衙將判官。 | 幽州隨使節度押衙 | 幽州隨使節度押衙、遙攝鎮安軍使、充綾錦坊使、銀青光祿大夫、檢校國子祭酒、兼御史中丞、上柱國 | 《唐代墓誌彙編》，中和005〈唐故幽州隨使節度押衙遙攝鎮安軍使充綾錦坊使銀青光祿大夫檢校國子祭酒兼御史中丞上柱國平陽郡敬府君墓誌銘并序〉，頁2509；《全唐文補遺》，第3輯，〈唐故幽州隨使節度押衙遙攝鎮安軍使充綾錦坊使銀青光祿大夫檢校國子祭酒兼御史中丞上柱國平陽郡敬府君墓誌銘并序〉，頁288。 |

參考文獻

一、史料

（一）基本史料

1.　（漢）司馬遷撰，《史記》，臺北：鼎文書局，1979 年。
2.　（漢）班固撰，《漢書》，臺北：鼎文書局，1994 年。
3.　（唐）李延壽撰，《北史》，北京：中華書局，1997 年。
4.　（唐）李延壽撰，《南史》，北京：中華書局，1997 年。
5.　（唐）魏徵、令狐德棻等撰，《隋書》，臺北：洪氏出版社，1974 年。
6.　（唐）李林甫等撰，陳仲夫點校，《唐六典》，北京：中華書局，1992 年。
7.　（唐）杜佑撰，王文錦等校，《通典》，北京：中華書局，1992 年。
8.　（唐）李吉甫撰，《元和郡縣圖志》，北京：中華書局，1995 年。
9.　（唐）林寶撰，《元和姓纂》（附四校記），北京：中華書局，2008 年。
10.　（後晉）劉昫撰，《舊唐書》，臺北：鼎文書局，1975 年。
11.　（宋）王溥撰，《唐會要》，上海：上海古籍出版社，2006 年。
12.　（宋）王溥撰，《五代會要》，上海：上海古籍出版社，2006 年。
13.　（宋）王欽若、楊億等編，《冊府元龜》，臺北：大化書局，1984 年。
14.　（宋）司馬光撰，（元）胡三省注，《資治通鑑》，臺北：西南書局，1982 年。
15.　（宋）李昉等編，《文苑英華》，臺北：大化書局，1977 年。
16.　（宋）李昉等編，《太平御覽》，臺北：大化書局，1977 年。
17.　（元）李昉等編，《太平廣記》，臺北：文史哲出版社，1987 年。
18.　（宋）歐陽修、宋祁撰，《新唐書》，北京：中華書局，1974 年。

19. （宋）歐陽修撰，《新五代史》，北京：中華書局，1974 年。

20. （宋）薛居正撰，《舊五代史》，北京：中華書局，1976 年。

21. （元）脫脫等撰，《宋史》，臺北：鼎文書局，1985 年。

22. （元）馬端臨撰，《文獻通考》，臺北：新興書局，1965 年。

（二）一般史料

1. （北魏）酈道元撰，陳橋驛校證《水經注校證》，北京：中華書局，2007 年。

2. （唐）元稹撰，《元稹集》，臺北：漢京文化事業公司，1983 年。

3. （唐）白居易撰，《白居易集》，臺北：漢京文化事業公司，1984 年。

4. （唐）李泰撰，賀次君輯校，《括地志輯校》，北京，2010 年。

5. （唐）李肇撰，《唐國史補》，北京：中華書局，2006 年。

6. （唐）杜牧撰，《樊川文集》，臺北：漢京文化出版公司，1983 年。

7. （唐）封演撰，趙貞信校注，《封氏聞見記校注》，北京：中華書局，2005 年。

8. （唐）姚汝能撰，曾貽芬點校，《安祿山事迹》，北京：中華書局，2006 年。

9. （唐）張鷟撰，趙守儼點校，《朝野僉載》，北京：中華書局，1997 年。

10. （唐）裴庭裕撰，田廷柱點校，《東觀奏記》，北京：中華書局，2006 年。

11. （唐）劉餗撰，程毅中點校，《隋唐嘉話》，北京：中華書局，1997 年。

12. （唐）鄭處誨撰，田廷柱點校，《明皇雜錄》，北京：中華書局，2006 年。

13. （唐）韓愈撰，馬其昶校注，《韓昌黎文集校注》，臺北：世界書局，1988 年。

14. （唐）權德輿撰，《權載之文集》，臺北：臺灣商務印書館，1965 年。

15. （五代）王仁裕撰，曾貽芬點校，《開元天寶遺事》，北京：中華書局，2006 年。

16. （五代）王定保撰，（清）蔣光煦校，《唐摭言》，臺北：世界書局，1975 年。

17. （宋）王存撰，《元豐九域志》，北京：中華書局，1984 年。

18. （宋）王象之撰，《輿地紀勝》，臺北：文海書局，1971 年。

19. （宋）王讜撰，周勛初校證，《唐語林校證》，北京：中華書局，2006 年。

20. （宋）宋綬、宋敏求編，《唐大詔令集》，臺北：鼎文書局，1978 年。

21. （宋）洪邁撰，《容齋隨筆》，臺北：臺灣商務印書館，1973 年。

22. （宋）范祖禹撰，《唐鑑》，臺北：臺灣商務印書館，1977 年。

23. （宋）陳思撰，（清）陸心源校，《寶刻叢編》，收入《百部叢書集成》，臺北：藝文印書館，1968 年。

24. （宋）樂史撰，《太平寰宇記》，北京：中華書局，2007 年。

25. （宋）錢易撰，黃壽成點校，《南部新書》，北京：中華書局，2002 年。

26. （宋）計有功撰，《唐詩紀事》，臺北：臺灣中華書局，1970 年。

27. （明）顧炎武撰，（清）黃汝能集釋，《日知錄集釋》，臺北：世界書局，1991 年。

28. （清）王夫之撰，《讀通鑑論》，臺北：里仁書局，1985 年。

29. （清）王昶撰，《金石萃編》，臺北：新文豐出版公司，1977 年。

30. （清）王鳴盛撰，《十七史商榷》，上海：上海書店出版社，2005 年。

31. （清）吳廷燮撰，《唐方鎮年表》，北京：中華書局，2003 年。

32. （清）徐松撰，趙守儼點校，《登科記考》，北京：中華書局，1993 年。

33. （清）陸增祥撰，《八瓊室金石補正》，臺北：新文豐出版公司，1977 年。

34. （清）陸耀適纂，《金石續編》，臺北：新文豐出版公司，1977 年。

35. （清）勞格、勞鉞撰，徐敏霞、王桂珍點校，《唐尚書省郎官石柱題名考》，北京：中華書局，1992 年。

36. （清）勞格、勞鉞撰，張忱石點校，《唐御史臺精舍題名考》，北京：中華書局，1997 年。

37. （清）彭定求等編，《全唐詩》，臺北：宏業書局，1982 年。

38. （清）董誥等編，《全唐文及拾遺》，臺北：大化書局，1978 年。

39. （清）趙翼撰，《陔餘叢考》，臺北：世界書局，1974 年。

40. （清）趙翼撰，《廿二史劄記》，臺北：華世出版社，1977 年。

41. （清）顧祖禹撰，《讀史方輿紀要》，上海：上海書店出版社，1991 年。

42. 李希泌主編，《唐大詔令集》（補編），上海：上海古籍出版社，2003 年。

43. 吳剛主編，《全唐文補遺》，西安：三秦出版社，1994 年～2006 年。

44. 陳尚君輯校，《全唐文補編》，北京：中華書局，2005 年。

45. 傅璇琮主編，《唐才子傳校箋》，北京：中華書局，2002 年。

（三）墓誌銘

1. 王仁波主編，《隋唐五代墓誌匯編》陝西卷，天津市：天津古籍出版社，1991 年。

2. 有海帆、孫蘭風主編，《隋唐五代墓誌匯編》北京大學卷，天津：天津古

籍出版社，1991 年。

3. 孟繁峯、劉超英主編，《隋唐五代墓誌匯編》河北卷，天津：天津古籍出版社，1991 年。

4. 吳樹平、趙超、傅洋、張寧主編，《隋唐五代墓誌匯編》河北附遼寧卷，天津：天津古籍出版社，1991 年。

5. 周紹良主編，《唐代墓誌彙編》，上海：上海古籍出版社，1992 年。

6. 周紹良、趙超主編，《唐代墓誌彙編續集》，上海：上海古籍出版社，2001 年。

7. 河南省文物研究所，河南省洛陽地區文管處編，《千唐誌齋藏誌》，北京：文物出版社，1984 年。

8. 郝本性主編，《隋唐五代墓誌匯編》河南卷，天津：天津古籍出版社，1991 年。

9. 陳長安主編，《隋唐五代墓誌匯編》洛陽卷，天津：天津古籍出版社，1991 年。

二、一般論著

1. 王小甫主編，《盛唐時代與東北亞政局》，上海：上海辭書出版社，2003 年。

2. 王永興撰，《唐代前期軍事史略論稿》，北京：崑崙出版社，2003 年。

3. 王永興撰，《唐代後期軍事史略論稿》，北京：北京大學出版社，2006 年。

4. 王吉林撰，《唐代宰相與政治》，臺北：文津出版社，1999 年。

5. 王仲犖撰，《魏晉南北朝史》，上海：上海人民出版社，1990 年。

6. 王仲犖撰，《隋唐五代史》，上海：上海人民出版社，1990 年。

7. 王怡辰撰，《東魏北齊的統治集團》，臺北：文津出版社，2006 年。

8. 王勛成撰，《唐代銓選與文學》，北京：中華書局，2001 年。

9. 王恢撰，《中國歷史地理》，臺北：學生書局，1976 年。

10. 王壽南撰，《隋唐五代史》，臺北：三民書局，1986 年。

11. 王壽南撰，《唐代藩鎮與中央關係之研究》，臺北：大化書局，1980 年。

12. 王壽南撰，《唐代政治史論集》增訂本，臺北：臺灣商務印書館。

13. 王壽南撰，《唐代的宦官》，臺北：正中書局，2004 年。

14. 毛漢光撰，《中國中古政治史論》，臺北：聯經出版公司，1990 年。

15. 毛漢光撰，《中國中古社會史論》，臺北：聯經出版公司，1988 年。

16. 平岡武夫、市原亨吉編，《唐代的行政地理》，上海：上海古籍出版社，

1989 年。史念海撰,《中國史地論稿》（河山集），臺北：弘文館出版社，1986 年。

17. 史念海主編,《唐史歷史地理研究》，北京：中國社會科學出版社，1998 年。

18. 全漢昇撰,《中國經濟史研究》，臺北：稻香出版社，1991 年。

19. 石雲濤撰,《唐代幕府制度研究》，北京：中國社會科學出版社，2003 年。

20. 任士英撰,《唐代玄宗肅宗之際的中樞政局》，北京：社會科學文獻出版社，2003 年。

21. 任育才撰,《唐德宗奉天定難及其史料之研究》，臺北：中國學術著作獎助委員會，1970 年。

22. 池田溫撰,《唐研究論文選集》，北京：中國社會科學出版社，1999 年。

23. 杜文玉主編,《唐史論叢》第八輯，西安：三秦出版社，2006 年。

24. 杜文玉主編,《唐史論叢》第十輯，西安：三秦出版社，2008 年。

25. 吳松弟編撰,《兩唐書地理志匯釋》，合肥：安徽教育出版社，2002 年。

26. 吳宗國撰,《唐代科舉制度研究》，北京：北京大學出版社，2010 年。

27. 吳宗國主編,《盛唐政治制度研究》，上海：上海辭書出版社，2003 年。

28. 李治安主編,《唐宋元明清中央與地方關係研究》，天津：南開大學出版社，1996 年。

29. 立治亭主編,《東北通史》，鄭州：中州古籍出版社，2003 年。

30. 李孝聰主編,《唐代地域結構與運作空間》，上海：上海辭書出版社，2003 年。

31. 李孝聰撰,《中國區域歷史地理》北京：北京大學出版社，2004 年。

32. 李松濤撰,《唐代前期政治文化研究》，臺北：臺灣學生書局，2009 年。

33. 李樹桐撰,《唐史研究》，臺北：臺灣中華書局，1979 年。

34. 李樹桐撰,《隋唐史別裁》，臺北：臺灣商務印書館，1995 年。

35. 李樹桐撰,《唐史考辨》，臺北：臺灣中華書局，1995 年。

36. 李錦繡撰,《唐代財政史稿》，北京：北京大學出版社，1995 年。

37. 李鴻賓主著,《隋唐對河北地區的經營與雙方的互動》，北京：中央民族大學出版社，2008 年。

38. 谷川道雄編,《日中國際共同研究──地域社會在六朝政治文化所起的作用》，京都：玄文社，1989 年。

39. 谷川道雄撰,馬彪譯,《中國中世社會與共同體》，北京：中華書局，2002 年。

40. 谷川道雄撰，李濟滄譯，《隋唐帝國形成史論》，上海：上海古籍出版社，2004 年。

41. 谷霽光撰，《府兵制度考釋》，臺北：弘文館出版社，1985 年。

42. 呂亞力撰，《政治學：從權力角度之政治剖析》，臺北：東華書局，2008 年。

43. 邱添生撰，《唐宋變革期的政經與社會》，臺北：文津出版社，1999 年。

44. 周田青等編，《李白全集編年注釋》，成都：巴蜀書社，1990 年。

45. 周振鶴撰，《體國經野之道——新角度下的中國行政區劃沿革史》，九龍：中華書局，1990 年。

46. 郁賢皓撰，《唐刺史考》，香港：中華書局香港分局，1987 年。

47. 胡如雷撰，《隋唐五代社會經濟史論稿》，北京：中國社會科學出版社，1996 年。

48. 胡阿祥主編，《兵家必爭之地——中國歷史軍事地理要覽》，海口：海南出版社 2008 年。

49. 苑書義、孫寶存、郭文書、孫繼民等編，《河北經濟史》，北京：人民出版社，2003 年。

50. 凍國棟撰，《唐代人口問題研究》，武昌：武漢大學出版社，1993 年。

51. 凍國棟撰，《中國人口史·隋唐五代時期》，上海：復旦大學出版社，2002 年。

52. 唐長孺、吳宗國、梁太濟、宋家鈺、席康元等編，《汪籛隋唐史論稿》，北京：中國社會科學出版社，1981 年。

53. 馬大正主編，《中國東北邊疆研究》，北京：中國社會科學出版社，2003 年。

54. 馬自力撰，《中唐文人之社會角色與文學活動》，北京：中國社會科學出版社，2005 年。

55. 夏炎撰，《唐代州級官府與地域社會》，天津：天津古籍出版社，2010 年。

56. 翁俊雄撰，《唐代人口與區域經濟》，臺北：新文豐出版公司，1995 年。

57. 翁俊雄撰，《唐初政區與人口》，北京：北京師範大學，1990 年。

58. 翁俊雄撰，《唐朝鼎盛時期政區與人口》，北京：首都師範大學，1995 年。

59. 翁俊雄撰，《唐後期政區與人口》，北京：首都師範大學，1999 年。

60. 淡江大學中文系主編，《晚唐的社會與文化》，臺北：臺灣學生書局，1990 年。

61. 章羣撰，《唐代蕃將研究》，臺北：聯經事業出版公司，1986 年。

62. 章羣撰,《唐代蕃將研究》(續編),臺北:聯經事業出版公司,1990 年。

63. 陳志堅撰,《唐代州郡制度研究》,上海:上海古籍出版社,2005 年。

64. 陳長征撰,《唐宋地方政治體制轉型研究》,濟南:山東大學出版社,2010 年。

65. 陳寅恪撰,《陳寅恪先生論集》,臺北:中央研究院歷史語言研究所,1976 年。

66. 陳寅恪撰,《金明館叢稿初編》,臺北:里仁書局,1981 年。

67. 陳寅恪撰,《金明館叢稿二編》,臺北:里仁書局,1981 年。

68. 陳爽撰,《世家大族與北朝政治》,北京:中國社會科學出版社,1998 年。

69. 梁方仲編著,《中國歷代戶口、田地、田賦統計》,上海:上海人民出版社,1993 年。

70. 國立編譯館主編、中國唐代學會編,《唐代研究論集》,臺北:新文豐出版公司,1992 年。

71. 張正田撰,《「中原」邊緣——唐代昭義軍研究》,臺北:稻香出版社,2007 年。

72. 張玉興撰,《唐代縣官與地方社會研究》,天津:天津古籍出版社,2009 年。

73. 張沛編著,《唐折衝府匯考》,西安:三秦出版社,2003 年。

74. 張金鑑撰,《中國政治制度史》,臺北:三民書局,1994 年。

75. 張國剛撰,《唐代藩鎮研究》,長沙:湖南教育出版社,1987 年。

76. 張國剛撰,《唐代政治制度研究論集》,臺北:文津出版社,1994 年。

77. 張國剛主編,《中國中古史論集》,天津:天津古籍出版社,2003 年。

78. 黃正建主編,《中晚唐社會與政治研究》,北京:中國社會科學出版社,2006 年。

79. 黃永年撰,《唐代史事考釋》,臺北:聯經出版公司,1988 年。

80. 黃樓撰,《唐宣宗大中政局研究》,天津:天津古籍出版社,2012 年。

81. 馮金忠撰,《唐代河北藩鎮研究》,北京:科學出版社,2010 年。

82. 程光裕、徐聖謨主編,《中國歷史地圖》(上下),臺北:中國文化大學出版社,1980 年。

83. 傅安良撰,《唐代的縣與縣令》,臺北:花木蘭出版社, 2010 年。

84. 傅樂成撰,《漢唐史論集》,臺北:聯經出版公司,1984 年。

85. 楊遠撰,《唐代的鑛產》,臺北:臺灣學生書局,1982 年。

86. 葉煒撰,《南北朝隋唐官吏分途研究》,北京:北京大學出版社,2009 年。

87. 鄒逸麟主編，《黃淮海平原歷史地理》，合肥：安徽教育出版社，1993年。

88. 鄒逸麟撰，《中國歷史地理概述》，福州：福建人民出版社，1993年。

89. 寧欣撰，《唐代選官研究》，臺北：文津出版社，1995年。

90. 寧欣撰，《唐史識見錄》，北京：商務印書館，2009年。

91. 劉俊文主編，夏日新、韓昇、黃正建等譯，《日本學者研究中國史論著選譯》第四卷〈六朝隋唐〉，北京：中華書局，1992年。

92. 劉開揚撰，《高適詩集編年箋註》，臺北：漢京出版事業公司，1983年。

93. 劉琴雨撰，《唐代武官選任制度初探》，北京：社會科學文獻出版社，2006年。

94. 鄧綬林、劉文彰、楊積餘編著，《河北省地理》，石家莊：河北人民出版社，1986年。

95. 熊文釗撰，《大國地方——中國中央與地方關係憲政研究》，北京：北京大學出版社，2005年。

96. 賴瑞和撰，《唐代基層文官》，臺北：聯經出版公司，2004年。

97. 賴瑞和撰，《唐代中層文官》，臺北：聯經出版公司，2008年。

98. 盧建榮撰，《飛燕驚龍記：大唐帝國文化工程師與沒有歷史的人（763～873）》，臺北：時英出版社，2007年。

99. 冀朝鼎著，朱詩鰲譯，《中國歷史上的基本經濟區與水利事業的發展》，北京：中國社會科學出版社，1981年。

100. 戴偉華撰，《唐代方鎮文職僚佐考》修訂本，桂林：廣西師範大學出版社，2007年。

101. 戴偉華撰，《唐代文學研究叢稿》，臺北：臺灣學生書局，1999年。

102. 譚其驤主編，《中國歷史地圖集——隋唐五代十國時期》，上海：地圖出版社，1982年。

103. 嚴耕望撰，《唐史研究叢稿》，香港：新亞出版社，1969年。

104. 嚴耕望撰，《唐代交通圖考》第五卷〈河東河北區〉，臺北：中央研究院歷史語言研究所，1986年。

三、期刊論文

（一）中文

1. 于賡哲撰，〈隋、唐兩代伐高麗比較研究〉，收入王小甫主編，《盛唐時代與東北亞政局》（上海：上海辭書出版社，2003年）。

2. 毛漢光撰，〈論安史亂後河北地區之社會與文化——舉在籍大士族為

例〉，收入淡江大學中文系主編，《晚唐與社會文化》（臺北：臺灣學生書局，1990 年）。

3. 內藤湖南撰，〈概括的唐宋時代觀〉，收入黃約瑟譯，劉俊文主編，《日本學者研究中國史論著選譯》第一卷〈通論〉（臺北：文津出版公司，1999年）。

4. 王吉林撰，〈唐太宗的對外經略及其困境〉，《史學彙刊》16，1990 年。

5. 王怡辰撰，〈由武宗會昌錢看經濟領域的割據〉，《中國歷史學會史學集刊》37，2005 年。

6. 王援朝撰，〈唐代藩鎮分類芻議〉，收入史念海主編，《唐史論叢》第 5輯，1990 年。

7. 王義康撰，〈唐河北藩鎮時期人口問題試探〉，《河南社會科學》1，2005年。

8. 王德權撰，〈中晚唐使府僚佐昇遷之研究〉，《中正大學學報・人文分冊》1，1984 年。

9. 王劍撰，〈另一種和親──也談中唐以後公主下嫁藩鎮問題〉，《山西大學學報・哲社版》3，2006 年。

10. 王賽時撰，〈唐代中後期的軍亂〉，《中國史研究》3，1989 年。

11. 方積六撰，〈唐代河朔三鎮「胡化」說辨析〉，收入《紀念陳寅恪教授國際學術討論會文集》（廣州：中山大學出版社，1989 年）。

12. 方積六撰，〈唐及五代的魏博鎮〉，收入《魏晉南北朝史資料──唐長孺教授八十大壽紀念專輯》（武昌：武漢大學出版社，1991 年）。

13. 仇鹿鳴撰，〈陳寅恪「山東集團」辨析〉，《史林》5，2004 年。

14. 牛潤珍撰，〈魏晉北朝幽冀諸州要論──兼談南北東西形勢的形成〉，收入谷川道雄編，《日中國際共同研究地域社會在六朝政治文化上所起的作用》（出版地不詳，玄文社，1989 年）。

15. 史念海撰，〈戰國至唐初太行山東經濟地區的發展〉，《北京師範大學學報・哲社版》3，1962 年。

16. 伍伯常撰，〈唐德宗的建藩政策──論中唐以來制禦藩鎮戰略格局的形成〉，《東吳歷史學報》6，2000 年。

17. 石雲濤撰，〈唐代幕府辟署制之認識〉，《許昌師專學報》1，1997 年。

18. 朱小琴撰，〈唐初的民族政策〉，《西安教育學院學報》2，2003 年。

19. 朱德軍撰，〈試論地方性軍人集團與唐代中後期的「地方獨立化」〉，《青海師範大學學報》5，2009 年。

20. 朱德軍撰，〈唐代中後期「地方獨立化」問題初探〉，《陝西師範大學學報》2，2009 年。

21. 谷川道雄撰，〈關於河朔三鎮藩帥的繼承〉，收入《第一屆唐代國際學術會議論文集》（臺北：臺灣學生書局，1989 年）。

22. 谷霽光撰，〈安史亂前的河北道〉，《燕京學報》19，1935 年。

23. 林偉洲撰，〈唐河北道藩鎮的設置、叛亂與轉型——以安史之亂爲中心〉（上）《大葉大學通識教育學報》3，2009 年。

24. 林偉洲撰，〈唐河北道藩鎮的設置、叛亂與轉型——以安史之亂爲中心〉（下），《大葉大學通識教育學報》4，2009 年。

25. 竺可楨撰，〈中國近五千年來氣候變遷的初步研究〉，《考古學報》1，1972 年。

26. 吳宏崎、黨安榮撰，〈隋唐時期氣候冷暖特徵與氣候波動〉，《第四季研究》1，1998 年。

27. 吳松第撰，〈盛唐時期的人口遷移及其地域特點〉，收入李孝聰主編，《唐代地域結構與運作空間》（上海：上海辭書出版社，2003 年）。

28. 李孝聰撰，〈論唐代後期華北三個區域中心城市的形成〉，《北京大學學報》（哲學社會科學版）2，1992 年。

29. 李松濤撰，〈論契丹李盡忠、孫萬榮之亂〉，收入王小甫主編，《盛唐時代與東北亞政局》（上海：上海辭書出版社，2003 年）。

30. 李松濤撰，〈試論安史亂前幽州防禦形勢的改變〉，收入王小甫主編，《盛唐時代與東北亞政局》（上海：上海辭書出版社，2003 年）。

31. 李治濤撰，〈試析唐代河北地區的胡化〉，《黑龍江史志》24，2008 年。

32. 李天石撰，〈略論唐憲宗平定藩鎮的歷史條件與個人作用〉，《浙江師大學報》6，2001 年。

33. 李宗保、曾敏撰，〈試論唐末藩鎮對昭宗朝政局的影響〉，《史學月刊》3，1993 年。

34. 李蓉撰，〈唐初兩蕃與唐的東北策略〉，《四川師範大學學報‧社會科學版》2，2003 年。

35. 李蓉、寒福閣撰，〈遼西兩蕃與高宗朝東、西戰局之關係〉，《重慶師院學報‧哲社版》2，2003 年。

36. 李懷生撰，〈試論唐憲宗削藩戰爭的策略失誤〉，《晉陽學刊》3，1991 年。

37. 金瀅坤撰，〈論中晚唐河朔藩鎮割據與聯姻的關係——以義武軍節度使陳君賞墓誌爲中心〉，《學術月刊》12，2006 年。

38. 金寶祥撰，〈安史亂後唐代封建經濟的特色〉，收入氏著《唐史論文集》（蘭州：甘肅人民出版社，1982 年）。

39. 孟彥弘撰，〈姑息與用兵——朝廷藩鎮政策及其實施〉，《唐史論叢》第

12 輯，2010 年。

40. 屈弓，〈關於唐代水利工程的統計〉，《西南師範大學學報》1，1994 年。

41. 胡如雷撰，〈唐五代時期的「驕兵」與藩鎮〉，收入氏著《隋唐五代社會經濟史論稿》（北京：中國社會科學出版社，1996 年）。

42. 胡如雷撰，〈唐代牛李黨爭研究〉，收入氏著《隋唐五代社會經濟史論稿》（北京：中國社會科學出版社，1996 年）。

43. 桂齊遜撰，〈唐代都督、都護及軍鎮制度與節度體制創建之關係〉，《大陸雜誌》4，1994 年。

44. 郝黎撰，〈唐代淄青鎮的特點〉，《青島科技大學學報・社會科學版》4，2003 年。

45. 馬文軍撰，〈試論唐代河北地區胡化漢化的兩種趨向〉，《洛陽師專學報》6，1996 年。

46. 馬春華撰，〈淺論唐代河朔三鎮長期割據的財政原因〉，《民族史研究》10，2005 年。

47. 夏炎撰，〈試論唐代的州縣關係〉，《中國史研究》4，2005 年。

48. 夏炎撰，〈從刺史的地位看唐代內外官的輕重〉，《唐史論叢》第 9 輯，2007 年。

49. 陳寅恪撰，〈論唐代之蕃將與府兵〉陳寅恪，收入《金明叢館初編》，（臺北：里仁書局，1981 年）。

50. 陳寅恪撰，〈論隋末唐初所謂「山東豪傑」〉，收入《金明館叢稿初編》（臺北：里仁書局，1981 年）。

51. 陳寅恪撰，〈論李栖筠自趙徙衛事〉，收入《金明館叢編二編》（臺北：里仁書局，1981 年）。

52. 陳長征撰，〈論唐代中後期藩鎮內部的軍事集權〉，《臨沂師範學院學報》1，2004 年。

53. 陳金鳳、梁瓊撰，〈山東士族與隋朝政治略論〉，《山東師範大學學報・人文社會科學版》6，2003 年。

54. 陳翔撰，〈再論安史之亂的平定與河北藩鎮重建〉，《江漢論壇》1，2010 年。

55. 張天弘撰，〈「河朔故事」再認識：社會流動視野下的考察——以中晚唐五代初期爲中心〉，收入嚴耀中主編《唐代國家與地域社會研究——中國唐史學會第十屆年會論文集》（上海：上海古籍出版社，2008 年）。

56. 張國剛撰，〈唐代藩鎮類型及其動亂特點〉，《歷史研究》4，1983 年。

57. 張國剛撰，〈唐代藩鎮的軍事體制〉，收入氏著《唐代政治研究論集》（臺北：文津出版社，1994 年）。

58. 張榮芳撰，〈試論隋唐的山東與關東〉，收入中國唐代學會編，《唐代研究論集》第三輯（臺北：新文豐出版社，1992 年）。

59. 張衛東撰，〈試論唐代後期支郡刺史的地位——以節度、觀察與支郡刺史的關係為中心〉，《唐史論叢》12 輯，2010 年。

60. 張德美撰，〈試論唐代前期人口重心北移及其影響〉，《河北師範大學學報》1，2001 年。

61. 張龍撰，〈六至七世紀河北政治地位的轉變——以地方行政區劃設置及變化為線索〉，收入李鴻賓主著《隋唐對河北地區的經營與雙方的互動》（北京：中央民族大學出版社，2008 年）。

62. 康樂撰，〈唐代前期的邊防〉，《東海歷史學報》1，1977 年。

63. 曹雙印撰，〈從秦府集團成員仕進狀況看區域文化合流〉，《中國歷史理論叢》1，2006 年。

64. 焦杰撰，〈唐穆宗初期再失河朔原因發微——兼論朝廷在藩鎮問題上的失策〉，《唐史論叢》第 6 輯，1995 年。

65. 程志撰，〈晚唐藩鎮與唐朝滅亡〉，《東北師大學報·哲社版》3，1988 年。

66. 勞允興撰，〈唐代河北道〉，《北京社會科學》2，1994 年。

67. 彭文峰撰，〈唐代河朔三鎮兩稅法實施情況略論〉，《臨沂師範學院學報》1，2005 年。

68. 馮金忠撰，〈唐後期地方武官制度與唐宋歷史變革〉，《河北師範大學學報·哲學社會科學版》1，2008 年。

69. 馮金忠撰，〈唐後期河北藩鎮統治下的世家大族〉，《唐史論叢》第 12 輯，2010 年。

70. 馮金忠撰，〈唐代河北藩鎮與地域社會〉，《唐都學刊》5，2010 年。

71. 馮金忠撰，〈唐代河朔藩鎮武職僚佐的遷轉流動——以中央朝官間的流動為中心〉。

72. 收入嚴耀中主編，《唐代國家與地域社會研究——中國唐史學會第十屆年會論文集》（上海：上海古籍出版社，2008 年）。

73. 傅樂成撰，〈唐代夷夏觀念之演變〉，收入氏著《漢唐史論集》（臺北：聯經出版公司，1984 年）。

74. 傅樂成撰，〈唐代宦官與藩鎮的關係〉，收入氏著《漢唐史論集》（臺北：聯經出版公司，1984 年）。

75. 傅安良撰，〈唐代縣令略論〉，《清雲學報》2，2009 年。

76. 黃冕堂撰，〈論唐代河北道的經濟地位〉，《山東大學學報》1，1957 年。

77. 黃永年撰，〈唐代河北藩鎮與奚契丹〉，收入氏著《唐代史事考釋》（臺北：聯經出版公司，1998 年）。

78. 黃永年撰，〈《通典》論安史之亂的「二統」說證釋〉，收入氏著《唐代史事考釋》（臺北：聯經出版公司，1998 年）。

79. 黃永年撰，〈論安史之亂的平定和河北藩鎮的重建〉，收入氏著《唐代史事考釋》（臺北：聯經出版公司，1998 年）。

80. 景遐東撰，〈使職設置與唐代地方行政級制的演變〉，《社會科學》6，2002 年。

81. 華林甫撰，〈唐代粟、麥生產的地域布局初探〉，《中國農史》2，1980 年。

82. 華林甫撰，〈唐代粟、麥生產的地域布局初探（續）〉，《中國農史》3，1980 年。

83. 華林甫撰，〈唐代水稻生產的地理布局及期變遷初探〉，《中國農史》2，1992 年。

84. 雷家驥撰，〈從戰略發展看唐朝節度體制的創建〉，《簡牘學報》8，1979 年。

85. 葛全勝、鄭景雲、方修琦、滿志敏、張雪芹、王維強等撰，〈過去 2000 年中國東部冬半年溫度變化〉，《第四季研究》2，2002 年。

86. 葛煥禮、王齊濟撰，〈魏博牙兵與五代政局的變動〉，《河北學刊》1，2003 年。

87. 楊西雲撰，〈唐中後期中央對藩鎮的鬥爭政策——從元和用兵到長慶銷兵〉，《歷史教學》7，1996 年。

88. 貫艷紅撰，〈唐後期河北道區域性經濟的發展〉，《齊魯學刊》4，1996 年。

89. 貫艷紅撰，〈略論唐代的政治婚姻及其作用〉，《齊魯學刊》4，2003 年。

90. 滿志敏撰，〈關於唐代氣候冷暖問題的討論〉，《第四季研究》1，1998 年。

91. 趙劍敏撰，〈安祿山起兵之經濟條件〉，《學術月刊》1，1998 年。

92. 劉後濱撰，〈論唐代縣令的選授〉，《中國歷史博物館館刊》2，1997 年。

93. 劉瑞清撰，〈從德、順、憲三朝看唐中央對藩鎮割據的態度〉，《陰山學刊》，2008 年。

94. 樊文禮撰，〈安史之亂以後的藩鎮形勢和唐代宗朝的藩鎮政策〉，《煙台師範學院學報・哲社版》4，1995 年。

95. 盧建榮撰，〈唐後期河北特區化過程中的抗爭文化邏輯——兼論唐廷與河北為扈從主義關係說〉，《中華民國史專題論文集第五屆論文討論會》第一冊（新店市：國史館，1990 年）。

96. 賴瑞和撰，〈論唐代的州縣「攝官」〉，《唐史論叢》第 9 輯，2006 年。

97. 韓國磐撰，〈唐憲宗平定方鎮之亂的經濟條件〉，《學術月刊》3，1957年。

98. 韓國磐撰，〈唐末五代的藩鎮割據〉，收入《隋唐五代史論集》（北京：生活・讀書・新知三聯書店出版社，1979年）。

99. 韓國磐撰，〈唐憲宗平定方鎮之亂的經濟條件〉，《學術月刊》3，1957年。

100. 韓國磐撰，〈關於魏博鎮影響唐末五代政權遞嬗的社會經濟分析〉，《廈門大學學報》5，1954年。

101. 藍勇撰，〈唐代氣候變化與唐代興衰〉，《中國歷史地理論叢》16卷1輯，2001年。

102. 嚴耕望撰，〈唐代紡織工業之地理分佈〉，收入《唐史研究叢稿》（香港：新亞研究所，1969年）。

103. 嚴耕望撰，〈唐代府州僚佐考〉，收入《唐史研究叢稿》（香港：新亞研究所，1969年）。

104. 嚴耕望撰，〈唐代方鎮使府僚佐考〉，收入《唐史研究叢稿》（香港：新亞研究所，1969年）。

105. 顧乃武、尤娜撰，〈唐代藩鎮割據時期的河北社會文化屬性再探〉，《河北大學成人教育學院學報》4，2009年。

106. 顧乃武、潘艷蕊撰，〈唐代河北三鎮之兵亂與長期割據關係考〉，《華章》9，2010年。

（二）日文

1. 渡邊孝撰，〈魏博と成德──河朔三鎮の權力構造についての再檢討〉，《東洋史研究》50卷2號，1995年。

2. 日野開三郎撰，〈唐代藩鎮の支配體制〉，收入《東洋史學論集第一卷》（東京：三一書房，1980年）。

四、學位論文

1. 王韵撰，〈論唐、五代的昭義鎮〉，四川師範大學碩士論文，2003年。

2. 朱德軍撰，〈唐代中後期地方獨立化問題研究〉，天津師範大學碩士論文，2005年。

3. 吳光華撰，〈唐代盧龍鎮之研究〉，臺灣大學歷史研究所碩士論文，1981年。

4. 李愷彥撰，〈安史之亂後河北地域文化與藩鎮政治〉，中央民族大學碩士論文，2006年。

5. 陳長征撰，〈唐宋之際地方政治體制轉型研究〉，山東大學博士論文，

2004 年。

6. 陳奕亨撰，〈唐五代河南道藩鎮與中央關係之研究〉，臺灣師範大學歷史研究所博士論文，2006 年。

7. 姜密撰，〈唐代的成德鎮〉，河北師範大學碩士論文，1998 年。

8. 馮金忠撰，〈唐代幽州鎮研究〉，河北師範大學碩士論文，2000 年。

9. 彭文峰撰，〈唐後期河朔三鎮與中央政府經濟關係研究〉，河北師範大學碩士論文，2003 年。

10. 蔡中明撰，〈唐代縣令論考──以河南河北道爲中心〉，陝西師範大學碩士論文，2007 年。

11. 廖幼華撰，〈中古前期河北地區胡漢民族線之演變〉，中國文化大學史學研究所博士論文，1990 年。